KB183266

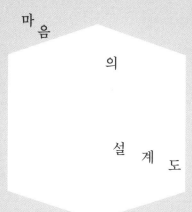

마음
의
설계도

'나'를 있는 그대로
인지하고 감각하고 사랑하기 위한
거의 모든 심리학

마음의 설계도

슈테파니 슈탈 지음   오지현, 홍지희 옮김

Wer Wir Sind

위즈덤하우스

뛰어난 심리 치료학자 클라우스 그라베Klaus Grawe(1943~2005),

뛰어난 심리 치료사이자 친구인 헬레나 무저Helena Muser에게

이 책을 바칩니다.

차례

친애하는 한국 독자에게   9
들어가며   13

1장   심리학이 인간의 마음과
         작동 원리에 대해 알고 있는 것들

'나는 누구인가'라는 질문이 왜 이토록 중요할까요   21
행복을 추구하며 끊임없이 외적 조건을 따지고 있나요   30
예상하고 기대한 대로 흘러가지 않아 고통스러운가요   35
현실을 있는 그대로 인지하고 있다고 생각하나요   42
어린 시절 기억이 어른이 된 당신을 붙잡고 있나요   47
좋은 기억은 당연시하고 나쁜 기억만 곱씹고 있나요   50
나는 너무 부족하다고 생각하며 하루하루를 살아가고 있나요   55
왜 기본적 심리 구조를 이해하고 있어야 할까요   62
누구에게나 있는 심리적 기본 욕구를 알고 있나요   65
불안을 줄이려고 통제에 집착하고 있진 않나요   69
어렸을 때 제대로 사랑받고 인정받아본 경험이 있나요   85
부모가 애착과 자율의 욕구를 충족시켜주었나요   123
낮은 자존감의 덫에 걸려 괴로운가요   126
사랑에 빠지기도 전에 상대를 떠날 준비를 하고 있나요   149

인생에 기분 좋은 일만 가득하면 완벽하게 행복할까요　153

나를 보호하고 자존감을 지키려고 안간힘을 쓰고 있나요　206

2장 마음이 아파서 심리 상담을
받으러 온 사람들 이야기

내담자의 사연에 귀 기울이며 스스로를 들여다보기　217

나쁜 남자에게 끌리고 버림받는 패턴을 반복하는 알렉사　219

조금만 마음이 불편하면 뜬금없이 직장을 옮겨버리는 한나　234

두 여자 사이에서 끊임없이 갈팡질팡하는 토르스텐　242

외모 콤플렉스에 시달리는 다이어트 중독자 안나　259

자기 하고 싶은 대로만 하는 어머니와 잘 지내고 싶은 샤를로테　272

연애를 할 때마다 항상 먼저 관계를 망쳐버리는 엘리자　283

떨어져 사는 어린 딸과 멀어질까 봐 걱정하는 슈테판　294

공황 발작이 재발해서 집 밖으로 못 나가는 비르기트　305

연애를 갈구하지만 끊임없이 거절당하는 필리프　315

산후 우울증에 시달리다 끝내 이혼하게 된 자라　328

어떻게든 다툼을 피하려고 안간힘을 쓰는 크리스토프　341

모두에게 친절하지만 남편한테만 분노를 폭발하는 엘케　353

지나치게 눈치 보느라 연애에 실패하는 하리　362

3장　심리 치료의 기본 원리를 알면
　　내 마음도 고칠 수 있다

마음이 아픈 이유는 제각각이어도
치료의 원리와 과정은 기본적으로 같습니다　377
성공적으로 심리 치료를 진행하려면 어떻게 해야 할까요　382
1단계: 과거는 과거일 뿐, 현재의 현실과 분리하세요　387
2단계: 다채로운 감정을 최대한 알아주세요　406
3단계: 마음속에서 경고음이 울릴 때
쓸 수 있는 전략을 준비해두세요　427
4단계: 내 책임을 떠넘기지도, 상대의 책임을 떠맡지도 마세요　437

나가며　451
감사의 말　461
주　462
참고 문헌　465

친애하는 한국 독자에게

《마음의 설계도》한국어판을 소개할 수 있어 대단히 기쁩니다. 제가 쓴 책이 한국에서도 관심을 받는다니 너무나 영광이네요.

이 책은 심리학자이자 심리 치료 상담사로서 다년간 연구하고 작업해온 결과물입니다. 어떤 면에서는 인간 정신의 깊은 곳으로 떠나는 여행이자 우리 존재의 근원을 규명하고 인간 실존에 대한 근본적인 질문 몇 가지에 답하려는 시도라고 볼 수도 있지요.

심리적 문제에 대한 관심은 전 세계적으로 증가하고 있습니다. 다양한 사회들이 우리 인간의 본질을 이루는 것이 무엇인지, 서로의 관계를 강화하는 것이 무엇인지에 대한 답을 찾고 있습니다. 심리학자로서 이러한 탐구는 매우 기쁜 일입니다. 왜냐하면 오늘날 빠르게 변화하는 세상에서 정신 건강과 개인의 성장은 매우 중요하기 때문이지요. 우리 모두는 서로 더 잘 이해하고, 관계를 개선하며, 궁극적으로 충만한 삶을 살고 싶어 합니다.

그런데 인간 심리를 이해하려면 과연 어디서 시작해야 할까요? 심리학적으로 우리 인간이 어떻게 행동하는지 명백히 규정하는 일이 가능하기는 할까요? 모든 사람이 공유하는 기본 정신 구조라는 것이 있을까요? 인간 정신으로 떠나는 여정에서 이 질문들이 저와 늘 함께했고 결국 이 책의 출발점이 되었답니다.

인간 심리에 대한 과학적 데이터는 매우 복합적이며 (아직은) 일관된 그림을 제공하지 못합니다. 다양한 심리학 학파와 접근 방식이 인간 심리를 이해하는 데 기여해왔습니다. 정신 분석학과 인지 심리학부터 인본주의 심리학에 이르기까지 다양한 관점과 이론이 존재합니다. 신경 과학적 연구도 중요하지요. 현대의 연구 방법 덕분에 우리는 이제 뇌를 더 깊이 들여다보고 감성, 시각, 사고 과정이 어떻게 작동하는지 더 잘 이해할 수 있습니다.

이를 이해하기 위한 중요한 단계는 모든 인간의 정신이 진화의 계획을 따른다는 사실을 깨닫는 것입니다. 우리 뇌는 진화 과정을 통해 발달해왔으며, 기본적인 심리 구조는 진화의 관심사와 일치합니다. 이러한 지식의 경로는 우리가 특정 행동과 선호도를 갖는 이유를 이해하는 데 도움이 됩니다. 그러나 진화가 추구하는 삶의 의미는 우리 인간이 이해하는 '삶의 의미'와 일치하지 않습니다. 우리의 직감은 '삶의 의미'가 단지 유전자를 전달하고 다른 사람과 경쟁하는 데에만 있을 수 없음을 알려줍니다. 사실 철학자와 심리학자의 관점에서 볼 때 이 정의는 인간 존재를 이루는 것의 일부만 포착할 뿐이에요. 우리는 개인의 존재를 넘어서는 더 깊은 의미, 더 넓은 지평을 찾고 있습니다. 우리에게는 개인의 존재를 넘어서는 방향성이 필요합니다. 어떤 사람이 되고 싶은지, 무엇을 위해 인생을 활용해야 할지 생각해야 합니다. 그러지 않으면 언젠가는 방향을 잃고 말 테니까요.

심리학자이자 심리 치료 상담사로서 저는 공감과 자기 성찰이 우리 인간을 특징짓는(그래야만 하는) 가치라고 봅니다. 공감을 느끼며 행동하고, 자기 자신을 성찰하며, 그 밖에도 다른 사람들이 더욱더 공감하고 자기 성찰을 하도록 고무시키는 일이 개인적인 삶의 의미에서도 중요한 부분을 차지하지요. 공감 능력을 계발하고 스스로를 성찰함으로써, 우리는 자신의 삶을 풍부하게 할 뿐만 아니라 더 평화롭고 더 공감하는 사회를 만드는 데 기여할 수도 있습니다.

우리 정신의 구조는 모든 인간과 모든 문화에 걸쳐 유효한 진화론적 건축물입니다. 개인 차이는 이 설계도의 변형에 불과하지요. 이 구조를 이해하면 우리 내면에서 무슨 일이 일어나고 있는지 더 잘 인식할 수 있고 아울러 개인적인 의미도 찾을 수 있습니다. 이것이 우리 모두를 앞으로 나아가게 하는 길입니다. 그 길에서 제 책이 여러분과 동행하며 도움을 드릴 거예요.

이 책을 읽어주셔서 진심으로 고맙습니다. 많은 깨달음과 영감, 무엇보다도 자기 자신과 주변 세계를 더 깊이 이해하는 데 도움이 되기를 바랍니다!

사랑을 담아,

슈테파니 슈탈 드림

들어가며

　아주 오래전 시작된 일입니다. 어렸을 때부터 인간이란 어떻게 '작동'하는 것일까 자주 생각에 잠기곤 했어요. 왜 특정한 일에 대해서 어떤 사람은 흥분하고 어떤 사람은 냉정을 유지할까? 왜 같은 사안에 어떤 사람은 이렇게 대처하고 어떤 사람은 저렇게 대처할까? 왜 우리 반 어떤 아이들은 공붓벌레이고 어떤 아이들은 게으름을 피울까? 왜 나는 때때로 특별한 이유 없이 기분이 나빠질까? 그리고 늘 최상으로 기분 좋은 상태를 유지하려면 어떻게 해야 할까?

　당시에는 이것이 기초적인 심리학 질문들이었다는 사실을 몰랐어요. 스스로와 다른 사람을 어떻게 인식하는지에 관한 의문이라는 사실을요. 무엇을 위해 애쓰고 무엇을 두려워하는지, 우리가 누구이고 타인에게 사랑받기 위해 뭘 해야 하는지, 무엇이 동기를 부여해주고 또 당황하게 만드는지, 아침에 일어나 새로운 하루를 시작할 의욕이 생기는지 아니면 집 안에 숨어 있고만 싶은지, 우리가 무엇을 신뢰하고 신뢰하지 않는지, 어떻게 나 자신과 관계, 삶을 형성해가는지. 사실 이 모든 것이 바로 심리학이라 할 수 있고, 이 질문들에 대한 답이 조금 더 추상적인 방향으로 나아간다면 이 모든 것은 철학이 되지요. 많은 이들에게 철학이라는 이 오래된 사유의 학문은 전혀 일상적인 것이 아니거나 아예 낯선 것일 수도 있습니다. 그러나 사실 철학은 인간이 삶에서 마주하는 어려운 상황들을 해결하는 데 도움을 주는 일에 항상 전념해왔답니다. 저서 《나이든다는 것과 늙어간다는 것》과 《나 자신과의 우정 Selbstfreundschaft》으로 유명한 철학자 빌헬름 슈미트[1]는 예컨대 제 심리 상담 접근 방식과 유사한 다음과 같은 관점을 제시합니다. 그는 "상황을 파악하여 분류하고 그에 대한 태도를 찾을 수 있는, 삶의 이해를 얻는 것"을 돕고자 합니다.

그러면 어디서부터 시작해야 할까요? 저라면 인간은 무엇으로 이루어져 있는가 하는 질문을 던지는 것으로 시작해보겠습니다. 인간은 신체와 정신으로 이루어져 있지요. 여기서 독일어로 '정신 Geist'이라는 단어의 이중적인 뜻을 생각하지 않을 수 없네요. 이는 유령을 뜻하기도 하거든요. 아마도 이건 우연이 아닐 거예요. '정신'과 '유령' 모두 물질적 개념으로는 정의하기 어려우니까요. 만일 여기서 '정신'이라는 단어를 '마음'으로 대체한다면(의미론적 논쟁은 차치하고라도 말입니다) 문장을 이렇게 바꿔볼 수도 있습니다. "인간은 신체와 마음으로 이루어져 있다." 그리고 뇌는 마음의 물질적 실체이지요.

저는 우리 마음이 어떻게 구조화되어 있는가 하는 질문에 몰두해왔습니다. 마음의 설계도란 무엇일까요? 모든 인간이 공유하는 정신적 기초 구조물이라는 것이 있을까요? 그렇다면 그것은 어떤 요소들로 이루어져 있을까요?

이에 관한 학계의 연구 상황은 꽤나 복잡하고, 아직 완결된 형태를 제시할 수도 없습니다. 각종 심리학적 개념과 사례, 이론, 연구 결과들이 엄청난 스펙트럼으로 펼쳐져 있기 때문이지요. 이러한 복잡성은 심리학이 매우 다양한 세부 영역과 그에 따른 엄청나게 많은 연구 분야를 아우르고 있음에, 그리고 역사적으로 다양한 심리학 학파가 파생되어 공존하고 있음에 기인합니다. 이 학파들은 기초적인 인간상에 대하여 각기 다른 학설을 대표하고 그에 따라 근본적으로 연구 내용 및 방식이 결정됩니다. 가장 잘 알려진 학파들에는 다음과 같은 것이 있습니다.

* 정신 분석학
* 인지 심리학. 이 학파에서 연구된 지식은 무엇보다도 특히 행동 치료 분야에 큰 영향을 줌
* 인본주의 심리학. 이 학파에서 발전한 세부 영역으로는 대화 심리 치료가 있음

체계적 치료 또는 가족 치료 모델이 나중에 이 세 가지 기초 학파에서 발전해 나왔지요.

1990년대 이후로는 신경학적 연구가 점점 더 중요해졌는데,

이는 의학적 진료 방법의 발전과도 연관되어 있답니다. 이를 통해 뇌에서 일어나는 일련의 과정을 더욱 자세히 연구할 수 있게 되었으니까요. 사람의 인지는 어떻게 작동하는가? 감정은 어디서 생성되고 어떻게 다듬어지는가? 사고 과정은 어떻게 진행되는가? 동기는 어떻게 유발되는가? 이 모든 과정은 서로 어떻게 통합되는가? 신경학자들의 노력은 우리에게 뇌의 활동 과정에 대해 많은 지식을 알려주었습니다. 그렇지만 이들은 그 과정만 묘사할 수 있을 뿐, 이것이 각 실험 대상 개인에게 어떤 의미인지까지는 설명하지 못했습니다. 그 사람이 음악을 들을 때 어떤 생각을 하고 무엇을 느끼는지, 어떤 경험이 깊은 각인을 남겼는지 같은 문제 말이지요.

현재까지도 우리의 자존감과 공고히 연결된 뇌의 영역이 어디인지는 밝혀지지 않았습니다. 마찬가지로 애착과 자율에 대한 심리적 기본 욕구도 뇌의 어떤 영역에 관련되어 있는지 정확하게 파악되지 않았지요.

자의식과 뇌

의학 촬영을 이용한 신경학적 연구에서는 오래전부터 뇌의 다음 세 영역이 자의식에서 중요한 역할을 담당한다고 봐왔습니다. 뇌섬엽, 전대상 피질, 내측 전전두피질이 그 세 영역입니다. 그러나 이후 미국 신경학자들의 연구에 의해 이 또한 지나치게 단순화된 가설이라는 점이 밝혀졌습니다. 이른바 '자의식 영역'이 질병으로 광범위하게 파괴된 어느 환자의 경우 뇌의 다른 부분들이 이 기능을 넘겨받은 현상을 관찰할 수 있었기 때문입니다. 이 연구를 통해 우리는 자의식이 뇌의 여러 영역이 협력하여 만들어진 패치워크와도 같다는 결론에 도달할 수 있습니다.

개인적으로는 심리 치료학자 클라우스 그라베의 연구가 무엇보다 획기적인 영향을 끼쳤다고 생각합니다. 그는 신경 심리학의 지식이 심리 치료에 훨씬 더 많이 활용되어야 한다고 주장했지요. 그라베는 심리 상담이 심리학의 여러 학파를 아울러야 한다는 의견을 지지했습니다. 그라베의 연구들은 우리의 심리적 구조가 어떤 방식으로 진화를 불러일으키는지 밝히는 데 집중했습니다. 이 접근 방식은 납득이 갑니다. 저 역시 학파를 분리하는 사고를 넘어서서 심리 문제를 다루는 데 더욱 일반적으로 적용할 수 있는 안을 탐색해야 한다는 그라베의 주장에 동의합니다. 어떤 분야에서는 심리 치료가 일종의 일시적 해결책으로만 소개될 수도 있습니다. 뇌가 더 광범위하게 연구되고 그에 따른 적절한 의술이 마련될 먼 미래에는 공황 발작, 우울증 또는 강박증 같은 심리적 장애들을 환자들의 머리에다 직접 '땜질'하는 식으로 치료할 수 있으리라 상상해볼 수도 있습니다.

물론 그렇게 된다고 해서 영혼의 모든 고통을 이런 식으로 바라보아도 된다는 이야기는 아닙니다. 결국 근심이나 분노, 두려움의 원인은 유전적 요인이나 신경 연결의 결함만이 아니고, 우리의 생활 환경, 더 나아가 경험과도 관련되어 있기 때문이지요. 예컨대 사랑하는 사람의 죽음이나 어두운 유년 시절은 흔적을 남깁니다.

특정 각인이나 불행한 사건을 비로소 제대로 다룰 수 있게 되기까지 얼마나 많은 시간이 걸리는지는 개인차가 매우 심합니다. 그렇기 때문에 저는 의료 보험 사업자나 입법 기관 쪽에서 어떤 심리적 문제의 치료 기간을 구체적으로 정해달라는 요청을 받을 때마다 그러기가 매우 어렵다는 입장을 고수하고 있습니다. 그런 방식은 인간 심리를 다루는 데 적합하지 않으니까요.

1장

심리학이
인간의 마음과
작동 원리에 대해
알고 있는 것들

'나는 누구인가'라는 질문이
왜 이토록 중요할까요

인간의 마음에 각인을 남기는 것은 무엇일까요? 이 질문에 대한 신경 생물학자의 답은 놀랍도록 명쾌합니다. 우리 뇌는 진화를 통해 계속 발달해왔다는 거예요. 뇌가 진화의 결과물이듯 우리 인간 또한 선호도와 행동 측면에서 진화의 결과물입니다. 우리 마음의 설계도는 진화의 이해득실에 따라 좌우된다는 뜻이지요.

그렇다면 진화는 어떤 계획에 따라 이루어지며 진화 과정에서 주된 관심사는 무엇일까요? 그리고 이 모든 일이 일어나는 상황에서 가장 중요한 목적은 무엇일까요? 현시점의 연구 현황에 따르면 그 답은 다음과 같습니다. 진화론적으로 삶의 의미란 우리의 유전자를 널리 퍼뜨리는 것입니다. 이 가설에 따르면 종의 보존도 중요한 요소가 아닙니다. 종은 어느 시점에 멸종하거나 변이할 수 있으니까요. 여기서 핵심은 유전자가 계속 전달되느냐 하는 것입니다.

이 이론은 영국의 생물학자 리처드 도킨스가 40년도 더 전에 그에게 가장 큰 명성을 가져다준 저서 《이기적 유전자》[2]에서 제시한 것입니다. 도킨스는 유전자가 어떤 대가를 치르더라도 자신을 관철시키고자 노력하며, 이득이 예상될 때에만 배려한다고 설명합니다. 이런 관점에서 보면 이타성은 인간이 타인과 협력할 때 자신의 유전자를 더 잘 전달하고 보호할 수 있다는 점에서만 의미가 있지요. 다양한 분야의 자연 과학자들에 따르면 우리는 사실 서로 경쟁하도록 설계되었다고 해요. 찰스 다윈[3]의 후계자를 자처하는 다윈주의자들은 서로 다른 종, 형태, 유전자 사이의 경쟁이 누가 생존하여 계속 살아남을지를 결정한다는 이론을 따릅니다. 이 이론에서 도출할 수 있는 결론은 다음과 같습니다. 인간 또한 이 경쟁에 던져져 있습니다. 만일 인간이 경쟁하지 않고 예외적으로 협력하는 모습을 보인다고 해도, 이 또한 결국 이기려는 의지에 도움이 되기 위함입니다.

그런데 인간 존재를 이렇게 바라보는 관점에는 사실 우리가 '삶의 의미'라고 부르는 것이 모두 결여되어 있습니다. 공감도 없고, 낭만적이지도 않고, 이상적이지도 않은 것 같습니다. 우리가 일상에서 반복적으로 겪는 구체적인 경험들에도 반하는 듯합니다. 왜 인간은 자기 후손도 아닌 타인을 구하기 위해 스스로의 목숨을 거는 걸까요? 이 경우에 자신의 유전자를 후대에 전달하는 데 분명 아무 도움이 안 되는데도 말이지요. 오히려 이런 '일상의 영웅'들은 타인을 돕고 주변인을 위하는 마음으로 자기 유전자를 '낭비'해 버리는 위험마저 감수하며 죽음을 무릅쓰기도 하지요. 엄청난 폭풍우가 몰아치는 수해 현장에서 급류에 휩쓸려 떠내려가는 노부부를 구하기 위해 일면식도 없는 젊은 청년이 물속으로 뛰어든 이야기를 미디어에서 접한 적 있을 거예요. 그는 그 과정에서 거의 익사할 뻔했지만 다행히 노부부도 구하고 자신도 살아남지요. 인간의 생물학적 조건에 따르면 생명을 위협하는 이런 행동은 어리석다고 비난해야 하지 않을까요? 그렇지만 실상은 그 반대이지요. 우리는 이 청년의 희생적인 행동을 칭송합니다.

우리의 감각은 '삶의 의미'가 자기 유전자를 물려주려 타인과 경쟁하는 데에만 있지 않다고 말합니다. 철학과 심리학을 연구하는 학자들이 볼 때 이 이론은 인간 존재를 정의하는 수많은 조각 가운데 하나에 불과합니다. 유명한 생물학자이며 뇌 과학자이자 베스트셀러 저자인 게랄트 휘터Gerald Hüther 역시 여기에 동의합니다. 우주 물리학적 관점에서 의미에 대한 우리의 이해와 딱 맞아떨어지지는 않더라도, 휘터에 따르면 인간은 삶에 (주관적인) 의미를 부여하지 않고서는 결코 살아갈 수 없습니다. 개개인의 존재를 넘어 어떤 방향성이 필요합니다. 내가 어떤 사람이고자 하는지, 내 삶이 어디에 쓰였으면 하는지에 관한 상像이 필요합니다. 그렇지 않다면 짧든 길든 방향성을 잃고 헤매게 될 겁니다.

"인간은 인간이란 무엇인지에 관하여 숙고하는 생물이다. 다른 어떤 생물도 그런 고민을 하지는 않는다." 철학자 빌헬름 슈미트의 생각입니다. "모든 문화권과 모든 시대를 아울러 인간은 별을 바라봐왔다. 그 시선 덕분에, 스스로를 더 큰 지평 안에서 인식하기 위하여 바로 눈앞에 있는 것 너머를 바라보는 데 매혹되는 존재가 인간이라는 결론을 내릴 수 있다."[4]

　주요 종교들 역시 예로부터 이 근본적인 질문에 답하며 율법서 형태로 많은 이들에게 방향성을 제시해왔습니다. 오늘날에도 신앙이 있는 사람이라면《이기적 유전자》의 이론이나 종의 보존 같은 주장에 격렬한 반론을 제기할 것입니다. 그렇지만 대다수 현대인은 이 질문에 신학적 관점의 답변을 바라지는 않습니다. 소수에 의해 종교와 인류에 적대적인 교리들이 연관 지어지고, 기독교가 오랫동안 '자아'와 '나 자신'에 맞서는 설교를 해왔던 탓인지도 모릅니다. 매우 개인적인 차원의 질문을 던질 때 이런 배경은 좋은 신뢰의 기초를 형성하는 데 도움이 안 됩니다.

　많은 이들은 세계적으로 널리 퍼져 있는 위대한 종교들의 테두리 바깥에서 해답과 방향성을 찾으려 하고 있습니다. 베텔스만 재단에서 시행한 연구에 따르면, 독일에서 신앙을 가지는 경우는 줄어드는 반면 그 자리를 다양한 형태의 영적 탐색이 대신하고 있습니다. 이러한 변화의 움직임은 교육 수준과는 상관없습니다. 총체적인 차원의 맥락과 신적인 존재의 계획, 물리적으로 측정 가능한 우리의 현실을 완전히 넘어선 곳에 있는 무한한 세계를 알고자 하는 소망은 비단 식자 집단만의 것이 아닐 거예요. 많은 사람에게는 타고난 (혹은 유전자에 각인되었다고 말해도 좋을) 욕구가 있습니다. 하나의 의미로 통하는 맥락을 찾고자 하는 충동이라 할 수도 있겠지요. 게랄트 휘터는 저서《사랑의 진화Die Evolution der Liebe》[5]에서 예수의 메시지와 인류애가 예나 지금이나 우리가 가장 깊은 곳에 간직하고 있는 여러 갈망에 호소한다고 씁니다. 더불어 살아가는 것 그리고 그에 속한 가치들, 즉 친절, 이타심, 정직, 다정함 등에 대한 지향은 한 번도 끊긴 적이 없다는 거예요. 삶에서 중요한 가치를 알아보기 위해 우리 인간에게 감정이 필요하다는 것은 매우 확고한 사실입니다. 아주 심한 우울증을 앓고 있는 경우처럼 아무 감정도 느끼지 못하는 지경에 빠지면 삶에서 중요한 가치들이 사라지고 그리하여 인생 자체도 의미를 잃어버립니다.

공감과 자기 성찰이 필요한 이유

이 시점에서 제가 개인적으로 무엇을 삶의 의미라 여기는지 터놓고 말해보려 합니다. 저는 우리를 인간으로 만드는(그래야 하는) 가치가 공감과 자기 성찰이라 생각합니다. 매사에 공감하는 태도로 임하는 것, 자기 자신을 성찰하는 것 그리고 더 많은 이들이 공감과 자기 성찰에 관심을 갖도록 만드는 것이 삶의 의미 가운데 중요한 부분을 차지한다고 봐요. 이런 이타적인 태도와 별개로 누구나 자기 삶을 즐기며 살아야 한다고도 생각합니다. (안타깝게도 이것은 우리가 세상에서 맞닥뜨리는 문제를 해결해주지는 못하고 단지 개인의 행복에만 기여하지요.)

새로 발생하거나 여전히 지속적으로 나타나는 세상의 많은 문제들이 공감과 자기 성찰의 결여 때문이라고 믿어요. 주변에서 매일같이 접하는 어마어마한 분노와 공격성으로 어떤 사람들은 다른 이들을 언어적으로 깎아내리고, 상처 주고, 좌절시키고, 폭력을 행사하고, 고문하고, 살해하고, 전쟁을 일으킵니다. 이 모든 것의 중심에 공감과 자기 성찰의 결여가 있습니다. 저는 사람들이 공개적으로 표출하거나 은밀히 숨기고 있는 타인에 대한 혐오에 종종 할 말을 잃곤 해요. 사람을 종교나 인종, 성별, 체형과 외모에 근거해 적대시하거나 심지어 죽음으로 몰아넣으려는 것은 정말 끔찍한 일이에요. 매일 주변에서 일어나는 거칠고 적대적인 사건들에 충격받아요. 인간이 동물과 환경에 어떤 피해를 입히고 있는지는 말할 것도 없지요. 저는 우리가 더 많이 공감하고 인간이 표출하는 공격성의 진짜 원인을 파악할 수 있다면 훨씬 더 평화로운 존재가 될 수 있다고 확신합니다.

타인에게 공감하기 어려워하는 사람은 대개 스스로 다른 사람의 공감을 경험한 적이 없는 경우가 많습니다. 부모가 자녀에게 공감 능력을 충분히 보여주지 못하면 자녀도 어떤 식으로든 이러한 행동을 답습하게 됩니다. 자기 자신의 감정을 인지하고 어떻게 다루어야 할지 몰라 어려움을 느끼는 거예요. 공감의 결여는 감정의 차단에서 비롯됩니다. 다시 말해 공감할 수 있으려면 자기 자신의 감정으로 통하는 통로가 깔려 있어야 합니다. 또한 공감의 결여는 트라우마에서 비롯되기도 해요. 전 세계의 많은 아이들이 트라우마에 시달리며 성인이 되어 스스로 가해자가 되는 위험에 처합니다. 분노는 두려움과 무기력, 열등감에서 자라납니다.

자기 성찰은 이러한 내면의 과정을 인식하고 해소시켜줍니다. 그래서 저는 개인적 자기 성찰이 곧 정치적으로도 반드시 필요하다고 생각합니다. 더 많이 성찰하는 사람일수록 자신의 유형과 가치관을 더 잘 인식할 수 있어요. 그렇게 자신의 현재 좌표를 확실히 아는 사람일수록 더욱 지혜롭고 현명한 사람이 됩니다. 그리고 현명한 사람만이 우리 사회가 그토록 절박하게 필요로 하는 공감을 보여줄 수 있지요.

그러면 어떻게 해야 더 잘 성찰하고 더 큰 공감을 보여줄 수 있을까요? 이를 위해서는 먼저 인간 마음의 구조를 이해해야 합니다. 그래야 우리 내부에서 일어나는 일들을 더 쉽게 알아챌 수 있으니까요.

우리 마음은 인간의 진화와 더불어 발달되어왔습니다. 그러니 진화 이야기로 다시 돌아가보겠습니다. 현시점에서 자연 과학은 진화를, 우리 유전자를 널리 퍼뜨리기 위한 과정으로 여깁니다. 조금 더 단순하게 표현해볼까요? 진화는 우리의 생존을 위한 것입니다. 삶 그 자체를 위한 것이지요. 삶 자체, 즉 진화론적 관점에서 본 삶의 의미가 가장 중요한 목적이라면, 우리 마음 또한 이를 달성하고자 하는 것이 논리적 흐름에 부합합니다. 인간의 몸은 물론이고 지상의 모든 생명이 수백만 년 전부터 이 목적을 이루기 위해 계속 스스로를 적응시켜왔듯이, 우리 마음 역시 이 자연법칙에 따라 그렇게 해왔을 거라는 이야기예요.

인간 심리의 근본 구조는 매우 명백하게 진화론적 건축물이며, 이 건축물은 문화를 초월하여 모든 인간에게 동일하게 유효한 구조로 이루어져 있어요. 문화를 초월하여 모든 인간 신체의 설계도가 동일한 것과 마찬가지이지요. 개별 차이점은 이 도면에서 작은 변주에 지나지 않아요. 이는 신체적 차원에도 정신적 차원에도 똑같이 적용됩니다. 우리 몸이 무엇으로 이루어져 있고 어떻게 작동하는가에 관한 지식은 널리 잘 알려져 있어요. 반면 우리의 심리적 구성 요소는 잘 몰라요. 정신이 뇌와 연결되어 있어도 그 본질이 비물질적인 데다 신체에 비해 기본적으로 설명하거나 파악하기 어렵다는 것이 그 이유이겠지요. 정신은 측정하기 어렵고 특정 조건 아래에서 한정적으로만 그 작동을 관찰할 수 있습니다. 신경 세포가 발화되는 뇌 영역을 가시화할 순 있지만 그 프로세스의 주관적이면서도 생각이나 감정과 관련된 의미는 측정할 수 없어요. 오직 해당 뇌의 주인만이 언어로 표현할 수 있지요. 예컨대 뇌 스캔을 통해 피실험자가 차이코프스키 음악을 들을 때 뇌의 특정 영역이 작동하는 현상을 볼 수는 있습니다. 그러나 이 음악이 그 사람에게 개인적으로 어떤 의미인지는 그가 우리에게 말로 설명해줄 수밖에 없어요. 같은 원리로 한 인간이 살아가기 위해 어떤 의미를 필요로 하는지는 굉장히 개인적인 문제일 수밖에 없습니다.

심리학자이자 심리 치료 상담사인 저는 다음 세 가지 요소를 늘 연구합니다. 바로 유전적 조건, 심리 구조, 삶의 의미와 행복을 찾으려는 개인적 여정이지요.

사람들은 스스로를 이해하고자 합니다. 그리고 기꺼이 자기 자신에게 질문을 던지지요. 인간은 '가능성의 존재'입니다. 철학적 구도자 빌헬름 슈미트는 저서 《삶에 의미 부여하기Dem Leben Sinn geben》에서 이와 같은 결론을 내렸는데, 매우 옳은 견해라고 생각합니다. 우리는 모두 몇 번이고 반복적으로 자기 자신을 시험해보고 새로이 발견할 수 있으며, 시도하고 실험해볼 수 있습니다.

우리 인간은 종종 다양한 규범과 형식, 경계를 뛰어넘습니다.

불가능까지 포함해 삶의 여러 가지 가능성을 찾고 싶어 하지요. 그 과정에서 나는 누구인가 하는 질문의 답을 찾고자 합니다. 그리고 내가 되고 싶고 될 수 있는 사람이 되는 방법을 알아내려 하지요.

궁극적으로, 자신의 심리적 기초를 이해하는 사람, 내면의 각인과 행동 양식을 파악하는 사람은 스스로 어떤 의미를 추구하는지 좀 더 쉽게 발견할 수 있을 거예요.

행복을 추구하며 끊임없이
외적 조건을 따지고 있나요

삶을 살아나가려 하고 후손에게 유전자를 물려주려는 동기를 가지기 위해서는 삶에 대한 의지가 필요합니다. 자연은 우리에게 엄청난 생존 본능과 죽음에 대한 두려움을 심어놓았습니다. 그렇지만 죽음에 대한 두려움만으로 삶을 이어갈 순 없어요. 오히려 살고자 하기에 죽음을 두려워한다는 것이 더 적절한 표현입니다. 삶에 지친 사람들은 죽음을 덜 두려워합니다.

우리를 계속 살아가도록 만드는 것은 좋은 감정들인데, 그중 맨 앞에 있는 것이 바로 행복입니다. 좋은 감정들은 우리에게 삶이란 살아갈 가치가 있는 것이라고 느끼게 만듭니다. 이런 감정들이 오랫동안 메말라 있거나 더욱 나쁘게는 아무것도 느끼지 못하는 기간이 길어지면 더 이상 삶에 매달리려는 의지를 잃습니다. 중등도 우울증 환자들은 대개 감정이 완전히 결여된 상태입니다. 모든 것이 무의미하다는 생각에서 비롯된 총체적 허무감은 환자가 죽음을 원하게 하고, 때로는 안타깝게도 그 소망을 실행에 옮기는 지경까지 몰아붙입니다.

우리 마음의 설계도에서 핵심 요소는 바로 우리가 감정을 느낀다는 점입니다. 되도록 좋은 감정들을 느낀다면 더할 나위 없겠지요! 인간은 약물을 찾듯이 행복을 찾으려 노력합니다. 행복감이 삶의 동기를 부여하기 때문입니다. 행복을 대신할 수 있는 약물은 희망입니다. 행복하지 않은 상황이 벌어졌을 때, 앞으로 나아지리라는 희망이 우리를 계속 살아가도록 만들 수 있습니다. 그렇지만 이런 희망도 우울증 환자에게는 0에 수렴합니다. 이 병을 앓는 환자들이 그토록 심한 삶의 피로감을 호소하는 또 다른 이유입니다.

그러나 조금은 덜 유쾌한 감정조차 우리에게 삶은 소중하다는 사실을 끊임없이 상기시켜주지요. 두려움은 신체적 또는 정신적 부상으로부터 인간이 스스로를 지킬 수 있도록 경고합니다. 슬픔은 우리가 뭔가 중요한 것을 상실했다는 사실을 알려줍니다. 메스꺼움은 전염이나 음독의 위험을 경고합니다. 수치심은 개인이 자기 자신을 사회적 규범에 맞추게 하여 공동체의 일원으로 남을 수 있도록 돕습니다. 공동체 없이 인간은 생존할 수 없으니까요. 죄책감은 우리가 자신이나 타인에게 피해를 끼친 결과로 느끼는 감정입니다. 시기심은 우리를 자극하고, 질투심은 중요한 관계를 꽉 붙들도록 하는 동기가 됩니다. 이러한 감정들이 없다면 인간은 삶을 지속하려는, 더 나아가 그 어떤 행동의 동기조차 가지지 못할 거예요. 그래서 우울증 환자들이 내면의 허무와 인생의 무상함에만 시달리는 것이 아니라 무기력증으로 고통받기도 하는 것입니다. 심각한 경우에는 자살할 엄두조차 내지 못합니다. 그래서 의사들은 치료 초기에 항우울제를 쓸 때, 환자의 의욕을 높이기에 앞서 전반적인 기분을 나아지게 하는 데 중점을 두고 약물을 처방합니다. 그러지 않으면 약물이 치명적인 결과를 일으킬 수 있기 때문입니다.

좋은 감정에 매우 굶주려 있을 때에는 직접적인 행복감을 느끼는 데 집중하는 것이 가장 효율적인 접근 방식입니다. 좀 더 구체적으로 설명하면 다음과 같습니다. 우리는 보통 행복을 외적인 것에서 찾습니다. 예컨대 행복한 연애 관계나 직업적 성공, 돈을 다발로 벌고 그 돈으로 사들일 수 있는 좋은 물건들 같은 것 말이에요. 그런데 이런 외적인 요소들은 그만큼 우리 기분을 끌어내리기도 합니다. 우울한 날씨, 교통 체증, 일터에서의 스트레스, 내 마음 같지 않은 배우자 등이 떠오르네요. 좋지 않은 감정이 전면에 나서는 경우는 늘 우리가 원했던 것을 얻지 못할 때예요. 만일 어떤 상황에서도 만족감을 느끼도록 뇌를 제어할 수 있다면 아무 문제 없을 텐데 말이지요.

심리학자이자 저자인 옌스 코르센Jens Corssen은 이러한 맥락에서 "고양된 정서 상태gehobene Gestimmtheit"에 대해 이야기합니다. 참으로 맞는 말인 것이, 그는 인생의 많은 부분이 개인적 선택의 문제라고 이야기해요. 내가 차를 몰고 나가기로 결정했다면 교통 체증을 맞닥뜨릴 것도 계산에 넣어야 합니다. 그런 상황에 분노하기보다는 스스로 이렇게 말해야 한다는 거예요. 나는 직접 운전해서 가기로 결정했어. 그러니까 차를 가져갈 거야. 이 말은 차가 밀리는 상황도 내가 원했던 것의 일부라는 뜻이야! 다음의 경우도 마찬가지예요. 내가 이 배우자를 선택했어. 이 사람은 기분이 안 좋을 때가 많아. 그렇지만 이 성질 나쁜 배우자를 원한 사람은 나야!

코르센 법칙은 놀라울 정도로 단순합니다. 스스로 내린 삶의 결정들을 단숨에 받아들이는 것 또는 새로운 결정을 내리는 것에 관한 법칙입니다. 그 저변에는 교통 체증이나 내 마음 같지 않은 배우자처럼 우리가 영향을 미칠 수 없는 외적인 조건들에 매달리지 말고 자신의 감정을 조절해야 한다는 생각이 깔려 있습니다. 상황-대응보다는 감정-대응을 하라는 거예요. 대응coping은 심리학에서 사용하는 전문 용어로, 무언가를 처리한다, 대처한다는 뜻입니다.

불교에서 기대를 관리하는 법

불교를 믿는 사람은 현실을 있는 그대로 받아들이고 얽매임에서 해방되려는 목표를 따릅니다. '얽매임'이란 갈망, 그리고 행복을 보장하는 타인이나 대상 또는 상태에 대한 애착 정도로 이해할 수 있습니다. 예를 들어 물질적 소유, 명성, 지위, 타인과의 지나친 관계성 같은 것 말입니다. 덜 얽매일수록 더 자유롭고 편안하게 삶을, 궁극적으로 죽음까지도 받아들일 수 있는데, 나 자신마저도 자유롭게 놓아줄 수 있는 상태가 되기 때문이에요. 덜 얽매일수록 기대나 탐욕이 생성되기도 어려워져요. 원칙적으로 성공적인 수행을 하는 불교 신자들은 매우 효과적으로 기대를 관리하는 덕분에 강력한 감정의 소용돌이 안에서도 이런저런 방향으로 보호받으며 그 소용돌이를 다시금 가장 편안한 상태로 변화시킬 수 있는 셈이지요.

기분 좋은 감정들은 내면에서 성취하고자 노력하는 일이 외부 세계에서 실제로 일어날 때 발생합니다. 행복감은 내가 기대했던 것보다 더 많은 것을 얻었을 때 생겨납니다. 반면 외부 세계에서 일어나는 일이 우리가 소망하고 기대했던 것과 명백히 어긋날 때 인간은 불행을 느끼고 심지어 병에 걸리기도 합니다. 이 단순한 기대의 균형을 심리학에서는 일관성consistency의 법칙이라 합니다.

예상하고 기대한 대로
흘러가지 않아 고통스러운가요

아침에 마시는 커피 한 잔에 기쁨을 느끼는 사람인데, 만일 커피 머신이 고장 났다는 사실을 알고 나면 낙담이 밀려옵니다. 생일 선물로 목걸이를 받고 싶었는데 다리미를 받았다면 실망감을 느낍니다. 기대치 않았던 상냥한 칭찬을 들었을 때 기뻐합니다. 평범하게만 들리시나요? 그렇지만 이것들에서 우리는 근본적인 법칙을 이끌어낼 수 있답니다. 우리의 감정생활은 한편으로는 우리가 품는 기대와 소망에, 다른 한편으로는 현실 인식에 지대한 영향을 받아 결정됩니다. 쉽게 말하면 뭔가가 우리가 기대하거나 바랐던 것에 비해 나쁜 결과로 이어질 때 불쾌감을 느낀다는 거예요.

앞서 언급한, 선물로 목걸이를 받지 못했다거나 커피 머신이 고장 난 정도는 심리적으로 잘 처리할 수 있는 사건들입니다. 그런데 예컨대 애정 관계에서의 거절 같은 것은 완전히 다른 차원의 고통을 불러올 수 있어요.

내면의 기대와 소망이 현실과 동떨어진 양상을 보일 때 비일관성inconsistency이 발생한다고 말합니다. 정서적 차원에서 내적 긴장이라는 형태로 어긋남을 경험하는 거예요. 이는 고무줄에 비유할 수 있습니다. 소망이 한쪽 방향으로 당기고 현실은 다른 쪽으로 당기는 거예요. 여기서 소망이 강하면 강할수록, 현실과의 거리가 멀어지면 멀어질수록 더 팽팽한 긴장이 나타나지요.

비일관성은 어떻게 드러날까

클라우스 그라베의 일관성 법칙에 따르면, 인간은 누구나 기대와 현실 사이의 일관성을 위해 노력합니다. 내면의 욕구와 현실의 경험 사이에 동의와 합의의 과정을 거치는 거지요(심리적 절차). 이때 일관성이 높으면 높을수록 그 사람은 건강하고 행복합니다. 이 반대의 상태를 비일관성이라고 하며, 인간 감정의 스펙트럼에서는 불쾌감에 속합니다.

비일관성에는 두 가지 하위 형태가 있어요.

첫째, 인지 부조화란 일치가 어렵거나 아예 불가능한 최소 두 가지 이상의 목표 또는 소망이 제시될 때 나타납니다. 예를 들면 확신에 찬 비건 여성이 고기를 매우 즐겨 먹는 남성과 사랑에 빠지는 경우입니다. 이때 육류 소비에 대한 그녀의 입장과 그 남성과의 관계 사이에 부조화가 발생하지요.

둘째, 불일치란 어떤 사람이 자신의 목표에 도달할 수 없거나 도달할 수 없다는 느낌을 받을 때를 가리킵니다. 현실 인식이 목표와 일치하지 않는 상황이지요. 예를 들어 불행한 연애를 하며 친밀감에 대한 욕구가 채워지지 않는 경우입니다.

심리적 사건 측면에서 볼 때 비일관성 상태는 변화를 끌어낼 수 있기에 동기를 부여하는 원천이 될 수도 있어요. 반대로 비일관성을 잘 다루지 못하면 아주 강력한 방해 요인으로 작용하기도 한답니다.

우리 뇌는 아침부터 저녁까지 하루 종일 우리가 원하는 것을 얻었는지 평가합니다. 그 과정에서 앞으로 어떤 일이 일어날지, 다음 단계는 어떤 모습이어야 할지에 대한 기대를 지속적으로 생성합니다. 여기에 사용되고 작용하는 신경 심리학적 요소가 비교기 comparator라는 거예요. 이는 디지털 기술 용어로, 클라우스 그라베 역시 쓴 적이 있어요.[6] 익숙한 멜로디를 듣고 있는데 갑자기 음 하나가 틀리면 비일관성, 즉 '어이쿠' 같은 반응을 유발하는 작은 내적 긴장이 나타날 수 있어요. 운전 중에, 장을 보는 중에, 일하는 중에, 산책 중에도 마찬가지예요. 비교기는 지속적으로 현재 상황을 확인하며 다음 단계의 계획을 그립니다.

모든 것이 계획대로 흘러가고 비교기가 계획에서 멀어졌다는 신호를 보내지 않는다면 우리는 편안해집니다. 비교기가 아주 강력한 괴리가 생겼다는 신호를 보내면 스트레스를 받고요. 스트레스를 느끼는 기준은 과연 상황을 제어할 수 있는지에 대한 주관적 예측과 매우 밀접해요. 특정 상황에서 잘 대처했다고 느낄수록 스트레스를 덜 받는답니다.

그렇지만 항상 모든 것이 계획대로 흘러가면 우리는 느슨한 상황에 지루함을 느껴요. 말하자면 삶에서 계속 자극받는다고 느끼기 위해서는 적당한 도전 과제가 필요하답니다. 하지만 그런 도전 과제 때문에 과부하가 걸리지 않으려면 어쩌면 특별한 노력을 기울여 기대를 제어할 수 있는 능력이 있어야 해요.

유명한 실험의 주인공 파블로프의 개는 인간을 포함한 살아 있는 생물이 비일관성 상황에 지속적으로 노출되는 것이 어떤 영향을 미치는지 보여줍니다. 러시아 의사인 이반 페트로비치 파블로프는 20세기 초에 조건 반사(다시 말해 학습된 반사)를 연구했습니다. 파블로프는 프로젝터에 원 그림이 보일 때에만 먹이에 반응하도록 개를 훈련했습니다. 반면 타원 그림이 나올 때에는 먹이를 주지 않았습니다. 개는 이 사실을 매우 빠르게 파악했고 원을 볼 때마다 식사에 대한 흥분 반응이 점점 더 커졌습니다. 원 모양이 먹이를 받는 것과 연관되어 있음을 개가 학습한 거예요. 원 모양을 보기만 해도 먹이에 대한 기대로 흥분하여 침을 흘리기에 충분할 정도로요.

이러한 자극과 반응의 연결을 조건 반사라고 부릅니다. 인간 역시 조건 반사를 통해 학습해요. 우리 뇌의 프로세스는 학습 대상이 좋은 조건인지 나쁜 조건인지는 크게 상관하지 않아요. 이렇게 우리는 자극-반응 연결을 통해 커피 한 잔과 담배 한 개비가 완벽한 쌍을 이룬다는 것(개에게 학습시킨 원 모양과 유사한 자극)을 '배웁니다'. 또는 할머니 댁에 가면 늘 직접 구운 케이크가 준비되어 있다는 것 같은 거요. 어쩌면 긴 키스 끝에는 섹스가 이어진다는 것도 조건 반사를 통해 학습했을지도 모르겠네요.

자, 다시 파블로프의 개 실험으로 돌아가봅시다. 주인이 약간 심술궂게 구네요. 개에게 원과 타원을 계속 보여주는데 그 둘의 모양 차이가 점점 줄어들었어요. 개는 혼란스러웠지요. 기뻐해도 되나? 그러면 안 되나? 먹이를 주는 건가? 주지 않는 건가? 개는 점점 더 의문에 빠졌어요. 최대치의 비일관성에 괴로워진 거지요. 결국 개는 구석으로 가서 가만히 있었어요. 그 상황에 대처할 수 있다는 희망 자체를 아예 내려놓은 거예요. 이 상태를 우리는 체념이라 부릅니다. 인간도 체념을 경험합니다. 예컨대 오랫동안 제대로 아무 행동도 할 수 없다거나, 모든 노력이 빠짐없이 수포로 돌아간다거나 할 때 그렇습니다. 우울증과 번아웃은 일정 정도 체념의 한 형태에 해당한다고 할 수 있어요.

비일관성과 그로 인해 발생하는 스트레스는 여러 심리 문제들과 장애 유형들로 발전하기 십상입니다. 비일관성은 항상 내 소망이 현실과 충돌하거나 스스로 설정한 다른 가치나 소망과 갈등을 빚을 때 나타나요. 예를 들면 한편으로는 좋은 남편이고 싶은데 다른 한편으로는 바람피우고 싶은 충동을 느끼는 경우이지요. 비일관성과 그로 인한 스트레스가 유발되는 전형적인 갈등 상황은 다음과 같습니다.

* 뭔가를 원하는데 손에 넣을 수 없다.
  (사례: 연애를 하고 싶은데 사귈 사람이 없다.)
* 뭔가를 받았는데 내가 원하지 않는 것이다.
  (사례: 이웃이 나에게 불평불만을 늘어놓는다.)

* 상황을 예측할 수 없다.

  (사례: 앞에 앉아 있는 사람의 행동을 예상하기 어렵다. 파블로프의 개 실험과 같은 맥락에서.)

* 여러 소망이 있는데, 그것들끼리 조율이 어렵다.

  (사례: 건강하게 살고 싶지만 자주 술도 마시고 싶다.)

* 뭔가를 원하지만 동시에 두렵기도 하다.

  (사례: 진지한 연애를 하고 싶은데 그 관계에서 실망할까 두렵다.)

* 달성하고 싶은 목표가 있는데 이루지 못할까 두렵다.

  (사례: 학교를 졸업하고 싶지만 졸업 시험을 통과하지 못할까 두렵다.)

이때 누가 무엇에 스트레스를 느끼는가는 개인 성향에 따라 완전히 다릅니다. 특히 소음, 감당하기 힘든 더위, 추위, 사고 등등 물리적 스트레스의 경우 차이가 크답니다. 사람은 모두 물리적 스트레스를 느끼지만, 어떤 요인에 더 예민한지는 사람마다 제각각이에요. 물리적 스트레스 요인이 모든 사람에게 어느 정도 스트레스를 유발하는 이유는 그것이 객관적으로 존재하기 때문이지요.

반면 우리가 심리적 스트레스로 느끼는 것은 일어난 일에 각자 어느 정도의 의미를 부여하느냐에 따라 달라집니다. 물리적 스트레스가 외부 세계의 측정 가능한 변화(예컨대 지나친 더위 등)로 유발되는 반면, 심리적 스트레스는 우리 뇌에서, 즉 생각 속에서 생겨납니다. 적지 않은 사람들에게 대중 앞에서 연설을 한다는 것은 거의 공포에 가깝지만, 어떤 사람들에게는 아주 재미있는 일일 수 있어요. 어떤 이에게 개인적 비판은 중요한 피드백이지만, 다른 사람은 병적일 정도로 이를 받아들이지 못하지요. 어떤 사람에게 이직은 기쁜 마음으로 도전할 수 있는 새로운 과제이지만, 다른 사람에게는 거절에 대한 두려움으로 점철된 괴로움일 뿐이에요.

　여기서 중요한 쟁점은 이 주관적 의미 부여가 우리 뇌 안에서 어떤 방식으로 이루어지는가 하는 겁니다. 우리의 감정, 생각, 동기, 행동에 각인을 남기고 그것들을 형성하는 데 어떤 심리적, 생리적 과정이 관여할까요?

현실을 있는 그대로
인지하고 있다고 생각하나요

지금 제가 책상에 앉아 바라보는 것처럼 세상을 바라보면, 우리 눈에 보이는 것이 완전히 현실 같습니다. 하지만 실제로 현실은 거의 우리 머릿속에서 일어나는 일이라 보면 됩니다. 시작은 색채를 구별하는 것입니다. 바깥의 진짜 세상은 서로 다른 세기와 파형의 전자기장으로만 이루어져 있습니다. 그곳에 색채란 없지요. (이 견해는 어쨌든 제게는 너무 섬뜩하게 느껴집니다. 이 우주의 냉정함을 반영하는 것 같다고 할까요.) 색이라는 환상은 우리 망막 위에 생성됩니다. 적외선이나 엑스레이 같은 전자기적 발산의 다른 스펙트럼들은 우리 눈으로는 볼 수 없어요. 그렇지만 분명히 존재한다는 것이 증명된 사실이지요. 어떤 것들은 동물들이 우리보다 훨씬 더 잘 인지하는데, 대표적인 예가 초음파입니다.

인간의 현실 인지는 아마도 현실 자체와 너무 멀리 떨어져 있어서 진짜 현실이 실제로 어떤 모습인지 상상조차 할 수 없을 정도일 거예요. 그러나 인간의 현실 인지에 한계가 있다는 것은 진화론적으로는 마땅히 그럴 만한 이유가 있는 듯해요. 이를 통해 많은, 특히 생존과 직접적으로 관계없는 정보들이 걸러지고 우리 뇌가 무리하지 않을 수 있거든요. 따라서 인간으로서 잘 살아가기 위해서는 일어나고 있는 일들 가운데 다수를 전혀 몰라야 할 때도 있는 거예요.

인간의 인지 능력이 한정적이라는 것은 현실을 바라보는 우리의 시각이 제한되고 왜곡되는 이유를 설명해주는 하나의 대답이 될 수 있을 겁니다. 그러나 순수한 감각 지각 수준에서 우리 인간은 모두 거의 같은 것을 보는 듯해요. 무엇이 둥글고 무엇이 네모난지, 나무는 어떻게 생기고 테이블은 어떻게 생겼는지 다 같이 동의할 수 있으니까요.

이제부터는 모든 인간의 뇌가 정보를 처리하는 방식이 같다는 전제하에 이야기를 진행하려 합니다. 예컨대 색맹이라든지 특정 신경의 손상으로 달라지는 감각 인지 등은 논외로 한다는 뜻입니다.

인간 인지의 개별성에서 결정적 요소는 바로 일어난 일에 우리가 부여하는 주관적 의미입니다. 이 의미는 우리가 어떻게 인지하느냐를 결정할 뿐만 아니라 무엇을 인지하느냐도 좌우합니다. 우리의 인지는 외부 세계에서 일어난 일에는 실제로 거의 초점을 맞추지 않아요. 그보다는 자신의 소망, 욕구, 결핍 등에 집중하지요. 따라서 우리의 현재 심리 상태가 인지에 큰 영향을 미친답니다. 배고픔을 느끼면 음식에 집중합니다. 지루해서 너무 괴로울 지경이라면 휴대폰으로 게임을 해요. 슬프면 온 세상이 '회색'으로 보이고요. 사랑에 빠졌다면 주변 사람들이 모두 친절하게 느껴지지요. 아기를 간절히 원하면 온통 임산부만 눈에 들어오고요.

우리의 주의를 끌어당기는 두 번째 기준은, 사건이 얼마나 눈길을 끄느냐 하는 것입니다. 도시의 거리를 걷고 있는데 갑자기 맞은편에서 낙타 한 마리가 걸어온다면 아무리 다른 생각에 깊이 빠져 있어도, 다른 욕구가 굉장히 강한 상태여도 그 모습을 볼 수밖에 없어요. 특별히 눈에 띄는 자극을 받아들인다는 것은 우리의 생존 본능 때문이에요. 갑자기 위협적인 상황이 벌어졌을 때 빠르게 알아차려야 하니까요.

그런데 눈에 띄지도 않고 주관적 의미도 부여하지 않는 사건은 우리의 단기 기억 장치에 도달하지 못해요. 단기 기억 장치에 도달하지 못하면 일어나지 않은 일이나 다름없지요. 우리 눈은 인지한 이미지를 접수하기는 하지만, 단기 기억 장치로 전달되지 못하는 이미지는 우리 의식 속에 존재하지 않아요. 단기 기억은 작업 기억이라고도 부르는데, 우리의 의식과 거의 같다고 보아도 무방합니다. 무엇이 중요하고 중요하지 않은지, 그러니까 무엇이 의식적으로 인지되고 무엇이 '블랙홀'에 남느냐 하는 판단은 감각 기관이 아니라 뇌에서 이루어집니다.

의식적 인지는 어둠 속에서 빛나는 손전등에 비유해볼 수 있어요. 이 주목의 빛이 어디를 향하느냐는 우리 내면에 어떤 욕구가 있는지, 이전에 어떤 경험을 했는지에 따라 좌우됩니다. 우리가 눈으로 보는 모든 것이 뇌에 안착하는 것이 아니라 이전 경험에 의해 한

번 걸러진다는 거예요. 반면 이전에는 한 번도 본 적 없었던 무언가를 보면 그것을 제대로 분류하거나 그 의미를 파악하기 힘들어요. 왜냐하면 망막에 맺히는 모든 외부 현실의 이미지는 지난 경험과 비교되거든요. 물론 이 과정은 우리가 알아차릴 수 없을 만큼 빠르게 이루어집니다. 외부 세계에서 받는 감각적 인상은 우선 바깥에서 들어온 이미지, 즉 현실 그대로 1차 시각 피질에 도달합니다. 이 이미지는 연합 영역이라고도 하는 2차 시각 영역의 기억들과 비교되고 한데 섞입니다. 이를 통해 이미지는 주관적이고 개인적인 의미를 얻습니다. 이러한 맥락에서 우리가 보는 것은 항상 현실과 주관적 경험의 혼합입니다. 따라서 인간의 인지는 매우 강력하게 기억에 의해 좌우됩니다. 이러한 원칙, 그러니까 감각적 인상과 개인적 기억 사이의 연결은 다른 감각 기관을 통한 인지, 즉 귀, 코, 혀, 피부를 통한 인지에도 똑같이 해당됩니다.

중요한 점은 인지가 우리의 감정을 불러일으킨다는 거예요. 주관적 색채와 의미 부여 없이 감정을 경험할 순 없으니까요. 이런 이유로 커피 향은 어린이들과 아침에 일어나자마자 급히 커피부터 수혈해야 하는 어른들에게 아주 다른 감정을 부르지요. 커피 향은 어른들에게는 완전히 다른 연상 작용을 일으키며 그리하여 다른 감정을 유발합니다.

진화론적으로 이 인지와 경험의 밀접한 연결은 또 다른 의미가 있어요. 이를 통해 우리는 소위 번개같이 빠르게 위험을 알아챌 수 있지요. 작고 귀여운 아기 고양이와 독사를 구별하듯이 말이에요. 인지와 경험, 감정 사이의 연결을 통해 학습이 가능해집니다. 앞서 언급했듯이 이 맥락에서 우리의 감정은 생존과 직결된 문제예요. 독사를 목격하는 순간 곧장 두려움을 느끼지 못한다면 그 순간 어떻게 행동해야 올바른 것인지도 확실히 알 수 없을 테니까요. 두려움은 우리가 도망치거나 맞서서 공격하도록 만들어줍니다. 이길 확률이 얼마나 되느냐 주관적 판단에 따라 다른 행동을 취하지요.

요약하자면 인간은 자신을 둘러싼 현실의 조각, 즉 스스로에게 주관적으로 중요한 일부만을 인지합니다. 우리는 현실 자체에 반응한다기보다는 주관적 학습 경험에서 획득한 의미에 반응하는 거예요. 엄격하게 말하면 우리가 반응하는 대상은 개인적 기억에서 비롯된 스스로의 생각과 해석인 셈이지요.

어린 시절 기억이
어른이 된 당신을 붙잡고 있나요

사람이 태어나서 처음으로 세상의 빛을 보는 순간, 뇌는 오직 25퍼센트만 형성된 상태입니다. 이 25퍼센트는 허기와 포만감의 조절 같은 기초적인 생존과 관련된 기능에 관여합니다. 우리의 감정생활 또한 아직 덜 발달된 상태이며 기본적으로 쾌감과 불쾌감 정도만 구별할 수 있어요. 탄생 순간에 이미 형성되어 있었던 뇌의 기능 단위를 뇌간 또는 파충류 뇌라고 합니다. 하등 척추동물의 경우 이 영역이 뇌의 대부분을 차지해요. 그러니까 인간의 삶에서 이때는 거의 파충류 정도의 기능을 할 수 있는 시기라는 뜻이지요. 감정적인 상호 교류나 기대 등을 관장하는 변연계, 복잡한 사고와 결정 과정을 담당하는 전전두피질 같은 보다 고등한 뇌 영역은 타인과의 상호 작용 중에 그리고 그 상호 작용에 의해 발달합니다.

이 '하드웨어', 즉 신경계의 기능적 특징이나 구조 같은 영역과 관련해 우리 뇌는 태어날 때부터 다양한 가능성의 스펙트럼을 준비해둡니다. 그런데 '소프트웨어', 즉 끊임없이 변화하며 뇌로 흘러들어오는 정보들을 처리하는 사고나 감정과 관련된 영역은 우리가 성장 과정에서 어떤 경험들을 수집하느냐에 따라 달라져요. 특히 생후 6년 동안 뇌는 아주 빠르게 발달하는데, 그렇기 때문에 심리적 각인 측면에서도 이 기간이 매우 중요합니다. 보통 뇌는 만 20세가 되면 발달을 완전히 멈춥니다. 반면 학습은 생이 끝나는 날까지 계속되지요. 나이가 더 들어도 새로운 기술을 배워서 심리적 소프트웨어를 바꿔놓을 수 있어요. 그러나 우리가 인생 첫 2년간 경험하는 것은 성인이 된 후에도 지워지지 않습니다. 이 생후 2년 동안 우리 내면에서 자기 자신과 세상을 향한 근원적 신뢰와 근원적 불신이 형성됩니다. 이 각인은 돌이킬 수 없어요. 그렇지만 성인이 되면 자기 성찰과 새로운 내적 태도 습득, 새로운 행동 방식 학습을 통해 '프로그래밍 손상'을 충분히 보완할 수 있습니다.

각자 어린 시절 경험을 의식적으로 성찰하여 그로부터 적절한 거리를 확보하는 작업을 시작하기 전에는 이 초기 각인이 안경처럼 현실을 인지하는 통로 역할을 합니다. 신경 심리학에서는 이 안경을 마인드맵mindmap이라 부르기도 해요. 초기 각인들은 우리의 자아상과 자존감을 결정하며, 이 두 가지는 우리가 타인을 어떻게 인지하고 그들에게 어떤 기대를 하게 되는지에 지대한 영향을 끼칩니다. 그리고 우리는 타인이나 공동체 없이는 생존할 수 없으므로 관계를 인지하고 형성해나가는 방식은 심리적 삶과 생존의 기초라고 할 수 있습니다.

친밀감과 보호받음에 대한 아이의 욕구가 부모에 의해 충족되지 못하는 경험이 반복되면, 아이의 뇌는 자신이 주의를 기울일 만한 대상이 아니며 타인에게 의지할 수 없다는 사실을 저장합니다. 거의 발달하지 못한 상태인 아이의 뇌는 부모가 이래저래 버겁고 때로는 애착 형성에 문제가 있을 수도 있음을 이해하지 못한 채, 이 결핍의 원인을 스스로의 책임으로 돌립니다. 아이는 자신이 사랑받을 만한 존재가 아니고 돌봄받을 자격이 없다고 생각하고 느낍니다. 물론 대부분은 그런 의도가 아니었겠지만, 이것이 바로 아이가 부모 앞에서 들고 있는 거울이에요. 이 과정을 심리학에서 거울자아라고 하는데, 이는 살면서 평생 함께하는 조건이 됩니다. 이에 대해서는 앞으로도 여러 번 반복해서 이야기할 거예요.

부모가 무심하게 행동하면 아이는 열등감과 타인에 대한 회의, 불신을 내면화합니다. 아이의 뇌는 그 상태로 시냅스와 연결된 채 발달하고, 이후에 성인이 되고 나서 다른 사람과 겪게 되는 모든 경험을 어린 시절 기억과 비교하지요. 그런데 뇌의 각인 때문에 객관적인 경험들을 수집하지 못하고 옛 기억들과 끊임없이 비교하며 주관적으로 왜곡해버리고 말아요. 이는 누구나, 좋은 기억들을 먼저 저장한 사람들에게도 해당되는 이야기예요. 그래서 이들은 보다 긍정적인 시각을 갖게 되지요. 즉 우리가 부모와 함께 겪는 경험들이 긍정적인 자아상과 인간상을 가지게 되느냐, 부정적인 자아상과 인간상을 가지게 되느냐를 결정한다는 뜻이에요.

좋은 기억은 당연시하고
나쁜 기억만 곱씹고 있나요

경험과 기억이 인지에 영향을 미친다는 사실을 알았으니, 이제 자연스레 우리가 이미 정해진 각자의 개인적 조건에서 모든 새로운 정보를 받아들인다는 이야기를 할 차례입니다. 학습과 기억은 서로 불가분의 관계로 연결되어 있습니다. 우리가 정보를 기억 장치에 저장할 때 학습이 이루어집니다. 새로 배운 모든 것은 각인되며, 때로는 앞으로 우리가 보일 반응까지 변화시킵니다. 일상적인 예시를 들어볼까요. 만일 직장에서 동료의 남편이 중병을 앓고 있다는 사실을 알게 된다면, 이후 그 사람을 대할 때 그 사실을 몰랐던 때보다 좀 더 주의를 기울이고 배려할 겁니다.

그러면 우리가 끊임없이 접하는 수많은 정보 가운데 과연 무엇이 장기 기억에 도달하는가 하는 의문이 떠오릅니다. 우리 뇌는 무엇을 저장할 만한 가치가 있다고 여길까요?

우선 반복이라는 기준을 들 수 있겠네요. 특정 정보를 자주 제공받을수록 기억할 확률이 더 높아지지요. 끈질기게 반복하면 전화번호처럼 감정적으로 전혀 흥미롭지 않은 것들도 외우게 됩니다. 아주 단순하고 이해하기 쉬운 정보라면 반복 없이도 곧바로 장기 기억에 안착합니다. 최근에 우연히 '진드기'를 뜻하는 영어 단어 tick을 알게 되었는데, 너무 쉬운 나머지 '단 한 번만 보고' 외워버렸답니다. (모든 영단어가 이렇다면 얼마나 좋을까요!)

학습을 훨씬 쉽게 만들어주는 두 번째 기준은 바로 감정입니다. 특별히 아주 좋았거나 유난히 끔찍했던 경험을 가장 잘 기억하지요. 그런 이유로 우리가 경험하는 평범한 일상은 특별한 날과는 다르게 빨리 잊힙니다. 극단적으로 잘 기억되는 건 두려움을 동반한 경험이에요. 두려움은 우리가 스스로를 안전하게 보호할 수 있도록 돕고 어떤 경우에는 목숨을 구해줍니다. 그래서 두려움은 뇌에서 가장 우선시되는 감정입니다. 감정들 중 VIP라고 할 수 있겠네요. 아주 강한 두려움은 이성을 마비시킵니다. 예컨대 숲에 갔을 때, 저 멀리 바닥에서 구불거리며 움직이는 것이 썩은 나뭇가지인지 위험천만한 뱀인지 잘 모르겠을 때에는 일단 도망부터 치는 편이 낫지요. 두려움은 우리가 곧바로 행동을 취할 수 있도록 만들어줍니다. 도망치든지, 먼저 공격하든지, 그도 아니면 죽은 척하든지 말이에요. 어떤 경우에도 우리는 두려운 경험을 했던 장소와 상황을 기억합니다.

심각하게 공포스러운 경험으로 트라우마를 겪은 사람은 실제로 뇌 구조가 변합니다. 트라우마 경험과 별로 연관성이 없는데도,

아주 사소한 일인데도 이들의 뇌는 경보를 울리곤 하지요. 제 내담자 가운데 한 명은 공공장소에서 습격당했다가 빠져나온 다음부터 커다란 발소리만 들려도 극심한 불안 발작에 시달렸어요. 범인의 커다란 발소리가 공격당하기 직전의 감각적 경험이었던 거예요. 이 발소리가 곧 그녀의 뇌에 위험 신호로 각인된 거죠. 뇌의 두려움 중추는 편도체라고도 하는데, 이는 우리의 감정 본부인 변연계에서 중요한 구성 요소입니다. 그러니까 이 사람의 편도체는 길에서 습격의 위험을 제때 막지 못했던 실수를 다시는 반복하지 않기 위해 작은 일에도 계속 경보를 울리는 정의로운 수호자라고 상상할 수 있어요. 특히 어린 시절의 트라우마가 우리 뇌에 심각하고 지속적인 영향을 미친답니다.

안타깝게도 살면서 생길 수 있는 트라우마 경험과는 별개로, 우리 뇌에는 기본적으로 삶의 문제적 부분에 집중하고 잘되고 있는 부분에는 그러지 않는, 안 좋은 습관이 있습니다. 예를 들어 어떤 관계가 오랫동안 평화롭게 이어져왔다면 우리는 일이나 다른 것들에 훌륭하게 집중할 수 있어요. 뇌가 그 관계를 '문제 없음'으로 규정하고 더 이상 신경 쓰지 않아도 된다고 여기고 넘어가는 거예요. 반면 롤러코스터 같은 관계에 갇힌 사람은 다른 일에 집중하기 어렵습니다. 저는 애착이 불안정한 파트너와의 관계에 얽혀 있는 사람을 상담한 경험이 많아요. 애착 불안이 있는 사람은 파트너와의 관계에서 매우 애매모호한 태도를 취합니다. 어떤 때에는 엄청나게 친근하게 굴다가 한순간에 도망쳐버려요. 파트너는 상대가 무슨 생각인지 전혀 알 수가 없는 데다 이 모순된 행동도 이해할 수 없어요. 앞서 '일관성 법칙'에서 언급하기도 했던 딱한 파블로프의 개처럼, 이들은 극도로 모호한 신호를 받으며 일관성의 결여로 고통받습니다. 이들의 뇌는 파트너의 행동을 통제하려 노력하다가 거의 미칠 지경이 됩니다. 모든 감각을 동원해 이렇게 외치겠지요. "다른 생각을 전혀 못 하겠어. 이 생각을 차단할 수 있는 약이 있다면 지금 당장 먹을래!"

그러니까 뇌의 이러한 특성 때문에 빠르게 기분이 나빠지고, 옌스 코르센이 언급한 "고양된 정서 상태"를 기껏해야 아주 잠깐만 경험한다는 건 놀랄 일도 아닙니다. 우리가 즐거운 일에 더 집중하고 그 순간에 머무를 수 있다면 기분을 통제하기가 훨씬 더 쉬울 텐데 말이에요. 하지만 그 대신 우리의 생각은 이미 과거가 되어버린 상황을 끊임없이 복기합니다. 우리 기억 속에만 존재하는 상황을요. 곰곰이 생각해보면, 우울감을 느끼게 만드는 것은 사실 그 상황 자체가 아니라 우리가 그에 대해 생각하는 방식, 즉 뇌 안에서 발생하는 전자기적 자극입니다. 미래에 대한 불안에도 동일한 원칙이 적용돼요. 우리가 불안해하며 써 내려가는 시나리오는 어차피 대부분 실현되지 않습니다.

뇌의 이러한 부정적 경향을 극복하기 위해 권장할 수 있는 매우 간단하고 효과적인 방법이 있어요. 바로 '감사 일기' 쓰기를 시작하는 거예요. 매일 밤 하루 동안 고마웠던 일을 기록합니다. 이렇게 하면 일상에서 '당연하게' 여기고 지나갔을 것들을 더 많이 기억하게 됩니다. 예를 들어 우리가 살고 있는 따뜻한 집, 다정한 동료들, 맛있는 점심 식사 같은 것들을요. 단 며칠만 꾸준히 기록해도 일상에서 우리에게 기쁨을 주는 것들에 더욱 주목하게 되고 이를 통해 뇌가 환기된다는 점이 감사 일기의 효과랍니다.

나는 너무 부족하다고 생각하며
하루하루를 살아가고 있나요

　다른 사람 마음에 들고 애착을 형성할 수 있느냐, 반대로 거절당하거나 최악의 경우 공동체에서 배척당하느냐의 문제는 타인이 우리를 어떻게 인식하는지에 달려 있습니다. 타인에게 긍정적으로 인식되고 좋은 사람으로 여겨지는 것은 매우 중요한 일입니다. 많은 이들은 다른 사람들이 자신에게 무관심하다고 주장해요. 하지만 이는 이들이 타인의 인정에 의존하지 않으려 애쓰고 있다는 증거예요. 역설적으로, 애쓴다는 것 자체가 타인의 인정이 중요하다는 사실을 입증하는 셈이지요.

　인간의 인정 욕구를 과도한 허영심이라고는 할 수 없어요. 우리는 모두 인정 욕구를 타고나거든요. 그 이유 중 하나는 공동체 없이는 인간이 생존할 수 없기 때문입니다. 타인과 맺는 관계가 없으면 유전자 전파나 인류의 확산도 불가능할 거예요. 화폐가 산업의 통화이듯 유전자는 인류 진화의 통화라 할 수 있어요. 회사에 더 이상 돈이 없으면 파산하고 회사 자체가 사라질 수밖에 없듯 유전자와 인류의 관계 또한 마찬가지예요. 그래서 진화는 우리가 다른 사람들과 관계를 맺는 데 크나큰 동기를 부여합니다.

동시에 많은 사람이 앞서 언급한 '삶의 의미'를 다른 사람들과의 관계에서 찾습니다. 중요한 관계를 상실했을 때 우리는 모든 것이 의미 없어지는 상황을 경험해요. 사랑하는 사람이나 반려동물이 죽었을 때, 연인이나 친구 사이가 깨졌을 때 같은 경우이겠지요. 관계가 단순히 욕구 충족이나 행복감에 관한 것이 아니라는 사실은 갈등이나 차이를 다루는 우리의 태도에서도 알 수 있습니다. 철학자 빌헬름 슈미트는 인터뷰에서 다음과 같이 말했어요. "연인이나 친구가 매일 밤낮으로 늘 한결같이 우리를 행복하게 만들어주지 않는데도 우리는 곧바로 이별하지 않아요. 우리가 이 유대감에서 한층 깊은 의미를 발견하기 때문이지요."[7]

하지만 이러한 애착을 형성하기 위해서는 먼저 우리가 상대방의 마음에 들어야 합니다. 다른 사람의 마음에 들지 않는다면 애초에 애착 관계를 형성할 수조차 없어요. 그래서 우리는 모두 타인에게 매력적인 대상이 되려고 노력합니다. 어떤 방식으로 이에 접근할지는 저마다의 문화적 배경과 대상이 되는 집단에 따라 다릅니다. 예컨대 갱스터 랩을 하는 힙합 가수와 수녀는 기준이 서로 다르겠지요.

그래서 우리 뇌는 우리가 타인에게 받아들여질지 또는 거절당할지 그 가능성과 위험을 끊임없이 계산합니다. 이 계산의 결과는 우리가 자기 자신을 어떻게 인식하는가, 다시 말해 자아상에 따라 근본적으로 달라집니다. 스스로 대체로 괜찮은 사람이라고 생각한다면 대부분의 다른 사람들이 나를 좋아하거나 적어도 거부하진 않을 거라고 가정하겠지요. 우리는 자신의 긍정적인 자아상을 타인의 생각에 투영합니다. '나는 있는 그대로 괜찮은 사람이야. 누군가가 나를 싫어할 리 없잖아?' 이러한 내적 확신은 거의 흔들리지 않아요. 반면 스스로 충분치 못하다고 생각하면 인정받기 위해 불필요한 노력을 끊임없이 해야 한다고 느끼면서 동시에 그 노력이 과연 성공할지 의심합니다. 그럴 경우 우리는 머릿속에만 존재하는 결함을 상대방이 인지할 거라고 가정해버려요. 곧, 우리의 사회적 생존 기회를 계산하는 데 자아상이 결정적 요소라는 뜻이지요.

사례를 하나 들어볼게요. 마야(37세)는 매우 엄격한 양육 환경에서 자랐습니다. 부모는 그녀를 최고로 만들어주겠다는 좋은 의도로 그렇게 행동했지만, 과도한 면이 있었어요. 마야는 어린 시절과 청소년 시기에 혹독한 훈육을 경험하는 일이 많았고, 부모의 핵심 메시지는 항상 "좀 더 잘할 수 있어!"였습니다. 그러나 어린 마야의 뇌는 이 양육 방식을 통해 "나는 너무 부족해!"라는 삶의 태도를 내면 깊숙이 받아들였습니다. 이는 그대로 신념이 되어버렸지요. 의도는 선했으나 실행이 나빴던 부모 때문에 마야의 뇌는 부정적인 자아상과 자존감을 형성했습니다. 이러한 과정은 자아와 타인을 인식하는 방식에 광범위한 영향을 줍니다. 마야의 경우, 부정적인 자아상 때문에 다른 사람들이 그녀를 비판적으로 볼 거라고 생각하게 되었어요. 무의식적으로 마야는 자신이 스스로를 생각하는 방식으로 다른 사람들이 그녀를 대한다고 가정합니다.

모든 사람은 자신이 겪은 양육 과정을 통해 자존감과 자아상을 표현하는 신념을 내면화합니다. 그것이 긍정적이든 부정적이든 상관없어요. 만약 마야의 부모가 좀 더 세심하게 주의를 기울여 그녀가 버거워하지 않는 선에서 훈육했다면 마야는 다른 신념의 다른 자아상을 내면화했을 거예요. 그랬다면 "나는 잘하고 있어!" 또는 "나는 많은 걸 이룰 수 있어!" 같은 신념으로 표현되는 긍정적인 자아상을 내면화했을 가능성이 높아요. 이러한 과정, 즉 부모가 이야기해주는 자신의 가치를 내면화하는 것을 심리학에서 내사introjection라고 부릅니다. (앞서 언급했듯이 이 과정은 대개 무의식적으로, 그리하여 특정한 의도 없이 부모 쪽에서 진행됩니다.) 내사라는 용어는 원래 정신 분석학에서 유래했으며, 자기 자신과 세상에 대한 부정적인 태도를 내면화한다는 뜻입니다. 내사는 마치 뇌에 들러붙은 '이물질'처럼, 지각, 감정, 인지 및 행동의 심리적 기능을 방해하는 요소가 됩니다. 어린이가 부모(와 다른 사람들)의 부정적인 영향과 반영들을 통해 받아들이는 이 내사를 저는 '그림자 아이Schattenkind'라고 부릅니다. 원칙적으로 자기 자신과 세상에 대한 긍정적인 방향의 태도도 내사의 일종입니다. 정신 분석학에서는 이 용어가 부정적 신념에만 쓰이지만 사실 긍정적 태도도 포함할 수 있답니다.

우리 내면의 그림자 아이와 태양 아이

어린 시절에 형성되는 뇌의 각인을 심리학에서 '내면 아이inner child'라고 부릅니다. 내면 아이는 어린이가 주변 환경과 상호 작용하는 과정에서 형성되는 심리 기제들을 비유적으로 표현한 말이에요. '내면 아이'(또는 어린 시절의 자아)라는 용어는 이물질처럼 침투하여 우리 내면의 문제가 되는 내사뿐만 아니라, 심리적으로 건강한 부분, 즉 긍정적인 자아상과 안정적인 자존감을 가리키는 데에도 쓰여요. 인간은 모두 내면에 문제가 되는 요소와 건강하고 강점이 되는 요소를 함께 가지고 있습니다. 저는 후자를 '태양 아이Sonnenkind'라고 불러요. 제 접근 방식에서 태양 아이는 심리적으로 건강한 부분뿐만 아니라 성인이 되어 변화할 수 있는 가능성을 나타냅니다. 따라서 태양 아이는 우리가 내면에서 발휘할 수 있는 자체적인 심리 치유력도 포함합니다.

마야가 무의식적으로(그리고 부모의 의도와 상관없이) 받아들인 부정적인 자아상은 그녀의 내사, 즉 그림자 아이입니다. 이것을 성찰하고 스스로 해결하지 않는 한 그녀는 이 부정적 체계와 자신을 동일시하게 돼요. 이는 그녀가 스스로 느끼는 열등감을 너무나 확신하며 꼼짝없이 믿어버린다는 뜻이에요. 그녀의 자기 인식은 그녀가 다른 사람들을 어떻게 인식하는지 결정합니다. 자신을 열등하게 느끼기 때문에 높은 확률로 다른 사람들을 어느 정도 우월한 존재로 투사해요. 타인의 대부분은 그녀의 '그림자 아이의 눈'으로 보면 잠재적 공격자이고 호의적인 사람이 아닌 거지요.

투사projection라는 용어는 실제로는 자신에게 해당되는 내용을 다른 사람들에게 전가하여 타인을 왜곡된 상태로 인식한다는 의미입니다. 따라서 마야는 자기 그림자 아이의 눈으로 타인을 일종의 우월함과 잠재적 위협으로 투사하고 있는 거예요.

기본적으로 우리가 인식하는 모든 것은 개인적인 기억과 자아상이라는 주관적인 필터를 거칩니다. 인간이 외부 세계로부터 받는 자극은 항상 주관적으로 해석되지요. 현실의 해석은 우리의 생각, 감정, 행동을 결정합니다. 반대로 우리의 생각과 감정은 우리가 '현실'을 인식하는 데 영향을 미칩니다. 외부 세계에서 자극(예컨대 상대방이 입꼬리를 올린다)을 받습니다. 그러면 이 자극을 (순식간에, 무의식적으로) 미소 또는 '어이없는 비웃음'으로 해석합니다. 이 해석에 따라 쾌감(기쁨)이나 불쾌감(분노)이 생겨나고, 이어서 행동 충동이 유발됩니다. 상대에게 미소로 반응하거나 짜증스러운 표정으로 주시하는 식이지요. '자극에 해석이, 뒤이어 감정이, 뒤이어 행동이 따른다'라는 간단한 공식으로 우리가 타인과 상호 작용하는 방식을 설명할 수 있어요. 여기서 해석은 최근 일상에서 우리의 감정에 따라 달라질 수도 있습니다. 기분이 좋지 않을 때에는 입꼬리를 올린 것을 '어이없는 비웃음'으로 해석하는 경향이 더 강해요. 기분이 좋을 때에는 미소로 해석하는 경향이 더 강하고요. 마야처럼 자존감이 낮은 그림자 아이를 내사한 경우에는 기본적으로 타인을 부정적으로 왜곡된 상태로 인식하는 경향이 있습니다.

요약하자면, 대부분의 의사소통 문제와 평화로운 사회적 상호 작용을 방해하는 장애는 내사와 투사 사이의 관계 그리고 외부 사건(자극)에 대한 개인적 해석이 유발하는 인식의 왜곡이라는 측면에서 설명할 수 있어요. 이는 이웃 간 갈등뿐 아니라 국가 간 갈등에도 적용되지요. 자기 자신의 주관적인 두려움 때문에 다른 사람, 다른 집단, 다른 나라를 잠재적 공격자로 인식하는 일이 계속 벌어집니다. 왜곡된 인식으로 인해 상대를 자신의 확장된 일부로 보는 거예요. 그래서 이러한 과정을 성찰하고 최종적으로는 해소하는 것이 매우 중요합니다.

왜 기본적 심리 구조를
이해하고 있어야 할까요

자, 지금까지 이야기했던 필수적 심리 기능들을 다시 한번 정리해보겠습니다.

진화의 목적은 우리 유전자를 널리 전파하는 것입니다. 다시 말해 생존이 목적이지요. 그러나 순수하게 진화 생물학적인 이런 관점을 흔히 말하는 '삶의 의미'로 이해하는 것은 지나친 비약입니다. 인류라는 종의 특성에는 단순히 다른 사람들과 경쟁하여 자기 유전자를 후세에 전달하는 것 이상을 원하는 욕구가 있어요. 인간은 (주관적) 의미를 필요로 합니다. 삶을 어떻게 활용하고자 하는지에 관한 가치와 이상이 필요합니다. 그렇지 않으면 장기적으로, 단기적으로 방향을 잃고 말 거예요.

우리의 심리 구조는 이런 욕구에 부합하도록 설계되어 있습니다. 개성을 형성하는 많은 변형이 존재하지만 기본적으로 모든 사람의 심리 구조는 동일합니다. 유전자를 최적으로 퍼뜨리기 위한 필수 불가결한 전제 조건은 우리가 기꺼이 삶을 유지하고 있어야 한다는 것이지요. 그래서 자연은 우리가 삶에 동기를 부여할 수 있도록 하는 강력한 감정을 선사했어요. 특히 행복의 경험은 큰 가치가 있기 때문에 우리는 행복한 감정을 유지하고 불행한 감정을 피하려고 노력합니다. 하지만 불안이나 슬픔 같은 고통스러운 감정도 우리에게 삶의 가치를 상기시켜주고 생존하고자 하는 동기를 부여합니다.

기분이 좋고 만족스러운지 아니면 부담스럽고 스트레스받는지는 우리의 기대와 욕구에 따라 크게 달라집니다. 인간은 일관성을 추구합니다. 이 말은 인간은 자신의 기대 및 욕구와 최대한 일치된 인생을 살고 싶어 한다는 뜻이에요. 우리 뇌에는 기대와 욕구를 실제로 받은 것과 끊임없이 비교하는 이른바 비교기가 있습니다. 원하는 대로 이루면 만족감이나 심지어 행복감마저 느끼며 일관성이 생깁니다. 반면 비일관성은 기대와 욕구가 충족되지 않거나 일어나는 일이 자신의 가치 및 두려움과 충돌하는 경우에 발생합니다.

인식은 의식으로 가는 입구입니다. 외부에서, 물리적 세계에서 받는 인식 자극은 (무의식적으로) 기억과 비교되고 상상의 이미지로 융합됩니다. 인식은 절대 객관적이지 않고 항상 주관적 의미가 더해집니다. 중요한 것은 우리가 인식(경험)에 부여하는 주관적 의미입니다. 이는 감정(감각)을 유발하고 이어서 특정 행동에 대한 충동을 일으킵니다. 우리에게 아무런 의미가 없는 인식은 작업 기억에 저장되지 않으며, 의식에 도달하지 않으니 일어나지 않은 일이나 마찬가지예요.

무엇보다 의미가 큰 것은 어린 시절에 남겨진 각인입니다. 이는 우리가 자기 자신과 다른 사람을 인식하는 방식을 결정합니다. 어린 시절의 각인이 성인기에 심리 기제로 채택되어 우리의 인식과 감정, 사고, 행동을 조절합니다. 우리 안에 있는 '그림자 아이'는 부정적인 초기 각인이 내사된 결과입니다. 이는 다른 사람을 우월하거나 적대적인 존재로 인식하는 경향이 있습니다. 이 과정을 투사라고 합니다. 내사와 투사의 심리적 기제는 우리의 인식과 해석이 매우 주관적이며 엄밀히 말해 외부 현실이 아니라 우리 뇌가 작용한 결과임을 보여줍니다.

누구에게나 있는
심리적 기본 욕구를 알고 있나요

심리 치료학자 클라우스 그라베는 훌륭한 연구를 통해 우리의 심리적 경험을 조종하는 네 가지 심리적 기본 욕구를 밝혀냈습니다.[8] 이러한 심리적 기본 욕구는 진화를 위해 존재합니다. 이 욕구를 충족시켜야 곧 인류의 생존과 유전자의 전승이 보장된다는 거지요. 말하자면 심리적 기본 욕구는 감정과 결합하여 우리 삶에 동기를 부여하는 요소가 됩니다. 우리는 아침부터 저녁까지, 태어나는 순간부터 죽을 때까지, 일부는 의식적으로 (하지만 대부분은 무의식적으로) 심리적 (그리고 신체적) 기본 욕구를 충족하기 위해 바쁘게 살아갑니다.

사람들 대부분은 자신의 신체적 기본 욕구를 잘 파악하고 있습니다. 그러나 어떤 사람들은 심리적 기본 욕구 또한 신체적 기본 욕구와 마찬가지라는 사실을 잘 모릅니다. 예를 들어 우리에게는 영양을 섭취하려는 신체적 기본 욕구가 있습니다. 이는 생존에 필수적인 요소입니다. 반면 초콜릿을 먹는 것은 꼭 필수적이라고 할 수 없어요(그렇게 느껴지지 않는 때도 있지만 말이에요…). 신체적 욕구처럼 심리적 욕구도 보편적이며 모든 사람에게 적용됩니다. 하지만 기본 욕구를 충족시키는 수단에는 개인차가 있습니다.

네 가지 심리적 기본 욕구는 다음과 같아요.

1 소속과 애착에 대한 욕구
2 자율과 통제에 대한 욕구
3 자존감 향상에 대한 욕구
4 쾌감을 느끼고 불쾌감을 피하려는 욕구

이 네 가지 기본 욕구는 서로 얽혀 있습니다. 하나가 충족되거나 그러지 못할 때, 나머지 세 가지도 영향을 받는 경우가 많아요. 예건대 애정 관계에서 거질당하면 애착에 대한 기본 욕구뿐이 아니라 자율과 통제에 대한 욕구도 좌절됩니다. 왜냐하면 내가 사랑하는 대상의 행동에 아무런 영향력을 미칠 수 없기 때문입니다. 거절은 대상이 나의 통제를 벗어나는 사건이고 내 행동의 폭을 제한합니다(자율). 동시에 (적어도 일시적으로) 자존감을 떨어뜨리기 때문에 자존감 향상에 대한 기본 욕구도 좌절됩니다. 당연히 불쾌감을 피하려는 기본 욕구 또한 영향을 받아요. 애정 관계에서 거절당하면 최대의 불만이 끓어오르니까요.

앞서 등장했던 마야의 사례를 통해 다시 한번 네 가지 심리적 기본 욕구를 설명해볼게요. 마야는 어린 시절에 공감 능력이 떨어지는 부모 때문에 심리적 기본 욕구가 좌절되는 경험을 반복적으로 했습니다. 부모의 잦은 비판은 마야에게 그만큼 잦은 거절의 느낌을 주었습니다(애착 욕구). 또한 부모의 엄격한 태도에 영향력을 거의 행사하지 못했고, 제대로 부응하지도 못했습니다(통제 욕구). 이외에도 마야는 시도 때도 없이 비판받으며 자주 슬픔을 느꼈습니다(자존감과 불쾌감).

마야는 다른 아이들처럼 부모가 자신을 대하는 태도에 책임감을 느껴왔어요. 그녀는 '엄마 아빠는 너무 권위적이고 공감 능력이 없어!'라고 생각하는 대신 '나는 너무 부족해'라고 생각했습니다. 이렇게 어린 시절에 형성된 그림자 아이라는 개념은 마야의 네 가지 심리적 기본 욕구와 밀접하게 연관되어 있습니다.

작동 원리는 다음과 같아요. 마야의 그림자 아이는 다른 사람에게 거절당하는 상황을 늘 두려워합니다. 이 두려움은 마야의 네 가지 심리적 기본 욕구와 상호 작용합니다. 마야는 거절당하면 애착 욕구, 통제 욕구, 자존감 향상 욕구가 좌절되리라는 불안을 숨긴 채 살고 있어요(좌절=불쾌감, 따라서 네 번째 욕구도 영향을 받습니다). 거절에 대한 근본적인 두려움은 모든 일을 자신의 통제 아래 두고 싶어 하도록 마야를 엄청나게 자극합니다.

통제는 곧 불안에 대한 대응이며, 모든 형태의 비일관성에 대한 대응입니다. 앞서 언급한 내용을 다시 한번 간단히 설명하면, 우리 욕구와 현실 사이에 차이가 있는 상황을 비일관성이라고 합니다. 우리는 거절 같은 비일관성을 경험하거나 기대에 두려움이 동반될 때,

자신의 감정에 대해서든 공격자에 대해서든 최대한 신속하게 통제력을 발휘하려고 갖은 애를 씁니다. 통제 욕구는 모든 자기방어 기제의 근원입니다. 그래서 이제부터 자율과 통제에 대한 심리적 기본 욕구를 다루고자 합니다.

불안을 줄이려고
통제에 집착하고 있진 않나요

통제 욕구는 우리의 목표 및 그 필요성과 밀접하게 관련되어 있습니다. 우리는 항상 목표를 달성하기 위해 노력합니다. 여기서 말하는 것은 가정을 꾸리거나 대단한 경력을 쌓는 것 같은 인생의 크고 중요한 목표가 아니라 매일 아침부터 저녁까지 우리를 움직이게 하거나 억압하는 수많은 사소한 목표입니다.

아침에 알람이 울리면 실제로는 더 오래 자고 싶지만(목표) 제때 일을 시작해야 합니다(목표). 두 목표는 서로 충돌하지요(비일관성). 불쾌감을 피하기 위해 우리는 어떤 행동이 더 나쁜 결과를 불러올지 따져보고 결국 일어나기로 결정합니다. 그리고 화장을 하는데, 타인에 의해 받아들여지거나 적어도 거절당하지 않기 위해(애착에 대한 심리적 기본 욕구) 다른 사람에게 잘 보이려는 목표 때문입니다. 그다음에는 배고픔에 이끌려 아침을 먹고 싶어집니다. 뭔가 맛있는 음식을 먹고 싶은데 다이어트 때문에 아침에 차 한 잔만 마셔야 하는 제약 상황에서 식욕(쾌감 충족)과 다이어트 지침(외모와 건강 관리) 사이에 목표 충돌이 발생합니다(비일관성).

이런 충돌은 종일 계속됩니다. 우리는 주로 신체적 기본 욕구(예: 배고픔)와 심리적 기본 욕구(예: 애착에 대한 염원)에서 파생된 목표를 세웁니다. 대부분 욕구의 뒤에는 안전에 대한 소망이 있어요. 이는 인간의 핵심 기본 욕구이지요. 우리는 다른 사람에게 인정받고 받아들여짐으로써, 소속감을 얻음으로써 안전을 획득합니다. 이러한 이유로 심리학에는 '안전한 애착'이라는 개념이 있습니다. 신체적 안전 또한 안전을 체감하기 위한 핵심 요소입니다.

다른 목표나 외부 세계와 충돌하지 않을 때에는 결정이 매우 쉽게 이루어집니다. 그러나 일단 목표 충돌이 발생하면 결정이 어려워져요. 내가 무엇을 선택하기만 하면 되는 게 아니라 뭔가를 포기하는 선택을 해야 하는 경우가 그렇지요. 예를 들어 출근을 위해 늦잠을 포기해야 할 때처럼 뭔가를 선택하는 게 아니라 포기해야 하는 상황에서 더 불편해져요.

목표를 달성하기 위해, 즉 크고 작은 욕구를 충족하기 위해 감정, 생각, 행동 및 외부 환경을 통제할 수 있어야 합니다. 통제 없이는 아무것도 이룰 수 없어요. 이를테면 아침에 일어나려면 신체뿐 아니라 의지도 통제해야 합니다. 신체적으로 마비되었거나 우울증으로 의지가 무너진 경우 적절한 통제력이 있다고 할 수 없어요. 그 결과 우리는 행동을 제어할 수 없거나 매우 제한적으로만 할 수 있습니다.

통제에 대한 기본 욕구는 애착, 자존감 향상, 불쾌감 회피 같은 심리적 기본 욕구들을 지배합니다. 우리는 관계에서 다른 사람에게 쉽게 휘둘리지 않고 싶어 합니다(애착 욕구). 누군가에게 받아들여지거나 거절당하는 상황을 어느 정도는 통제하고 싶지요. 만약 거절당한다면 자존감이 깎이고 그 결과 수치심이나 슬픔 같은 부정적 감정이 들 수 있어요. 그래서 우리는 행동과 외모를 통제합니다. 이러한 통제 옵션을 활용해 다른 사람들이 우리를 좋아하고 그럼으로써 우리가 즐거운 기분을 느낄 가능성을 높이려는 거예요.

통제가 점점 심해지면 권력이 된다

통제의 강화된 형태인 권력을 가지고 있다면 행동과 외모를 좀 더 느슨하게 제어할 수 있습니다. 사장이나 독재자는 권력이 너무 강해서 아무리 악랄한 행동을 해도 부하들이 따를 수밖에 없어요. 하지만 권력이 없다면 다른 사람들이 내 의도대로 행동하도록 하기 위해 사회적으로 바람직하게 여겨지는 적절한 수단을 써야 합니다. 권력의 반대 개념은 무력無力입니다. 전체주의 정권 또는 기능이 정상적으로 작동하지 않는 관계에서는 개인의 무력감이 극단적 형태의 순응인 복종으로 이어질 수 있어요.

행동을 통제함으로써 달성하고자 하는 목표는 단지 공동체의 일원이 되는 것뿐만이 아닙니다. 내가 직접 교류하는 상대인 동료, 친구 또는 지인이 내 요구에 응하도록 만들고 싶지요. 누군가와 대화할 때에는 상대가 나에게 집중해주길 원합니다. 도움을 요청할 때에는 상대가 그 부탁을 들어주길 원해요. 그런데 만약 상대가 내 기대와는 다른 행동을 계속한다면 무력감과 분노가 솟아오릅니다. 그럴 경우에는 이 관계를 끝내거나, 만일 상대에게 감정적으로, 경제적으로 종속된 경우에는 기대치를 조정합니다. 다시 말해 외부적 통제를 가할 수 없으면 기대치를 바꿔서 내부적 통제를 조정하는 거예요. 저는 이렇게 간접적으로 감정을 통제해요. 기대가 낮을수록 덜 실망합니다. 그리하여 적어도 제 감정에 대한 통제를 어느 정도 되찾아요. 따라서 상대방이 내 의견에 동의하기를 간절히 바랄 때보다 전혀 기대하지 않을 때 내면에 비일관성이 덜 생깁니다. 이런 식으로 실망을 예방하면 기대치 관리에 도움이 돼요. 목표를 달성하리라는 기대를 아예 하지 않으면 크게 기대했을 때보다 실패에 따라오는 주관적인 통제 상실감이 줄어듭니다.

나 때문에 관계가 나빠졌다고 생각한다면

관계를 통제하는 특별한 형태는 당사자 가운데 하나가 자신의 과실이 없는데도 그에 책임지는 식으로 이루어집니다. 예를 들어 친밀감과 안정감에 대한 기대를 자주 배신하고, 나를 혼자 두는 일이 흔하며, 나를 말로 깎아내리는 매우 힘든 유형의 파트너와 함께하고 있다면, 내가 더 나은 대접을 받을 자격이 없다고 생각함으로써 기대치를 낮춰 일정 정도 통제감을 되찾는 거지요. 그림자 아이 때문에 스스로 가치 없는 사람이라고 각인된 사람들의 상당수는 자신이 어떤 형태로든 좀 더 나은 사람이라면 상대방이 자신에게 지금보다 잘 해줄 거라고 생각합니다. 그리하여 이런 경우에 해당하는 당사자는 애정이 결여된 파트너의 행동을 간접적으로 책임지게 됩니다. 이 과정에서 두 가지 형태의 통제를 동시에 실행해요. 1. 나에게 잘못이 있다면 그것을 바로잡고 행복한 결말에 이르는 과정을 내가 통제할 수 있다. 2. 나에게 책임이 있으니 나는 상대방의 행동에 휘둘리지 않는 셈이다. 왜냐하면 내 탓을 하는 편이 상대방이 순전히 자의적으로 그렇게 행동한다고 생각하는 것보다 견디기 쉽기 때문이에요.

통제는 무력함의 반대이며, 불안을 줄여줍니다. 그래서 숨 쉴 때 공기를 필요로 하듯 통제가 필요하지요. 심한 우울증은 통제를 완전히 포기하는 증상으로도 볼 수 있습니다. 우울증 환자들은 더 이상 아무것도 통제할 수 없고, 심지어 자기 자신의 기분에도 아무런 영향을 미칠 수 없다고 느낍니다. 이렇게 주관적으로 경험되는 극단적 통제 상실 때문에 최대치의 무의미함을 느낍니다. 실제로 내가 원하는 것을 얻을 가능성이 전혀 없다고 생각하면 나에겐 아무것도 의미가 없지요.

**강박 장애와 불안 장애,
통제가 문제가 되는 경우**

문제가 발생하면 실제로 또는 가상의 통제 상실이 기저에 있는 경우가 많습니다. 따라서 문제를 해결하기 위해 우리는 항상 통제력을 회복하려는 조치를 취합니다. 그런데 흥미로운 점은 어떤 문제는 우리의 통제 욕구 때문에 발생하기도 한다는 거예요. 당사자의 강박적인 통제 욕구로 인해 처음에는 사소했던 문제가 더 크고 지속적인 문제로 발전하는 경우이지요. 불안 장애가 좋은 사례예요. 공황 발작을 겪는 사람은 엄청난 통제 상실을 경험합니다. 불안을 통제하려고 불안을 유발하는 상황 자체를 피해요. 그러나 이런 회피는 오히려 불안을 유지하고 강화하는데, 뇌가 불안을 극복할 수 있다는 경험을 하지 못하기 때문이에요.

불안은 일반적으로 땀이나 떨림, 홍조 등 무의식적으로 발현되는 신체 증상을 동반합니다. 그래서 많은 사람이 대중 앞에서 발표하는 상황을 두려워하지요. 실제로 손 떨림이나 홍조 같은 무의식적인 신체 반응은 통제하려고 노력할수록 더욱 강하게 나타납니다. 의지만으로는 신체 반응을 통제할 수 없으며, 거듭 시도할수록 증상에 십중하게 되어 더 심해져요.

강박 장애 역시 통제 욕구 자체가 문제가 되는 아주 좋은 사례입니다. 강박 장애는 강박적 사고나 행동으로 나타납니다. 강박적 사고란 당사자가 스스로를 어리석거나 과도한 존재라고 인식하는 상상, 생각 또는 충동에 시달리는데 이를 알면서도 멈출 수 없는 상태를 말합니다. 이는 불쾌감, 역겨움 또는 불안 같은 불편한 감정을 유발해요. 예를 들어 어머니가 자신이 아기에게 해를 입힐까 봐 두려워하면서 그 이미지를 떨쳐낼 수 없는 상황이 전형적인 강박적 사고입니다. 이러한 강박적 사고는 어머니에게 큰 수치심을 유발하지만 실제 위험을 암시하진 않아요.

강박적 행동은 당사자가 강압적으로 특정 행동을 반복하는 현상을 가리켜요. 이러한 행동은 보통 무의미하거나 부적절한 것으로 여겨집니다. 예컨대 어떤 사람들은 확인 또는 세척 강박에 시달리는데, 전자는 자신이 아무것도 놓치지 않았거나 잊지 않았음을 확인하려 하며, 후자는 가능한 한 세균이 아예 없는 생활을 하고 싶어 해요. 많은 강박증 환자들은 자신의 '유별난' 행동을 부끄러워하고 최대한 감추려 하지요. 이는 또 다른 측면에서 통제 시도로 이어집니다. 그들은 다른 사람들이 자신의 통제 욕구를 알아차리지 못하도록 통제하려 합니다. 이는 그들이 타인과 맺는 관계에 영향을 미칠 수 있어요.

다른 사람을 통제하려 하거나 그들의 통제 노력을 회피하려는 시도는 일반적으로 인간관계 문제의 발단이 됩니다. 통제의 측면이 그리 명확하게 드러나지 않는 어려움의 경우에도 마찬가지예요.

불행하다며 상담하러 찾아오는 내담자들 가운데 파트너와 더 깊은 친밀감과 유대감을 느끼고 싶은데 파트너에게서 그것을 아예 받지 못하거나 일시적으로만 받는다고 호소하는 경우가 많습니다. 이들은 절망에 빠질 정도로 슬퍼하고 무력감과 상실에 대한 극단적인 두려움을 느껴요. 이들은 친밀감을 향한 욕구와 외적 현실 사이에 강한 비일관성을 경험합니다. 그래서 외적 현실을 바꾸려고 노력하지요. 다시 말해 자신에게 불만족을 주는 대상을 자신에게 더 가까이 묶어두려고 해요. 대부분 잘 모르는 사실인데, 이러한 해결 방안은 문제가 당사자 자신에게 있다고 믿는 가정을 전제로 합니다. 타인이 자신에게 예측하기 어려운 행동을 할 수 있는 상황에서 이들은 그 행동을 변화시킬 권한이 자신에게 있다고 믿거나 그 허상을 더욱 강화하는 경향이 있어요.

극단적인 예로 이러한 사고방식을 설명해볼게요. 상대가 팔이 없다면 그가 나를 안아주리라고 기대하지 않습니다. 또한 그가 나를 안아주지 않는 것이 내 잘못이라고 생각하지도 않을 거예요. 그 결과 나는 상황을 통제하려는 시도를 하지 않겠지요.

그러나 상대방이 명백히 신체적 장애가 없는데도 (오랫동안 지속적으로) 나를 안아주지 않는다면 대부분의 사람들은 자기 자신에게 거부에 대한 책임이 있다는 결론을 내립니다. 어떤 식으로든 자기 자신이 부족하기 때문이라고 생각하는 거예요.

하지만 애정 관계에서 고통받는 많은 사람은 이렇게 책임을 떠안는 과정을 자세히 알지 못합니다. 어떤 이들은 자신의 파트너가 불안정 애착이나 자기애적 성향이어서 관계가 어려워졌다는 사실을 여전히 믿기 힘들어합니다. 그런데 상담 시간에 이런 설명을 시도하면 내담자들이 스스로를 의심하기 시작하는 현상이 빠르게 드러납니다. 자신이 더 아름답거나 더 똑똑하거나 어떤 방식으로든 더 나은 사람이었다면 애정을 갈구하는 대상인 상대방이 애정을 적극적으로 표현해줬으리라고 생각하는 거예요. 자기 자신에 대한 이런 종류의 의심은 고통과 통제 환상의 원천일 뿐이에요.

앞서 살펴보았던 마야처럼 어린 시절부터 상처받은 자존감을 가지고 있다면 거절은 상처에 뿌리는 소금과도 같아요. 그렇지만 자존감이 안정적인 사람도 때때로 자기 자신에게 문제의 책임을 전가하는 위험을 겪는답니다. 이것이 바로 앞서 언급한 '거울 자아'입니다. 우리는 어릴 때부터 먼저 부모, 나중에는 주변 사람들이라는 거울에 비춰 보며 자존감을 느끼도록 훈련받아왔어요. 따라서 내 사랑이 보답받지 못하거나 아주 잠깐만 보답받는다고 느끼는 경우, 이것을 거부로 인식하고(정당한 판단) 자신에게 잘못이 있다고(부당한 판단) 결론을 내립니다.

이렇게 자존감에 상처 입은 사람은 대부분 자신의 가치를 상대방에게 증명하는 데 엄청난 에너지를 쏟아부어요. 자존감을 지키려고 상대의 애정과 인정을 얻으려는 투쟁을 벌이기도 하고요. 즉 심리적 기본 욕구 중 자존감 향상에 대한 욕구를 통제하고 싶어 해요. 하지만 이런 상황에서는 애착에 대한 심리적 욕구도 극도로 위협받습니다. 목표물을 통제할 수 없기에 상실에 대한 극단적인 두려움을 유발할 수 있어요. 뇌는 위협적인 애착 상실을 피하기 위해 가능한 한 모든 수단을 동원합니다. 이 과정에서 도파민 호르몬이 결정적이고 교묘한 역할을 하지요.

연애 초기에 도파민이 폭발하는 이유

호르몬은 감정을 전달하는 신경 전달 물질입니다. 호르몬이 없으면 우리는 아무런 감정을 느끼지 못해요. 예를 들어 스트레스를 받으면 아드레날린, 노르아드레날린, 코르티솔이라는 호르몬이 분비됩니다. 반면 도파민은 행복 호르몬으로 알려져 있으며, 예상 밖의 좋은 일이 일어났을 때 분비됩니다.

그런데 도파민이 '소유욕'의 호르몬이란 사실은 잘 알려져 있지 않아요. 행동 심리학에서는 팔이 닿는 범위 내의 모든 것을 일반적으로 '개인 주변 공간peripersonal space'이라 하며, 이는 우리의 즉각적 현실을 구성해요. 팔의 범위를 벗어난 것들은 모두 '개인 외적 공간extrapersonal space'에 속하며, 이는 단 1미터 떨어진 거리일 수도, 1000킬로미터 떨어진 거리일 수도 있어요. 개인 외적 공간은 가능성의 세계입니다.

도파민은 우리가 미지의 영역에 있는 것과 새로운 것을 추구하게끔 만들어요. 알 수 없는 것은 매혹적이고, 바로 그래서 이상화될 수밖에 없지요. 도파민은 기대감, 행복에 대한 갈망, 열정을 촉진합니다. 나와의 관계에서 호락호락하지 않은 이상형의 파트너는 뇌에서 대량의 도파민을 분비시킵니다. 그들은 '개인 외적 공간'에 있는 존재예요.

물론 새로운 연애를 시작하는 단계에서도 동일한 일이 일어납니다. 연애 초기에는 양쪽 모두 불확실성을 겪어요. 바로 그때, 내가 원하는 애정의 대상을 확실히 '개인 주변 공간'에 두려는 욕망이 커집니다. 두 사람이 서로 확신을 품고 관계가 열정적인 단계로 진입하고 나면 도파민은 크게 줄어들고, 갈망은 가라앉으며, 사랑의 광기 또한 사라집니다.

이상적인 경우에는 그 후에 옥시토신과 바소프레신이 분비되는데, 이는 '바로 여기, 지금' 호르몬이에요. 이 호르몬은 사랑의 아늑하고 편안한 측면, 그러나 다소 덜 흥분되는 감정들을 대변합니다. 하지만 이런 감정은 관계를 확신하지 못하는 사람에게는 절대 나타나지 않아요. 관계를 확신하지 못하는 사람의 뇌는 말하자면 도파민에 절어 있다고 할 수 있어요. 이런 상태의 사람은 연애에서 자기 자신을 소진하며 스스로의 욕망에 절망하곤 합니다. 이 상태는 엄청나게 오래 지속될 수 있으며, 이로 인해 종종 '인생의 사랑'이라는 느낌과 헷갈리기도 해요.

누군가가 자신을 받아들이지 않는 사람을 지치지 않고 계속 쫓아다닌다면, 진짜 문제는 그 상대를 얻지 못하는 상황이 아니라 필사적으로 얻고 싶어 하는 의지에 있습니다. 고통의 근본 원인은 손상된 자존감을 회복하려는 시도 뒤에, 애착을 확보하고 상실에 대한 두려움을 없애려는 노력 뒤에 숨어 있어요. 통제 충동을 부추기는 물질은 도파민인데, 이 도파민은 손에 넣을 수 없는 애정의 대상을 매우 이상화된 상태로 인식하게 만든답니다.

그러나 이런 사람이 마음먹고 조용히 앉아 차 한 잔을 마시며 그가 정말로 그럴 만한 가치가 있는 사람인지, 모든 수단을 동원해 통제해야 하는 대상인지 생각해보면, 대부분 실제로는 상대방에게 큰 관심이 없고 자신의 통제 상실 상태를 지우는 일에 관심이 있었음을 알아차린답니다.

살아 있는 한 상처받을 수밖에 없다

개인적인 통제 욕구의 정도는 평생에 걸쳐 바뀝니다. 이미 클라우스 그라베가 말했듯[9] 인생 초기에는 통제 욕구가 애착에 대한 욕구와 매우 밀접하게 연결되어 있어요. 우리는 태어나서부터 나를 돌봐주는 애착 대상에게 완전히 의존합니다. 유아기와 그 후 유년기에 타인이 반복적으로 나를 친절히 대해주는 경험을 하면, 스스로 주변 환경에 어느 정도 영향을 미칠 수 있다는 사실을 깨달아요. 그래서 우는 아기에게 주의를 기울이는 행위가 중요합니다. 아기는 태어난 뒤 처음 몇 달 동안 울음으로만 자신의 욕구를 알릴 수 있기 때문이에요. 이후 발달 과정에서는 자신이 원하는 것과 필요한 것이 중요하게 대우받고 스스로 의지를 가져보는 경험을 반복적으로 해야 합니다. 이를 통해 아이는 타인과의 관계가 단지 견뎌야 하는 것이 아니라 능동적으로 함께 형성해나갈 수 있는 것임을 배울 수 있어요.

'나는 관계를 함께 만들어나갈 수 있고, 내 의견을 주장할 수 있으며, 나를 방어할 수 있다'라는 경험은 아이의 뇌와 감정에 깊이 저장됩니다. 이런 시기를 보내며 성장한 성인은 대체로 삶에서 겪는 어려움들을 스스로 대처할 수 있다는 느낌을 가져요. 심리학자들은 이를 내적 통제 위치internal locus of control라고 이야기합니다. 이는 내가 무언가에 영향을 줄 수 있는 위치에 있다는 신념을 뜻해요. 아이들은 경험에 따라 내적 통제 위치가 높을 수도 있고 낮을 수도 있어요. 높은 내적 통제 위치는 안정적인 자존감과 관련이 깊습니다. 부모가 애착 욕구를 세심하게 돌봐주고 이를 통해 통제 욕구도 충족시켜주면, 아이는 부모를 거울 삼아 자기 자신을 가치 있다고 느낍니다. 그러나 애착 및 통제 욕구가 자주 좌절되면 내적 통제 위치가 낮아지고 이는 훗날 생활 방식에 광범위한 영향을 미칩니다.

그런데 사람들이 통제력을 행사하는 것은 단지 목표를 달성하기 위해서만이 아니라 (네 가지 기본 욕구에) 상처 입는 것을 피하기 위해서이기도 합니다. 예를 들어 직장에서 책임 있는 위치에 오르고 싶지만 동시에 그 시도가 실패할까 봐 불안해할 수 있지요. 그런 경우에 다음과 같은 질문을 해볼 수 있어요. 그 자리를 얻기 위해 불안을 감수하고 적극적으로 행동할 것인가? 아니면 실패의 가능성에서 나 자신을 보호할 것인가?

심리학에서 클라우스 그라베는[10] 이러한 맥락에서 접근 목표와 회피 목표에 대해 이야기합니다. 접근이란 명확한 목표를 정하고 어디로 향해야 하는지 알고 있는 상태입니다. 반면 회피는 어떤 것으로부터 최대한 멀어지는 상태입니다. 참담한 상황을 면하기 위해 자기 자신을 보호하는 것은 전형적인 회피 목표이지요. 사람들은 항상 크고 작은 접근 및 회피 목표를 추구하며 살아갑니다. 그러나 자존감이 낮고 따라서 내적 통제 위치도 낮은 사람은 삶의 기준을 주로 회피 목표 위주로 조정하는 경향이 있어요. 거의 의식하지 못할 수도 있겠지만 이들의 가장 큰 관심사는 바로 상처받지 않는 거예요. 한편 이들은 자신이 목표를 달성할 가능성이 희박하다고 생각하며, 동시에 실패나 거부를 견딜 수 없다는 무의식적인 불안에 지배당합니다. 방어적인 삶을 살며, 자기방어가 가장 강한 행동 동기가 되지요.

마야는 목표 접근보다 회피에 집중하며 살아갑니다. 자신감이 부족한 그녀는 종종 거절과 개인적 실패를 예상합니다. 다른 사람에게는 자신의 강한 면만 보여주려 하고 이를 위해 자아의 일부를 차단해버리지요. 아주 가까운 친구들과도 내면의 자기 의심과 실패에 대한 두려움을 이야기하지 않습니다. 게다가 안정적인 연애 관계를 피하곤 해요. 남성이 그녀에게 관심을 보일 때, 그것이 가벼운 썸 이상이 되면 그녀는 그에게서 달아납니다. 자신의 진짜 모습은 사랑받을 수 없고 누구든 그녀를 더 깊이 알고 나면 언제든 떠나버릴 거라고 확신합니다. 웹 디자이너로 일할 때에도 가능한 한 주목받지 않는 것이 가장 편합니다. 어느 회사에서든 관리자가 되겠다는 생각은 꿈도 꾸지 않아요. 그녀의 모든 생활 방식은 개인적인 상처로부터 자신을 보호하는 데 초점이 맞춰져 있어요.

회피 목표는 (접근 목표와 달리) 달성하기가 매우 어렵다는 점에서 특히 힘듭니다. 접근 목표의 경우 목표 달성 시점에 대한 기준이 대부분 명확하게 정의됩니다. 예를 들어 나는 XY와 확실하게 연애하고 싶거나 나중에는 꼭 승진하고 싶다는 목표를 정할 때에는 목표를 언제 달성했는지 판단할 수 있어요. 그러나 회피 목표는 지속적인 경계가 필요합니다. 목표 자체가 부정적으로 정의되기 때문에 목표에 결코 도달하지 못합니다. 한 가지 잠재적 상처를 피해 가면 다음 위험 상황이 바로 나타납니다. 상처받지 않겠다는 목표는 이루어질 수 없어요. 왜냐하면 살아 있는 한 우리는 모두 취약한 존재이기 때문입니다.

따라서 회피 목표는 접근 목표보다 통제하기 어렵습니다. 그리고 우리가 앞서 배운 대로, 통제 결핍은 스트레스를 유발해요. 마야처럼 높은 수준의 회피 목표를 가진 사람이 지속적인 긴장 상태에 빠져 있는 이유 중 하나랍니다.

마야 같은 사람은 자신이 목표를 달성할 능력을 가지고 있는지에 대한 개인적인 기대 수준이 접근 목표를 가진 사람과 다릅니다. 이 기대는 이전 경험을 통해 개인이 발전시킨 내적 통제 위치에 따라 결정됩니다. 이는 우리 뇌가 얼마나 주관적으로 형성되는지를 보여주기도 해요. 마야의 다른 조건들이 모두 동일하게 유지된다는 가정 아래, 부모가 조금 더 세심했다면 그녀는 보다 높은 내적 통제 위치를 발전시켰을 것이며, 그에 따라 스스로에게 더 많은 기대를 품을 수 있었을 거예요. 그녀의 인생과 사랑의 성공 여부는 객관적 능력이나 개인적 매력이 아니라 스스로의 성공 가능성을 예상하는 주관적 평가에 달려 있어요. 마야는 부모의 성과 중심 양육 방식 때문에 자신은 부모의 기대를 전혀 충족시키지 못한다고 믿는 그림자 아이를 내면화했으며, 여전히 그림자 아이의 신념을 가지고 다른 사람에게 높은 위험도를 투사합니다. 친구, 상사, 동료 또는 잠재적 연애 상대라 해도 마야의 그림자 아이의 눈에 그들은 (과거 그녀의 부모처럼) 비판과 거절로 그녀를 상처 입힐 권력이 있습니다.

마야가 그림자 아이가 만들어놓은 세계에서 벗어나려면 첫 번째 단계에서는 뇌에 임의로 새겨진 각인 때문에 문제가 생겼다는 사실을 이해해야 합니다. 그것은 마야의 부모가 부분적으로 양육에 실패했다는 것을 의미할지언정 그녀의 능력이나 인간적 가치와는 아무 상관도 없다는 사실을 명심하는 과정입니다. 두 번째 단계에서는 새로운 학습 경험을 얻기 위한 접근 목표를 설정해야 합니다. 이를 통해 그녀는 자신이 이전에 생각했던 것보다 훨씬 더 큰 통제력을 가지고 있다는 경험을 할 수 있습니다. 여기서 통제력은 성공 경험뿐 아니라 실패 대처 능력도 의미합니다.

어렸을 때 제대로 사랑받고
인정받아본 경험이 있나요

통제 욕구가 아무리 우리의 사고, 행동, 감정을 강하게 지배한다 해도, 애착 욕구야말로 우리 삶의 기초입니다. 애착과 함께 모든 것이 시작되거든요. 태아일 때 우리는 모체에 완전히 묶여 있습니다. 탄생과 함께 그 결속이 해제되지만 여전히 완전히 무방비 상태로 타인의 보살핌에 의존해야 하는 존재이지요. 주의를 끌기 위해 우는 능력을 제외하고는 그 어떠한 통제 기제도 갖고 있지 않아요. 생존은 오로지 주변 세상에서 나를 돌봐줄 애착 대상을 찾는지 여부에 달려 있어요. 우리 삶의 초기 몇 년에는 이런 의존성이 깊이 새겨져 있습니다. 인생 초기 경험은 우리가 의존성을 안락함과 신뢰에 연관 지을지, 아니면 거절과 불신에 연관 지을지 결정합니다.

자꾸 남 탓, 환경 탓을 하는 이유

생애 최초 몇 년 동안 도움의 손길은 대부분 외부에서 찾아옵니다. 영유아는 위기 상황에서 스스로를 구할 수 없거든요. 그래서 뇌는 외부에서 문제 해결책을 찾아야 한다는 식으로 조건화합니다. 만약 부모가 아이의 요구에 민감하게 대응하지 않는다면 아이는 문제의 원인을 외부, 즉 부모에게서 찾아야 한다고 학습하게 돼요. 부모 또는 주 양육자는 좌절감의 원인이기도 하지만 어려움을 겪을 때 도움을 주는 사람이기도 하지요. 따라서 우리는 문제의 원인과 해결책을 모두 외부에서 찾는 식으로 만들어집니다. 그래서 자기 고통의 원인을 타인과 외부 상황에 돌리고 그들이 나를 구해주기를 기대하는 경향이 있어요. 그러나 성인이 된 뒤엔 안타깝게도 대부분 이런 방식이 통하지 않아요. 성인으로서 스스로 문제를 책임져야 합니다. 내가 어떤 잘못된 결정을 내렸는지 분석하고 해결책을 찾아야 해요. 이는 조기 설정들이 이후 삶에 절내적으로 옳거나 유용하지 않을 수 있음을 거듭 보여줍니다.

생후 몇 달 동안 아이의 감정은 쾌감과 불쾌감으로 나뉩니다. 이때까진 이보다 더 세분화된 감정 경험이 없으며, 이후 발달 과정에서 부모와의 상호 작용을 통해 얻을 수 있어요. 우리의 감정생활이 이루어지는 뇌의 영역을 변연계라고 부르는데, 변연계는 출생 후 약 3개월 후에 발달하기 시작해 8~10개월 차에 접어들면 완전히 활성화됩니다. 우리는 변연계에서 일어나는 과정을 기분과 감정으로 경험해요. 기분과 감정은 다른 사람과의 상호 작용에 의미를 부여하며, 어떻게 행동해야 다른 사람이 나를 좋아하는지에 대한 기대 또한 형성됩니다. 다양한 감정을 느끼는 능력 또는 다양한 감정을 가지는 능력은 모두 부모와의 상호 작용 및 이후 어린 시절과 청소년기에 걸쳐 타인과 더불어 학습하는 내용에 따라 달라집니다.

아기와 부모 간에는 **조율**이라는 과정이 진행됩니다. 조율은 성인인 주 양육자의 감정과 표정이 아기의 감정과 일치되는 것을 의미합니다. 부모의 민감성이 여기서 매우 중요한 역할을 합니다. 이 주제와 관련된 모든 심리학 연구 논문에서 공감 능력 또는 민감성이 심리적으로 건강한 아이로 키울 수 있는, 부모로서 지녀야 할 가장 중요한 능력이라고 밝히고 있어요.

감정적 민감성 외에도 부모가 필요할 때 언제라도 접근 가능한 곳에 있는 것이 매우 중요합니다. 왜냐하면 아기가 생후 2년 동안 가장 필요로 하는 것이 안전감이거든요. 부모가 민감하게, 신뢰할 수 있는 방식으로 아이의 필요에 대응하며, 신체적 평안함과 애정 어린 관심에 대한 욕구를 잘 충족시켜줄 때 안전감이 형성됩니다.

아이는 높은 애착 욕구를 가지고 태어납니다. 조금 더 아름답게 말하자면 아이는 마음속에 사랑받고 싶다는 기대가 높아요. 아기는 본능적으로 주변 환경에 주의를 기울입니다. 자그마한 머리로 두리번거리며 주변 사람들의 행동을 최대한 따라 하지요. 적극적으로 가까이 다가가려고 노력하며 결국 부모의 관심이 삶의 전부예요. 아기는 부모와 사이좋게 지내려고 많은 노력을 기울입니다. 한 인상적인 연구에서는 이제 겨우 생후 6주 된 아기들이 엄마가 지나치게 피곤하고 애착에 무관심한 순간을 본능적으로 알아챈다는 사실을 발견했어요. 아기들은 엄마가 자기를 바라볼 때 엄마를 향해 웃음 짓고 엄마가 무관심할 때에는 완전히 차갑게 얼어붙은 무표정이 되었지요. 이 아기들은 본능적으로 '엄마를 행복하게 해주고 웃어야 여기서 잘 지낼 수 있어'라는 점을 감지한 거예요. 고작 생후 6주 차에 엄마와의 성공적인 관계에 대한 책임이 자신에게 있음을 아기가 본능적으로 느낀다는 의미입니다.

생후 3개월 정도가 되면 아기의 얼굴과 소위 직감을 발달시키는 미주 신경 사이의 신경이 연결됩니다. 예를 들어 엄마가 웃으면 아기는 직감적으로 기뻐하며 자신이 환영받고 있다는 느낌을 받습니다. 아기는 슬픔, 긴장, 기대, 분노 또는 기쁨 같은 감정을 점점 더 많이 표현할 수 있게 돼요. 부모는 이런 표정을 똑바로 해석해야 하므로 아기의 감정에 민감해야 하며 이에 적절하게 반응할 수 있어야 합니다. 부모(또는 주 양육자)가 이를 훌륭히 해낸다면 아기는 자신이 충분히 이해받고 받아들여지는 존재라고 느낄 거예요.

어머니의 사랑과 아버지의 사랑

사회 심리학자 에리히 프롬은 저서 《사랑의 기술》에서 이 시기 발달 과정에서 아버지의 사랑과 어머니의 사랑이 어떻게 상호 보완적 역할을 하는지 다루었습니다. 이 책은 1956년에 출판되었는데, 아버지 역할과 어머니 역할을 예전의 고리타분한 성 역할 모델과 연결하지 않고 아이에게 필요한 두 가지 원칙으로 이해한다면 지금도 유효한 현대적인 내용을 담고 있어요. 어머니의 사랑은 둥지의 따뜻함을 제공하고, 아버지의 사랑은 우리가 날개를 펴도록 돕는 역할을 합니다. 물론 남성도 어머니 역할을 할 수 있고 여성도 아버지 역할을 맡을 수 있습니다. (동성애 부부를 포함해) 아이를 키우는 대부분 부부의 경우 '내무부 장관'과 '외무부 장관'에 해당하는 역할이 존재합니다. 때로는 이런 역할을 교대로 바꾸어 수행하기도 하지요.

사실, 우리는 이 두 가지 형태의 사랑을 모두 필요로 하며, 이런 에너지는 우리에게 안전감, 인정, 자율을 제공합니다. 예를 들어 젖병을 쓰지 않고 직접 엄마 젖을 뺀 아기들은 대부분 어머니보다 아버지에게 조금 늦게 관심을 보냅니다. 그렇다고 아버지의 애착이 덜 중요하지는 않아요. 아버지가 한 사람으로서 아기의 인식에 견고한 위치를 차지하고 나면 아기는 어머니에게서 약간 분리되어 자율성과 독립심을 기를 수 있어요.

발달 과정에서 아기와 양육자 간 상호 작용이 점차 더 섬세해지고, 관계라는 주제와 관련해 보다 복잡한 습관과 기대가 형성됩니다. 예를 하나 들어보지요. 신생아는 처음에는 울음을 터뜨리는 것으로 부모가 자기에게 와주기를 원한다는 의사를 표현하지만, 시간이 지나면서 특정한 행동 방식에 대한 대응으로서의 특정한 의식을 발전시켜요. 그러면 아기는 부모에게서 다음과 같은 적절한 반응을 기대하게 되지요. 이를테면 많은 어머니에게는 아이가 다쳤을 때 달래기 위한 저마다의 작은 의식이 있습니다. 물론 공감 능력이 탁월한 부모조차 때로는 아이가 보내는 특정 신호를 놓칠 수 있으며, 서로 맞춰두었던 조율, 즉 아기의 감정적 상황에 반응하는 부모의 민감한 반응이 잠깐 사라질 수도 있어요. 아기는 이 조화가 사라지는 상황을 좋아하지 않는데, 이럴 경우 부모와 아기는 조화를 신속하게 회복하려고 노력합니다. 이러한 **조율의 회복**이 아기와 부모 간 신뢰 관계를 구축하는 특별한 과정입니다.

어른끼리 관계에서도 신뢰의 기초는 항상 원활하고 조화롭기만 한 상호 작용이 아니며, 일시적인 문제나 혼란이 발생했을 때 서로 다시금 조율해나갈 수 있는 능력입니다.

아이는 부모를 대할 때 어떻게 행동해야 할지 서서히 더욱 정확한 개념을 형성합니다. 12~18개월 사이에 아이는 이미 많은 경험을 하고 부모와 잘 어울리기 위한 습관들을 만들어요. 아이의 뇌 속에서는 타인과의 관계가 기본적으로 어떻게 진행되는지에 대한 마음 지도가 그려집니다. 이러한 시기에 근원적 신뢰가 발달하기도 하고 그러지 못하기도 합니다. 이는 자존감 경험 그리고 애착 유형과도 관계가 깊어요. 생후 2년 동안 아이의 심리적 발달을 위한 토대가 마련되는 거예요.

마음 지도와 어린 시절 애착 유형

아이가 생후 2년 동안 양육자와 함께한 경험을 통해 마음 지도의 중요한 부분이 형성됩니다. 나와 타인을 어떻게 생각할지, 네 가지 심리적 기본 욕구를 어떻게 충족시키고 어떻게 하면 잠재적으로 상처받지 않을 수 있는지에 대해 깊이 각인될 개념이에요.

'내면 아이'와 '마음 지도'

심리학에는 마음 지도의 다양한 동의어가 있어요. 가장 잘 알려진 것은 '내면 아이'입니다. 내면 아이는 긍정적인 각인과 부정적인 각인으로 형성되어 있으며, 저는 이를 각각 '그림자 아이'와 '태양 아이'로 분류합니다.

마음 지도와 그 동의어들이 가리키는 것은 긍정적이든 부정적이든 초기의 심리적 각인 전체입니다. 다른 관련 용어로는 동기 부여 스키마, 내적 작동 모델, 기본 패턴 또는 일상 용어로 매트릭스가 있어요. 이 용어들은 사회적 관계 작동 방식에 대한 뿌리 깊은 개념이 우리 뇌에 형성되어 있다는 사실을 가리킵니다. 이 개념은 사고의 차원에서뿐 아니라 감정의 수준에서도 우리 안에 깊이 자리 잡고 있어요.

내 내면 아이가 주로 다른 사람에게 거절당한다는 예상을 하는 식으로 형성되었다면, 이는 불안이나 수치심과 연관 있을 확률이 높습니다. 그러나 내 마음 지도가 대체로 긍정적인 방향으로 형성되었다면, 따뜻함과 신뢰를 대인 관계와 연관 지을 거예요.

아이의 마음 지도는 생후 2년 동안 발달하는 애착 유형에서 중요한 역할을 합니다. 애착 유형은 아이가 부모 모두 또는 적어도 한쪽의 부모와 형성한 유대감의 질을 나타냅니다. 근원적 신뢰를 형성한 아이들은 안정 애착 유형을 나타내고, 근원적 신뢰를 형성하지 못한 아이들은 불안정 애착 유형을 나타냅니다.

안정 애착 유형: 안정 애착과 그와 관련된 근원적 신뢰를 가진 아이의 마음 지도는 다음과 같은 모습일 거예요. "나는 괜찮은 사람이야. 다른 사람들도 모두 괜찮은 사람들이야. 큰 맥락에서 우리는 세상을 믿을 수 있어. 뭔가 필요한 게 있으면 표현해야 해. 다른 사람들이 나를 도와줄 테니까. 하지만 내 능력이 되는 한 스스로 해낼 수도 있지."

이런 아이는 어머니와 아버지에게 의지할 수 있었고 부모가 자신의 욕구를 공감과 함께 충족시켜주는 경험을 했습니다. 이를 통해 아이는 나중에 애착을 형성하는 데 중요한, 관계란 단순히 견디기만 하는 것이 아니라 함께 만들어나가는 것임을 경험했어요. 애착과 통제 욕구가 서로 긴밀히 연결되어 있다는 점, 기억하시나요? 아이가 뭔가를 필요로 할 때 부모가 돌봐주면 애착 욕구뿐 아니라 통제 욕구까지 충족됩니다.

어린 시절에 형성된 애착 유형은 평생 그대로 유지되는 경우가 많습니다. 그러나 이것이 곧 우리 뇌에 절대 불변으로 새겨졌다는 뜻은 아니에요. 유년 시절 후반부나 성인이 된 후에 접하는 긍정적이거나 부정적인 경험들도 애착 유형을 일정 정도 바꿀 수 있습니다.

안정 애착 유형의 성인은 대개 자존감이 안정되어 있어요. 적응(애착)과 자기주장(통제) 사이에 내적 균형을 잘 잡고 있지요. 이들은 주로 접근 목표에 따라 삶을 설계합니다. 목표를 설정하고 대부분의 도전에 대처할 수 있다고 느껴요. 실패에 대한 불안이 없진 않지만, 회피 동기 성향이 높은 사람과는 달리 이 불안이 목표 달성 의지보다 크지는 않아요. 때로 좌절감을 느낄 수 있지만 이를 극복하기 위한 좋은 대응 전략을 갖고 있고요. 관련 연구에 따르면 대략 60퍼센트의 사람들이 안정 애착 유형에 해당한다고 해요.

불안정 애착 유형: 불안정 애착 유형 어린이의 부모는 예측이 가능하든 불가능하든 신뢰할 수 없는 양상을 보이는 경우가 많습니다. 예측 가능하게 신뢰할 수 없다는 것은 양육자가 아이에게 일관되게 무관심한 상태였음을 의미하며, 예측 불가능하게 신뢰할 수 없다는 것은 양육자가 관심을 기울일 때도 있고 그렇지 않았을 때도 있다는 뜻입니다. 이 두 경우에 모두 아이의 욕구보다는 어머니/부모의 욕구가 우선시됩니다. 그러나 아이는 부모의 사랑과 보살핌에 생존이 걸려 있기 때문에 부모 마음에 들기 위해 할 수 있는 모든 일을 합니다. 따라서 부모가 아이의 애착 욕구를 충분히 만족시키지 못하는 경우, 아이는 원만하지 않은 부모와의 관계를 자기 책임으로 돌립니다. 이는 나중에 심리적 문제와 장애가 발생할 수 있는 원인이 됩니다. 아이는 부모에게 받아들여지거나 아니면 최소한 거절당하지 않기 위해 자신을 부모에게 맞추고 순응합니다.

불안정 애착 유형이란 무엇인가

불안정 애착 유형은 회피형 불안정 애착과 집착형 불안정 애착으로 나뉩니다. 이 두 애착 유형은 근본적인 원인은 같지만 양상이 다르게 나타납니다. 지금부터는 유아기 애착 경험의 특징과 이로 인해 만들어진 관계를 대하는 태도에 대해 좀 더 자세히 알아봅시다.

"나는 나 자신밖에 기댈 데가 없어"

회피형 불안정 애착 유형에 해당하는 아이의 마음 지도는 다음과 같아요. 나는 중요하지 않아. 다른 사람들은 못 믿어. 나는 내 욕구의 충족 여부에 크게 영향을 미칠 수 없어. 나는 얻은 걸 금방 잃을 수 있어. 친밀감은 안전하지 않아. 나는 나 자신밖에 기댈 데가 없어.

이런 아이들은 자신의 욕구에 아무도 관심을 기울이지 않는 경험을 했습니다. 식사 시간과 수면 시간이 엄격한 규율에 따라 정해져 있었던 경우가 흔해요. 전체적으로 애정이나 정서적 보살핌을 느낄 공간이 거의 없었어요. 아이는 자신이 어머니에게 부담스러운 존재라고 느껴요. 가정에서 부모끼리 자주 싸우고 매우 불안정한 분위기인 경우에도 회피형 애착 유형이 형성될 수 있어요. 이미 생계를 유지하느라 과중한 부담을 느끼는 부모에게 아이가 자신만이라도 부담이 되지 않으려고 노력하기 때문이지요. 그리하여 아이는 자신의 욕구를 조절하고 그 대신 부모의 욕구에 맞추는 방법을 일찍이 학습합니다.

마지막으로, 슬픔이나 분노 같은 부정적 감정을 제대로 처리하지 못하는 어머니/부모에게 양육된 자녀도 회피형 애착 유형을 형성할 수 있어요. 슬픔과 분노는 아기가 무언가를 필요로 한다는 것을 표현하는 감정입니다. 어머니가 '나는 내 아이의 욕구를 충족시켜줄 수 없어. 그러니까 난 나쁜 엄마야' 같은 생각이 부추기는 감정을 다루지 못한다면 아이는 중요한 감정 표현을 억눌러야 한다고 일찍부터 배울 거예요. 이런 학습을 통해 자신이 원하는 바가 부정적으로 여겨지고 부모에게 거절당할 수 있다는 것 또한 배우겠지요. 최악의 경우, 아이는 외부 세계와 교류하기를 멈추고 정서적으로 빈곤해질 수도 있습니다.

회피형 애착 유형은 다시 불안-회피와 무관심-회피라는 두 부류로 나뉩니다. 이 애착 유형에 해당하는 사람은 생후 몇 년간 부모와 완전히 비슷한 경험을 합니다. 이후 아이가 불안-회피형으로 발달할지 아니면 무관심-회피형으로 발달할지는 일단 타고난 기질과 다른 한편으로는 삶에서 획득하는 추가 경험에 따라 달라집니다. 불안-회피형은 예민하고 조화를 추구하는 기질을 가지고 태어났을 가능성이 높아 거절이나 비판에 유독 민감할 수 있습니다. 반면 무관심-회피형은 상대적으로 강인하며 높은 확률로 독립적 성향을 타고납니다. 또한 이들은 보통 지능이 상당히 높은 경우가 많습니다. 감정 표현에 냉정하고 성과 지향적인 부모여도 이 성향의 아이는 부모의 기대에 부응할 수 있어요. 능력이 우수해 부모뿐 아니라 나중에는 교사나 다른 아이들에게 인정받기도 하지요. 부모의 따뜻함이 부족해 낮아진 자존감을 이를 통해 꽤 보상받을 수 있어요. 다른 사람에게 의존할 수는 없지만 그 대신 스스로를 믿을 수 있겠다는 경험을 한 거지요.

무관심-회피 애착 유형에 해당하는 성인은 친밀한 애정 관계에서 한 발짝 물러서려는 경향이 있지만, 이것이 애착을 원하지 않는다는 의미는 아닙니다. 이들은 파트너와의 관계에서도 일정한 거리, 즉 일종의 안전거리를 유지합니다. 자율적인 면을 중시하여 개인적인 관계든 직장에서의 관계든 상관없이 자신만의 영역 지키기를 고집합니다.

직업적으로 이들은 능력이 우수하여 큰 성공을 거두는 일이 많습니다. 이 성향의 사람이 연애할 때, 일은 파트너와의 친밀감을 적절하게 제한하기 위한 아주 좋은 탈출 수단이 되기도 합니다.

반면 불안-회피 애착 유형에 해당하는 성인은 사랑과 안정을 향한 커다랗고 일방적인 갈망을 품고 있어요. 그러나 이들은 동시에 자신이 결국 미려길 것이라고 믿기 때문에 안정적인 관계를 피하려 합니다. 감히 해피엔드를 바랄 수 없지만 그렇다고 포기할 수도 없어요. 애정을 향한 갈망과 상실에 대한 두려움 사이에서 내적으로 갈등하며 갈팡질팡합니다. 불안-회피형이 회피 행동을 하는 동기는 낮은 자존감을 보호하기 위해서예요. 이들은 버려질지 모른다는 상상을 살짝만 해도 거의 견딜 수 없을 정도로 괴로움을 느낍니다. 불안-회피형은 (상실에 대한 두려움 때문에) 안정 애착에 대한 두려움이 강화되는 반면, 무관심-회피형은 자유에 대한 열망이 여러 감정 중에서 최전선에 있습니다.

혼란형 불안정 애착 유형

이 밖에 불안정 애착 유형 중에는 혼란형도 있습니다. 이는 드물게 나타나긴 합니다. 이 애착 유형에 해당하는 어린이들은, 클라우스 그라베가 서술했듯,[11] 애착 욕구에 대한 심각한 침해와 학대적 관계를 경험합니다. 갑자기 의지할 곳이 자기 자신밖에 없어진 아이들은 대단히 눈에 띄고, 종종 모순된 행동을 보이며, 한편으론 친밀감을 요구하고 다른 한편으론 즉시 거부하는 행동을 계속 반복합니다. 이런 비참한 어린 시절 경험 때문에 성인이 된 후 심각한 애착 및 행동 장애가 발생할 수 있어요. 대다수가 성인이 되어 친밀한 애정 관계를 맺지 못하고요. 어떤 사람들은 애정 관계를 맺긴 하지만 어린 시절 무력감과 타인의 자비에 의존했던 경험에 대한 반작용으로 파트너에게 극단적인 통제를 가하곤 합니다.

"나는 관심받기 위해 투쟁해야 해"

집착형 불안정 애착 유형 아이들의 마음 지도는 다음과 같아요. 나는 괜찮은 사람이 아니야. 다른 사람들은 다 괜찮고 다 나보다 나아. 나는 관심받기 위해 투쟁해야 해. 그런데 잠깐 관심을 받았다가도 금방 다시 잃어버려. 내가 다른 사람들에게 미치는 영향력은 미미해.

이 애착 유형은 부모의 행동이 예측하기 어려울 때 발달합니다. 어머니와 아버지는 가끔 친절하고 다정하게 행동하지만 그렇지 않을 때도 있습니다. 아이는 부모의 기분 변화와 감정에 고스란히 노출됩니다. 이렇게 예측이 어려운 경우 부모의 사랑은 조건적으로 인식되며, 그래서 아이는 자신이 부모의 필요를 충족시켜줘야 한다고 판단합니다. 예를 들어 어머니가 당장 아이와 접촉하고 싶으면 아이가 하고 있던 놀이까지 중단시킵니다. 반면 아이가 어머니와 가까이 있고 싶어 할 때 어머니가 방해받았다고 느끼면 아이의 요청을 거절합니다. 아이는 어머니의 이런 모순된 행동을 이해할 수 없기에 '내 잘못이야. 나는 사랑받을 만큼 괜찮은 애가 아니야'라고 느끼고 생각합니다. 아이는 어머니의 애정 어린 관심을 얻기 위해 거의 투쟁에 가까운 노력을 합니다. 그리고 거절과 분리에 매우 큰 절망을 느끼며 불안해하지요.

이러한 애착 유형에 해당하는 성인은 다른 사람의 관심에 의존하는 성향이 강하며, 지나치게 순응적이고 애착 욕구가 강합니다. 이들은 타인에게 인정받고 받아들여지기 위해 많은 노력을 기울입니다. 자기 자신에게서만 의존할 자리를 찾는 회피형과는 달리 집착형은 그것을 관계에서 찾으려고 합니다. 애착은 이들에게 안전감을 제공하며 혼자 있는 상황은 버림받은 듯한 깊은 감정적 좌절을 유발할 수 있어요.

애정 관계에서는 의존적이며 상대에게 집착하고 질투심이 강합니다. 버림받는 상황은 깊숙이 뿌리박힌 "나는 괜찮은 사람이 아니야"라는 신념을 확증하기 때문에 그들에게 재앙입니다. 집착형에 해당하는 사람은 자신에게 좋은 관계가 아닌데도 상대에게 가장 강력한 애정을 느끼며 순식간에 그 관계에 몰두합니다. 상대방이 무관심하다면 이것을 자신의 실패로 받아들이지요. 어린 시절에 형성된 "모두 내 잘못이야!"라는 신념이 발동되고, 특히 상대방을 교묘하게 세뇌하는 유형의 파트너를 만나면 더욱 강화됩니다. 파트너 대신 자기 자신을 탓함으로써, 스스로 노력하면 어떻게든 관계를 좋은 방향으로 바꿀 수 있으리라는 거의 흔들림 없는 희망을 품습니다. 무엇보다 이 투쟁은 파트너에 대한 것이 아니에요. 파트너는 상처받은 자존감이 투사된 스크린에 불과할 뿐이니까요. 그렇지만 이걸 깨닫는 사람은 매우 드물어요. 감정적 차원에서 지금 상대가 인생에 두 번 다시 없을 사랑이며 반드시 그의 애정을 얻고 잘 통제해야 한다고 느낄 뿐이지요.

애착 유형은 어떤 영향을 미치는가

앞서 언급한 애착 유형들은 다양한 마음 지도를 대략적으로 분류해본 겁니다. 물론 개인 차이와 더 세분화된 분류 역시 존재합니다. 하지만 여기서 중요한 것은, 어린 시절이 우리에게 의식적으로 저장되지는 않지만 뇌에 깊은 각인을 남겨 이후의 삶과 관계 형성에 본질적인 영향을 미친다는 점입니다. 마음 지도는 다음과 같은 질문에 답을 제공합니다.

1　다른 사람에게서 무엇을 기대할 수 있나요? 다른 사람이 내 곁에 머물 거라고 믿을 수 있나요? 아니면 나는 혼자이고 결국 버려질 거라고 예상하나요?

2 나는 관계에 어떤 영향을 미칠 수 있나요? 다른 사람과 원만하게 지내기 위해 강력하게 순응해야 할까요 아니면 솔직하게 나를 표현해도 될까요? 타인에게 영향력을 행사하고 함께 관계를 형성해나갈 수 있을까요? (순응적인) 전자의 경우 내적 통제 위치가 낮습니다. (솔직하게 나를 표현할 수 있는) 후자의 경우 내적 통제 위치가 높습니다.

3 내게 무슨 가치가 있을까요?

4 타인을 신뢰할 수 있는가, 관계에 영향력을 행사할 수 있는가 하는 질문들은 내 자존감 경험에도 영향을 미칩니다. 생후 2년 동안 이미 자존감은 형성됩니다. 자존감 경험은 언어적 메시지 및 경험과 밀접하게 관련되어 있기 때문에 자존감을 높이고 발전시켜야 할 필요성은 이후 발달 과정에서 발생합니다. 따라서 어느 정도의 성찰 능력도 필요하지요.

애착과 스트레스 조절

근원적 신뢰를 살펴볼 때 가장 중요한 것은 아이의 뇌가 부모의 애정 어린 보살핌을 통해 감정 조절하는 법을 배운다는 점입니다. 생후 2년 동안 아기의 뇌는 스트레스를 조절할 수 없습니다. 스트레스는 신체적 또는 심리적 기본 욕구가 충족되지 않아 비일관성이 나타날 때 발생합니다.

이 시기 부모의 역할은 아이에게서 이런 스트레스를 덜어주는 겁니다. 다만 이 시기에는 말이 아닌 신체 접촉을 통해 모든 일이 이루어집니다. 아이가 스트레스를 조절하지 못해 소리를 지르거나 울거나 팔을 버둥거릴 때, 처음에는 아이가 안기기 싫어하는 듯 보여도 사실은 신체 접촉을 통해 커다란 안정감을 느낀답니다. 신체 접촉은 애착 호르몬인 옥시토신과 우리 몸 자체에서 생산하는 오피오이드(통증 조절 물질)를 분비시킵니다. 여기에는 강력한 진정 효과가 있어요. 스트레스를 반복적으로 경험한 뒤 곧바로 신체 접촉을 통해 옥시토신과 오피오이드가 분비되면 아기의 뇌에 기억 흔적과 반응 준비성이 형성됩니다. 이러한 반복적인 신체 접촉 경험을 통해 아기는 서서히 일정 수준의 자기 조절 능력을 습득합니다. 두 살 반에서 세 살 정도가 되면 아이는 스트레스를 어느 정도 스스로 조절할 수 있어요. 이 능력은 이후 발달 과정에서 점점 더 발전하고 정교해집니다. 아이는 감정적 반응 양식에는 어떤 것들이 있는지, 어떻게 하면 그것을 잘 조절할 수 있는지에 대한 '내적 작동 모델'을 개발합니다.

이 시기에 안정적인 애착 대상이 없으면 이러한 반응 준비성과 그에 따라오는 자기 조절 능력이 아기의 뇌에 자리 잡지 못합니다. 주 양육자에게 불안정 애착을 형성한 아기들은 훨씬 더 큰 어려움을 겪을 수 있습니다. 강렬한 감정을 경험하는 과정에서 충분한 보살핌을 받지 못하면 나중에는 정서적 뇌의 경보 시스템이 과도하게 활성화될 수 있어요. 그 영향은 성인이 되어서도 이어지며, 이런 사람은 스트레스에 더 빠르게 노출되고 부정적인 감정을 조절하는 데 어려움을 겪지요. 많은 연구에서 어린 시절 뇌에서 스트레스 조절 시스템이 잘 형성되었는지 여부에 따라 개인의 삶의 질이 크게 달라진다는 것을 보여줍니다. 어린 시절에 안전감을 충분히 느끼지 못한 사람은 성장한 뒤에도 공격에 쉽게 무너지는 경향이 있어요. 이런 사람은 불안과 걱정이 많고, 고민에 사로잡히거나 정신없이 바쁘게 살아갑니다. 기본적으로 인생을 대하는 태도가 비관적이며 자존감이 낮습니다.

안정 애착 관계에서 규칙적으로 분비되는 옥시토신, 내생 오피오이드 같은 화학 신호 물질에는 이와 더불어 공격적 행동을 강력하게 억제하는 효과가 있습니다. 어린 시절 안정감과 안전감을 충분히 경험한 사람은 대개 심리적 문제 없이 평화로운 어른으로 성장합니다. 정서적 박탈감 속에서 자랐으며 이에 대처하는 방법을 배우지 못한 사람과는 전혀 다르지요.

따라서 많은 불행의 실제 원인은 우리가 의식적으로 기억하지 못하는 시기에 뇌에서 발생하는 셈입니다.

암묵적 기억에 저장되어 있는 것들

명시적 기억explicit memory은 모든 의식적 기억을 포괄합니다. 하지만 이런 기억은 언어 형태로만 저장될 수 있어요. 그러나 우리는 생후 2년이 지난 후에야 언어를 학습하기 시작하기 때문에 그 전의 모든 경험은 영아기 기억 상실로 간주됩니다. 암묵적 기억implicit memory은 언어 습득 이전의 경험처럼 의식적으로 인식되지 않는 경험을 가리키며, 이는 뇌에 감정 및 반응 준비성(마음 지도)으로 새겨집니다.

그러므로 우리의 영아기 생활 경험은 암묵적 기억에 저장되어 있으며, 이는 심리적 경험과 행동에 매우 광범위한 영향을 미칩니다. 암묵적 기억에 저장된 내용은 우리의 성격과 관계를 형성하는 방식에서 중요한 기초가 되는데, 만약 이 경험이 의식적이라면 더 쉽게 인식하고 변화시킬 수 있겠지요. 우리의 근원적 신뢰 또는 근원적 불신은 암묵적 기억에 깊이 뿌리를 내려요. 근원적 신뢰를 획득한 사람은 타인과 연결되어 있다고 느끼고 자신이 가치 있는 사람이라고 느끼는 기초를 다집니다.

어린 시절에 적절한 근원적 신뢰를 획득한 사람은 당연하게도 성인이 된 후에 긍정적인 자존감을 발전시키고, 어려움에 직면해도 한결 쉽게 평정심을 유지합니다. 하지만 자존감 경험은 영유아기 이후 발달 단계에서 제대로 분화됩니다. 이것이 언어 습득과 관련 있으며 명시적 기억의 일부를 만들기 때문입니다. 자존감은 우리의 자아상과 연결되어 있는데, 자아상은 스스로에 대한 안정적 감각을 가지고 다른 사람과 나를 비교할 수 있을 때에만 발전할 수 있어요.

이 과정에서 중요한 요소인 안전은 생후 1년 동안 누구보다도 어머니가 아이에게 제공할 수 있어야 합니다. 이것이 논란의 여지가 있는 주제임을 알고 있지만, 발달 심리학적 관점에서는 사실입니다. 어머니는 태아에게 매우 친숙한 존재예요. 태아는 어머니의 목소리, 심장 박동, 냄새에 익숙하지요. 따라서 초기 발달 단계에서 어머니는 자연스럽게 아기에게 가장 안전한 기반이 됩니다. 아기는 생후 1년 동안은 마치 '아직 부화되지 않은 알처럼' 돌봐줘야 해요. 객관적으로 인간은 다른 포유류에 비해 출생 직후에도 결함이 너무 많은 존재입니다. 걷지 못하고, 제대로 볼 수 없으며, 체온도 자체적으로 조절할 수 없어요. 갓 태어난 아기 원숭이만큼의 신체 상태가 되려면 실제로는 출생 전 어머니 뱃속에서 16개월을 자라야 합니다. 그러나 여성의 신진대사는 이러한 긴 성숙 과정을 허용하지 않으며, 임신부는 임신 기간이 더 길어지면 에너지를 충분히 공급하기 어려워져요. 그래서 인간 아기는 일종의 조기 출산으로 태어나고, 작디작은 인간 아기는 극도로 무력하고 미성숙하며, 이 아기를 잘 키우려면 충분한 돌봄과 관심이 필요합니다.

이런 사실들로 미루어 볼 때, 결론적으로 인간이라는 '종에 적합한' 돌봄은 무엇일까요? 일반적으로 생후 1년 동안 가장 가까운 양육자들이 곁에 있어주고 불쾌할 때마다 적절한 방식으로 진정시켜주는 경험을 더욱 자주 할수록, 아기가 스스로 진정하고 스트레스에 대처하며 환경에 적응하는 데 더욱 큰 도움이 됩니다. 그렇다면 아이를 보육 시설에 보낼 적절한 시점은 언제일까요? 모든 가정이 이 결정을 자유롭게 할 수 있는 건 아니에요. 가계 소득 문제 때문에 그렇고, 특히 부모 중 한쪽이 홀로 양육하는 경우에는 더더욱 그래요. 그러나 신경학적, 발달 심리학적 관점만 고려한다면 두 살 이전, 상황이 허락한다면 세 살 이전에는 보육 시설에 보내지 말라고 권할 수밖에 없어요. 한 살이나 두 살 어린이는 아직 보육 시설에서 필수적으로 요구되는 적응을 할 수 있는 발달 수준이 아니에요. 이 아이들은 스트레스가 발생할 때 아직 스스로를 진정시키며 해소할 수 없거든요. 보육 시설에는 아기에게 가장 익숙한 대상, 아기가 무엇을 필요로 하는지, 무엇을 해야 하는지 정확히 알고 있는 주요한 애착 대상이 없습니다. 세 살 전까지 아이들은 자신의 애착 대상에게 특별한 대우를 받지 않는 무리에 속할 만큼 충분히 성장하지 않은 상태예요. 생후 2년 동안 아이가 마음껏 의존하며 안정 애착 욕구를 충분히 충족시킬 수 있게 해주면, 점점 더 자신감이 자라고 주변에 관심을 가지며 새로운 관계를 형성할 수 있을 거예요.

　신경학적 관점에서 이렇게 이야기하여 이른 시기에 아이를 보육 시설에 보내는 부모들을 비난하거나 불안하게 만들려는 건 아니에요. 이런 종류의 결정을 내릴 때에는 항상 전체적인 맥락을 고려해야 하니까요. 그러나 이는 이렇게 어린 아이에게도 감정적 욕구가 있음을 인식하는 데 도움이 될 수 있어요.

　보육 시설에 일찍 보내기로 한 부모는 다음의 기준을 고려하여 아이를 보낼 시설을 고릅시다. 시설의 규모는 어느 정도인지? 아이들과 보육 교사 비율은 어떻게 되는지? 적응 기간으로 어느 정도의 기간이 주어지는지? 이런 기준은 아이가 시설 내에서 친밀감을 느낄 보호자를 찾는 데 도움이 될 수 있어요.

　또한 부모와 함께 지내는 시간을 확보하는 것도 균형을 잡는 데 좋습니다. 아이에게 보육 시설 생활은 직장에서의 힘든 하루만큼 힘들 수 있어요. 따라서 집에서만큼은 스트레스가 지속되지 않도록 부모와 함께 지내는 시간을 경험하며 안정적인 시간을 많이 보내는 게 좋습니다. 어린이집에 일찍 갔던 아이들은 이후 삶에서 관계를 형성할 때 이미 지나간 발달 단계로 되돌아가기도 해요. 심

리학 용어로 '퇴행'이라 부르는데, 예컨대 여덟 살 아이가 누군가
가 신발 끈을 묶어주기를 기다린다거나 열두 살 아이가 엄마와 한
침대에서 잠들고 싶어 한다거나 하는 경우예요. 아이가 부모에게
터무니없는 요구를 하거나 불필요한 스트레스를 주려는 의도는 아
니에요. 그보다는 누리지 못한 지나간 시간을 이제라도 보충해보
려는 거지요. 공감의 언어로 이런 행동들을 번역해본다면 이런 뜻
일 거예요. "사랑하는 엄마, 사랑하는 아빠, 저는 너무 빨리 너무 많
이 적응 능력을 써야 했어요. 그래서 지금 엄마 아빠의 넘치는 애정
이 필요해요!"

그러므로 자녀의 이런 바람을 들어주는 것도 전적으로 의미 있
는 일이라고 할 수 있겠습니다.

애착과 자율 사이의 적절한 균형

이제 소속과 애착에 대한 욕구가 생존에 필수적인 요소라는 사
실을 많이 알게 되었네요. 바로 그렇기 때문에 우리는 다른 사람에
게 인정받기 위해, 또는 거절로 인한 상처를 피하기 위해 많은 노력
을 기울이지요. 그러나 동시에 우리는 자유로운 삶을 살며 내가 하
고 싶은 대로 하기를 원해요. 즉 자율과 통제에 대한 심리적 기본
욕구를 채우려는 거지요. 자율과 통제는 떼려야 뗄 수 없는 관계이
며, 자율은 통제 없이는 제대로 작동하지 않습니다. 행동하려면 신
체뿐 아니라 심리적 과정도 통제해야 해요. 의식적으로, 때로는 무

의식적으로 우리는 인식, 감정, 생각, 행동을 계속 조절하며 가능한 한 심리적 균형을 유지하려 합니다. 이는 곧, 혼자 있든 다른 사람과 함께 있든 상관없이 일관성을 경험하고자 한다는 뜻이에요. 다른 사람과 함께 있을 때, 통제 욕구는 자기 내면의 심리적 균형을 유지하는 데에만 국한되지 않고 타인의 행동에도 영향을 미쳐요. 인간은 그럴 때 상대방이 나에게 주목하고, 내 의견을 경청하고(또는 주의 깊게 지켜보고), 나에게 긍정적으로 반응하도록 만들고 싶어 하지요. 결정하는 위치에 있으면서 동시에 상대방에게 인정받고 싶은 거예요.

애착과 자율은 상반된 개념입니다. 상대방에게 맞춰주고 바로 그 순간에 스스로를 주장할 수는 없으니까요. 오직 번갈아 가며 가능하다고 할까요. 기본적으로 이것이 일상에 도사리고 있는 그리고 평생에 걸쳐 지속되는 딜레마입니다. 아침부터 저녁까지 인간은 목표를 좇으며 살아가고 우리 뇌는 이 다음에 어떤 일이 일어날지 예측합니다. 상황을 어떻게 평가하느냐에 따라 우리는 주어진 상황에 적응하거나 개인적인 이해관계에 따라 행동하지요. 가장 이상적인 상황은 주변 사람들의 이익과 나의 이익이 조화를 이루어 충돌하지 않는 거예요. 그러나 그렇지 않다면 판단을 내려야만 해요.

판단을 내리는 것은 우리의 일상적 루틴과 습관적 행동의 일부이며, 대개 자동으로 이루어집니다. 이러한 판단과 그에 따른 행동은 함께 실행되고 그 후엔 더 이상 검토되지 않아요. 이러한 효율성이 루틴의 이점이지요. 이를테면 직장은 대부분 사람들에게 이런 적응 프로그램이 잘 반영된 사례예요. 시간 엄수, 신뢰성, 효율성이라는 규칙을 따르지요. 동료들과 최대한 좋은 관계를 유지하려 노력하고, 공동체의 일원으로 받아들여지도록 행동합니다. 그러나 모든 것이 항상 순조롭게 흘러가지만은 않아요. 팀 내에서 이해관계 충돌이 생깁니다. 성공적으로 회사를 운영하기 위해 어떤 조치와 프로젝트가 적합한지 견해가 다를 때도 있어요. 근로 시간 조정, 임금 인상, 또는 승진 기회에 관한 개인적인 요구 사항도 있을 거예요. 개인적인 이익이나 신념이 동료나 상사의 이익에 반하여 충돌, 즉 비일관성이 발생할 경우, 싸워서 내 의견을 관철시킬 가치가 있는지, 승복하는 편이 더 현명한지 분석하여 판단합니다. 객관적 사실뿐 아니라 개인적 성향과 마음 지도에 따라 판단 결과는 달라지지요. 무엇보다도 애착과 자존감 향상에 대한 기본 욕구를 침해받지 않는 것을 동력으로 삼는 불안정 애착 유형을 내사한 그림자 아이를 가진 사람이라면, 개인적인 이익을 강하게 주장하는 쪽으로 결정하는 경우는 매우 드물거나 아예 없을 거예요. 이때 애착과 자율 사이의 내적 균형이 애착을 우선하는 방향으로 기울고 맙니다.

　반면 회피형 불안정 애착 유형의 그림자 아이를 내면화한 사람이라면, 그래서 어차피 믿을 사람은 나뿐이라고 무의식적으로 결정한 경우라면, 단호하게 자기 방식대로 나아갈 겁니다. 이때 애착과 자율 사이의 내적 균형은 자율을 우선하는 방향으로 기울겠지요.

　그런데 안정 애착 유형에 해당하는 사람이라면 주어진 상황에 나를 맞추어 적응할지 아니면 자기주장을 강화할지 보다 유연하고 자유롭게 결정할 수 있어요. 다시 말해 자율과 애착 사이에서 적절한 균형을 유지하고 있다고 할 수 있습니다. 애착을 위해서나 자기 주장을 위해서나 모두 특정한 능력이 필요합니다. 여기서 애착 성향에 필요한 능력과 자율 성향에 필요한 능력이 대립한다는 사실은 어찌 보면 당연해요. 특히 재미있는 점은 이런 거예요. 양육 과정에서 부모가 자녀의 애착과 자율에 대한 필요를 충분히 충족시켜준다면, 자녀는 안정 애착 유형을 가지게 될 뿐 아니라 애착과 자율 사이에서 균형을 잡는 데 필요한 능력 또한 함께 습득합니다.

이제부터는 우리 삶의 만족도에 기여하는 능력에는 어떤 것이 있으며 그것이 얼마나 결정적인 역할을 하는지 함께 살펴봅시다.

좋은 애착을 위해 필요한 능력

앞서 언급했듯 민감한 부모가 양육한 아이는 다른 사람과 관계를 형성하고 자신의 이익을 옹호할 수 있는 방법을 자동으로 배웁니다. 이 능력은 사회적 규칙을 통해, 특히 부모와의 직접적인 관계를 통해 습득할 수 있어요. 그래서 공감 능력이 높은 부모의 아이는 방치를 경험한 아이보다 더 많은 거울 뉴런이 발달하지요. 거울 뉴런은 단순히 상황을 바라보는 것만으로 자신이 경험할 때와 똑같이 활성화되는 뇌 신경 세포입니다. 이는 우리가 인지하는 감정을 반영해요. 예를 들어 영화에서 비극적 운명을 볼 때 슬픔과 연민을 느끼게 해주는 것이 바로 이 거울 뉴런입니다.

내 마음속 타인을 비추는 거울

이미 율리아 마이어-헤르만이 다음과 같이 언급한 바 있습니다.[12] "1990년대 중반 신경학자들은 뇌에 '거울 뉴런'이 존재하고 이것이 다른 사람의 경험과 감정을 비추는 역할을 한다는 사실을 발견했다. 이러한 인간의 능력은 의학, 생물학, 심리학, 교육학 영역에서 연구되었다. 개인 간의 이런 직관적 연결은 어떻게 작동하는 것일까? 물론 분노나 환희 같은, 비교적 분명한 감정들도 있다. 그러나 부끄러움이나 낙담 같은, 그보다 덜 분명하고 잘 몰랐던 감정들까지 느낄 수 있는 이유는 무엇일까? 무엇보다도 이것이 우리에게 왜 필요할까? 신경 심리학자들은 우리가 유전적으로 타고난 기본 능력에 공감 능력이 포함되어 있다고 가정한다." 공감 능력은 사랑하는 능력과 더불어 애착 형성을 위한 가장 중요한 전제 조건입니다.

아이가 공감을 더 많이 경험할수록 뇌에서 거울 뉴런이 더 많이 발달한다는 사실이 입증되었습니다. 따라서 거울 뉴런은 다른 사람과 공감할 수 있는 소프트 스킬을 위한 뇌의 하드웨어라고 할 수 있어요.

또한 아이가 부모와의 관계에서 자신의 감정이 허용된다고 느끼고 스스로 의견을 내보는 경험을 한다면 자율성 측면에서 중요한 능력을 배울 수 있습니다.

시간이 지나면서 아이는 다른 사람에게 맞춰주며 가족, 친구, 교사와 좋은 관계를 맺고 동시에 자신을 표현하고 스스로의 이익을 대변하는 방법을 익힙니다. 후자는 단기적으로 관계를 어렵게 만들 수 있지만, 아이는 지금껏 쌓아온 관계에서 신뢰하는 법을 배웠으므로 이를 감수할 거예요. 이런 아이는 갈등이 곧 불안을 유발하는 요소가 아니라고 믿습니다. 아이가 맺은 관계에서 의견 차이나 그에서 비롯한 갈등을 충분히 견딜 수 있고 그 후에 화해할 수 있다는 믿음을 가지고 있는 거예요. 충돌 후 조화를 회복하는 것은 타인에 대한 신뢰를 더욱 강화하는 과정이에요. 좋은 애착을 위해서는 다음과 같은 능력이 필요합니다.

* 다른 사람 마음에 들기(외적 매력과 호감 가는 행동)
* 경청하기, 상대에게 맞춰주기, 공감하기
* 협력하고 타협하기
* 적응하고 양보하기
* 타인을 신뢰하기

"내가 나를 좋아하면 그걸로 됐지"라고 말하는 사람도 종종 있어요. 이런 말 뒤엔 보통 (인정받지 못할지도 모른다는 불안에서 비롯된) 지나친 자율 욕구가 숨어 있습니다. 물론 자기 자신을 좋아하는 것도 중요하지만, 그래도 여전히 다른 사람에게도 호감을 얻어야 해요. 아무에게도 호감을 얻지 못하면 그 누구와도 애착을 형성할 수 없을 거예요. 그래서 우리는 일반적으로 좋은 인상을 남기는 데 관심이 많습니다. 가능한 한 용모 단정해 보일 수 있게, 절대로 안 좋은 냄새가 나지 않게 노력하지요. 적응하고 타협하고 양보함으로써 집단에 소속될 수 있도록 하는 거예요. 다른 사람에게 호감을 얻으려는 노력을 중단한다면 경제도 모두 망가져버릴걸요. 시중에 판매되는 상품들은 기본적으로 다른 사람에게 좋은 인상을 주고자 하는 우리 욕구를 충족시키는 것들이니까요.

어떻게 하면 좋은 인상을 남길 수 있을지, 상대가 뭘 좋아하는지 알아내려면 그의 감정을 이해할 수 있는 공감 능력이 필요합니다. 공감은 나와 상대 사이에 놓인 다리예요. 공감 능력이 없다면 타인의 마음속에서 무슨 일이 벌어지고 있는지 이해할 수 없어요. 공감은 친밀감과 따스함을 전달함으로써 안전감을 줍니다. 다른 사람에게 공감하려면 먼저 나 자신의 감정을 잘 알아야 해요. '공감'이라는 표현 자체가 여기서 유래했죠. 예를 들어 누군가가 운전면허 시험에서 떨어졌다고 말했을 때 실패감이 어떤 느낌인지 상상할 수 있어야 상대가 무슨 생각을 하고 있는지 제대로 이해할 수 있지요. 아이가 부모와의 관계에서 모든 감정을 느낄 수 있고 부모가 이러한 상태를 (대개) 공감하며 곁에 있어준다면, 그 아이는 공감 능력이 풍부한 사람으로 자라날 가능성이 매우 큽니다.

공감 능력이 좋은 남자아이로 키우고 싶다면

남자아이를 키울 때 "약하게 굴지 마"라거나 "남자는 울지 않아"라는 말들을 다행히 더 이상 당연하게 쓰지 않습니다. 하지만 바로 얼마 전만 해도 남자아이들은 강인함만을 이상적이라 생각하는 잘못된 성 고정 관념 속에서 양육되었어요. 슬픔, 무력감, 불안 같은

'약한' 감정은 남성적이지 않다고 여겨졌어요. 기쁨이나 분노 같은 '강한' 감정만 허용되었지요. 그래서 수많은 이전 세대 남성들은 '약한' 감정에 거의 접근하지 못하거나, 이런 감정이 나타나려 하면 곧바로 스스로 억압하려 했어요.

예를 들어 여성이 절친한 친구와의 갈등으로 무력감과 슬픔을 느낀다고 남편에게 털어놓을 때, 소위 '구시대 남자'인 남편은 당황스럽습니다. 아내와 공감하기 위해서는 잠시 자신의 내면으로 들어가 슬픔과 무력감 같은 감정과 접촉해야 하니까요. 그러나 이런 감정을 다루는 법 자체를 배우지 못했기 때문에, 그는 오로지 빠르게 문제를 해결할 방법을 찾으려 합니다. 하지만 사실 아내는 이미 스스로 문제의 답을 알고 있으므로, 해결 방안을 제안받기보다는 자신의 상황을 이해받기를 원해요. 남편의 방식으로 접근한다면 그녀는 남편에게 무시당했다고 느끼며 분노하고 좌절하겠지요. 남편이 아내의 감정을 더 잘 이해하고자 한다면 먼저 자기 자신의 감정을 더 잘 이해하고 다루는 법을 배워야 합니다.

이런 관점에서 최근 20~30년간 남자아이를 양육하는 방식이 크게 개선된 점은 우리 모두에게 커다란 행운이에요. 젊은 남성은 평균적으로 자신의 감정에 훨씬 더 잘 접근하며, 이전 세대에 비해 이를 공개적으로 자유롭게 이야기할 수 있는 능력도 갖췄어요. 그리하여 남성이 공감 능력뿐 아니라 대인 관계에 문제가 생겼을 때 좋은 해결책을 찾는 능력도 크게 향상되었지요.

좋은 관계를 유지하려면 다른 사람을 믿을 수 있어야 합니다.

신뢰는 통제와 반대되는 개념이에요. 다른 사람이 우리 생각이나 행동을 모두 통제하기란 불가능합니다. 신뢰는 건강한 관계의 본질이에요. 신뢰는 관계를 강화하며, 조화로움과 소속감을 느끼게 합니다. 그런데 신뢰는 무너질 수도 있어요. 가까운 사이일수록 실망이 더욱 커질 수 있지요. 특히 애착이 무척 중요한 상황에서 실망이 더 크게 다가올 수 있습니다. 이런 위험을 다 알아도 자기 자신을 충분히 믿는 사람이라면 이를 감수합니다. 자신감이 충분하면 어떤 실망도 극복할 수 있다고 느끼거든요. 반면 자신에 대한 신뢰가 없는 사람은 자신감이 부족해 실망을 극복할 수 없다고 생각합니다.

이전에도 여러 차례 언급했듯이, 다른 사람과 함께 살아가려면 어느 정도 적응이 필요하고 그러려면 자신의 희망과 욕구를 뒤로 미뤄둘 줄도 알아야 해요. 애착과 자율 사이에서 훌륭하게 균형을 잡고 있는 사람은 적응력이 뛰어나요. 타협해야 할 때에도 자신이 굴복한다는 느낌을 빚지 않지요. 그들은 (성횡직 제악이 없는 한) 지신의 의견을 표현할 수 있는 내적 자유가 있음을 알아요. 이 자유는 자신의 의견이 부모의 생각과 반대되더라도 여전히 한결같은 사랑을 받을 수 있었던 어린 시절 경험에서 비롯됩니다. "아니요"라고 말하고 싶을 때 "아니요"라고 말할 자유가 있기에 다른 사람의 기대에 습관적으로 반기를 들 필요가 없거든요. 내적 자유 덕분에 이들은 다른 사람의 요구에 기분 좋게 대응할 수 있어요.

어린 시절에 순응해야 한다는 압박을 지나치게 받았던 사람이 더 반항적인 성향으로 자라는 경우가 드물지 않아요. 순응해야 하는 상황에 알레르기 반응을 보이며 어른이 되어서도 자신의 자유를 위해 싸우는 거예요. 이들은 주변 사람들의 기대에 금방 압박을 느끼고, 그 기대에 부응하지 않으며 저항합니다. 따라서 이들의 내적 균형은 자율을 지키기 위해 깨져 있습니다. 자신의 자율 경계를 지키려고 격렬하게 애쓰는 사람은 회피형 불안정 애착인 경우가 많아요.

반면 집착형 불안정 애착인 사람은 어린 시절 부모의 요구에 지나치게 적응해야 했기 때문에 보통 지나친 순응에 대한 의무감에 묶여 있어요. 이들의 내적 균형은 애착을 향해 치우쳐 있습니다. 따라서 다른 사람에게 인정받으려고 많은 노력을 기울이지요.

그래서 이들은 인정 욕구가 매우 높으며, 외모를 가꾸고 성과를 올리는 일에 많은 시간을 투자합니다. 심지어 타인의 공격으로부터 자신을 안전하게 지킬 수 있도록 완벽을 추구하는 사람도 많아요. 이들은 자기 감정에 제대로 접근하지 못하므로 상처 입거나 자기 한계를 넘어서는 일이 벌어지면 대부분 너무 늦게 깨달아요. 다르게 표현하면, 자율 능력이 부족하다는 뜻입니다.

자율과 통제를 위해 필요한 능력

스스로를 옹호하고 이익을 주장하려면 애착의 대척점에 서는 기술이 필요합니다. 다시 말해 어느 정도 싸우려는 의지가 필요하며, 이를 위해서는 우선 내가 원하는 게 무엇인지를 알아야 해요.

애착의 경우에는 항상 "우리는 무엇을 공유하는가?"라는 질문이 중요한 반면, 자율의 경우는 "무엇이 우리를 다르게 하는가?"라는 질문과 관련되어 있어요.

바로 나와 다른 사람들 또는 공동체 사이를 가르는 개별 욕구와 목표에 관한 것이지요. 자율을 위해서는 다음과 같은 능력이 꼭 필요합니다.

  * 자기 자신의 감정과 욕구 감지하기
  * 결정을 내리고 목표를 설정하기
  * 논쟁하고 대항하기
  * 분리하기

애착을 위해서는 때로 내 욕구를 뒤로 미루고 더 잘 적응하려 노력하는 것이 중요한 반면, 자율을 위해서는 내 감정과 잘 연결되어야 합니다. 그러지 않으면 결정을 내리기가 어려울 거예요. 감정은 내가 하는 일과 겪는 일에 의미를 부여합니다. 감정은 내가 가고 싶은 방향을 보여주지요. 기분이 좋으면 가까이 다가갈 수 있다는 신호이고, 기분이 나쁘면 피해야 한다고 경고하는 신호입니다. 이성적인 결단으로 보이는 것도 결국 결정적으로 기분이 좋아서 내린 판단인 경우가 흔하지요. 반면 자신의 감정과 잘 연결되어 있지 않은 사람은 합리적인 결정을 내리기 어려울 때가 많아요. 특히 관계를 유지할지 포기할지처럼 개인적인 결정을 내려야 할 때 더욱 그렇습니다. 장단점이 서로 첨예하게 부딪히고 감정적으로도 어느 한쪽으로 기울지 않는 결정을 내려야 할 때 그 당사자는 선택하지 못하고 제자리에서 맴돌아요. 이럴 때 결정을 내리기 위한 전제 조건이 자신의 감정과 잘 연결되어 있는 것입니다.

내가 뭘 원하는지, 어느 방향으로 가고 싶은지 알더라도, 내 소망과 주변의 바람이 항상 일치하진 않아요. 늘 서로 다른 이해관계가 충돌하지요. 몇 가지 예를 들어보겠습니다. 커플 중 한 사람은 일요일이면 늦게 일어나서 하루를 마음대로 보내고 싶어 하며, 다른 사람은 일요일 아침에 일찍 일어나 소풍 같은 특별한 활동을 하고 싶어 합니다. 어머니는 아이가 그만 잤으면 좋겠는데, 아이는 아직 놀고 싶어 합니다. 회사에서는 직원들이 전혀 달가워하지 않는데도 구조 조정을 강행합니다. 그리하여 우리는 자주 이런 질문 앞에 서게 되지요. 받아들일 것인가 내 주장을 펼칠 것인가?

스스로 결정하는 삶을 살아가기 위해서는 내가 세운 목표 외에도 어느 정도 추진력이 필요합니다. 우리는 타인과 애착을 형성할 수 있도록 여러 감정을 타고났어요. 그러나 자율적 이익을 주장할 수 있는 감정은 오로지 공격성뿐입니다. 어느 정도는 건강한 공격성이 있어야 나 자신을 지키며 싸울 수 있어요.

공격성과 분노는 사회적으로 평판이 좋지 않습니다. 분노가 사람들을 (잠깐이라도) 서로 분리시키기 때문이에요. 분노한 사람은 주위에 부정적인 기분을 퍼뜨려요. 그런데 다른 사람의 분노를 받고 싶어 하는 사람은 아무도 없지요. 게다가 분노는 증오와 폭력으로 이어질 수 있는데, 이것이 이 감정이 나쁜 이미지를 뒤집어쓴 원인입니다.

그러나 심리학적으로 분노는 생존에 중요하며 꼭 필요한 감정입니다. 나의 경계와 이익을 보호할 수 있도록 도와주거든요. 분노를 잘 다루는 사람은 활기차고 추진력이 있어요. 분노는 우리에게 에너지와 생기를 부여하지요. 공격성이 억압된 사람은 자기주장을 잘 펼치지 못할 뿐만 아니라 다소 무기력해 보이는 경향이 있습니다.

심리학에서는 수동 공격과 능동 공격을 구별합니다. 능동 공격에는 분명한 특징이 있어요. 명확하게 주장하고 소리치며 다투거나 때리는 행동이지요. 반면 수동 공격은 보다 은밀한 형태로, 수동 저항이라고도 합니다. 능동 공격은 말 그대로 공격이 목표이지만, 수동 공격의 본질은 거부입니다. 상대방이 길을 잘못 드는 것을 방관하거나, 담을 쌓고 문을 닫아버리거나, 늑장을 부리거나, 지각하는 것 모두 수동 공격의 일종입니다.

누구나 때때로 수동적이거나 능동적으로 공격적인 행동을 합니다. 가끔은 문을 꽝 닫아버리고, 가끔은 사납게 화를 내기도 하지요. 어떤 방식을 취할지는 (인생의 많은 일들이 그러하듯) 개인적 기회를 어떻게 계산하느냐에 달려 있어요. 나보다 강력한 상대에게는 한 발짝 물러나 수동 저항을 펼칠 수 있어요. 그러나 상대방이 나와 대등하거나 심지어 나보다 열등하다고 느끼면 좀 더 적극적으로 공격을 시도합니다.

어떤 사람들은 주로 수동 공격 방식으로 목표를 이루려 하며, 또 다른 사람들은 능동 공격을 더 많이 실행에 옮깁니다. 수동 공격을 행하는 사람을 묘사할 때에는 '고집스럽다', '다루기 힘들다',

'완고하다'라는 표현을 자주 써요. 즉 이들은 거의 타협하지 않는 경향이 있습니다. 일부 타고난 기질도 있겠지만 그들은 어릴 때 순응 알레르기를 경험하고 나서 (무의식적으로) 저항하겠다는 선택을 하게 됐어요. 타협을 떠올리면 평화를 위해 굴복해야 했던 어린 시절 기억이 소환됩니다. 수동 공격성을 가진 사람은 다른 사람 의견을 무시한 채 그냥 자기 일을 하는 것을 선호합니다. 다른 사람의 참여를 허용하는 것은 그들에게 간섭으로 보일 뿐이에요. 해결을 위한 대화를 제안해도 거부하는 태도를 취하며, 이런 제안조차 자율성에 대한 공격으로 느낍니다. 그 대신 그들은 소통 창구를 닫고 시도 자체를 가로막거나, 약속은 하지만 이행하지 않거나, 극도로 느린 속도로 이행함으로써 상대방을 괴롭힙니다. 수동 공격은 공격자가 자신을 명확히 드러내지 않고 음모를 꾸민다는 면에서 과정은 조용하지만 결과는 매우 파괴적입니다.

자율 욕구를 건강한 방식으로 주장하고 싶다면 논쟁하는 방법부터 연습해야 합니다. 논쟁을 통해 첫 번째 단계에서는 자신의 입장을 확고히 하고 두 번째 단계에서는 다른 사람을 설득하는 데 집중합니다. 이 과정에서 나의 옳음을 입증하거나 이기는 것이 아니라, 문제를 해결하고 결과적으로 한 걸음 더 나아가는 데 관심을 둬야 합니다. 특히 자존감이 낮은 사람은 논쟁에서 열세라고 느끼면 그것을 개인적 패배로 여기기도 해요. 이때 "네 말이 맞아!"는 자신감과 침착함을 표현해주는 문장이에요. 지나치게 순응하는 사람은 자기주장을 펼치는 데 익숙하지 않고 쉽게 말이 막혀버리는 경향이 있어요. 말문이 막힐 것을 알고 있기 때문에 아예 논쟁에 참여하지 않기도 합니다. '싸워봤자 소용없잖아'라는 생각으로 시작하기도 전에 이미 의욕이 마비돼버려요. 이런 행동 때문에 그들은 자기자신과 스스로 원하는 바를 책임지기를 부인하고, 무기력하게 당황스러운 피해자 역할로 전락합니다. 그러나 결과적으로 더 큰 좌절과 분노가 이어지지요.

따라서 논쟁하는 법을 연습하는 것은 매우 유익한 일입니다. 저는 심리 치료 상담사로 일하면서 상상 속에서 논쟁 연습을 하며 엄청난 성과를 거두었어요. 이미 지나간 상황을 돌아보며 어떻게 논쟁했어야 도움이 되었을지 고민할 때뿐 아니라 미래에 벌어질 논쟁을 준비할 때에도 모두 적용해볼 수 있어요. 다양한 갈등 상황에서 적용할 수 있는 괜찮은 논리적 근거를 생각해보는 것은 자동차로 장거리 여행을 하거나 산책을 하는 등 다른 일을 하면서도 충분히 할 수 있어요. 상상 속에서 논쟁하기를 계속 연습하면 실제 생활에서도 더 잘할 수 있답니다.

살펴본 것처럼 공격성은 두 얼굴을 가지고 있습니다. 파괴적이고 상처 주는 면만 있는 게 아니에요. 문제를 해결하기도 하고 당황스러운 상황에서 우리를 구해주는 에너지로 활용되기도 하지요. 그렇게 우리를 더 나아가게 하는 거예요.

이 공격성의 양면은 아동의 발달에 중요한 역할을 합니다. 아이가 말로 자기를 방어할 수 있게 되기 전에 다른 사람에게 대항하려고 치아를 쓸 때가 있어요. 이건 의식적인 공격 형태가 아닙니다. 아이는 이로 깨물어서 다른 사람과의 경계를 알리려는 거예요. 이런 행동은 보통 아이가 말로 자기를 방어할 수 있게 되면 자연스럽게 사라집니다.

　분리 공격은 아동기의 특수한 분노 형태입니다. 발달 심리학에서 유래한 용어로, 자율성 발달의 중요한 단계를 밟아나가기 위해 아이에게 필요한 분노를 뜻해요. 이른바 반항기는 아이의 자율성 발달에서 가장 중요한 시기입니다. 예컨대 "엄마, 짜증 나, 저리 가!"라고 아이가 소리칠 때가 있어요. 부모가 아이의 유치한 분노를 잘 다룰 수 있다면 아이는 성장 과정에서 자신의 의지와 분노를 적절하게 표현하는 법을 배울 수 있습니다.

　자율성 발달에서 또 다른 중요한 시기는 청소년기입니다. 이 시기에는 부모와 아이가 자주 힘겨루기를 벌여요. 청소년기에 아이는 여러모로 자신의 자율성과 개성을 시험해봅니다. 그러려면 부모에게서 어느 정도 분리되어야 해요. 청소년은 옳고 그름에 대한 자신만의 가치 기준을 발전시키며, 이것이 자율적 삶에서 스스로 결정을 내릴 때 가드레일 역할을 합니다. 어린이와 청소년이 이런 발달 단계를 잘 밟아나가면 그 과정에서 분노에 대처하는 건강한 방법도 몸에 익힐 수 있어요.

　젊을 때 빨리 공격성의 양면성을 배워두면 남은 인생을 사는 데 큰 도움이 됩니다. 자신이 파괴적인 행동을 할 수 있다는 사실을 알고 받아들이면 그런 상황에서 좀 더 의식적으로 대처할 수 있어요. 성인이 되고 나서도 때로는 분리 공격이 필요할 때가 있습니다. 건강하지 않은 관계에서 벗어나야 하는 상황이 대표적인 사례이지요. 그런 경우 분리 공격을 써서 선을 긋습니다. "이제 됐어! 여기까지! 끝났어! 끝, 그만!" 이는 이미 오래전에 이뤄져야 했던 이별을 앞두고 말로 하는 결심입니다. 집착형 불안정 애착인 사람은 당연히 이런 분리 공격성이 너무 낮아요. 그래서 독이 되는, 그러니까 제대로 기능하지도 않고 심리적으로 해로운 관계에 매여 끊어내지 못하는 위험에 빠질 확률이 높지요.

부모가 애착과 자율의 욕구를
충족시켜주었나요

지금까지 다룬 내용을 다시 한번 살펴볼까요? 모든 사람에게는 한편으로는 애착에 대한 소망, 다른 한편으로는 자율을 추구하는 의지, 이렇게 두 가지 심리적 기본 욕구가 있으며 이 두 가지 욕구는 서로 상반되는 것처럼 보입니다. 다른 사람과 애착 관계를 형성하고 맞춰주면서 동시에 자기주장을 펼칠 수는 없어요. 그렇지만 이 두 가지 기본 욕구는 모두 중요합니다. 만족스러운 삶을 영위하기 위해서는 자율을 추구하는 욕구와 친밀하고 안정적인 관계를 원하는 욕구 사이에서 적절한 균형을 찾아야 해요. 이러한 의존성과 자율성 사이에서 발생하는 기본적인 충돌은 각자 스스로 해결해야 합니다. 이런 갈등을 심리학 용어로 의존성-자율성 충돌이라 하지요.

생후 몇 년 동안 부모와의 관계에서 경험하는 애착과 자율의 경험은 나중에 이런 기본적 갈등에 대처하는 방식을 결정합니다. 이 경험은 또한 우리 성격에 지속적인 영향을 미칩니다. 마음 지도란 자기 자신에 대한 개인적인 생각, 다른 사람들에 대한 생각, 사랑받고 인정받기 위한 행동 방식을 둘러싸고 우리 머릿속 깊숙이 뿌리박힌 개념을 뜻해요. 어린 시절에 겪는 애착과 자율에 대한 경험은 이 마음 지도 위에 마을 위치처럼 영구히 기록된답니다.

그러니까 우리 삶의 기초는 어린 시절에 이미 강하게 형성되는 셈입니다. 어린 시절 어머니와의 관계가 그 시작이며 애착 욕구는 우리 존재의 기반이 되어줍니다. 또한 인간은 자기 영혼의 안녕뿐 아니라 단순히 생존을 위해서도 다른 사람을 필요로 합니다. 그래서 아기는 태어날 때부터 타인의 주목을 끄는 능력을 갖추고 있지요.

'근원적 신뢰'를 형성할지 아니면 오히려 신뢰라는 감정을 의심하며 살아갈지는 부모가 얼마나 공감과 사랑으로 아이를 대하는지에 달려 있습니다. 이 어린 시절 경험은 나중에 우리가 애착과 정서적 의존을 무엇과 연관시킬지를 결정합니다. 어린 시절에 의존하는 대상에게서 소홀하게 여겨지지 않고 보살핌을 받은 사람은 일반적으로 관계에서 상처 입을까 봐 두려워하지 않아요. 또 대개 사랑이나 애정을 의심하지 않으며 이런 감정을 안전하고 신뢰할 수 있는 것으로 여깁니다. 이런 사람들은 소위 안정 애착 유형을 발전시켜요. 관계를 자신이 상대와 함께 주체적으로 만들어나갈 수 있는 긍정적인 것으로 인식하지요. 또한 관계 안에서 충분한 자율성을 가지고 자신의 욕구를 충족시킬 수 있다고 확신합니다. 이와 반대되는 것이 불안정 애착 유형입니다. 이 유형의 사람들은 어린 시절 경험에서 다른 사람을 믿을 수 없다는 믿음을 내면화합니다. 이들은 다른 사람을 신뢰하기 어려워하고, 관계에서 자신의 권리를 제대로 주장하지 못하며, 무기력해합니다.

이 시점에서 우리는 애착과 자율의 욕구가 서로 긴밀하게 얽혀 있음을 명확히 알 수 있어요. 심지어 상호 의존적이기까지 하지요. 스스로 사랑받는다고 느끼는 사람은 자기 권리를 주장해도 되고 자신만의 개별적인 삶의 길을 선택할 수 있다는 확신을 가집니다. 인간은 발달 단계상 어느 시점이 되면 부모의 보살핌에서 독립하여 자율적 존재가 되도록 설계되어 있어요. 힐마르 베네케Hilmar Benecke에 따르면[13] 여기에는 명확한 순서가 있습니다. "발달 심리학적으로 보면 애착 태도가 내면에 각인되는 단계 다음에 자율을 추구하는 단계가 뒤따른다. 아기는 생후 1년 동안 어머니와의 연결을 생존에 필수적인 요소로 경험하며, 이후에는 그때 획득한 애착 행동을 바탕으로 주변 환경을 탐색한다."

이 시기에 애착과 자율, 통제에 대한 욕구가 동시에 존재하는 경험을 한 사람은, 높은 내적 통제 위치를 가집니다. 내적 통제 위치가 높은 사람은 자존감이 안정되어 있고 인생의 어려움을 극복할 수 있다고 확신합니다. 그러나 애착과 통제 욕구가 자주 외면당하거나 제대로 충족되지 않은 아이는 낮은 내적 통제 위치로 인해 이후 인생에 영향을 받습니다.

따라서 부모가 두 가지 욕구를 충분히 충족시켜주면 아이는 건강한 애착 행동을 발달시키는 방법을 배울 수 있어요. 또한 자신의 감정을 느끼고 목표와 소망을 옹호하는 데 필요한 능력을 익히지요.

낮은 자존감의 덫에 걸려
괴로운가요

모든 사람은 스스로를 긍정적으로 생각하고 싶어 합니다. 모두 아름답고 성공하며 남에게 도움이 되는 좋은 사람이 되고 싶지요. 인간은 자기 발전을 추구하고 실패를 부끄러워합니다. 내가 특별한 능력이나 비범한 아름다움을 지녔다고 한 번쯤 상상해보지 않은 사람이 있을까요? 공상 속에서 우리는 대부분 자신을 '슈퍼 히어로'로 변신시킬 수 있다고 상상하지요.

자존감을 모든 심리 발달의 핵심으로 보는 심리학자들이 많습니다. 첫 번째로 알프레트 아들러를 꼽을 수 있겠네요. 그는 오스트리아 국적의 의사이자 심리 치료사로, 오늘날 대부분의 사람들이 열등감을 보상하는 대신 허용해야 한다고 주장했습니다.

열등감은 우리를 매우 불안하게 하고 금방 공격적으로 만듭니다. 열등감은 강해 보이는 상대에 대한 두려움을 일으키며, 두려움은 분노로 이어질 때가 많아요. 분노라는 감정이 우리의 자율성을 보호하기 위해 작용한다는 사실, 기억하시나요? 우월한 상대는 더 강하고 따라서 우리를 해칠 수 있는 힘을 갖고 있기 때문에 자율성을 잠재적으로 위협하는 존재입니다.

열등감을 느낄 때, 우리는 애착 욕구가 거부될 거라고, 자율 욕구가 좌절될 거라고 예상합니다. 반대로 자존감이 높으면 '애착을 형성할 수 있다'라는 느낌, 동시에 자기 자신이 강하고 뭐든 방어할 수 있다는 느낌을 받지요.

이미 여러 차례 강조했듯이, 우리가 주관적으로 인식하는 자존감과 객관적인 능력 사이에는 거의 관련이 없습니다. 자존감 경험은 본질적으로 우리가 부모와 맺어온 관계의 질에 크게 영향을 받으며, 따라서 개인의 경험에 따라 천차만별이에요. 자존감이 우리 삶의 방향성과 질에 상당한 영향을 미친다는 점에서 잔인한 면이 있지요. 결국 자존감은 우리의 마음 지도와 내면 아이를 형성하는 핵심 요소입니다. 삶에 대한 우리의 태도를 결정하는 셈이지요. 나는 충분한가? 충분치 않은가? 나는 괜찮은가? 괜찮지 않은가? 나는 가치 있는 사람일까? 그렇지 않은 사람일까?

이렇게 간단한 신념들을 바탕으로 다른 사람들에게 기대하는 바를 가늠합니다. 이 신념들이 "사랑받기 위해 어떻게 해야 하는가?", "사랑받으려면 뭔가를 해야만 하는가 아니면 있는 그대로도 사랑받을 수 있는가?"와 같은 가장 근본적인 질문에 답을 제공합니다.

부모가 자녀의 본보기가 되어주지 못한다면

부모-자녀 애착이 우리의 자존감에 강한 영향을 미치기는 하지만, 자아상을 결정하는 다른 요인도 있습니다. 예를 들어 어떤 부모는 자기 아이를 매우 사랑스럽게 돌보고 안정 애착을 형성해주지만, 나중에 성장 과정에서 좋은 본보기가 되어주지 못할 수도 있어요. 또 어떤 여성이 자신감이 없고 늘 불안한 어머니와 함께 자란다면, 이것이 그 여성의 인생에 엄청난 흔적을 남길 수 있습니다. 불안 성향이 강한 어머니는 딸을 세상의 위험에서 과도하게 보호하려 합니다. 자신에게도 딸에게도 스스로를 방어하거나 자기주장을 펼칠 능력이 없다고 믿기 때문이지요. 그래서 딸에게 "나는 못해" 또는 "세상에 위험한 게 너무 많아"라는 신념이 생길 수 있어요. 마찬가지로 갈등을 못 견디는 아버지는 자기 이익을 적절하게 대변하는 법을 보여주지 못하기에 자율성 발달 측면에서 아들에게 나쁜 본보기가 될 수 있습니다.

그러므로 우리 내면의 각인을 이해하려면 자신과 부모 사이의 상호 작용뿐 아니라 부모의 역할과 본보기로서의 기능도 분석해보는 편이 좋습니다.

물론 부모 외에 다른 가족 구성원, 친구, 학창 시절에 만난 교사도 자아상에 부분적으로 영향을 줄 수 있지요. 특히 학교에서 "나는 운동 신경이 없어"라거나 "나는 음치야" 같은 신념이 형성될 가능성이 있는데, 이것이 사실이 아닌데도 무능한 교사 때문에 그렇게 믿게 될 수 있어요.

　유전자 역시 자존감 발달에 영향을 미칩니다. 예민하고 의존적인 기질을 타고난 아이는 둔감하고 천성적으로 쾌활한 기질의 아이보다 자존감이 낮아질 가능성이 높아요.

　우리의 자존감은 결국 애착과 자율을 향한 욕구와 밀접한 관련이 있습니다. 있는 그대로 사랑받는 사람은 자신의 욕구를 주장할 권리를 당연시합니다. 원하지 않는 것을 거부할 수 있고, 필요한 것을 요구할 수 있으며, 그럼에도 불구하고 거절당하지 않을 수 있습니다. 필요하다면 내가 맺고 있는 관계에 영향력을 행사할 수 있는데, 이는 곧 내적 통제 위치가 높다는 뜻입니다.

　이처럼 자존감, 자율, 애착에 대한 기본 욕구는 서로 떼려야 뗄 수 없는 관계로 얽혀 있어요. 특히 생애 초반에 부모와의 관계에서 얻은 경험은 자존감 형성에 막대한 영향을 미치고, 이후 나중의 관계, 특히 자녀와의 관계를 쌓아가는 방식을 결정합니다. 그래서 내면의 각인을 무의식중에 자녀에게 전달하는 일도 드물지 않지요. 부모의 자존감이 높다면 아무 문제가 되지 않아요. 그러나 부모의 자존감이 낮으면 자신의 그림자 아이나 부정적 신념을 자녀에게 물려줄 위험이 있습니다. 그렇기 때문에 내면의 각인을 성찰하는 일이 매우 중요합니다.

　자존감을 높이려는 욕구는 우리의 가장 중요한 심리적 기본 욕구일 뿐 아니라 인간 종의 특징이기도 합니다. 다른 진화한 포유류에게도 애착과 자율에 대한 욕구, 불쾌한 일을 회피하고 싶어 하는 욕구가 있지만, 자신의 가치를 조절하려는 욕구는 동물에게는 없는 특정한 인간적 능력을 전제합니다. 성찰적 의식, 즉 자신에 대해 숙고할 수 있는 능력을 그중 하나로 꼽을 수 있습니다. 이러한 성찰은 언어에 의존합니다. 이후 자존감 경험의 토대는 생후 2년 동안 '근원적 신뢰' 또는 '근원적 불안'의 형태로 생성되며, 이는 암묵적(무의식적) 기억에 저장됩니다.

생후 2년 동안은 자존감 경험이 아직 확립되지 않았으며, 아기의 애착 욕구를 부모가 얼마나 민감하게 충족시켜주는지에 따라 크게 좌우됩니다. 반면 아동 후기 발달 과정에서는 자존감을 안정시키려는 욕구가 생겨납니다. 이를 위해서는 명시적인, 즉 의식적인 심리적 과정이 필요해요. 자신이 누구인지, 어떤 사람인지 먼저 이해한 사람만이 수치심이나 명예심 같은 복잡한 감정을 인식할 수 있어요. "내 친구 베니는 나보다 롤러스케이트를 훨씬 빨리 타" 또는 "나는 산수를 잘 못해" 같은 말을 할 정도로 언어 및 인지 발달이 충분히 진행되어야 이런 생각을 하고 감정을 느낄 수 있습니다. 언어적 비교를 통해 우리 능력에 대한 구체적인 이미지가 만들어지는 거예요. 물론 이 이미지는 아이가 부모 또는 다른 주변인에게 받은 메시지로부터도 영향을 받습니다. 이렇듯 자아상은 청소년기와 청년기까지 포함한 장기간에 걸쳐 발달합니다. 자아상과 자존감의 발달과 더불어 인간은 자존감을 높이기 위한 전략(접근)이나 상처로부터 스스로를 지키기 위한 전략(회피)을 계발합니다.

하지만 성인기에 경험하는 사건들도 우리의 자아상을 이쪽으로도, 저쪽으로도 변화시킬 수 있습니다. 예컨대 심한 폭력 같은 트라우마를 경험한다면 부정적인 방향으로 변화를 겪고, 심리 상담이나 여타 다른 방법을 통해 적극적으로 자아상과 자존감 경험의 변화를 도모한다면 긍정적인 방향으로 한 걸음 더 움직일 수 있어요. 성인이 된 우리는 자기 자신을 성찰하여 오래되고 부정적인 신념과의 동일시에서 벗어남으로써 스스로의 자아상에 큰 영향을 미칠 수 있습니다.

아기는 자신이 세상에 태어나 안정적인 환경에서 사랑을 받는지 그렇지 않은지 대충 막연하게만 느낍니다. 그런데 네 살 정도가 되면 사고 과정과 비교적 세세하게 구별되는 감정을 가지게 돼요. 네 살 아이가 킥보드를 타다가 보조 바퀴 달린 자전거로 옮겨 타게 되었다면 스스로 매우 자랑스러워하며 이렇게 생각할 수 있어요. '엄마에게 보여줘야지, 엄마가 기뻐할 거야!' 또한 이 시기의 아이는 자기가 무엇을 할 수 있고 할 수 없는지에 대해 상당히 명확한 개념을 형성하며, 인정받기 위해 또는 '혼나지 않기 위해' 어떻게 행동해야 하는지 알아요. 부모의 기대를 대체로 잘 알고 있다는 뜻이지요.

어머니에게 자주 거절당하는 불안정 애착을 형성한 아이는 젖먹이 때와는 달리 단순히 두려워하거나 혼자 방치되었다고 느끼는 데 그치지 않고 그런 감정에 기반해 자기 자신과 주변 환경에 대한 견해를 발전시킵니다. 이미 클라우스 그라베가 지적했듯이[14] 아이의 사고 속에는 두 가지 대안이 존재합니다. 하나는 "내 잘못이야, 내가 틀렸어"라는 결론이고, 다른 하나는 "엄마/아빠가 틀렸어"라는 결론입니다. 둘 중 후자가 아이에게는 훨씬 더 위협적입니다. 아이는 어쨌든 부모의 보호에 의존하고 있으니까요. 게다가 어린아이는 부모에 대해 도덕적으로 독립적인 이미지를 형성할 수 있는 인지 능력이 없습니다. 아이의 눈에 부모는 늘 위대하고 선한 존재예요. 그래서 아이는 부모의 행동이 부당하다고 느끼면 부모 대신 자신을 비난합니다. 아이의 내면에서 신념은 이렇게 구체화됩니다.

시간이 지나면서 아이의 마음 지도는 더욱 세분화됩니다. 공감 능력이 떨어지는 부모는 아이의 자존감을 공격하는 말들을 던지지요. "넌 왜 이렇게 항상 서툴고 느리니?"나 "다른 애들은 저렇게 같이 잘도 노는데!" 같은 말이요. 이런 말을 들으면 아이는 자신이 다른 애들보다 서툴고 느리다는 생각뿐 아니라 가능한 한 뛰어난 아이가 되어야 한다는 생각까지 학습합니다. 그리고 부모의 기대에 최대한 부응해 부모를 기쁘게 만들어주는 일이 중요하다는 것도 배우지요. 공감 능력이 떨어지는 부모는 슬픔이나 분노 같은 감정을 잘 다루지 못하기 때문에 이들의 아이도 그런 감정을 최대한 느끼지 않는 법을 익힙니다. 아이는 부모와 잘 지내기 위한 최적의 전략을 계발하고, 무의식적으로 같은 방식으로 다른 사람들과의 갈등도 피해 가려 합니다. 아이는 이런 식으로 모두를 맞춰주는 사람이 되어 남들이 원하지 않는다고 생각되는 감정을 억누르며 의견 충돌을 되도록 피합니다. 그렇게 아이는 일찍부터 주변의 기대를 충족시킴으로써 자존감을 지키는 방법을 익힙니다. 이 아이의 내적 통제 위치는 낮고 회피 동기는 높습니다. 이렇게 각인된 그림자 아이가 어른이 되는 거예요.

중요한 질문은 바로 이겁니다. 이렇게 어른이 된 아이는 향후 낮은 자존감을 보상해주는 경험을 찾을까요? 아니면 (무의식적으로) 낮은 자존감을 확인시켜주는 경험을 찾을까요?

낮은 자존감에 집착하는 이유

다양한 연구를 통해 많은 사람이 자신의 부정적인 자아상을 계속 스스로 확인하려는 잠재 욕구를 가지고 있다는 심리적 현상이 밝혀졌습니다. 이들은 실패를 예상합니다. 때로는 심지어 잠재적 성공을 무의식적으로 방해하기도 해요. 그러다가 실패할 경우, 이 경험은 자신이 부족하다고 생각하는 내면의 그림자 아이를 다시 한번 확인시켜주지요. 성공할 경우, 순전히 '운' 때문이라고 하거나 자신이 사실은 얼마나 못났는지 다른 사람들이 '아직 눈치채지 못했을 뿐'이라고 확신합니다. 세상에는 자신이 부족하다고 은밀하게 생각하는 수백만 명의 성공한 사람이 있어요. 이렇게 부정적인 자아상에 얽매여 있는 건 자존감을 향상시키려는 욕구와 정반대 지점에 있지요. 많은 사람이 심리적 기본 욕구를 배반하면서까지 그 반대에 머무르는 이유는 뭘까요? 자존감을 향상시키려는 욕구와 부정적인 자아상을 고집하는 욕구 사이에 나타나는 명백하게 모순된 상황을 심리 상담사로서 내담자를 상담할 때 자주 경험하곤 합니다.

저를 찾아오는 내담자나 제가 여는 세미나 참가자 중에는 자신의 자아상이 부모의 영향으로 잘못 형성되었음을 이론적으로 이해하고, 자기 자신에 대해 만족하며 살아갈 수 있을 것 같다고 말하는 경우도 드물지 않게 있어요. 그러나 그런 사람들도 새롭고 긍정적인 신념을 감정에 자리 잡게 하지는 못합니다. 내면의 '태양 아이'라고 부르는 성격의 어떤 부분을 강화하기 어려워서 그래요. 태양 아이를 강화하는 연습을 열심히 하겠다고 하지만 안타깝게도 그 노력이 오래가진 못하는 것 같아요.

태양 아이를 강화하는 법

먼저 다시 한번 떠올려봅시다. 그림자 아이를 다루는 심리 치료 과정에서는 힘든 각인과 부정적 신념에 집중하는 반면, 태양 아이를 다루는 과정에서는 자존감의 건강한 부분을 강화하는 데 초점을 맞춥니다. 제가 진행하는 상담에서 태양 아이를 다룰 때에는 긍정적인 기억을 되살리는 데에만 초점을 맞추지 않아요. 태양 아이를 우리가 성인으로서 스스로 재징조힐 수 있는 모든 깃을 싱징하는 이미지로 활용하지요. 그러므로 태양 아이는 목표 상태라 할 수 있어요. 더 구체적으로 말하면, 내담자는 자신의 강점에 집중하고 그것을 제대로 활용하는 법을 배웁니다. 더불어 해묵은 부정적 신념을 현재의 내담자에게 더 적합한 긍정적 신념으로 바꿔요. "나는 똑똑하다", "나는 내 의견을 가질 권리가 있다" 또는 "나는 행운을 누릴 자격이 있다" 같은 신념이 새로 자리 잡도록 합니다. 그 외에도 새로 설정한 삶의 태도에 안정성을 더할 수 있는 개인적인 가치도 찾습니다. 서두에 이미 설명했듯 가치는 우리에게 방향성을 제시하고 힘을 줍니다. 예를 들어 여성 내담자가 자신의 욕구와 의견을 표현하는 데 문제를 겪어왔다면 그녀를 든든히 지지해줄 수 있는 가치를 찾기 위해 함께 집중합니다. '용기', '정직' 또는 '시민 윤리' 같은 가치는 자기 자신을 더 많이 표현하고 나다운 모습으로 살아가는 데 도움이 될 수 있어요. 태양 아이에 관해 이야기할 때에는 완벽주의 성향이나 조화로운 상황만 추구하는 것 같은 특정 방어 전략의 대안이 될 만한 행동 방식을 찾습니다. 다시 말해 이전에 가지고 있던 방어 전략과 대비되는 보물 전략을 확립하는 거예요.

그렇다면 이런 훈련도 효과가 없는 경우에 그 원인은 뭘까요? 그들에게는 긍정적인 자아상을 수용하지 못하는 '내적 거부'라는 것이 존재하는 듯해요. 내담자의 이성은 태양 아이를 확립하기 위해 이미 청신호를 보내고 있는데도 자신의 태양 아이와 소통하는 통로를 만들지 못합니다. 그러면서 이렇게 토로합니다. "저는 못해요! 그림자 아이가 훨씬 더 강하다고요! 태양 아이를 느낄 수가 없어요!"

긍정적인 자존감을 확립하지 못하도록 하는 이런(이성에 반하는 것처럼 보이는) 무능함에는 사실 심리적 이득이 숨어 있어요. 이 숨겨진 이득은 '심리학적 자연법칙'이라고 할 수 있을 듯해요. 모든 행동은 (비록 파괴적일지라도) 긍정적인 의도에서 시작된다는 것이 이 법칙의 요지입니다.

따라서 자신의 부정적인 자아상에서 벗어나지 못하는 내담자에게는 다음과 같은 질문을 던져봅니다. "부정적인 자아상을 고수해서 얻을 수 있는 이점이 뭘까요?" 일반적으로 다양하게 변형하여 물어보지만 대답은 다음과 같이 요약됩니다. "상처받지 않고 싶어서 나를 보호하는 거예요!" 언뜻 들으면 비논리적이지는 않지만 혼란스러울 수 있습니다. 어째서 자기 파괴적 행동이 우리를 상처받지 않도록 보호해준다는 걸까요?

이미 클라우스 그라베가 인식하고 공식화했듯이[15] 인간의 행동을 이해하려면 모든 심리적 기본 욕구에 주목해야 합니다. 부정적인 자아상과 그로 인해 낮아진 자존감은 이미 익숙한 내면의 구조에 부합하기 때문에 안전과 통제 욕구를 충족시킵니다. 이 상태에 머무름으로써 그 사람의 기대가 충족된다고도 말할 수 있어요. 이렇게 되면 역설적으로 실망 같은 불쾌감으로부터 자기 자신을 보호하는 효과도 있고요. 불안이 높은 사람들은 종종 회피하는 방식으로 삶을 조직한다는 점을 상기시켜드릴게요. 무의식적으로 강한 자존감을 전면에 내세우기를 거부하여 주변 사람들에게 거절당할 가능성 자체를 피하는 셈이지요. 그리하여 '태양 아이-포부'가 직면해야 할지도 모르는 실패를 피하고, "거만에는 파멸이 따른다" 같은 말이 이루어지지 않도록 막습니다. 그림자 아이의 세계에 머무르기 위해 치러야 할 대가가 있지만, 어떻게든 실망하지 않으려고 오랫동안 간직해온 자기 보호 기제를 작동시키는 거예요.

한 내담자의 예를 들어볼게요. 알렉사는 언젠가 이런 현상을 생생하게 설명해준 적이 있어요. "어머니도 의붓아버지도 제가 강인한 모습을 보이거나 스스로 자부심을 느낄 때 어쩔 줄 몰라 했어요. 그럴 때면 '거만하게 굴지 말고 이제 다시 네 원래 자리로 내려

오는 게 어때?'라거나 '그래, 네가 느끼기엔 네가 잘하는 것 같겠지'처럼 깎아내리는 말들로 저를 찍어 누르곤 했지요. 어른이 되어서도 회사에서 성과를 내서 기뻐하는 순간 친구들에게 상처 되는 말을 몇 번이나 들었어요. 내 친구들도 자존감이 낮았고, 그 무리와 잘 지내려면 너무 강한 모습을 보여선 안 됐거든요."

나중에 알렉사를 다시 만나보겠지만, 일단 그녀의 이야기는 "나는 긍정적인 자존감이 불러올 수도 있는 결과가 두려워!"라는 주제의 많은 사례 중 하나입니다. 제가 질문하기 전까지 알렉사는 자신이 그림자 아이의 세계에 살기를 고수함으로써 거절에 대한 불안을 통제하고 있다는 사실을 깨닫지 못했어요. 여기에는 또 다른 측면도 있습니다. 알렉사가 거절 가능성을 통제함으로써 사실은 자신의 애착 욕구를 보호하고 있다는 거예요. 그녀에게 애착 대상은 구체적으로 친구들입니다. 이 사례는 여러 심리적 기본 욕구가 상호 작용한다는 것을 보여주는 좋은 예입니다.

자존감이 낮은 사람들은 어린 시절 인정받으려는 노력이 아무 소용 없었던 경험을 자주 했을 거예요. 애착 욕구를 거절당하는 건 언제나 뼈아픈 경험이며, 통제와 자율 욕구를 크게 꺾어놓습니다. 때로는 딱 한 번 경험한 수치심 때문에 남은 인생 내내 더 이상 다른 시도를 포기하기도 해요. 따라서 인정과 애착 욕구가 지속적으로 좌절된 아이는 주변에서 적극적으로 애정을 구하는 습관(접근)을 잃어버리고 말지요. 그 대신 회피하는 방식으로 삶을 조직하여 '거절'을 피하려는 동기가 생깁니다. 이들은 회피를 통해 수치심이나 실망감 같은 부정적인 감정을 피하며 동시에 통제 욕구를 충족시킵니다. 그리고 첫째, 거절을 피함으로써, 둘째, 하나 또는 그 이상의 중요한 관계를 유지함으로써 애착 욕구 또한 보호합니다. '친구들' 사이에서 소외당하지 않고 싶어 했던 알렉사가 그 예입니다. 사람들이 자존감을 낮추면서까지 파트너, 친구, 부모와의 관계를 보호하려는 동기에 따라 행동하는 경우는 우리 생각보다 흔합니다.

요약하자면 자존감 향상에 대한 심리적 기본 욕구는 나머지 세 가지 기본 욕구와 반목하기도 합니다. 그렇기 때문에 어떤 때에는 승부가 3:1 스코어로 그림자 아이에게 유리할 수 있어요. 적절한 자기 인식에 다다를 때까지 그림자 아이가 이겨버리는 일이 많다는 사실도 놀랍지는 않다는 뜻이지요.

자존감이 낮으면
피해자 역할에서 벗어나지 못한다

아이는 늘 자기 부모를 사랑하며 부모에게 사랑받기 위해 최선을 다해요. 그러나 부모가 자녀에게 애정을 주고 민감하게 주의를 기울이기 어려울 때, 아이는 부모와 잘 지내는 책임을 자기 자신에게 지웁니다. 부모에게 사랑받거나 최소한 거절당하지 않으려고 부모의 요구에 지나치게 순응하는 거예요. 이러한 상황이 비극인 이유는, 아이가 부모와 잘 지내려고 타고난 본성에서 비롯된 활기를 일부 희생해야 할 뿐 아니라 그 노력도 결국 헛되기 때문이에요.

예를 들어 우울한 어머니는 어린 아들이 아무리 노력해도 무기력하고 자녀를 방임하는 태도를 유지합니다. 공격적인 아버지는 딸이 얼마나 착하고 예의 바르게 행동하든 변덕스럽고 예측 불가능한 태도를 유지합니다.

그래서 아이는 지나칠 정도로 높은 적응력에도 불구하고 스스로 환경을 통제할 수 있는 능력이 없음을 경험합니다. 이런 아이들이 가장 많이 경험하는 감정이 무력감인데, 이는 불가피하게 회피 동기가 형성되는 원인이 됩니다. 기껏해야 상처받는 상황을 피할 수 있을 뿐, 무언가를 적극적으로 요구해봤자 별로 소용이 없다는 것을 학습합니다. 이러한 동기 부여 스키마 안에서 성장하여 어른이 되면 아이는 자발적으로 피해자 역할을 선택할 가능성이 높아집니다.

지나치게 공격적인 아이는 어쩌다 그렇게 됐을까

모든 아이가 역기능적인 가족 시스템에 적응하는 데 성공하는 건 아닙니다. 어떤 아이들은 부모의 과도한 요구에 복종하는 대신 반항합니다. 특히 남자아이들이 그렇고, 때로는 여자아이들도 부모의 행동에 순응하지 않는 공격적인 행동을 보입니다. 이렇게 되면 부모와 다른 주변 사람들의 기대에 부응함으로써 도움이나 지지를 얻는 대신, 더 많은 분노를 유발하고 거절을 경험하게 됩니다. 모든 아이가 좌절을 물리치고 분노 조절에 성공하지는 못하거든요.

아이들은 다양한 기질을 타고납니다. 우리 뇌는 유전적으로 충동 조절 능력이 저마다 달라요. 예컨대 과잉 활동성을 보이는 아이는 뇌의 특이성 때문에 충동 조절 능력이 떨어질 수 있어요. 여전히 남아 있는 편견과 달리, 과잉 활동성 또는 주의력 결핍 과잉 행동 장애 ADHD는 유전적인 것이며 교육으로 유발되지 않는 것이 입증되었습니다. 그러나 ADHD와 관련 없는 성격 특성인 매우 완고하고 투지가 넘치는 성향 또한 아이가 부모와의 관계에서 경험하는 스트레스를 공격적 행동으로 표출하는 원인일 수 있습니다. 이들은 아주 어린 시절부터 '소극적인 태도'를 취하지 않는 '전투 본능'을 가지고 있다고 표현할 수도 있겠네요. 이런 아이들은 지치지 않고 가족 내의 부당함과 기능 장애에 주목하도록 만들지요. 공격적인 행동은 대부분 부모에 대한 정서적 의존도가 아동기 초기보다 훨씬 낮아지는 사춘기와 청소년기에 나타납니다. 청소년기에 접어든 아이는 이미 높은 수준의 자율성을 보유하고 있으므로 어렸을 때처럼 부모와의 원만한 관계에 크게 기대지 않아요.

어린이가 과도하게 공격적으로 행동하는 원인은 매우 다양할 수 있으며, 이는 의학적 관점에서도 명확히 밝혀져야 합니다. 예를 들어 언어 발달이 지연되면 공격적 행동이 나타날 수 있는데, 여기에 해당하는 아이는 무력감을 느낄 때 자신을 방어하는 다른 방법을 모르기 때문이에요. 높은 수준의 공격성이 성인기까지 이어지면 이러한 성인은 피해자보다 가해자가 될 위험이 있습니다. 적어도 공격적 행동이 미치는 영향 측면에서는 그런데, 주관적으로 이들은 여전히 자신을 피해자라고 인식합니다.

어떤 사람이 자신을 피해자라고 주장하며 스스로 한 행동을 책임지려 하지 않을 때 우리는 분노하고 경멸을 느낍니다. 이런 종류의 실망감은 다른 사람을 돕기 위해 노력했지만 결과적으로 실패한 사람에게서 자주 나타나요. 그 다른 사람은 제안받은 유익한 충고를 받아들이거나 실행하지 않아요. 이렇게 행동하면 이 사람은 (적어도 도움을 주려 했던 사람 눈에는) 건설적인 협력이나 꼭 필요한 자기 계발을 거부하는 것처럼 보입니다. 이때 도움을 주려던 사람이 '자기 계발을 거부하는 사람'과 사적으로 친한 관계든 아니면 업무상 알게 된 관계든 큰 상관은 없습니다. 어떤 경우든 도움을 주려 했던 사람은 일종의 무력감과 실패감을 느낄 수 있으며, 이런 감정을 털어버리고 '피해자'를 문 밖에 세워두려 합니다.

심리 치료 상담사로 일하며 저는 변화 과정에 적극적으로 참여하려 하지 않으면서 수동적으로 구원을 바라는 내담자를 종종 만납니다. 예전에는 이렇게 '피해자 역할'을 자처하는 것에 대해 다소 엄격한 견해를 가지고 있었지만 이제는 약간 다르게 생각해요. 최근에는 이렇게 거부하는 태도에 나태함이나 수동 공격성이 숨어 있는 것이 아니라, 이미 설명했던 매우 강하게 각인된 회피 동기가 있는 것으로 이해합니다. 이런 사람들은 어린 시절에 경험한 여러 조건들 때문에 자신의 상황을 실제로 바꿀 수 없다고 생각해요. 어린 시절에 자신의 무능을 너무 자주 경험해서 내적 통제 위치가 매우 낮은 거지요. 자기 자신의 삶에 영향력을 행사할 수 있다고 상상조차 하지 못해요. 실패에 대한 두려움이 더 나은 삶을 약속하는 희망보다 훨씬 큽니다.

내가 부족해서
부모가 사랑해주지 않았다는 착각

무의식적으로 부정적인 자존감을 고수하며 심지어 긍정적인 자아상을 차단하는 사람들은 중요한 관계를 보호하기 위해 그럴 때가 많습니다. 저는 내담자와 상담을 하다가 이러한 심리 현상을 다시 한번 제대로 인식했어요. 이 내담자 또한 내면의 '그림자 아이'에 갇혀 부정적 신념에서 벗어날 수 없는 상태였습니다. 그래서 저는 그에게 이런 질문을 던졌어요. "부정적인 자아상을 고수하면 어떤 긍정적인 이점이 있을까요?" 그는 잠시 생각에 잠기더니 갑자기 "만약 제가 기본적으로 꽤 괜찮고 가치 있는 사람이라고 믿으려면 먼저 알코올 중독자인 어머니와의 관계가 얼마나 끔찍했는지 고백해야 할 거예요"라고 설명했습니다.

이 내담자는 40대 중반이었고, 어머니는 이미 오래전에 세상을 떠났으며, 그는 젊은 시절부터 그녀와 연락을 끊고 살았습니다. 그래서 표면적으로 이미 어머니와의 모든 연결 고리는 끊긴 상태였지요. 그럼에도 불구하고 그의 내면 깊은 곳에는 여전히 어머니를 보호하려는 의지가 있었습니다. 상담을 진행하는 그 순간까지도 그는 어머니가 부모의 역할에 불성실했고 결국 실패했다는 사실을 인정하기보다, 스스로 죄책감을 짊어지고 '그림자 아이'에 얽매여 있기를 더 원하는 것 같았습니다. 게다가 이런 종류의 깊은 깨달음에는 우리가 대부분 피하고 싶어 하는 커다란 심리적 고통이 수반되지요.

아이가 부모의 공감 능력이 부족한 것에 대해 오히려 자기 탓을 한다는 점은 몇 번이고 강조해도 부족합니다. 자녀의 의존과 사랑은 부모에 대한 깊은 충성심을 불러일으키며 이는 평생 지속되는 경우가 많아요. 그래서 많은 사람이 부모로부터 비판적인 거리를 유지하기 어려워하지요. 사람들은 양육자로서 부모의 결함을 직면하고 싶어 하지 않고, 만일 그런 상황이 발생하더라도 그 와중에 부모를 보호하면서 그들도 어려움을 겪고 있었다는 점을 잊지 않으려 합니다. 이 또한 확실히 옳은 일이며, 부모와 화해하는 태도를 취하는 데 분명히 도움이 됩니다. 그러나 이 배려 때문에 부모는 마땅히 져야 했던 책임에서 한 발짝 멀어집니다. 결과적으로 가능한 한 부모와 조화로운 관계를 유지하는 책임을 자신이 떠맡으며 부모 대신 변명해주는 상황이 발생합니다.

부모가 (아직 건강하게 살아 있다면) 스스로 자신의 실수를 책임지고 자녀에게 사과하는 편이 더 좋겠지요. "미안하다. 그때로 돌아간다면 분명 다르게 행동할 거야"라는 문장은 자녀에게도 부모에게도 치유 효과가 있습니다. 많은 자녀들이 (그리고 부모들이) 이말을 듣거나 함으로써 구원받았다고 느낍니다. 부모가 잘못을 책임지면 자녀 입장에서는 진짜 용서가 가능해지고, 이는 단순히 '우리 부모님도 힘들었을 거야'라고 생각할 때와는 완전히 다른 종류의 감정을 자아냅니다. 자녀가 자신의 부정적 신념에서 벗어나는 데에도 도움이 되고요. 자녀는 그제야 부모를 좋은 감정으로 대할 수 있습니다.

어떤 이유에서든 부모가 과거의 실수를 책임질 수 없다면 자녀 스스로 명확한 태도를 취해야 합니다. 적절한 자아상과 자존감을 찾기 위해 반드시 부모로부터 건강하게 분리되어야 해요. 분리된 다는 것은 꼭 감정적으로 부모와 거리를 두는 것이 아니라, 어린 시절 최선이 아니었던 상황에 대한 책임을 부모에게 돌려주는 것을 의미합니다. 그 시도가 성공하지 못하면 "나는 부족해! 나는 사랑받을 가치가 없어! 나는 늘 착하고 예의 바르게 행동해야 해!" 같은 신념이 계속 영향력을 행사합니다. 이런 죄책감이 얼마나 깊게 그리고 지속적으로 뿌리내릴 수 있는지는 앞서 언급한 내담자의 사례에서 잘 볼 수 있었지요.

이쯤에서 앞서 설명한 '내사'라는 개념을 다시 한번 상기해보고자 합니다. 간단히 말해 내사는 원래 내 것이 아닌 것을 내면화한다는 뜻입니다. 투사는 다른 사람이 아닌 나에게 속하는 것을 타인에게서 인식한다는 의미이고요. 이러한 심리적 기제는 부모를 보호하기 위해 내 자존감을 (무의식적으로) 낮출 때뿐 아니라 내 자율성을 건강하시 않은 방식으로 제한하는 관게를 놓지 못힐 때에도 작동합니다.

내가 좀 더 나아지면
이 사람이 나를 사랑해줄까

많은 사람이 부모를 비판적으로 바라보기보다 (무의식적으로) 열등감에 집착하는 경향이 있음을 설명했습니다. 이런 사람은 잘

못을 늘 자신에게서 찾도록 조건화되어 있어서, 원하는 방향으로 진행되지 않는 다른 형태의 관계에도 이런 각인을 똑같이 적용합니다. 이러한 조건화가 그들 마음 지도의 한 부분이 된 거예요. 이는 한두 사람만의 일이 아닙니다. "나는 부족해" 그리고 "내 잘못이야"라는 신념이 많은 사람에게 깊이 뿌리내려 있어요.

독이 되는 관계

'독이 되는 관계toxic relationship'라는 개념이 최근 들어 자주 사용되는데, 기능을 제대로 하지 못하는 관계들 가운데 특정 유형을 묘사하는 말입니다. '독이 되는'이라는 단어는 말 그대로 독성이 있다는 뜻이에요.

이런 관계에서는 한쪽 파트너의 요구 사항만 중시되며, 다른 쪽 파트너의 역할은 이런 요구를 충족시키는 것에만 한정됩니다. 지배적이고 나르시시스트 성향인 파트너는 둘의 애착에는 관심이 없고 오직 자존감을 확인받는 데에만 관심 있습니다. 반면 상대방은 그에게 관심을 줘도 그 가치를 높게 평가받지 못해요. 이러한 관계의 '독'은 지배적인 파트너에 의해 일방적으로 발생하기도 하지만, 무엇보다도 두 사람 사이의 좋지 않은 상호 작용이 원인입니다. 나르시시스트 파트너는 처음부터 동등한 위치에서 자신을 올바른 길로 인도해 줄 상대가 아니라 희생하는 역할을 맡을 상대를 선택합니다. 이런 관계는 '봉사하는' 쪽에게 좋지 않은데 그 당사자는 그 사실을 잘 알면서도 자신의 역할에서 벗어나 관계를 끝내지 못합니다. 주된 이유는

나르시시스트 파트너가 종용하는 대로 종속적인 파트너가 상대방의
행동을 자신 탓으로 돌리기 때문입니다.

그러나 제대로 기능하지 않는 모든 관계가 독이 되는 관계로 분
류되진 않아요. 예를 들어 불안정 애착인 두 사람이 만난다면 이 관
계는 제대로 작동하지 않을 수 있어요. 하지만 독이 되는 관계와 달
리 서로에게 관심은 있을 수 있지요. 나르시시스트는 파트너를 위해
자기 행동을 변화시켜야 할 필요성을 전혀 느끼지 않지만, 불안정 애
착인 사람은 자신을 실제로 교정하려는 의지가 있어요. 이런 관계는
제대로 작동하는 관계로 전환될 여지가 있습니다.

역설적이지만, 제대로 기능하지 않는 연인 관계에서는 자존감
을 낮게 유지하여 상대방이 이별을 고할지도 모른다는 두려움에
서 보호받기도 합니다. 상대의 무심한 행동이 자기 자신 때문이라
고 생각하며 상대의 책임을 일부 면제시켜주는 거예요. 이는 보통
미묘한 방식으로 이루어집니다. 이런 사람은 대개 '내 잘못이야'라
고는 생각하지 않고 오히려 이렇게 생각해요. '내가 몇 가지 부분을
바꾸고 더 잘해주면 상대가 나에게 만족할 거야.' 또한 상대방이 다
른 사람(즉 나보다 더 나은 파트너)과 함께하면 더 행복하고 애정이 넘
치지 않을까 하고 생각하며 괴로워하는 사람들도 많아요. 이렇게
책임을 떠맡는 식의 접근은 (무의식적으로) 상대방이 실제로 얼마나
관계에 부적절한 행동을 하는지 인정했을 때 벌어질 수 있는 이별
에 대한 두려움을 막아줍니다. 자존감이 손상되어 있는 사람은 헤
어질지도 모른다고 예상하는 순간 상실을 극도로 두려워하게 되며

차라리 부정적인 자아상을 유지하는 편이 더 낫겠다고 생각해버립니다. 게다가 책임을 떠맡으면 희망의 여지가 생기지요. 나를 조금만 바꾸면 상대방이 받아들여주어 결국 모든 일이 잘되리라고 가정하는 거예요.

항상 그렇지는 않지만, 제대로 기능하지 않는 관계에서는 당사자들이 어린 시절 익숙했던 상황을 무의식적으로 반복하려는 경향이 잦아요. 예컨대 한 여성은 항상 애착을 회피했던 아버지처럼 그녀를 무심하게 대하며 진지한 관계로 발전시키지 않는 남성을 계속 고릅니다. 학대하고 지배적인 어머니의 아들은 다 자란 후에도 성격 구조가 유사한 여성에게 계속 끌려요. 심리학에서는 이런 현상을 **반복 강박**repetition compulsion이라고 부릅니다.

'반복 강박자'의 통제를 향한 노력은 다른 사람이 자신과 자신의 가치를 인정하고 받아들이게 하는 데 집중됩니다. 그들은 무의식중에 어린 시절에는 멀게만 느껴졌던 해피엔드를 쟁취하려 싸우고 있어요. 이제 어른이 되었으니 파트너(예전에는 부모 중 한쪽)의 행동에 영향력(즉 통제)을 행사하고 싶어 합니다. 그러나 반복 강박의 원인이 반드시 자기와 다른 성별의 부모는 아닐 수도 있어요. 예를 들어 어떤 여성은 성인이 된 후 연애할 때 나르시시스트 어머니와의 관계 유형을 반복하는 방식으로 남성과 관계를 맺습니다.

이와 관련해 '거울 자아'라는 개념을 다시 한번 떠올려봅시다. 자존감이 우리를 비추는 타인의 거울을 통해 인식된다는 전제는 깊숙이 자리 잡고 있으며, 인간관계를 형성할 때 강력한 영향을 미칠 수 있습니다. 애정이 가득하고 조화로운 관계는 물론 애정이 없고 제대로 기능하지 않는 관계도 마찬가지예요. 애정 어린 관계에서는 친구, 배우자, 동료 등 모든 주변 사람이 '긍정적인 거울'을 제시합니다. 다시 말해 서로 대화하고 존중하는 방식, 애정을 표현하는 방식을 통해 간접적으로 자신의 가치를 확인합니다. 반면 제대로 기능하지 않는 관계의 특징은 파트너들 가운데 최소한 한 명이 지속적으로 자존감을 존중받지 못한다는 거예요. 그 혹은 그녀는 파트너와의 다양한 상호 작용에서 자신의 가치를 인정받지 못하고 아주 간헐적으로만 긍정적인 반응을 얻지요. 이렇게 정당한 인정이 부족할 때 이는 당사자에게 행동을 긍정적으로 변화시켜야겠다는 강력한 동기로 작용할 수 있어요. 이들은 반드시 상대방에게 자신의 가치를 확인받아야겠다는 의지를 불태웁니다. 이 과정에서 자존감 향상 욕구뿐 아니라 통제 욕구 또한 결정적인 역할을 합니다.

제대로 기능하지 않는 관계에서는 종종 일관성 법칙도 작용합니다. 이런 사람들은 거절을 예상합니다. 그리고 실제로 거절당하면 기대와 결과가 일치하는 셈이에요. 이들은 관계의 이런 흐름에 익숙하며, 이런 상황을 어린 시절부터 늘 겪어왔기 때문에 '어떻게 대처해야 할지' 잘 알아요. 그래서 역설적으로 안식처 같은 느낌을 받지요.

사랑에 빠지기도 전에
상대를 떠날 준비를 하고 있나요

연애를 시작할 때에는 양쪽 모두 불확실성을 느낍니다. 처음에는 원하는 대상을 안전하게 손에 넣으려는 열망에 사로잡히지요. 통제 욕구가 매우 활성화된다는 뜻입니다. 마찬가지로, 자존감과 밀접하게 관련된 애착 욕구도 매우 활발해집니다. 애정 관계에서 거절당하면 자존감에 상처를 입는 반면 상대를 정복하면 자존감이 강화됩니다. 그리고 당연한 말이지만 새롭게 사랑에 빠질 때에는 쾌락(즐거움, 성적 열정, 상대의 인정)을 얻고 고통(실망, 상처, 외로움)을 피하려는 욕구도 극대화됩니다. 그래서 내가 갈망을 느끼는 애정의 대상을 설득하기 위해 많은 노력을 기울이지요.

관계가 완전히 안정기에 접어들었다고 느껴지지 않는 한, 애착이 형성되는 중에 다른 사람이 끼어들거나 시간이 흐르면 상대가 떠나갈 수도 있다는 불안감이 상당합니다. 이렇게 자신의 통제가 제한적이라고 느끼기 때문에 새로 사랑에 빠진 사람은 종종 상실에 대한 두려움을 겪습니다. 그렇지만 높은 수준의 안전감은 열정을 억눌러요. 반면 불안정 애착 유형에 해당하는 사람처럼 애착 불안이 심한 경우에는 사랑을 하면 거의 공황에 빠질 수 있습니다. 가수 로비 윌리엄스는 히트곡 〈필Feel〉에서 "나는 사랑에 빠지기도 전에 그녀를 떠날 준비를 하고 있어Before I fall in love, I'm preparing to leave her"라고 노래하며 이런 상황을 탁월하게 묘사합니다.

상실에 대한 두려움과 사랑에 대한 열정은 서로 복잡하게 뒤엉켜 있습니다. 상실을 두려워하는 마음은 열정을 부추깁니다. 열정은 상실에 대한 두려움을 키웁니다. 열정과 헌신의 감정은 마치 '발이 땅에 닿지 않는 듯한' 느낌을 주는데, 이는 곧 그 관계에 내 통제력이 거의 미치지 않는다는 뜻입니다. 그렇게 되면 어떤 사람들은 윌리엄스가 노래했듯 (물론 그는 벌써 오래전에 결혼해서 행복하게 살고 있지만) 상실에 대한 두려움이 커지며 '내가 가진 걸 놓칠지도 몰라' 하는 불안감을 느낍니다. 이들은 주로 불안-회피형 불안정 애착 유형입니다. 이 유형의 사람은 대부분 연애를 시작할 때 확실히 결정하지 않은 채 매우 갈팡질팡하며 방황합니다. 사랑과 관계에 대한 열망과 거절에 대한 두려움 사이에서 감정이 거의 분열되며 엄청난 접근-회피 갈등으로 고통스러워해요. 누구보다 해피엔드를 바라지만 동시에 그런 해피엔드가 과연 자신에게 일어날까 회의하고 절망하며 이리저리 흔들리지요.

무관심-회피형 불안정 애착 유형인 사람은 상황이 약간 다릅니다. 이들은 관계가 아직 완전히 안정적으로 굳어졌다고 느끼지 않는 한에서만 사랑에 빠지며 상대를 갈망합니다. 그러나 상대에 대한 확신이 생기는 순간, 애착 욕구가 충족되고 자존감을 확인받습니다. 상황이 통제되면 안도감이 찾아오지요.

그런데 이때부터는 자율 욕구가 특이한 형태로 깨어납니다. 상대가 자신과의 관계를 공개적으로 인정할 때, 이들은 갑자기 기대감에 대한 일종의 압박을 느껴요. 어린 시절, 이들은 거절당하는 사태를 피하기 위해 부모의 기대에 순응해야 했습니다. 이 오래된 프로그램이 친밀한 관계에서 애착이 형성되기 시작하면 다시 작동합니다. 연인 관계에서 상대방은 자기만의 명확한 생각과 기대를 가지고 있는 것 같고 이를 충족하기 위해 노력해야 한다는 것이 무관심-회피형 불안정 애착 유형이 그림자 아이를 인지하는 방식이에요. 상대의 마음을 정복하는 단계에서는 주로 그 사람을 설득하기 위해 많은 시간과 노력을 쏟지만, 애착 단계에서는 처음에 한 약속을 반드시 지켜야 한다는 압박을 받지요. 이건 아마도 실제로는 존재하지 않는, 현실이 아닌 자신의 상상 속에만 있는 의무감일 거예요. 그러면 이들은 어색하고 불편해합니다. 관계를 능동적으로 함께 만들어나가는 역할을 하지 못하고 오로지 지나친 순응을 통해서만 부모의 기대에 부응해야 했던 어린 시절의 각인이 이제 완전히 활성화됩니다.

이들은 관계에서 자신의 개인적 요구를 적절하게 주장하는 능력이 부족해요. 실은 이걸 어렸을 때 배웠어야 했는데 그러지 못한 거지요. 관계 안에서 경계를 긋는 기술이 부족하기 때문에 오히려 두 사람의 외부에 강력한 경계를 설정함으로써 개인 영역을 보호합니다. 자기주장을 합당하게 펼치며 개인적인 자유를 보호하지 못하고 관계에서 도망치는 방식으로 그렇게 하려는 거예요. 이들은 연인과 함께 보내는 시간을 제한하고, 감정적으로 거리를 두고, 동거나 결혼을 거부합니다. 그러면서 일이나 사치스러운 취미, 때로는 외도로 도피합니다. 파트너에게 성적 흥미를 잃고, 언제 어디서든 상대방의 행복을 책임져야 한다고 느끼면 피해버려요. 연인이나 배우자의 요구에 압박을 느끼기 때문에 이들의 그림자 아이 눈에는 상대가 개인 영역을 침범하는 적이나 침입자로 보이기 시작합니다. 감정은 식어가고, 결국 헤어지는 것 말고는 뾰족한 해결책이 없다고 생각해요. 그래서 헤어지면 일단 안도합니다. 적은 사라졌고 다시 자율 욕구가 충족되지요.

그러나 시간이 지나면 옛 연인을 그리워하고 있다는 사실을 깨닫습니다. 이제 자율 욕구가 더 이상 경보를 울리지 않기 때문에 애착 욕구를 위한 공간이 다시 확보된 거예요. 그래서 이들은 옛 연인에게 돌아가고 게임은 처음부터 다시 시작됩니다. 이렇게 만나고 헤어지기를 반복하는 관계의 경우, 두 사람 중 적어도 한쪽이 애착 불안인 경우가 많습니다. 이 설명에 크게 공감하는 사람들에게는 《조금 더 편해지고 싶어서 : 거리를 두는 중입니다》라는 제 책을 추천할게요.

인생에 기분 좋은 일만 가득하면
완벽하게 행복할까요

이제 네 번째이자 마지막 심리적 기본 욕구를 살펴보겠습니다. 가능한 한 즐거움, 영감, 쾌락 또는 사랑 같은 쾌감을 느끼고 슬픔, 두려움 또는 수치심 같은 불쾌감을 피하고 싶어 하는 소망은 인간의 심리적 기본 욕구 가운데 가장 분명한 것 중 하나입니다. 이 욕구는 자기 관찰에서 제일 잘 드러납니다. 이 책 앞부분에서 이미 언급했듯 좋은 감정은 삶의 약물과도 같으며, 아무것도 느끼지 못할 때 우리는 살고자 하는 의지를 잃어버립니다. 감정은 삶에 동기를 부여하고 삶을 구성하는 기초가 됩니다. 또한 우리가 경험하는 것을 어떻게 평가해야 할지 알려주기도 하지요. 이 평가 과정이 없다면 우리는 방향성도 욕구도 잃고 방황할 수밖에 없을 거예요.

평가 단계는 좋음과 나쁨으로 나뉩니다. 물론 양호함, 매우 좋음, 매우 나쁨 같은 세부 등급도 있어요. 그러나 핵심은 아무래도 좋고 나쁨이지요. 이미지로 표현했을 때 '엄지 척' 할 만한 상황이면 망설임 없이 접근하고, 그렇지 않으면 피하려 하기 마련입니다. 이 좋고 나쁨을 판단할 때에는 물론 다른 세 가지 심리적 기본 욕구도 영향을 끼칩니다. 중요한 유대 관계가 깨지면 슬프고, 통제를 잃어버리면 불안하며, 자존감에 영향을 받을 경우 긍정적인 방향이면 기뻐하고 부정적인 방향이면 상처받거나 수치스러워하지요. 모든 동기의 중심에 감정 상태가 있습니다.

그러나 이 상호 관계가 아주 명확하지는 않아요. 예를 들어 언뜻 보면 불리하기만 한 상황인데도 낮은 자존감을 유지하는 사람이 왜 그러는지 이미 언급한 바 있습니다. 그리고 사람들이 하는 다른 많은 행동도 쾌감과 불쾌감의 원리만으로 설명할 순 없어요. 우리는 종종 즐겁지 않은 일도 합니다. 의무감에서, 더 높은 가치에 봉사하기 위해 그런 일을 하지요. 예컨대 자유를 위해 투쟁하는 사람은 자신이 추구하는 이상을 위해 죽음을 각오하고 고문을 견딥니다. 이 사람의 행동을 두고 단칼에 쾌감보다는 불쾌감을 가져다주는 행위였다고 평가한다면 어떤 의미로는 본질을 무시한 주장일거예요. 인간은 의미 추구 욕구를 타고나는데, 이는 단순히 쾌감을 추구하거나 불쾌감을 피하려는 동기와 대립할 수 있습니다. 물론, 이런 맥락을 고려해 이상적 가치, 예를 들어 자애, 관용, 도덕적 용기 등을 따르는 행동을 하면 결국 쾌감을 얻는다는 주장을 펼칠 수도 있지만, 그런 단순한 관점으로는 인간이라는 존재를 온전히 이해하지 못하리라고 생각합니다.

우리가 관계를 맺으며 살아간다는 것은 그 자체로 인간이 직접적인 쾌락 충족보다 의미를 우선시한다는 것을 보여주는 좋은 예입니다. 우리는 우정이나 애정 관계에서 (서로 다른 의견이나 욕구 같은) 불쾌한 순간들을 받아들이기도 하며, 그것을 이유로 유대를 끊어버리지 않아요. 관계 안에서 살아가는 것의 의미가 불쾌감을 피하는 것보다 높게 평가되기 때문이지요.

반대로, 인생을 쾌락의 원리에 따라서만 살아가는 사람들은 불행하다고 할 수 있습니다. 클라우스 그라베도 말했듯이[16] 오로지 쾌락만 추구하는 사람은 결국 마지막에 불쾌에 빠지기 때문입니다. 아침부터 저녁까지 음식을 먹어대고 쾌감을 자극하는 약물을 섭취하는 사람이 행복하고 풍요로운 삶을 영위하기는 어려울 거예요. 인간 행동의 동기를 이해하려면 앞서 설명한 네 가지 기본 욕구를 모두 고려해야 합니다. 단기적으로 쾌감 상태는 중장기적으로는 부정적인 결과를 초래할 수 있으며, 이는 충분히 예측 가능합니다. 예를 들어 사람들은 너무 살쪄서 스스로 체력과 건강을 통제하지 못하는 상황을 피하고 싶어 합니다. 날씬한 몸매가 현대 사회의 미적 이상에 부합하므로 그런 체형을 가짐으로써 더 많은 동조와 인정을 기대하며, 이는 또한 인간의 애착 욕구를 충족하는 데 도움이 됩니다. 게다가 사랑받지 못하는 신체 이미지가 불쾌감을 유발할 수도 있고요.

그라베에 따르면[17] 우리가 무엇을 즐겁고 편안하게 느끼는가는 단지 그것이 제공하는 자극이 얼마나 높은지, 그 자극의 "객관적 특성"이 어떠한지로 결정되지 않으며, 느끼는 주체가 처한 "현재 상황" 그리고 학습 경험에 크게 의존합니다. 추운 날에는 따뜻한 외투가 쾌적하게 느껴지고, 더운 날에는 시원한 바람이 그렇지요. 어른은 대부분 와인 한 잔의 맛을 좋아합니다. 하지만 아이는 술이라고 하면 냄새조차 싫어하는 경우가 많아요. 와인을 즐기는 것도 결국 경험을 통한 학습입니다. 와인뿐 아니라 특정 문화에서만 즐기는 다른 먹거리들도 마찬가지입니다.

많은 쾌락적 즐거움들이 익숙함과 사회적 결속을 통해 학습됩니다. 예전에는 흡연 행위가 멋지고 쿨하게 여겨졌습니다. 힙한 사람들과 어울리고 싶으면 담배쯤은 '반드시' 피워야 했지요. 담배를 처음 피우면 대개 그 맛을 모릅니다. 그러나 시간이 지나면서 흡연이 제공하는 사회적 소속감과 유대를 통해 뇌가 그 맛에 익숙해지고, 그리하여 의존과 중독으로 이어지기까지 합니다. 여담이지만 중독에 관해서는 흡연자의 뇌가 니코틴을 천천히 대사하는지 빠르게 대사하는지에 따라 그 결과가 달라집니다. 뇌가 니코틴을 빠르게 대사하는 사람들은 담배에 중독되기 쉬워요. 반면 니코틴 대사가 느린 사람들은 평생 긴힐직 흡연자로 수월하게 생활할 수도 있습니다.

중요한 것은 객관적이고 진정한 쾌락이란 존재하지 않으며 많은 쾌락과 욕구는 애착을 통해 학습된다는 사실입니다. 이 과정에서 부모와 다른 애착 인물의 본보기가 중요한 역할을 합니다. 우리는 그 자체로는 불쾌하게 느껴지는 것이나 과정에 대해 긍정적인 태도를 취하도록 뇌를 조건화할 수 있어요. 소위 **취향의 재학습**은 소속감과 경쟁력, 자존감에 대한 욕구를 충족시키는 복잡한 과정을 기반으로 합니다. 그 자체로는 딱히 유쾌하지 않은 담배 연기라는 요소가 소속감과 자존감('쿨해 보임')을 경험하며 뇌에서 새롭게 평가됩니다. 그러니까 어떤 면에서는 학습이라 할 수 있는 이러한 과정을 반복함으로써, 담배는 원래 의도였던 특정 집단에 속하기라는 목적을 수행하지 않더라도 언젠가 맛있게 느껴지기도 하는 겁니다.

신체 감각뿐 아니라 정신 감각도 학습 과정의 영향을 받습니다. 그런 식으로 음악이나 예술이 제공하는 쾌락은 수용자의 지식과 경험에 크게 의존합니다. 동요의 단순하고 예측 가능한 멜로디는 어린아이에게는 매력적이지만 재즈 애호가에겐 매력적이지 않을 수 있어요. 12음 음악은 클래식 음악으로 귀가 훈련된 사람들은 즐길 수 있지만, 라디오의 최신 히트곡을 좋아하는 사람들에게는 그냥 고양이 울음소리처럼 들릴 수 있습니다.

접근 행동과 회피 행동이
발달하는 과정

단순하게 말하면, 누군가가 어떤 일을 기꺼이 할지 말지 여부는 그 일을 좋아하는지 그렇지 않은지에 따라 결정됩니다. 그리고 그것을 좋아하는지 그렇지 않은지는 경험을 통해 접할 수 있었는지에 따라 달라져요. 심리학적 관점에서 이를 다른 말로 표현하면, 우리가 어떤 목표에 다가가고 싶은지 피하고 싶은지는 스스로의 감정적 판단에 달려 있다는 뜻이지요. 감정적 판단은 과거의 경험과 밀접하게 연관되어 있습니다. 만약 어린 시절에 부정적인 경험을 많이 했고 자주 거절당했다면 그 사람은 앞으로도 주변 사람들에게 격려 대신 거절을 기대할 가능성이 높아요. 이는 낯선 상황을 대하는 태도에도 영향을 미칩니다. 이런 사람은 특정한 환경에서 딱히 부정적인 경험을 하지 않았는데도 긍정적인 각인이 있는 사람에 비해 새로운 것에 회의적입니다. 요약하자면 긍정적인 감정은 접근 행동을 유발하고, 부정적인 감정은 회피 행동을 유발합니다. 친밀감과 소속감에 대한 욕구가 좌절되리라 예상하면 이와 관련된 실망감 같은 감정을 피하고 싶어 하는 거예요. 반대로 지지받을 가능성이 높다고 여기면 그것을 기대하는 기쁨이 접근 행동을 일으키지요.

긍정적인 감정과 부정적인 감정

일반적인 언어 사용에서 우리는 흔히 '긍정적인' 감정과 '부정적인' 감정을 구분합니다. 긍정적인 감정은 우리를 즐겁게 하는 모든 감정 상태를 의미합니다. 기쁨, 희망, 긍지, 사랑 등이 이에 속합니다. 부정적인 감정은 그 반대입니다. 두려움, 분노, 슬픔, 시기심 등이 이에 속합니다. 최근에는 이 구분이 크게 의미 없다고 여기는 발달 심리학자 및 교육학자도 있습니다. 유명한 교육 상담사이자 베스트셀러 저자인 얀-우베 로게Jan-Uwe Rogge는[18] 원하는 감정과 원치 않는 감정으로 구분하는 것이 부정적인 감정에 건설적으로 대응하는 데 도움이 되지 않는다는 점을 이유로 듭니다.

보통 우리는 부정적인 감정을 가능한 한 빨리 차단하려 합니다. 그러나 그렇게 하면 아이들은 자신의 분노나 두려움을 어떻게 다루어야 하는지 제대로 배우지 못할지도 몰라요. 이렇게 성장한 일부 어른은 이런 감정을 직면하는 데 어려움을 겪습니다. 어렸을 때부터 억압받고 자신의 분노나 슬픔을 무시해왔기 때문입니다. 저는 당연히 이런 상황을 원치 않습니다.

심리 치료 상담사로서 저는 사람들이 자신의 모든 감정을 인식하고 수용하며 의식적으로 다루는 것이 매우 중요하다고 생각합니다. 그럼에도 불구하고 이 책의 나머지 부분에서도 평가적 표현인 '부정적, 긍정적'을 사용하겠습니다. 이는 특정 감정을 부정하려는 의도가 아니라, 사람마다 특정한 감정을 서로 다르게 받아들이는 현실을 보여주려는 것입니다. 슬픔이나 불안을 좋아하는 사람이 과연 있을까요?

어린 시절에 주로 회피 목표가 발달된 사람은 아마 이를 자각하지 못할 거예요. 평생 회피 행동을 훈련했기 때문에 긍정적인 상태를 원하는 욕구를 거의 느끼지 못하거든요. 긍정적인 접근에 대한 감정적 욕구(예를 들어 친밀감 또는 기대감)가 결여되어 있는 거지요. 이를 더 잘 이해하기 위해 다시 한번 접근 목표와 회피 목표가 개발되는 시기인 어린 시절을 살펴보겠습니다.

영아기와 유아기에 아이의 접근 행동에 대해 어머니나 아버지가 반응하지 않거나 부정적인 반응을 보이는 경험을 반복적으로 하면, 아이는 어느 시점에 이러한 접근 시도를 중단하게 됩니다. 그러면 거절당하는 고통을 피할 수 있기 때문입니다. 그러나 회피하면 접근 행동뿐 아니라 친밀감에 대한 욕구도 억제됩니다. 회피하는 아동의 뇌에서는 이 욕구가 늘 억제되고 있으므로, 흔히 사랑 호르몬이라 하는 옥시토신 같은 호르몬 분비가 매우 드물게 발생하며, 그래서 이 아이는 진정한 친밀감을 형성하기 어려워져요. 이로 인해 회피가 더 쉬워지기도 합니다. 강력한 욕구가 없다면 타인에게 접근하기를 쉽게 포기할 수 있으니까요. 반대로 말하면, 내가 무언가를 강하게 원할수록 그 목표를 달성하고 싶다는 동기는 더욱더 강력해집니다. 이렇듯 학습된 회피는 긍정적인 감정을 강하게 억제하며, 호르몬 자체가 분비되지 않아 이런 감정은 뇌에서 제대로 발달하지 않거나 매우 약하게 발달합니다. 이렇게 성인이 된 사람은 '친밀감을 느끼고 싶다'라는 감정을 잘 몰라요. 긍정적인 유아기 경험을 한 성인에 비해 이들에겐 이 감정이 훨씬 약하게 각인되어 있으며 훨씬 드물게 나타나지요. 게다가 거절의 고통을 회피하는 법을 일찍이 배웠기 때문에 거질의 고통도 그리 익숙히지 않습니다. 친밀감과 애정을 갈구하기는 하지만, 관계 초기 아주 짧게 자신의 자율을 침해받지 않는다고 생각할 때에만 그 감정을 느낍니다.

이처럼 회피하는 태도는 영향받는 사람의 뇌에 너무 일찍 형성되기에 의식적 기억에는 접근할 수 없습니다. 자기 자신의 뇌가 사실상 유일한 참고 자료나 마찬가지이므로, 스스로의 감정에 이입할 수 있는 한 이들은 자신의 감정을 정상적이고 적절한 것으로 여깁니다. 초기에 애착이 훼손되는 경험을 한 사람은 더 많은 애정과 사랑을 기대하는 사람을 대할 때 약간의 무력함을 느껴요. 기본적으로 이들은 상대방이 자신에게 무엇을 원하는지 정확히 알지 못하며, 자신의 행동에 무슨 잘못이 있는지 이해하지 못합니다. 친밀감과 연결감 같은 감정을 모르기 때문에 이런 감정을 중시하는 사람에게 공감하는 능력도 부족해요. 이들은 파트너의 기대에 강한 압박을 느끼며, 이 압박은 이들의 자율을 제한하고 내면에서 강한 탈출 욕구를 일으킵니다.

집착형 불안정 애착 유형 아이는 이와 접근 방식이 다릅니다. 이미 언급한 대로 이 유형의 아이는 어머니와 관련된 경험이 매우 변화무쌍합니다. 회피형 아이의 어머니는 한결같이 신뢰할 수 없는 모습을 보이는 반면, 집착형 아이의 어머니는 자기 기분에 따라 아이와의 애착을 형성합니다. 때로는 사랑스럽고 친밀하게, 때로는 무시하며 차갑게 행동합니다. 아이는 어머니와의 관계가 어떤 상태인지 항상 몰라요. 이 경우에도 아이는 거절과 갑작스러운 기분 변화를 반복적으로 경험하며 애착 욕구가 좌절됩니다.

이런 환경에서는 아이의 통제 욕구도 매우 큰 타격을 받아요. 이 아이들은 어머니와 친밀하고 애정이 넘치는 순간을 몇 번이고 경험하지만, 그 순간은 아이의 통제 바깥에 있습니다. 어머니는 자신이 반응하고 싶은 순간에만 반응합니다. 그러나 아이는 어머니의 변덕스러운 행동을 자신과 연관시킵니다. 그래서 '엄마는 너무 자기 멋대로야. 심리 상담이 필요할지도 몰라'라고 생각하는 대신 '나는 부족해!'라고 생각하고 느껴요. 이런 이유로 아이는 어머니의 마음에 들기 위해 최선의 노력을 기울이며 상황을 통제해보려고 애씁니다. 집착형 아이는 어머니의 주의를 끌기 위해 늘상 바쁘게 움직여요. 어머니의 반응을 계속해서 시험하고요. 어머니가 자리를 비우는 즉시 상실에 대한 두려움과 관련된 통제 욕구가 활성화됩니다. 그래서 이 유형의 아이는 어머니의 관심을 받는 것이 목적인 강력한 접근 동기를 발달시킵니다. 동시에 어머니와 멀어지는 상황을 두려워하며 '엄마가 내 곁을 떠나면 안 돼' 같은 강력한 회피 동기도 발달시켜요. 상실과 관련된 두려움과 실망감을 피해야 하니까요. 이 아이들은 지속적인 긴장 상태에 놓여 있어요. 어른이 되어서도 통제와 관련해 문제에 직면할 확률이 높습니다. 성인이라면 매우 친밀한 애정 관계를 맺고 싶어 하겠지만 이내 그 관계를 잃을까 봐 두려워합니다. 이러한 각인이 있는 사람은 관계가 뜻대로 풀리지 않으면 신속하게 자기 자신에게 모든 책임을 지웁니다. 그래서 집착형에 해당하는 사람은 '독이 되는' 파트너와 얽히면 심각하게 위험해집니다.

대체로 회피 동기에 의해 행동하는 사람은 심리 체계 전체가 주로 부정적인 감정을 생성하는 데 집중합니다. 심리학적으로 설명하자면 일관성을 추구하기 위해서예요. 무언가를 피하고 싶다면 그 상황이나 사람을 부정적으로 평가하는 것이 일관성 법칙에 부합합니다. 예를 들어 비행 공포를 피하고 싶다면 항공 산업이 환경에 미치는 부정적인 영향을 인식하고 장거리 여행을 자제하는 편이 합리적입니다. 연애 관계에서 실망하고 싶지 않다면 상대방의 약점에 집중하여 그와 안전거리를 유지하는 것이 손쉬운 방법입니다. 타인에게 실망할까 봐 두렵다면 애초에 상대를 의심의 눈으로 바라보는 편이 낫겠지요.

한편 주로 접근 동기에 따라 행동하는 사람은 저절로 목표와 쾌감을 연결 짓습니다. 사랑하는 사람이 가진 강점에, 직장에서 승진할 경우 누리게 될 장점에 초점을 맞추며, 대체로 인간을 긍정적으로 바라봅니다. 이런 사람은 기분이 좋을 때가 많고 방어적 삶을 살아가는 사람보다 더 긍정적인 감정을 품은 채 살아갑니다.

그런데 유쾌한 사람으로 살지 우울한 사람으로 살지는 과거의 각인에만 좌우되진 않아요. 유전자 구성의 영향도 받기 때문이지요.

심리 상태는 유전되는가

지금까지는 우리의 심리 상태에 유전자가 어떤 역할을 하는지 간접적으로만 언급했습니다. 감정 상태가 긍정적이냐 부정적이냐 하는 기질은 본질적으로 타고난다는 사실이 과학적으로 입증되었어요. 부정적인 기분에 빠져 회피 행동을 보일지 긍정적인 기분으로 접근 행동을 보일지 여부를 결정하는 데 다양한 유전자가 관여합니다. 사람의 기질은 대부분 유전적으로 결정된다는 뜻입니다. 후성 유전학에서는 임신과 출산이 아이의 건강과 심리에 어떤 영향을 미치는지 연구합니다. 이 둘이 영향을 미친다는 사실에는 이미 의심의 여지가 없어요. 그러나 "스트레스받는 임산부는 스트레스받는 아기를 낳는다" 같은 공식은 성립하지 않는다는 것도 많은 반증을 통해 알고 있습니다.

클라우스 그라베가 말했듯이[19] "부정적인 감정 성향"과 회피하는 태도를 보이는 신생아는 "전반적으로 더 예민하게 반응합니다". 이들은 심리적 또는 신체적 기본 욕구가 충족되지 않으면 더 빨리, 더 오랫동안 스트레스를 느껴요. 스트레스 상태에 놓이면 탐색 행동이 억제되어 주변 환경에 더는 관심을 보이지 않습니다(회피). 말하자면 이 아기들은 심리적으로 '피부가 얇다'고도 할 수 있는데, 이 때문에 스트레스 상태에 더 자주, 더 오래 빠지며, 이는 소리 지르고 울고 짜증 내는 등의 행동으로 나타납니다. 그리하여 부모나 다른 양육자와 부정적으로 상호 작용할 수 있으며, 이렇게 '다루기 어려운' 아기는 부모에게 어떤 방식으로든 실패감과 무력감을 느끼게 합니다.

이 지점에서 '거울 자아'의 과정을 다시 한번 떠올려볼까요. 자녀만 자신이 '착하고 사랑받을 가치가 있는' 사람인지 부모의 거울에 비춰 보는 것이 아닙니다. 부모도 자녀의 거울에 자신이 '좋은 부모인지 나쁜 부모인지' 비춰 봅니다. 계속 시끄럽게 울기만 하는 젖먹이는 부모에게 '좋은 거울'이 되어주지 않아요. '다루기 어려운' 아이의 부모는 돌보기 편한 아이의 부모에 비해 능력이 부족하다는 느낌을 받거나 아이에게 거부당하는 느낌을 받습니다. '다루기 어려운' 아이의 부모가 이 아이의 행동을 감정적으로 받아들일 경우, 안정 애착 형성이 어려워질 위험이 높아요. 반면 비교적 돌보기 쉬운 아이의 부모는 성공적으로 애착을 형성하지요. 따라서 유전적 기질을 기반으로 부정적인 과정이 쌓이면 나중에 아이에게 정신 장애가 나타날 수 있어요. 실제로 심리학 연구에서 신경증적 경향성neuroticism은 유전적 영향이 높다는 사실이 발견되었습니다.

신경증적 경향성이란 무엇인가

영국 심리학자 H. J. 아이젱크H. J. Eysenck는 20세기 중반에 소위 신경증적 경향성을 성격 특성으로 정의했습니다.[20] 아이젱크는 사람들을 안정성(덜 불안하고, 평온하고, 안정된)에서 불안정성(무서워하고, 초조하고, 불안한)으로 분류하는 등급 체계를 통해 신경증적 경향성을 설명했습니다. 신경증적 경향성인 사람은 말하자면 불안정한 상태가 안정적으로 유지됩니다. 해당 환자의 뇌에 존재하는 변연계는 특히 자극받기 쉬우며 지속적으로 과민하게 반응합니다. 따라서 신경증적 경향성이 있는 사람은 외부의 모든 자극에 격렬하게 반응하곤 합니다. 그래서 주변 사람들은 이들이 모든 것에 늘 과장된 반응을 보인다고 생각합니다.

일상생활에서 신경증적 성격은 주로 감정 기복과 나쁜 기분으로 나타납니다. 신경증적 성격인 사람은 정서적으로 안정적인 성격보다 인간관계 문제를 겪는 경우도 흔해요.

중요한 것은 신경증적 경향성과 신경증은 같지 않다는 점이에요. 신경증적 경향성은 개인의 특성을 의미합니다. 그러나 신경증은 정신 분석학적으로 질병 상태를 뜻합니다. 아이젱크는 신경증적 경향성이 있는 사람이 신경증과 우울증을 더 자주 앓는다고 보았습니다.

그러나 신경증적 경향성을 유전적으로 타고났다 해도 그 운명을 아예 피할 수 없는 건 아니에요. 만약 이런 성향의 아이가 특별히 애정을 쏟는 유능한 부모를 만나면 그것이 다른 방향으로 전개될 수도 있습니다. 그라베가 언급했던[21] 어린 붉은털원숭이를 대상으로 한 재미있는 연구에서, 신경증적 경향성의 어린 원숭이들은 특히 애정이 넘치고 따뜻하게 보살펴주는 어미에게 키워진 경우 매우 강인하고 심리적으로 균형 잡힌 원숭이로 성장했습니다. 초기에 보였던 신경증적 경향성과는 정반대로 변화한 거예요.

그렇지만 이미 변화할 수 있는 적절한 시기가 지났다고 느껴진다면 어떻게 해야 할까요? 이미 어른이 되어 스트레스에 특히 취약하고 쉽게 불안해하며 감정적으로 불안정한 사람이라면요? 이 또한 제 임상 경험으로 미루어 보아 충분히 바뀔 수 있어요. 핵심은 외부에서 일어나는 사건을 어떻게 해석하느냐 그리고 외부의 (허위) 방해 요소들과 얼마나 경계를 잘 그을 수 있느냐 하는 문제입니다. 신경증적 경향성을 타고난 사람에게도 다른 모두에게 적용되는 것과 동일한 심리 법칙이 적용됩니다. 이들의 뇌는 특정한 프로그램을 받아들였기 때문에 세계를 그 특정한 방식으로 해석하는 경향이 있어요. 신경증적으로 스트레스에 취약한 뇌는 편안한 상태의 뇌보다 더 빠르게 부정적인 해석 쪽으로 기울지만, 그조차 여전히 자극-해석-반응의 연결 고리에서 벗어나지 않습니다. 신경증적 경향성이 있는 사람이라 해도 스트레스가 정말 끊임없이 지속되진 않으며 편안하고 여유 있는 순간들도 경험합니다. 이런 순간을 더 자주 맞이하기 위해 다른 사람들처럼 있었던 사실과 현실에 대한 해석을 구별하는 훈련을 충분히 해야 합니다.

외향성과 내향성

외향성과 내향성은 대개 유전적으로 결정되는 성격의 양상으로, 개인의 성격과 그에 따른 삶의 모습에 지대한 영향을 미치기에 여기에서 별도로 살펴보려 합니다.

스위스 출신 의사이자 정신 분석학자인 카를 구스타프 융은 인간이 에너지를 얻는 두 가지 원천이 있다는 사실을 발견했습니다. 바로 외부 세계와의 접촉 그리고 내부 세계와의 접촉입니다. 그러니까 외향성과 내향성은 에너지 개념입니다. 외향적인 사람은 외부 세계 및 다른 사람과 접촉하는 것에서 에너지를 얻습니다. 반면 내향적인 사람은 혼자 시간을 보내며 회복합니다. 이렇게 서로 다른 기본 설정에서 시작해 다양한 성격 특성과 행동 방식이 각기 파생됩니다.

외향적인 사람의 매력은 다음과 같습니다. 사교성, 말하기 좋아함, 행동력, 대담함, 즉흥성, 갈등 해결 능력 등등. 반면 내향적인 사람은 자신의 생각과 복잡한 내면 세계에 몰입하기를 선호합니다. 이들의 긍정적 특성은 다음과 같습니다. 신중함, 집중력, 독립성, 침착함, 분석적 사고, 공감 능력, 경청하는 능력 등등.

신경 심리학에서는 외향적인 사람과 내향적인 사람은 뇌 기능이 서로 다르다고 봅니다. 교감 신경과 부교감 신경은 자율 신경계의 가장 대표적인 두 선수입니다. 교감 신경은 활동을 담당하고 부교감 신경은 휴식을 담당합니다. 자율 신경계는 자율적으로 작동하므로 의지력으로 제어하는 데에는 한계가 있습니다.

외향적인 사람은 주로 교감 신경계의 영향을 받고 이들의 뇌는

'행동'을 요구합니다. 반면 내향적인 사람의 뇌는 부교감 신경계에 지배당하며 평온과 안정을 추구합니다. 교감 신경계의 신경 전달 물질은 도파민이며, 따라서 외향적인 사람은 도파민에 대한 욕구가 큽니다. 이들은 자극을 느끼려면 외부 세계로부터 높은 수준의 인풋을 받아야 합니다. 안타깝게도 좋은 음식, 술, 섹스, 승리, 성공, 도박이 이들이 원하는 도파민을 제공하기에 중독에 취약해집니다.

부교감 신경의 신경 전달 물질은 아세틸콜린입니다. 아세틸콜린 수치가 낮아지면 내향적인 사람의 뇌에서는 스트레스가 발생합니다. 외부 세계의 자극, 특히 사회적 상호 작용이라는 형태로 너무 많은 자극에 노출되면 이들은 과부하를 받고 짜증을 내며 과민하게 반응합니다. 외향적인 사람보다 더 불안해하기도 합니다. 불안을 피하고 안전감을 얻는 것이 이들에게는 보상에 대한 기대보다 더 큰 동기가 됩니다.

도파민의 영향으로 외향적인 사람은 내향적인 사람에 비해 더 유쾌하고 낙관적인 경향을 보입니다. 평균적으로 좀 더 기분이 좋기도 하지요. 물론 단점도 있는데, 좀 더 통제가 쉬운 내향적인 사람보다 스트레스 상황에서 더 충동적이라는 점입니다. 이 충동성이 공격성으로 변질될 가능성도 있습니다. 외향적인 사람의 부정적 특성에는 성급함, 공격성, 경솔함, 자기 연출, 자기 회피, 무분별함 등이 있습니다.

반면 내향적인 사람은 스트레스받을 때든 아니든 근본적으로 잘 흔들리며, 과장된 불안, 소심함, 수동성, 망설임, 자기 부정, 대인 기피, 경직된 습관 등의 특성을 나타내기도 합니다.

진화가 이 두 가지 유형을 형성하고 발전시켰다고 가정해볼 수 있습니다. 사회가 원활하게 기능하려면 활동적이고 즉흥적인 외향적인 사람과 신중하고 집중력이 좋은 내향적인 사람이 모두 필요합니다. 이것이 바로 두 가지 성격 특성이 전 세계적으로 균일하게 분포되는 이유이겠지요. 다시 말해 모든 사회에서 외향적인 사람과 내향적인 사람이 거의 동일한 비율로 존재한다는 의미입니다. 이 법칙은 일반적으로 생각하기에 외향적인 사람이 내향적인 사람보다 훨씬 많을 것 같은 미국에도 적용되며, 반대로 다른 어느 국가보다 내향적인 사람이 많을 것 같은 일본도 마찬가지입니다. 물론 개인이 타고난 외향성이나 내향성과 상관없이 외부의 문화적 요인들이 일정 정도 중요한 역할을 한다는 사실도 간과해서는 안 됩니다.

감정은 우리 삶의 본질

이제 개별 감정이 우리 삶과 경험에 미치는 영향을 좀 더 자세히 살펴보려 합니다. 여러 차례 언급했듯 심리학적 관점에서 감정은 우리 삶의 본질입니다. 감정이 없으면 삶은 가치를 잃고, 그렇게 되면 의미도 상실합니다. 인간은 자신의 경험을 이해하기 위해 감정을 느낍니다. 감정은 우리가 나아가고자 하는 방향을 보여줍니다. 좋고 나쁨을 대략적으로 구분하고 그에 기초해 어떤 상황에 다가갈지 피할지 결정하는 질문 또한 감정에 의해 매개되지요. 감정이 없다면 우리는 나침반 없는 배처럼 표류할 수밖에 없을 거예요.

바로 이런 이유로 자신의 감정과 원활하게 소통하지 못하는 사람은 불편을 겪습니다. 이들은 결정을 내리는 데 어려움을 겪는데, 감정적인 문제라면 더더욱 그렇습니다.

따라서 우리의 감정은 중대한 의미를 지닙니다. 그런데 안타깝게도 우리는 불안, 슬픔, 질투, 혐오, 수치심 같은 감정은 가능한 한 느끼지 않고 싶어 합니다. 하지만 이런 감정들은 강력한 지표가 되어 삶의 방향을 제시해줍니다. 부정적인 감정은 우리에게 경각심을 불러일으키고 주의를 집중시키며 기억력에도 큰 도움이 됩니다.

감정은 언제나 기습적으로 덮쳐오는 것 같지만, 사실 무無에서 생겨나는 것이 아닙니다. 감정에는 항상 원인이 있습니다. 전형적인 유발 인자로는 다음과 같은 것들이 있어요.

* 외부 상황(예를 들어 고속 도로 교통 체증)
* 생각(예를 들어 '이런, 지각하겠네.')
* 내면의 이미지(예를 들어 지난번 지각했을 때 무슨 일이 있었는지에 대한 기억)
* 다른 감정들 또한 특정 감정의 원인이 될 수 있음(예를 들어 중요한 회의에 지각할까 봐 불안해하는 것에 대한 반응이자 후속 감정으로 분노가 나타날 수 있음)

이런 예시를 통해 우리의 감정이 외부 사건을 평가하는 일과 얼마나 밀접하게 연관되어 있는지 알 수 있어요. 같은 사람이 '좋아, 그 지겨운 회의에 늦을 수밖에 없는 좋은 핑계가 생겼다!'라고 생각했다면 교통 체증에 기뻐했을지도 모르지요. 일반적으로는 생각이 감정에 극단적으로 영향을 줄 수도 있습니다. 그러나 이것이 모든 상황에 동일하게 적용되지는 않아요. 사랑하는 사람이 세상을 떠난다면 그저 슬프기만 할 뿐이지요. 시한부 선고를 받으면 일단 끔찍한 두려움이 찾아오기 마련입니다.

모든 감정 뒤에는 욕구가 숨어 있고 대부분은 심리적 기본 욕구 가운데 하나입니다. 자기 자신뿐 아니라 다른 사람을 더 잘 이해하려면 감정 표현 뒤에 숨겨진 욕구를 이해하는 것이 도움이 됩니다. 이를테면 고속 도로 한가운데에서 교통 체증으로 불안해한다면, 일을 중시하는 내가 차가 밀리는데도 아무것도 할 수 없어서 안전과 통제에 대한 욕구를 침해받고 있기 때문일 거예요. 그리고 내 직업이나 회사가 나에게 소속감을 제공하며 자아 실현 수단이 되기 때문에 애착에 대한 욕구 역시 충족시켜준다고 느낄 수 있어요. 이처럼 감정은 우리가 필요로 하는 것, 우리를 괴롭히는 것, 우리의 개인적 가치가 침해받는 지점을 알려줍니다. 또한 그 침해된 욕구를 다시 충족하기 위해 뭘 해야 할지 알려줍니다. 불안을 느낀다면 이 감정은 도망치거나 회피하라고 제안하는 걸지도 몰라요. 분노를 느낀다면 공격(접근)해보라고 조언하는 걸지도 모르고요.

많은 감정들이 적절한 상황에 등장해 침해된 욕구가 다시 충족될 수 있도록 특정한 행동이 필요하다고 가르쳐줍니다. 그러나 때로는 과거에 각인된 그림자 아이 때문에 현재 상황과 관련 없는 잘못된 조언을 하는 듯한 감정 상태에 빠질 수도 있어요. 내가 내면의 그림자 아이에 묶여 있으면 옛 감정을 현재에 투사하는 경향이 있습니다. 가장 중요한 것은 어떤 감정이 그림자 아이에게 속하고 어떤 감정이 현재 상황에 적합한지 구별하는 일이에요.

또한 감정은 전달 기능이 있어요. 감정은 우리가 필요한 게 뭔지 다른 사람에게 중요한 정보를 전달합니다. 예컨대 슬픈 표정은 다른 사람에게 지금 관심과 위로가 필요하다는 신호를 보냅니다. 자신의 감정에 접근하기 어려워하며 이를 잘 내보이지 않는 사람은 같은 이유로 다른 사람에게 감정을 이해받기 어려울 수 있어요.

어떤 사람들은 다른 사람을 조종하기 위해 가짜로 감정을 표현하기도 합니다. 이를 도구적 정서instrumental emotion라고 부릅니다. 예를 들어 배우자가 회식에 참석하지 못하게 거짓으로 흐느끼는 연기를 할 수 있어요. 또는 좋아하는 사람 앞에서 일부러 관심 없는 척해서 상대의 사냥 본능을 자극할 수도 있지요.

우리는 신체적으로 감정을 느낍니다. 많은 사람이 기쁠 때에는 가슴이 짜릿하고, 사랑에 빠질 때에는 배가 간질거린다고 말해요. 슬플 때에는 대개 목이 조이는 듯하지요. 그 밖에 전형적으로 감정이 불러오는 감각으로 압박감, 따뜻함, 추움, 떨림, 두근거림, 땀 흘림, 어지러움, 메스꺼움, 목 막힘 등이 있습니다.

감정에 접근하기 어려워하는 사람은 일반적으로 자신의 신체 감각에 대해서도 다소 둔감한 경향이 있습니다. 이는 어린 시절 트라우마와 관련된 경우가 많아요. 과거에 끔찍한 일을 겪을 때, 이들은 자신의 신체 감각을 사실상 차단함으로써 그 상황을 견딜 수 있었어요. 예를 들어 성폭행 피해자들은 가해자에게 강간당하는 동안 자기 몸에서 빠져나와 있었다고 설명하곤 합니다. 이는 해리 dissoziation라고 불리는 방어 기제입니다. 해리가 실제 충격의 순간을 견디기 쉽게 도와줄 수는 있지만, 영구적인 성격 장애로 이어질 수 있어요. 해리된 감정은 '내면의 지하실' 같은 곳으로 옮겨져 우리 의식에서 제거됩니다.

이러한 분리가 있었다면, 한 사람의 성인으로서 일상생활에서 해야 하는 기능들을 제대로 수행하더라도 내면에는 심리적 비상사태가 도사리고 있게 됩니다. 일상에서 제 역할을 하고 있다는 것이 곧 과거 경험이 더 이상 쫓아오지 않는다는 의미는 아니니까요.

어린 시절에 트라우마가 될 만한 경험이 없었더라도, 지나치게 순응하는 성향의 사람도 일반적으로 자기 감정을 인식하는 데 문제가 있습니다. 그 이유는 자신의 감정보다는 타인의 감정을 알아차리는 데 더 집중하고 있기 때문입니다. 그러나 이들은 자기 감정에 다시 주목하면 곧바로 회복할 수 있어요. 그래서 이들은 종종 사면에 벽을 세우고 그 안에 머무르려 하지요. 자신에게 특정한 기대를 하는 사람이 주변에 존재하지 않는 한 죄책감 없이 자신의 욕구들에 주의를 기울일 수 있기 때문입니다.

호르몬과 감정

호르몬은 감정을 실어 나르는 전달체입니다. 특정 호르몬이 부족하면 우리는 감정을 느낄 수 없어요. 또 우리 행동을 결정하는 중요한 역할도 하지요. 최근에는 호르몬의 영향력이 더욱 활발히 연구되고 있습니다.

그간 입증된 바에 따르면 전달체로서의 호르몬은 신체적 반응뿐 아니라 심리적 반응도 일으킵니다. 개개인의 호르몬 특징은 유전적 영향을 받아요. 특정한 상황에서 어떤 호르몬을 얼마나 분비하는지는 개인마다 다르다는 의미입니다. 간단한 예를 들어볼게요. 월경 전에 호르몬 때문에 감정 변화가 극심하고 툭하면 눈물을 흘리는 여성이 적지 않아요. 반면 아무런 정신적 변화를 느끼지 않아 PMS라 부르는 월경 전 증후군이 뭔지조차 모르는 여성도 있지요. 이는 에스트로겐과 프로게스테론 수치가 서로 다르게 나타나기 때문입니다.

성호르몬의 농도는 나이 들면서 맞이하는 인생 후반기에 어떤 감정을 느끼며 살아갈지에 영향을 미칩니다. 여성은 폐경기에 에스트로겐 분비량이 감소합니다. 이는 안면 홍조나 발한 같은 신체적 증상만을 일으키지 않아요. 중년기에 호르몬 분비가 줄어들면 여성과 남성 모두 감정이 저하되는 경험을 할 수 있습니다. 여성의 경우 애정 관계가 행복한데도 성욕이 줄어들며, 일부는 호르몬 수치 감소로 인한 우울증을 겪습니다. 예전에는 이런 증상을 완화하기 위해 종종 호르몬 대체 요법이 처방되었지만, 현재는 이에 대한 논란이 있습니다. 많은 산부인과 의사들은 호르몬 사용 자체를 획일적으로 거부하는 대신, 여성 개개인의 기회와 위험 요소(예를 들어 폐경기 전 에스트로겐에 의한 유방암 발병 등)를 정확히 고려해 호르몬 요법을 차별적으로 적용하라고 주장합니다.

최근에는 생활 방식을 바꿔서 호르몬 농도를 조절하려는 시도도 이루어지고 있어요. 식단, 스트레스, 운동 같은 요인이 호르몬 분비에 영향을 미칩니다. 그러나 폐경기 에스트로겐 분비 감소로 인한 여성의 성욕 감소는 비호르몬적 조치로 완전히 보완할 수 없어요.

호르몬은 특정 상황과 요구에 우리가 반응하는 방식에도 영향을 줍니다. 예를 들어 스트레스 상황에서 용감하고 대담하게 대처할지, 불안하고 주저하는 반응을 보일지 호르몬이 영향을 미친다는 거예요. 이 경우 코르티솔 분비량이 결정적 요인입니다. 실제로 옥시토신이라는 호르몬을 주입하면 불안을 느끼는 정도를 조절할 수 있다는 사실이 입증되었어요. 프라이부르크대학교 심리학자인 마르쿠스 하인리히스Markurs Heinrichs는 이와 관련된 실험을 진행했는데[22] 주입된 옥시토신 때문에 실험 대상자들 뇌에서 편도체 활동이 감소했습니다. 그 결과 불안 중추의 활동이 둔화되고 신뢰와 관대함의 감정이 우세해졌습니다.

호르몬은 우리 감정에 상당한 영향을 미칩니다. 이 전달체의 화학적 구성은 몸속 여러 기관에서 감정을 형성하고 변화시키는 과정을 촉발합니다. 지금까지 약 150가지의 전달체가 확인되었어요. 하지만 과학자들은 1000가지 이상의 전달체가 존재할 것으로 추정하고 있습니다.

감정을 적절하게 다룬다는 것

우리는 의심이 들면 이성적 판단에 앞서 감정을 굉장히 심각하게 받아들입니다. 불안에 시달리는 사람도 마찬가지예요. 급성 공황 발작은 너무나 강력해서 이성적 사고가 거의 불가능합니다. 이성에게는 오직 단 한 번의 기회만 있을 뿐인데, 감정이 너무 격해지지 않았을 때에만 제 역할을 할 수 있어요. 강한 감정은 그것이 사랑에 빠지거나 쾌락을 느끼는 것처럼 유쾌한 쪽에 속하든 두려움을 느끼거나 공황 상태에 빠지는 것처럼 불쾌한 쪽에 속하든 관계없이 이성의 작용을 방해합니다. 자연은 인간이 위험에 처했을 때에는 지체 없이 판단하고 행동하기를 원하고, 사랑에 빠져 황홀해할 때에는 섹스 파트너를 선택해 다음 세대를 생산하기를 원합니다. 자연법칙에 따르면 느리게 작동하는 이성은 감정보다 뒷전인 셈이에요.

그러나 이성이 뒤로 밀려나 있다고 완전히 무력한 건 아니에요. 심리 치료가 뇌에 미치는 영향에 대한 신경학적 연구에서는 뇌의 불안 중추(편도체)가 완전히 열리기 전에 새로운 생각과 인식을 통해 브레이크를 걸 수 있다는 사실을 증명했습니다.[23] 다시 말해 의식적으로 새로운 사고방식으로 상황에 접근하면 불안이 더 이상 강하게 나타나지 않거나 결국에는 사라질 수도 있다는 말입니다. 강력한 정신 질환인 강박증이나 중등도 우울증에 대한 심리 치료 효과 또한 긍정적인 것으로 밝혀졌어요. 생각의 힘으로 감정에 상당한 영향을 미칠 수 있다는 과학적 증거가 마련된 거예요.

하지만 이렇게 영향력을 발휘하려면 우리가 폭풍 같은 격렬한 감정에 빠져들기 전에 관여해야 해요. 예방 조치를 취해야 한다는 뜻이지요. 그런데 이런 식으로 더 자주 반복해서 예방할수록 이런 감정 폭풍에 빠지는 빈도가 줄어듭니다. 이는 뇌의 신경 가소성

neuroplasticity과 관련 있습니다. 신경 가소성은 뇌의 학습 능력을 의미하며 우리는 규칙적인 훈련을 통해 이를 변화시킬 수 있습니다. 따라서 새로운 태도, 새로운 생각, 새로운 행동을 토대로 주관적인 스트레스 상황에 반복적으로 대처하면 이것이 근본적으로 문제 상황이 아니게 돼요. 그럼으로써 그 상황과 관련된 강한 감정은 더 이상 나타나지 않거나 또는 아주 약화된 형태로만 드러납니다.

부정적인 감정을 알아채고 개입하기

부정적인 감정 상태에 제동을 걸 수 있는 사소한 개입 방법을 고안해보았어요. 이 개입이 성공하기 위한 전제 조건은 자신의 그림자 아이, 즉 유발 인자를 인식하는 거예요.

앞서 소개한 마야를 한 번 더 소환하겠습니다. 부모의 지나치게 엄격한 양육 방식 때문에 그녀는 "나는 부족해"라는 강력한 신념을 내면화했습니다. 이 열등감은 그녀 내면의 그림자 아이입니다. 그녀는 빠르게 다른 사람들에게 저자세를 취하며 쉽게 상처받습니다. 그러나 자신의 그림자 아이를 알아차린 후에는 그것이 그녀가 살고 있는 지금의 진짜 현실과는 맞지 않는 과거의 각인임을 깨달았어요.

마야는 이제 자신이 있는 그대로 충분한 사람이라는 사실을 알고 있습니다. 그러나 이 생각(새로운 신념)이 아직 그녀의 감정에 완전히 뿌리내리지 못해서 때때로 여전히 그녀의 그림자 아이가 유발되고 내적으로 위축되기도 합니다. 예를 들어 팀 회의에서 의견을 표명하려 할 때 그래요. 하지만 그런 내면의 상태에 빠지면 그것을 빠르게 깨닫고 즉시 이성적 사고로 전환합니다. 그러면 이성의 도움으로 상황을 외부에서 바라보고, 이를 통해 내적으로 관찰자 입장에 서게 됩니다. 그렇게 관찰해보면 자신이 동료들과 마찬가지로 잘하고 있다는 사실을 알아차릴 수 있어요. 그런 다음 이제 동료들과 같은 눈높이에서 자신의 의견을 말합니다.

이는 '알아채고 개입하기'라는 기조에 따라 가능해집니다. 자신의 그림자 아이를 알아채는 즉시 이성적 사고로 전환하는 거예요. 이 연습은 매우 간단하면서도 효과적입니다. 이것을 집중해서 훈련한 사람은 그림자 아이가 점점 덜 나타난다는 것을 느낄 거예요. 이 '알아채고 개입하기'에 대해서는 3장에서 더욱 자세히 이야기하겠습니다.

물론 불안이나 슬픔 또는 분노 같은 부정적인 감정도 적절할 때가 있고, 그럴 때에는 굳이 고집해서 억누를 필요는 없습니다. 예방해야 하는 부정적인 감정은 상대된 상황에 부적절하며 당사자에게 큰 부담을 주는 상태를 의미해요. 예컨대 강박증 환자가 세균으로부터 자신을 보호하려고 매일 손을 100번씩 씻는 경우나 불안 장애 환자가 겁나서 집 밖에 전혀 나가지 못하는 경우, 이 사람의 정서적 삶은 완전히 벼랑 끝에 서 있는 셈이에요.

그렇지만 이보다 훨씬 덜 심각한 정서 장애여도 자신의 감정을 적절하게 다루는 것은 정신 건강의 초석입니다. 종종 이런 질문을 받아요. 적절하다는 게 무슨 뜻인가요? 확실한 답은 없습니다. 그러나 다음과 같은 점들이 중요하다고 생각합니다.

1 모든 감정에 잘 접근할 수 있어야 합니다. 감정으로부터 차단되는 증상에 시달리는 사람이 많은데, 이들은 분노나 슬픔 같은 감정에 접근하기 어려울 수 있어요. 모든 감정에 접근하기 힘들어하며 지나치게 이성적인 사람도 있습니다.

2 스트레스 감정에 영원히 갇혀 있으면 안 돼요. 어떤 사람은 계속해서 스트레스를 받거나 상실을 경험한 후 너무 오랫동안 애도합니다. 그러나 심리학 전문가들은 아무리 크고 내 전부를 지배하는 듯한 슬픔이어도 1년 후에는 어느 정도 극복해야 한다는 규칙을 제시합니다. 물론 이것이 그 상실에 대한 슬픔을 절대 다시 느끼면 안 된다거나 그럴 수 없다는 의미는 아닙니다. 커다란 슬픔은 때로 평생 지속될 수도 있습니다.

3 감정이 롤러코스터를 타면 안 됩니다. 극심한 감정 기복에 시달리는 사람이 있는데 이들의 기분은 하늘 높이 치솟았다가 땅밑까지 떨어지곤 합니다. 또 어떤 사람은 충동적인 공격성에 시달리는데, 이는 관계에 큰 부담을 줍니다.

이 세 가지 요소는 주로 감정의 강도와 관련이 있습니다. 그러나 감정이 적절한지 아닌지를 판단하는 다른 중요한 요소도 있어요. 우리가 어떤 감정을 얼마나 강하게 느끼느냐가 아니라 그 감정과 관련된 상황이 실제로 일어났느냐가 문제예요. 우리는 앞서 인지 왜곡과 투사를 몇 차례 다루었어요. 우리가 인식하는 모든 것은 주관적 기억에 의해 걸러집니다. 우리가 의자나 정원 담장 같은 구체적인 대상을 인식할 때에는 기억이 도움을 줍니다. 그러나 인간관계 영역에서는 해석 자체가 순식간에 잘못될 수도 있고 일어나지 않은 상황에 반응할 수도 있습니다. 이런 이야기를 했었지요. 올라간 입꼬리는 친절한 미소일까요 아니면 비웃는 미소일까요?

불안: 중요하지만
도저히 좋아할 수 없는 감정

감정은 우리 삶에 의미를 부여합니다. 또한 삶을 이해하는 데 도움이 되기도 합니다. 이것은 우리가 피하고 싶어 하는 감정에도 동일하게 적용됩니다. 불안이 바로 그 감정이에요.

우리 모두는 불안을 두려워하거나 경멸합니다. 그 누구도 불안한 상태를 좋아하지 않아요. 그러나 롤러코스터를 타거나 번지 점프를 할 때 느끼는 긴장감처럼 짜릿한 형태의 불안은 자발적으로 찾기도 하지요. 통제력을 잃은 듯한 느낌에 매료되는 거예요. 하지만 일반적으로 실제 위험을 굳이 찾아다니지는 않습니다. 위험에 빠져들기를 좋아하는 것은 자연법칙에도 반하는 일이고요.

그러나 아무리 피하려 해도 불안은 사실 많은 사람의 삶에서 중요한 기능을 합니다. 어떤 사람은 불안 때문에 행동이 극도로 제한됩니다. 그리고 사실상 대부분의 심리적 문제는 불안이라는 감정과 관련이 있어요. 불안 자체가 문제가 되는 경우도 흔하지요. 공황 발작이나 시험에 대한 공포 또는 상실에 대한 두려움 같은 경우

말이에요.

불안은 우리를 보호해줍니다. 신경학적 이유로 불안을 느끼지 못하는 사람은 일찍 사망하는 경향이 있어요. 또 불안은 성취를 돕는 엄청난 동력이 될 수도 있습니다. 실패를 두려워하거나 나쁜 이미지가 되는 것을 두려워하는 사람은 그렇게 되지 않도록 더 많은 노력을 기울여요. 이런 경우 불안의 보호 기능이 간접적으로 작용하는 셈이지요.

불안은 인간의 심리적 기본 욕구 네 가지와 관련이 깊습니다. 예를 들어 실패에 대한 잠재적 불안 때문에 성공만 좇는 사람들은 이를 통해 자존감, (타인의 인정을 매개로 한) 애착 욕구, 통제 욕구를 보호하려 합니다. 게다가 실패로 인한 불쾌감을 피하거나 성공을 통한 쾌감을 느끼려고 노력합니다.

불안은 우리의 신체적, 정신적 안전을 위협하는 위험을 경고하는 역할도 담당합니다. 신체적 안전과 관련된 것은 질병, 부상, 죽음에 대한 불안입니다. 이런 불안은 인간적이며 매우 정상적입니다. 신체적 안전을 위협하는 불안에는 비행 공포증, 개 공포증, 광장 공포증, 고소 공포증, 건강 염려증 등이 있습니다. 심리적 위험과 관련된 불안은 상실, 거절, 수치심, 실패, 무력감, 통제력 상실 등과 같은 주제를 넘나듭니다. 대표적으로 시험 공포증, 외로움이나 가난에 대한 불안, 애착 불안, 무대 공포증, 사회적 불안 등이 포함됩니다.

죽음을 이야기하지 않는 사회는 왜 문제인가

누구나 죽음을 두려워합니다. 그러나 안타깝게도 우리 사회는 이 주제를 별로 이야기하고 싶어 하지 않아요. 그 대신 우리는 생명 연장에만 집중하지요. 각종 매체는 건강 조언으로 가득합니다. 건강 식이나 영양 보충제 또는 운동 프로그램에 대한 유행이 끊임없이 새로 나타났다가 사라집니다. 건강을 주제로 한 이야기가 인생 말년에 우리가 느끼는 불안보다 훨씬 더 전면에 전시되고 있어요. 개인적으로 이렇게 건강이라는 주제에 지나치게 집중하는 현상 뒤에는 우리의 주관적인 통제 감각을 강화함으로써 죽음에 대한 불안을 억압하려는 의도가 숨어 있다고 생각합니다. 미국의 저명한 심리 치료사이자 작가인 어빈 얄롬Irvin Yalom은 우리 뇌는 인간의 필멸성을 성찰하는 능력은 있지만 그것을 다루는 능력은 없다고 말했어요. 이에 더해야 할 말은 없는 것 같습니다. 수없이 많은 알약과 언론에서 선전하는 슈퍼 푸드는 죽음을 두려워하는 인간의 공포로부터 영양분을 공급받는 거대한 시장입니다. 물론 건강을 돌보는 건 당연히 좋은 일입니다. 그러나 우리의 취약성 그리고 불안과 관련된 심리적 문제가 건강 문제에 묻히지는 않으면 좋겠네요.

심리적이든 신체적이든 모든 불안은 실제 또는 상상의 통제력 상실에 근거합니다. 통제는 불안의 해독제입니다. 내가 통제할 수 있는 상황은 불안을 일으키지 않아요. 신뢰도 마찬가지예요. 외부 상황 (예: 비행 시 안전), 다른 사람(예: 파트너) 또는 나 자신을 신뢰한다면 이는 불안(비행 공포, 상실에 대한 두려움, 거절이나 실패에 대한 불안 등)을 감소시켜주는 좋은 수단이 됩니다. 신뢰가 높을수록 통제해야 한다는 강박은 줄어들고, 반대로 신뢰가 낮을수록 통제하고 싶다는 생각은 커집니다. 신뢰의 여러 형태 가운데 하나가 익숙함이에요. 처음에는 불안했던 상황에 나중에는 익숙해지는 일이 곧잘 있지요. 이를 통해 일종의 신뢰가 생기는 거예요. 설문 조사 결과에 따르면 코로나바이러스에 대한 불안은 팬데믹 초기에 가장 심했어요. 나중에 조사했더니 상황이 객관적으로 개선되지 않았는데도 사람들이 익숙해졌기에 그 수치가 크게 떨어졌습니다.[24]

불안은 하나 이상의 심리적 기본 욕구가 손상되었을 때 나타납니다. 예를 들어 자동차를 혼자 운전하거나 공공장소 A에서 B로 이동하는 것에 대한 불안(광장 공포증의 일종)에 시달리는 사람은 자율성이 약해진 경우입니다. 엄마 손을 놓으면 자신의 두 발로 독립적으로 못 걷는다고 믿는 상황 같다고나 할까요. 어린 시절 애착 욕구가 충족되지 않아 건강한 자율성을 구축하지 못했거나 과보호로 인해 자율성 발달이 저해된 경우일 수 있어요. 이들에게 애착 형성은 안전을 의미하며, 자기 자신밖에 의존할 데가 없는 상황은 부담을 가중하고 공포를 일으킵니다. 그러나 삶의 다른 영역에서는 매우 단호하고 독립적일 수 있어요.

삶에서 일어나는 일들을 어쩐지 감당할 수 없을 것 같다는 공포는 무의식적으로 다른 상황으로도 옮겨지고, 그러면 공황이나 불안 발작이 일어납니다. 이들은 애착이 형성되어 있는 인물과 함께하면 이런 어려운 상황을 가장 잘 견딜 수 있어요. 어떤 때에는 이것이 이른바 병의 이점morbid gain, 즉 불안의 숨겨진 이득이기도 해요. 자신의 불안 장애를 이유로 파트너나 가족 구성원에게 지원을 요청하며 무의식적으로 그들에게 일정 수준의 통제력을 행사하거든요. 불안은 무의식적으로 가까운 사람들이 곁에서 도와주기를 요구하는 핑계를 제공합니다. 그래서 불안을 극복하는 과정에서는 항상 개인의 자율성을 강화하고 숨겨진 병의 이점을 다루는 것이 중요합니다.

예기 불안anticipatory anxiety은 불안 장애가 지속되는 데 큰 역할을 합니다. 예기 불안은 불안에 대한 불안이에요. 어떤 상황, 예컨대 버스를 타고 이동해야 하는 상황이 실제로는 위험하지 않다는 것을 머릿속에서는 정확히 알지만, 그럼에도 불구하고 예기 불안을 경험하는 사람에게는 버스에서 겪을 수 있는 불안에 대한 거대한 불안이 있어요. 이 경우, 회피 동기가 매우 강합니다. 그래서 불안을 유발하는 상황을 피해 가는 일이 반복될수록 뇌에서는 그 상황을 위험하고 대처하기 어려운 일로 깊이 인식하는 악순환이 쉬이 발생합니다. 상황을 회피하더라도 기본적인 불안은 당사자의 모든 신체 기관에 남아 있으며, 다음에 벌어지는 더 사소한 상황에도 투사되어 영향을 미쳐요. 이렇게 되면 이들은 자신의 행동반경을 점점 좁히다가 최악의 경우 집 밖으로 한 발짝도 나가지 못할 정도가 됩니다.

노출 요법exposure therapy이라는 치료 과정에서는 불안 장애인 사람이 치료사와 함께 불안을 일으키는 상황에 직면합니다. 물론 사전에 긴장을 이완하는 방법이라든지, '내면 어른'이 '내면 아이'

와 차분하게 대화를 나눈다든지 불안을 스스로 조절할 수 있는 몇몇 방법을 훈련하지요. 이를 통해 이성, 즉 전전두피질이 강화되고, 앞서 이야기했듯이 편도체가 통제 불능에 빠지기 전에 억제됩니다. 그리하여 내적 통제 위치, 다시 말해 스스로 상황에 대처할 수 있다는 믿음이 강화됩니다. 결과적으로 미리 그 상황을 덜 불안하게 만들어주는 거예요.

불안을 느낄 때 우리 몸은 스트레스 호르몬을 분비하여 신체적 경각심을 높입니다. 위험에 맞설 수 있도록 모든 에너지를 동원하지요. 정신적으로도 그 상황에 완전히 집중하고요. 진화론적으로 볼 때, 이는 생명과 신체에 대한 실제 위험을 피하려는 매우 합리적 선택입니다. 그러나 이런 강력한 불안 반응은 실제 위험이 거의 없는 현대의 생활 환경에서는 비생산적인 면이 있어요. 이런 환경에서 자신의 불안에 계속 집중하고, 이렇다 할 해결책에 접근하지도 못하면서 고민만 거듭해봤자 너무 고통스럽기만 할 뿐이에요.

불안이 늘 있는 그대로의 모습을 드러내는 것은 아닙니다. 때로 다른 감정 뒤에 숨기도 해요. 분노와 증오는 불안에 기반한 감정이에요. 이를테면 외국인 혐오는 종종 자기 자신의 사회적 위치 하락에 대한 불안이나 열등감, 사회적 거절에 대한 불안에서 비롯됩니다. 외국인 혐오를 통해 자신의 열등감을 보상받고 스스로 외국인보다 우월하고 뛰어난 존재라 느끼고 싶은 거예요.

불안의 정도에는 우리 유전자가 관여하기도 합니다. 약 20퍼센트의 아기는 높은 수준의 불안을 타고납니다. 하버드대학교 교수 제롬 케이건Jerome Kagan은 이런 아기를 "고반응성high reactives"

이라고 표현했어요. 이런 성향이 있는 아이는 불안 중추(편도체)가 다른 아이는 동요하지 않는 작은 자극에도 재빨리 경계 모드로 바뀌어요. 이는 높은 예민성high sensitivity 개념과 어느 정도 겹치는 부분이 있는 것 같아요. 미국 심리학자 일레인 에런Elaine Aaron의 연구는 이를 확인해줍니다. 그 연구에 따르면, 매우 예민한 사람들은 신경증적 경향성이 있으며 주변 사람들이 보기에 종종 과잉 반응합니다.

아주 예민한 사람들

공간의 소음이나 냄새, 분위기에 유난히 자주, 금방 불편함을 느끼는 사람들이 있습니다. 이런 사람을 두고 "XY는 너무 예민해"라고 이야기하지요. 사실, 이러한 극도의 예민성에 대한 심리학적 진단 또는 가정이 존재합니다. 과민성 또는 과민증에 해당하는 성격 특성을 두고 일상적으로 '너무 예민하다'라고 표현하곤 하지요. 과학적으로는 '감각 처리 예민성Sensory Processing Sensitivity, SPS' 또는 '아주 예민한 사람Highly Sensitive Person, HSP' 같은 용어를 씁니다. 이에 해당되는 사람은 외부 자극을 다른 사람들보다 훨씬 강렬하게 인식합니다. 이들은 청각, 시각, 후각, 미각을 받아들이는 방식이 덜 예민한 사람들과는 다릅니다. 자극을 더 빨리 느끼고, 더 격렬하게 반응하며, 그것을 처리하는 데 더 많은 시간이 필요합니다.

이 성격 특성을 정의 내린 사람은 미국 심리학자 일레인 에런입니다. 그녀는 1997년 이 주제에 대한 논문을 발표한 적이 있어요. 높은 예민성이 실제로 독립적인 성격 특성인지는 아직까지 학계의 논란입니다. 높은 예민성이 신경증적 경향성이나 불안의 변형일 수 있다고 보는 과학적 견해도 있어요. 이 특성은 포착하기가 어려워요. 대략 인구의 15~30퍼센트가 영향을 받는다는 식으로 추정치 범위가 넓은 이유이지요. 그러나 논란은 차치하더라도, 아주 예민한 사람과 정상 감각을 가진 사람의 뇌 활동 패턴이 다르다는 것을 입증한 신경 과학적 연구들이 존재합니다.

또한 높은 수준의 불안은 신경증적 경향성이라는 성격 특성과 겹칠 때가 많아요. 매우 불안한 아이도 '신경증적 경향성' 아이와 마찬가지로 공감 능력이 뛰어난 부모가 양육할 경우 기질을 바꾸고 극복할 수 있다는 사실이 입증되었습니다. 공감 능력이 있는 부모는 아이가 불안을 극복할 수 있도록 격려하고 어떤 경우에도 과보호하지 않아요. 이런 조건에서는 '아주 예민한 사람'도 스트레스를 잘 극복하는 어른으로 자랍니다.

케이건의 연구에 따르면 아동 가운데 40퍼센트는 '저반응성 low reactives'으로 분류되며 평온함을 잘 유지하는 성격입니다. 유전적 특성 분포에서 이들은 '고반응성' 사람에 비해 비교적 유리하게 출발했다고 볼 수 있어요. 그러나 제가 쭉 강조해왔듯이, 사람은 개인적 의미를 부여할 수 있다면 불안도 극복할 수 있습니다. 이런 개인적 의미는 인류애, 다른 사람과 존재에 대한 사랑, 심지어 정의감 등에서 비롯될 수 있어요. 3장에서는 불안과 다른 '문제적 감정들'을 극복하기 위한 더욱 구체적인 방법을 다룰 거예요.

불안을 억제하는 다른 방법으로는 억압repression이 있습니다. 인간은 불쾌감을 피하기 위해 참으로 다양한 심리적 방어 기제를 갖추고 있답니다.

심리적 방어 기제란 무엇인가

인간이 불쾌감을 최대한 피하고 싶어 한다는 것에 대해서는 별다른 과학적 증명이 필요하지 않아 보입니다. 불쾌감은 갈등이나 스트레스 상황뿐 아니라 우리가 원하는 것과 현재 상황 사이에 충돌이 있을 때에도 발생합니다. 이 상태를 비일관성이라고 합니다. 이를 해소하기 위해 통제, 즉 상황을 변화시킬 수 있는 행동 옵션이 필요해요. 행동 옵션이 제한적인 경우에는 상황에 대한 태도를 바꿀 수도 있습니다. 예를 들어 기대치를 낮추거나 새로운 우선순위를 정하여 초점을 변경하는 거지요. 심리적으로 건강한 반응은 실패 후에 잠깐 슬픔이나 분노를 느낀 후 "괜찮아, 다 끝났어. 이제 다음 프로젝트에 집중해야지"라고 말할 수 있는 겁니다.

또 내가 바꿀 수 없는 상황을 받아들이는 것도 심리적으로 건강한 반응입니다. 예컨대 푸른 하늘 아래 열리는 야외 결혼식을 계획했지만 계속 비가 내린다면, 바꿀 수 없는 현실에 저항하기보다 그것을 받아들이고 그 안에서 최선을 다하는 것이 너무 많은 정신적 에너지를 낭비하지 않는 길입니다. 바꿀 수 없는 상황을 받아들이는 것은 삶의 행복도에도 큰 영향을 미칩니다. 운명을 받아들이는 데 특히 도움이 되는 태도는, 잃을 것에 집중하지 말고 삶이 우리에게 풍요롭게 제공해주는 모든 것에 감사를 표현해보는 것입니다.

문제에 대한 내면의 태도를 바꾸고 잘 해결해나가기 위한 건강한 대처 방법은 다음과 같습니다.

* 기대치 조정하기
* 다른 우선순위에 집중하기
* 바꿀 수 없는 것을 받아들이기

그런데 문제를 해결하기보다 오히려 더 많은 문제를 만들어내는 심리적 대처 전략도 있어요. 이를 인지 왜곡이라고도 하는데, 심리학 용어로 **심리적 방어 기제**psychological defense mechanism라고 부릅니다. 처음으로 심리적 방어 기제를 인식하고 이름을 붙인 것은 정신 분석학자들이었습니다. 위키백과에는 현재 다양한 심리적 방어 기제들이 설명되어 있어요. 여기에서는 제 심리 상담 경험 및 생활 경험을 토대로 가장 중요한 것들만 설명하겠습니다.

심리적 방어 기제에는 비일관성을 줄이고 자기 자신 또는 주변 환경과의 갈등을 해소하는 기능이 있습니다. 갈등 해소는 당사자의 의식에서 갈등을 밀어내거나 덜 위험한 다른 분야로 옮기는 방식으로 이루어집니다. 일례로 직장 상사에 대한 분노를 배우자에게 표출하는 경우가 있는데, 이 방어 기제를 **전치**displacement라고 합니다.

심리적 방어 기제는 일반적으로 의식적으로 유도되는 것이 아니라 무의식적으로 나타납니다. 비일관성은 긴장을 유발하므로, 이에 대한 방어 기제는 긴장을 완화하고 불쾌감을 피하고 싶어 하는 우리의 기본 욕구를 지원해줍니다. 우리는 심리적 방어 기제를 사용하여 인식을 변화시켜요. 근본적인 갈등을 없애거나 적어도 우리가 감당할 수 있게 재해석하는 식으로 인식을 조정하지요. 예를 들어 한쪽이 바람을 피우고 있는데도 다른 쪽이 그런 일이 없는 것처럼 행동하는 경우가 있습니다. 배신당한 쪽은 그들의 관계에 너무나 의존적이어서 갈등이나 이별이 두려워 모든 징후를 그냥 무시합니다. 상대방이 자주 집에 늦게 들어오고 항상 휴대폰을 붙들고 있으며 누군가와 문자를 주고받는 것을 눈치채지만, 이런 명백한 사실을 무시하고 충돌을 회피하지요.

심리적 방어 기제는 그 자체로는 기능 이상이 아니에요. 오히려 우리 일상생활을 조금 더 쉽게 만들어주는 건강한 심리적 절차일 수도 있어요. 우리가 흔히 알고 있는 방어 기제인 억압이 그런 예입니다. "모른 척 좀 그만해" 같은 표현이 보통 부정적으로 받아들여지기에 조금 의외라고 생각할지도 모르겠네요. 그러나 일정한 수준의 의도적 망각 없이 우리는 거의 제대로 기능할 수 없습니다. 자신의 취약성, 죽음에 대한 불안, 세상 어딘가에서 일어나고 있는 비참한 일들을 계속 직면하기가 괴로워 아침에 눈뜨기가 두려워질지도 몰라요. 살다 보면 종종 그렇듯이, 여기에서도 내적 또는 외적 갈등을 얼마나 많이 억압하려 애쓰는지가 중요합니다. 하루의 끝에 해결된 문제보다 새로 일어난 문제가 더 많다면 억압이 제대로 기능하지 못한 거예요. 다른 사람들이 나를 좋아하도록 지나치게 순응적 태도를 취하며 내 욕구들을 끊임없이 억압하는 경우(회피하는 삶), 심각한 경우에는 번아웃이 오고 나아가 심리 기능이 무너질 수 있습니다.

억압은 반¾의식적으로 일어나는 과정입니다. 나중에 억압된 것과 마주쳤을 때 애써 잊으려던 내용을 의식 속으로 다시 불러올 수 있어요. 관계나 일의 실패를 돌이켜보며 "만약 좀 더 일찍 사실을 직면했다면 이런 일을 막을 수 있었을 텐데!"라는 자기 비판적 깨달음을 경험해보지 못한 사람이 과연 있을까요?

상담할 때 '눈을 커다랗게 뜨고도' 불행으로 걸어 들어가는 사람을 자주 만납니다. 실제로 "이 관계가 힘들어질 것 같다는 사실을 언제 처음으로 눈치채셨나요?"라고 물어보면 대부분 초반에 징후를 느꼈다고 인정해요. 그러나 그들은 그런 낌새를 받아들이고 싶지 않았거나 상황이 좋아지리라는 희망에 빠져 무시했습니다. 애착 욕구를 충족시키고 싶어서, 자신이 선택한 사람이 자신의 바람을 실현해주지 못할 가능성이 높다는 힌트를 그냥 외면한 거예요.

해리 상태에서는 그 내용을 의식 수준에서 몰아내는 데 그치지 않고 아예 감정 자체가 차단되어버립니다. 해리는 일종의 최면 상태와 비슷해요. 몸은 무언가를 하고 있는데 의식은 완전히 다른 곳에 있지요. 우리는 일상에서 최면 상태를 경험하곤 합니다. 차를 운전해서 어딘가에 갔는데 다 도착해서 '내가 어떻게 여기까지 왔지?'라고 자문하는 거예요. 이 정도 경우에는 즉시 현실로 돌아올 수 있습니다. 하지만 감정의 일부나 전체가 나에게서 분리되는 경우는 조금 더 극단적입니다. 이는 우리가 제정신으로는 견디기 어려운 상황에서 살아남는 데 도움이 되는 방어 기제로, 감정의 셧다운이라 할 수 있어요. 폭력 범죄 같은 트라우마를 겪은 사람은 어느 순간 자신의 몸 밖에서 스스로를 관찰하는 듯한 느낌을 받습니다. 그런데 트라우마 경험은 단지 순간적인 감정만 해리시키는 것이 아니라 근본적으로 전체 인생을 감정과 단절된 '기능적 모드'로 살게 하는 경우도 있습니다. 다시 말해 일상생활에서 제 기능을 다하면서도 자신의 감정에 거의 접근할 수 없게 되는 거예요. 이런 일은 어린 시절에 트라우마를 겪은 사람에게 흔히 발생합니다. 자신을 타인에게 지나치게 맞춰주는 사람과의 차이점은, 순응적인 사람은 일상에선 기능적 모드라 하더라도 자신의 감정에 접근할 수 있다는 거예요. 다만 자신에게 뭔가를 기대하는 사람이 주변에 없을 때, 즉 혼자 있을 때에만 감정에 주목할 수 있어요. 반면 트라우마에 시달리는 사람은 스스로 원해도 기본적으로 감정에 접근할 수 없어요. 트라우마와 해리에 대해 더 깊이 알고 싶다면 인터넷에도 좋은 개괄 자료들이 많으니 참고하세요.

일반적으로 모든 방어 기제는 하나 이상의 심리적 기본 욕구를 충족시키기 위해 작동합니다. 애착, 자율 및 자존감 향상에 대한 기본 욕구를 보호하려면 현실의 일부를 의식에서 떨어뜨려야 해요. 예를 들어 앞에서도 충분히 설명했듯이, 제대로 기능하지 못하거나 독이 되는 관계를 유지하는 것은 강한 애착 욕구와 지나친 순응성의 결과입니다. 반대로 자율을 위해 싸워야 한다면 그것을 방해할 수 있는 애착 욕구를 이겨내야 합니다.

불쾌감을 피하고 쾌감을 얻으려는 기본 욕구는 항상 중요한 방어의 역할을 합니다. 방어는 고통스러운 감정을 의식에서 멀리 떨어뜨리는 것을 목표로 하지요. 이를테면 만약 애착 욕구가 강하다면 실제로는 좋지 않다고 느끼는 배우자의 습관이나 행동을 긍정적으로 받아들이려 스스로를 설득할 수 있어요. 반대로 자율 욕구가 제한되거나 가까운 관계 안에서 자기 자신을 잃을까 봐 불안하다면 사랑의 감정을 자제하려 할 거예요. 이때는 파트너를 매우 비판적으로 바라보고 그의 약점에 집중하게 하는 방어 기제가 작동합니다. 이렇게 만들어진 상대의 결점 때문에 더 이상 상대와 강한 애착 관계가 아니라고 느끼게 됩니다. 여기서 알 수 있는 점은 애착 욕구를 우선 보호하는 방어 기제와 자율 욕구를 우선 보호하는 방어 기제가 모두 존재한다는 거예요. 이 두 가지는 우리의 자존감과 밀접하게 연관되어 있습니다.

애착을 위한 방어: 이상화와 미화

중요한 애착 대상의 행동이 우리에게 강한 비일관성을 일으키거나 일으킬 가능성이 있다면, 그와의 관계를 유지하고 싶은 욕망과 상충되는 비일관성을 줄이기 위해 현실을 약간 이상화할 수밖에 없습니다. 비일관성을 경험할 때에는 의식(작업 기억)에 적어도 두 가지 모순된 내용이 존재합니다. 이 모순은 내면의 긴장(스트레스)을 유발하고 의식적인 결정과 그에 따른 행동 계획을 방해합니다. 사방이 모두 꽉 막혀서 어느 방향으로 나아갈지 모를 때가 있어요. 이 상태에서 빠져나가려면 내면의 갈등이 견딜 만해지고 다시 결정을 내릴 수 있는 상태가 될 때까지 상충되는 정보들을 재해석하거나 억압하거나 미화해야 합니다.

인지 부조화는 비일관성의 한 형태입니다. 인지 부조화 상태에서는 보통 개인의 가치 체계와 긴밀하게 연결된 생각들이 상충합니다. (비일관성의 두 번째 하위 형태는 불일치입니다. 이 경우에는 원하는 것과 외부 현실 사이에 괴리가 있습니다. 예를 들어 날씨가 맑으면 좋겠는데 비가 오는 상황 같은 거예요.)

한번 이렇게 가정해봅시다. 미하엘은 필리프와 사랑에 빠졌습니다. 세 번째 데이트에서 미하엘은 필리프가 인종 차별 정책을 내세우는 극우 정당을 지지한다는 사실을 알게 됩니다. 이는 미하엘에게 극심한 인지 부조화를 일으키는데, 그 정당은 미하엘의 가치관에 심하게 반하지만 미하엘은 필리프에게 강렬한 감정을 품고 있기 때문입니다. 미하엘은 이 상황에 어떻게 대처해야 할까요? 그가 그럼에도 불구하고 필리프와 친밀한 관계를 맺으려면 인지 부조화를 내부적으로 조절해 뇌에서 생성되는 긴장과 스트레스를 줄여야 합니다. 이를 위해 다음과 같은 방법들을 써볼 수 있어요.

1   미하엘은 필리프가 극우 정당을 지지한다는 정보를 의식에서 최대한 멀리하여 잊으려 애쓴다.

2   "몇몇 사안에서는 필리프가 지지하는 정당이 아주 틀린 건 아니야"처럼 일치 가능한(자신의 가치관에 부합하는) 정보를 추가해

일관성을 유지한다.

　　3　"정치가 뭐 그리 중요해"라고 스스로 설득하는 식으로 모순된 정보의 중요성을 축소한다.

　　4　"필리프는 내가 꿈꾸던 사람이야"라고 되뇌며 일관된 정보의 중요성을 끌어올린다.

　　5　자신과 관계가 깊어지면 필리프가 지지 정당에 대한 신념을 바꿀지도 모른다는 희망을 가져본다.

　　여기에 제시된 모든 해결책은 미하엘이 인지 부조화 상태와 불안감에서 벗어나려면 현실을 약간 '왜곡'해야 한다는 것을 전제로 합니다. 의도적 외면과 미화가 여기서 선택된 방어 기제입니다. 의도적 외면은 모순된 정보가 도드라지지 않게 억누르는 데 사용되고, 미화는 내 가치관에 부합하는 정보를 추가해 상황을 조금 더 좋아 보이게 만듭니다.

　　억압은 발생 가능한 모든 갈등적 인식을 우리의 의식에서 몰아내기 위해 작동되는 아주 근본적인 방어 기제입니다. 특히 이상화와 미화는 우리가 속한 관계를 보호하기 위해 사용돼요. 가까운 사람을 이상화해서 갈등 없이 애착을 유지할 수 있도록 하는 거지요. 따라서 아이가 부모를 이상화하는 것은 매우 자연스러운 일입니다. (선량하고 올바른 부모 밑에서만 가능한) 안전하고 보호받는 느낌을 얻기 위해서이지요. 어린아이는 부모와의 관계가 어려워지면 항상 자기 탓을 합니다. 아이가 가장 필요로 하는 건 안전감이에요. 아이가 부모를 '무능력한' 사람으로 인식한다면 안전감을 완전히 잃어버리겠지요. 게다가 어린아이는 부모의 애착 능력과 양육 능력에 대해 객관적인 판단을 내릴 수가 없어요. "네가 나보다 나은 사람이라 생각하기 때문에 의심스러울 땐 내 탓으로 여긴다"처럼 건강하지 않은 방식으로 타인을 이상화하는 것을 많은 사람이 성인이 된 후에도 여전히 행하고 있지요.

건강한 형태의 이상화도 있는데, 이는 안정적인 관계에서 발생합니다. 파트너의 강점에 초점을 맞추고 약점을 배제합니다(그 존재를 알면서도 말이지요). 그러나 만약 힘든 관계나 심지어 독이 되는 관계에 얽혀 있다면, 이런 식으로 상대를 추앙하는 인식이 나를 파멸로 이끌 수 있습니다. 잠재적 이별에 대한 불안을 통제하고 싶다는 이유로 독이 되는 상대는 이상화되어 있을 때가 많아요. 실제로 상대를 있는 그대로 인식하기 시작하면 더 이상 이별을 피할 길이 없으니까요. 그러나 어떤 사람은 혼자가 되기보다는 불행해도 파트너와 관계를 유지하고 싶어 합니다. 또 불행한 연애 관계뿐 아니라 문제가 있는 친구 사이나 직장 내 관계에서도 상대방을 이상화해요. 이상화는 항상 애착을 유지하거나 관계가 처한 상황을 좀 더 견딜 만하게 만드는 데 도움이 되거든요.

이런 형태의 이상화는 갈등을 피하고 싶어 하는 사람에게 특히 자주 나타납니다. 이들은 갈등을 피하려고 할 뿐 아니라 아예 갈등을 감지조차 못 하는 경향이 있어요. 갈등을 다른 방식으로 해석하기 때문이지요. '그 사람 의도는 그게 아닐 거야!'라고 재해석하며 자신을 겨냥하는 해로운 행동을 가볍게 만듭니다. 때로는 자신이 어떤 대우를 받고 있는지 전혀 알아차리지 못하거나, 다시 혼자가 된 후에야 눈치채기도 합니다. 혼자 있을 때에만 타인에게 적응하는 모드를 해제하고 마침내 자기 자신이 될 수 있기 때문이지요. 적응 모드에서는 상대방 요구에만 주목하느라 자신의 감정을 잘 느끼지 못해요. 상대와의 조화로운 관계를 위해서는 어떤 대가를 치러도 괜찮다고 믿기 때문에 다른 사람을 무조건 좋게만 해석하려 합니다. 그래서 사실은 그 인식이 틀렸는데도 상대방에게 긍정적인 특성을 투사합니다.

자율성을 위한 방어: 평가 절하와 합리화

앞에서 애착의 상실을 두려워하는 경우, 이를 방어하기 위해 상황을 미화하고 이상화하는 것이 도움이 된다는 사실을 살펴보았습니다. 그러나 친밀감과 애착의 상실만이 우리에게 위협이 되는 건 아니에요. 그 반대의 경우도 마찬가지랍니다.

어떤 사람에게는 친밀감이 불안의 원인이 되기도 합니다. 이런 사람에게는 다른 사람과 일정한 거리를 유지하는 것이 가장 안전한 선택으로 보입니다. 예컨대 그들은 어릴 때 부모에게 완전히 의지할 수 없었으며, 무의식중에 자기 자신에게 의존하는 것만이 최선이라는 결론을 내렸습니다. 그래서 상실을 두려워하는 사람이 으레 그러듯 타인이나 잠재적 연인을 이상화하여 인식하는 대신, 이 '자율적인' 사람은 대상과 비판적인 거리를 유지합니다. 그 결과 이들은 상대의 약점을 확대하여 보게 됩니다. 보통 관계가 아주 가까워지려 할 때 이것이 무의식 차원에서 자동으로 작동해요. 자율적인 사람은 관계의 이 단계에서 주로 파트너의 약점에 집중하게 되어 사랑의 감정이 식어버립니다. 그렇게 되면 자기에게 필요한 감정적 거리를 유지하며 안전하다 느끼고 상황을 통제할 수 있어요.

다른 사람을 지나치게 비난하고 폄하하는 태도는 통제 욕구뿐 아니라 자존감에도 도움이 되는 부정적 인지 왜곡입니다. 자존감에 상처 입은 사람은 주로 타인의 약점을 상상하여 거기에 초점을 맞추는 방식으로 손상된 자존감을 보상받아요. 다른 사람을 얕보는 사람은 자동적으로 약간 우월한 위치에 서게 됩니다. 스스로 획득한 이 지위 차이 때문에 다른 사람이 자신을 위협할 가능성이 줄어든다고 믿는 거예요. 기억하실지 모르겠지만, 자존감이 낮은 사람은 타인을 나보다 우월하고 위협적인 존재로 인식합니다. 그러니까 그런 상대를 평가 절하하여 이 위험을 회피하는 겁니다.

나르시시스트적 성향의 사람은 이런 식의 평가 절하를 심리적 방어 기제로 자주 사용합니다. 나르시시스트는 자존감이 너무 높다고 일반적으로 생각하지만, 겉으로 보이는 거만한 태도 이면에는 낮은 자존감이 숨어 있습니다. 이를 통제하기 위해 나르시시스트는 두 가지 측면에서 노력합니다. 첫 번째로 자신의 외모를 포함한 능력이 주목받도록 하기 위해 노력합니다. 그리고 두 번째로 다른 사람을 폄하합니다.

'나르시시즘' 뒤에는 무엇이 숨어 있을까?

최근 들어 특히 부부 문제나 이별에 관한 문제에서 곧바로 자기

애성 성격 장애를 의심하는 사람이 많아요(이런 현상은 미디어에서도 나타납니다). 실제로 자기애성 성격 장애는 심각한 관계 문제를 일으킬 수 있지만, 심리적 장애로서는 우리가 현재 생각하는 것보다 발생 빈도가 낮아요.

'나르시시즘'이라는 이름은 그리스 신화에서 유래했습니다. 신화에서 아름다운 청년 나르키소스는 물에 비친 자기 모습을 보고 무한한 사랑을 느꼈습니다. 그 후 여생 동안 그는 자기 자신을 숭배했어요. 일상에서 나르시시스트는 자기 자신을 탁월하고 중요한 인물로 여기는 방식으로 자기애에 푹 빠져 있는 사람을 의미합니다. 심리학에서 나르시시즘은 자기 보호 전략으로 이해되며, 이를 통해 자신의 상처받은 그림자 아이를 보호합니다. 이들은 상처받은 자아를 외면하기 위해 대단함과 완벽함을 연기합니다.

나르시시즘 발생에 대해서는 다양한 이론이 있습니다. 한 이론은 어린 시절에 받은 모욕을 보상받기 위해 자기애적 행동이 발생한다고 주장합니다. 다른 이론은 성인 나르시시스트가 어린 시절 과보호받으며 버릇 없이 자라 현실적인 자아상을 형성하지 못한 결과라고 주장합니다. 이 성격 특성에서 부모의 영향이 특별한 역할을 하는지 여부도 아직 논란거리입니다. 현재는 나르시시즘이 유전적 요소와도, 선천적 기질과도 강력한 연관성이 있다고 알려져 있습니다.

우리는 모두 어느 정도 자기애적 자기 보호 전략을 사용합니다. 모두들 다른 사람 앞에서 자신이 최대한 좋게 보이기를 원해요. 때때로 약간의 과시를 하기도 하지요. 다른 사람을 빈정거리고 낮게 평가함으로써 자신을 더 돋보이게 만들 때도 있어요. 이것이 아주 호감을 불러일으키는 성격 특성은 아니지만, 여기까지는 지극히 정상적이라 할 수 있어요. 우리 모두는 상처받은 그림자 아이를 최대한 느끼지 않고 약점을 숨기고 싶어 하니까요. 그래서 거절과 비판을 불쾌해하는 것이고요.

개별 사례에서 유전적 요소와 특정 경험 요소 가운데 무엇이 더 큰 역할을 하는지와 상관없이, 자기애적 성격을 가진 사람은 거절, 비판, 수치심과 관련해 극심한 불안을 드러냅니다. 그래서 나르시시스트는 평균적인 인간이 되지 않고 다른 사람들과 자신을 차별화하기 위해 이상적인 자아를 구축합니다. 이들은 특별한 존재가 되려고 엄청난 노력을 쏟아붓는데, 사실 이들의 그림자 아이가 정반대로 느끼고 있기 때문이에요. 그림자 아이를 드러내지 않기 위해 이들은 탁월한 능력, 권력, 외모, 성공 그리고 인정을 손에 넣으려고 애씁니다.

이들의 자기 보호 전략에는 안타깝게도 타인을 깎아내리는 것도 포함됩니다. 나르시시스트는 상대방의 약점을 아주 예민하게 집어내어 날카롭고 싱처가 되는 비핀으로 쏟아냅니다. 나르시시스트는 자신의 약점을 견디지 못하기에 다른 사람의 약점 또한 용납하지 못합니다. 그런데 이들은 다른 사람의 약점에 집중함으로써 자신의 약점으로부터 주의를 분산시킵니다. 그 결과 이들은 자신이 느끼고 싶지 않은 감정인 깊은 불안감과 열등감을 주변 사람들에게 불러일으킵니다.

나르시시스트에게서는 가해자-피해자 관계가 반전되는 원리를 특히 명확하게 볼 수 있습니다. 이들은 약점을 찾아내는 능력이 너무나 뛰어나서 그 어떤 상대에게도 기회를 주지 않아요. 그러나 의존적인 파트너는 불행히도 자신이 어떻게든 더 나아지고 더 아름다워지면 나르시시스트 연인을 만족시킬 수 있을 거라고 믿습니다. 나르시시스트는 이것을 은근히 암시하기도 해요. 어떤 나르시시스트는 한동안 평가 절하 전략과는 반대로, 파트너나 친밀한 사람들을 이상화함으로써 스스로를 높이는 전략을 선택하기도 하거든요. 이 경우 이들은 멋진 배우자, 훌륭한 자녀, 요직에 있는 친구들을 내세웁니다. 나르시시스트는 대부분 이상화와 평가 절하 사이를 수없이 왔다 갔다 하며 두 가지 전략을 모두 사용해요. 새로운 지인이나 연인을 처음에는 이상화했다가 돌변하여 평가 절하하고 버리는 일이 비일비재하지요.

나르시시스트 파트너와의 관계는 자주 실패로 끝납니다. 그 이유는 자기애적 성격 특성을 가진 사람이 스스로의 내면 구조를 인식하기 어렵기 때문일 거예요. 그러나 만일 이들이 자신의 약점을 인정하면 파괴적 패턴에서 벗어날 수 있습니다. 간단히 말해 자신의 약점을 받아들일 수 있게 되면 외부의 인정을 받으려고 애쓰는 일, 타인을 깎아내려 나를 높이는 일에 더 이상 의존하지 않아도 됩니다.

합리화는 자신의 감정으로부터 거리를 취하고 그럼으로써 상대의 감정 또한 멀리하려는 또 다른 방어 기제입니다. 주로 이성에 집착하는 사람은 감정과의 연결이 약합니다. 예컨대 이들은 사랑의 본질에 대한 이론적이고 지적인 논쟁에는 적극적으로 참여하지만 친밀한 애정 관계는 맺지 못합니다. 다른 사람과도 비판적인 거리를 유지하며 아무도 자신에게 다가오지 못하게 합니다. 유전자도 우리 성격에 큰 영향을 미치는데, 특히 이 합리화 경향은 단순히 어린 시절의 영향만으로 설명되지 않는 부분이 많아요. 그러나 한 가지, 어린 시절에 친밀감 욕구가 충족되지 못하여 '상처받지 않는 것'에 집착하는 자율적 성향이 매우 발달된 경우, 합리화 경향을 자연스레 선호하곤 한다는 것만은 이야기할 수 있겠네요. 그리고 합리화와 평가 절하 모두 다른 사람을 자신에게 너무 가까이 다가오지 못하게 하려는 무의식적 목적이 있다고 볼 수 있겠습니다.

내사와 투사

투사는 심리적 방어의 고전적 형태입니다. 투사는 타인을 나의 욕구와 감정의 렌즈로 보는 것입니다. 만약 항상 결핍을 느끼는 그림자 아이를 내사했다면 다른 사람에게 나를 속이려는 의도가 있다고 재빨리 투사할 거예요. 또는 어린 시절 경험을 무의식에 간직하고 있다가 오랜 시간이 흐른 다음 연인이나 배우자에게 전가하기도 해요.

우리는 타인에게서 무의식중에 자신의 어머니나 아버지를 보곤 합니다.

두 가지 예시를 들어볼게요. 한 내담자는 과거에 지나치게 통제적인 어머니 때문에 자기 결정이 제한되었다고 느꼈어요. 그런 탓에 "자기야, 오늘 하루 어땠어?"라는 별것 아닌 아내의 질문에도 자신에게 쏟는 관심과 애정에 기뻐하기는커녕 오히려 예전의 그 구속받는 느낌을 받는다고 했습니다. 반면 냉정한 아버지의 사랑을 끊임없이 갈구했던 기억이 있는 다른 내담자는 성인이 된 후 무의식적으로 아버지와 비슷한 남성을 선택했습니다. 그녀는 이번에는 해피엔드를 맞이하리라고 기대하며 그 상대에게 자신의 아버지를 투사하고 있었어요.

여기서 다시 한번 '자극→해석→감정→행동'이라는 순서를 상기시켜드릴게요. 다른 심리적 인지 왜곡과 마찬가지로 투사는 우리의 인식을 어떻게 해석할지 결정합니다. 이는 우리 인생 초기의 학습 경험, 즉 우리의 마음 지도와 내면 아이에 의해 크게 달라집니다. 이건 아무리 강조해도 모자라지 않는 사실이에요.

다른 사람들과 자신이 동등한 지위라고 인식하지 못하고 상대적으로 열등감을 느끼는 사람은 스스로를 쉽게 피해자 역할에 갖다 놓습니다. 이는 이들의 뼛속 깊숙이 자리한 어린 시절 학습된 체념에서 비롯한 것입니다. 그리하여 잠재적 피해자가 된 이들은 권력이 있는 상대방에게 가해자 역할을 투사합니다. 예컨대 열등감에 대한 불안, 거절에 대한 불안 때문에 토론에서 명확하게 자기 입장을 표하지 않고, 자신에게 유리하지 않은 결정이 내려질 때에는 결정권자를 원망합니다. 이들의 투사는 "나는 못났어, 너는 나빠!"로 요약될 수 있어요. 가해자로 지목된 사람은 이 투사에 무력하게 당할 수밖에 없습니다. 그의 '악행'은 결코 처벌받지 않아요. 자신을 피해자로 여기는 사람은 내적으로, 외적으로 관계를 보이콧하는 수동 공격 방식으로 복수합니다. 벽 쌓기, 적대적으로 대하기, 지키지 않을 약속 하기 등이 모두 수동 공격의 일종이에요. 투사라는 필터를 통해 모든 행동과 발언을 인식하는 피해자에게 가해자는 패배할 수밖에 없습니다. 이것이 많은 폭력 범죄자가 자신을 피해자로 인식하는 이유 중 하나입니다. 어린 시절 경험 때문에 적대적 인간상을 발전시켜온 데다 타인에게 공감마저 할 수 없다면, 그 사람은 스스로를 '인생이 빼앗아 간 것만큼 돌려달라고 했을 뿐인 피해자'로 여길 수 있습니다.

이런 사람들은 어렸을 때 자녀의 감정에 둔감한 부모에게 피해를 당한 경우가 많아요. 그러나 성인이 되어 권력과 수단을 가지면서 무심결에 가해자 역할을 하게 됩니다. 이 과정을 심리학적으로 설명하는 용어가 있는데 '가해자-피해자 전도'라고 합니다. 이때 자신을 피해자로 여기는 사람은 자신이 느끼고 싶지 않은 고통을 가해자로 여겨지는 사람에게 가하게 됩니다. 이는 다음과 같은 경우에 발생합니다.

* 상처 입을까 봐 두려워서 파트너 또는 잠재적 파트너와 항상 거리를 둔다. 파트너는 내가 피하고 싶었던 상처와 거절을 느낀다.
* 열등한 위치에 놓일까 봐 두려워서 먼저 상대방을 통제하고 비하한다. 이 경우 상대방은 내 앞에서 항상 자신이 열등하며 통제받고 있다고 느낀다.
* 인신공격과 거절이 두려워서 상대방을 곤란한 상황으로 몰아넣는다. 이 경우 상대방은 거부당한다고 느끼고 상처받는다.
* 개인적인 자유를 잃지 않으려고 합의 없이 나 혼자 친밀도와 심리적 거리를 결정한다. 이 경우 상대방은 자기 시간조차 자

유롭게 쓰지 못한다.

예시는 수없이 많이 들 수 있습니다. 기본적으로, 무의식적으로 성찰 없이 내면의 방어 기제를 상대방에게 직접적으로 가하는 경우가 거의 항상 이에 해당된다고 생각하면 됩니다. 스스로의 불쾌감과 충동을 다른 사람에게 투사하는 경우에도 마찬가지예요. 자기 통제를 잘 못 하는 경우에는 다른 사람이 위협적으로 느낄 수 있습니다. 또는 성공한 이웃을 질투한다는 사실을 인정하지 않고 그를 좋은 차 몰고 다닌다는 이유로 잘난 척이나 하는 재수 없는 인간으로 생각할 수도 있어요. 누군가가 불성실하고 진정성이 없다고 느껴진다면 사실은 자기 자신이 그런 상태일지도 모릅니다.

그런데 투사가 항상 부정적인 것만은 아닙니다. 특히 늘 공정하고 예의 바른 사람은 주변 사람들이 얼마나 비열하고 비겁하며 질투심에 휘둘려 행동할 수 있는지 상상하기 어려울 때가 있습니다. 긍정적인 투사 쪽으로 기울어져 있는 셈이지요. 이는 일반적으로 자유롭고 서로 존중하는 상호 작용 형성에 도움이 됩니다. 그러나 자신이 상대를 잘못 알고 있었다는 것을 깨닫는 순간 상처를 입습니다.

우리가 실제로 자신에게 속한 것을 상대방에게서 인식하는 일이 끊임없이 일어나곤 합니다. 그래서 자신의 내면에서 일어나고 있는 일들을 가능한 한 잘 아는 것이 매우 중요해요. 스스로를 더 명확하게 이해하고, 더 발전해야 하는 면을 명확하게 알아차릴수록 어느 정도로 내사 또는 투사를 하고 있는지, 실제로 상대방의 책임인지 잘 정리하고 평가할 수 있습니다.

나를 보호하고 자존감을 지키려고
안간힘을 쓰고 있나요

우리는 단지 인식의 차원에서만이 아니라 행동을 통해서도 비일관성을 줄이고 수치심, 불안, 실망 같은 불쾌감을 피하려고 노력합니다. 만약 스스로 부족하고 열등하다고 믿게 하는 내적 각인을 내면화했다면, 그것을 자주 느끼거니 특히 다른 사람이 그 열등감을 알아차리기를 원하지 않을 겁니다. 그래서 그림자 아이의 부정적인 감정과 생각으로부터 자신을 보호하기 위한 전략을 계발합니다. 말하자면 이것으로 손상된 자존감을 보상받는 셈이에요.

이러한 자기 보호 전략 가운데 대부분은 어린 시절에 부모와 잘 지내기 위해 습득한 것들입니다. 어렸을 때 우리는 언제나 어머니의 작은 '태양'이 되려고 노력했는데, 그러면서 이 보호 전략이 성인이 된 후의 삶에도 무의식적으로 전이됩니다. 이제는 타인으로부터 받는 모든 기대를 충족하기 위해 끊임없이 노력하는 거지요. 그래서 우리의 자기 보호 전략은 내사와 그로 인해 발생하는 투사에 의해 구축됩니다.

자기 보호 전략은 애착을 위해서든 자율을 위해서든 어쨌든 우리 자존감을 보호하는 것입니다. 어떤 사람은 애착 안에서 안전하다고 느끼는 반면 어떤 사람은 자기 자신의 내면으로 움츠려 들어가기를 더 선호합니다. 전자에게 안전이란 타인이 내 곁에 있다는 것을 의미하고, 후자에게 안전이란 자신을 제외한 다른 사람에게 의존하지 않는다는 것을 의미합니다. 두 유형의 공통점은 지나치게 순응한다는 거예요. 그런데 '애착 유형'은 과한 순응 쪽에 머물러 있는 반면 '자율 유형'은 반항하는 느낌으로 대항합니다. 대개는 무의식적으로 어린 시절에 요구받았던 순응에 반발합니다. 아마도 이들에게는 태어날 때부터 '반항적 유전자'가 새겨져 있었는지도 몰라요. 어른이 되었어도 요구되는 외부의 기대는 그들 내면에서 반사적으로 저항감을 유발합니다.

대부분의 경우 자기 보호 전략은 우리가 모두 상처받지 않고 삶을 살아갈 수 있도록 활용하는 정상적인 행동 패턴입니다. 누구도 거절당하기를 좋아하지 않으므로, 모두가 서로에게 적응하며 조화를 추구하려고 노력합니다(자기 보호: 조화 추구). 그 누구도 스스로 열등하고 무력한 상황에 처하기를 원하지 않으므로, 모두가 일정 정도의 통제와 권력을 행사하고자 합니다(자기 보호: 통제와 권력 추구). 자기 보호 전략이 문제가 되는 것은 그 정도가 과할 때, 그래서 자기 자신이나 다른 사람에게 해를 입힐 때입니다. 지나친 완벽주의나 비대한 권력욕이 있는 경우에 그렇게 될 수 있어요.

아래에서는 애착과 자율이라는 기본 욕구를 기준으로 각각의 자기 보호 전략을 분류했습니다. 어떤 사람은 주로 애착 중심의 자기 보호 전략을 사용하며, 어떤 사람은 주로 자율에 기반한 자기 보호 전략을 사용합니다. 그러나 대부분은 두 가지 방법을 모두 씁니다.

애착을 위한 자기 보호

애착 중심의 자기 보호 전략은 주로 다른 사람의 요구에 자신을 적응시키는 모든 행동입니다. 다른 사람의 거절을 피하는 게 목적이지요. 대표적으로 완벽주의라는 보호 전략이 포함됩니다. 이 전략을 사용하는 사람은 자신이 아예 공격 대상이 될 수 없도록 모든 기대를 가능한 한 완벽하게 충족시키려 합니다. 순응하는 쪽에서 흔하게 나타나는 다른 전략은 조화 추구입니다. 갈등을 피하고 다른 사람에게 최대한 맞추기 위해 공격과 거절을 회피하는 거예요. 바로 앞에서 설명했듯 이로 인해 자신을 피해자 자리에 놓고 상대에게 가해자 역할을 투사하기 쉽습니다. 또한 이상화와 미화라는 심리적 방어 기제가 있습니다. 다른 사람의 요구에 (과)적응하려면 자신의 감정을 최대한 억제해야 하는데, 자기 의지가 강할 경우 적응에 방해가 되기 때문입니다. 그래서 지나치게 순응하는 사람은 다른 사람 앞에서 종종 자신의 감정을 잃어버리곤 합니다.

애착 중심의 또 다른 보호 전략에는 선한 행동을 통해 손상된 자존감을 회복하려 하는 이른바 조력자 증후군이 있습니다. 하지만 이 전략의 약점은 '도움을 원하지 않는' 파트너를 만나 모든 노력이 물거품이 되는 상황에서 드러납니다. 이 경우 대부분 의존성의 방향이 역전되곤 하거든요. 조력자는 처음에 파트너가 자신에게 의존한다고 생각하지만, 어느 순간 상대의 문제를 해결할 수도 없고 상대에게서 벗어날 수도 없게 되어 결국 자신이 파트너에게 의존하게 됩니다. 으레 그렇듯 자존감에 상처 입은 조력자가 관계가 잘되지 않는 책임이 자신에게 있다고 여기기 때문입니다. 타인과의 친밀감에 매우 의존하는 사람은 때로 끝나지 않는 넋두리나 상대에 대한 집착, 과도한 요구 때문에 눈에 띌 수도 있어요. 이미 균형을 잃은 관계에서 집착형 불안정 애착 유형인 사람이 회피형인 상대를 놓지 못하고 계속 쫓아다닐 때 그런 일이 벌어집니다.

또한 자신의 그림자 아이가 너무 부족하다고 느끼는 사람도 지나치게 요구적으로 행동하곤 합니다. 다른 사람이 자신을 충분히 주목해주지 않는다는 투사에 근거하여 이들은 더 많은 관심과 애정을 갈구합니다. 예컨대 끊임없이 요구하고 쉽게 상처받는 '디바'와 지속적으로 토라져 있는 나르시시스트 유형이 있습니다. 물론 자신도 모르는 사이에 주는 것보다 더 많이 받기만 바라는 모든 사람이 이 유형에 해당됩니다.

늘 책임을 떠넘기고 피해자 역할에 갇혀 있는 것도 애착 중심의 자기 보호 전략입니다. 이들은 외부에서 자신을 구원해주기를 기대합니다. 자신의 자율성과 독립성을 충분히 신뢰하지 않고 자신을 보호하고 이끌어줄 애착 대상을 갈구합니다.

자율을 위한 자기 보호

자율 중심의 자기 보호 전략을 주로 사용하는 사람들은 언젠가 혼자 있는 것이 가장 안전한 선택이라는 결론을 무의식적으로 내린 적이 있습니다. 순응적이고 애착 욕구가 강한 그림자 아이는 과도하게 순진하고 타인을 함부로 신뢰하는 반면, 자율을 추구하는 그림자 아이는 심하게 의심이 많습니다. 순응하는 유형은 타인을 이상화하고, 자율을 추구하는 유형은 불신합니다.

자율 중심의 자기 보호 전략은 상대와 거리를 두고 그것을 통제하는 데 초점을 맞춥니다. 무력감과 열등감을 피하려는 거예요. 자율 중심의 자기 보호 전략에는 **통제와 권력 추구**가 포함됩니다. 이 전략을 쓰는 사람은 가능한 한 자신이 우위를 유지하고 힘을 발휘하려 합니다. 항상 자신이 마지막에 말해야 하고 최종 결정을 내려야 해요. 이들은 명백하게 권위적으로 행동하거나 은밀히 다른 사람을 소종하는 식으로 행동합니다. 그런데 이들의 통제 욕구는 다른 사람에게만 해당되지 않고 자기 자신에게도 똑같이 적용됩니다. 꼼꼼한 질서와 완벽주의, 엄격한 루틴을 유지함으로써 자신의 취약성이 유발하는 불안을 극복하려 합니다. 여기에 해당하는 사람은 다른 사람에게 권력과 우월감을 투사합니다. 이런 보호 전략으로 그들에게 맞서려는 거지요.

자율적인 성향의 사람은 타인을 믿기 어려워하기 때문에 계속 의심의 눈초리로 사람들을 관찰합니다. 불신과 평가 절하는 이 유형의 자기 보호 전략에 속하며, 다른 사람들과 거리를 두려는 목적으로 사용됩니다. 순응적인 사람이나 자율적인 영역을 지키고자 하는 사람이나, 모두 자기 의심과 낮은 자존감 때문에 고통스러워합니다. 이들은 다른 사람에게 거절당할 거라고 예상합니다. 그래서 항상 최고의 모습만 보여주려는 거예요. 이렇게 가능한 한 자신의 진짜 모습을 드러내지 않으려는 노력 때문에 자율을 추구하는 사람은 언제나 인간관계가 부담스럽고 답답하다는 느낌을 받습니다. 그렇기 때문에 항상 다른 사람이나 연애 상대 또는 배우자와 거리를 유지하려고 애쓰지요. 날카롭게 평가 절하하는 말도 그 최소한의 심리적 안전거리를 유지하기 위한 거예요.

사실 자율 동기가 뚜렷한 사람은 내적 경계가 단단하지 않아요. 마음의 중심을 들여다보면 이들도 지나치게 순응하는 유형이라서 관계를 맺을 때 스스로에게 충실하기를 매우 어려워해요. 그래서 종종 자신의 공간으로 물러나 나오지 않거나 도피나 회피라는 자기 보호 전략을 실행에 옮깁니다. 여기에는 일이나 취미 활동으로 도피하는 것도 포함됩니다. 애착 불안이며 자율 동기가 높은 사람은 대부분 일중독인 경우가 많은데 일에 몰두하여 도피하는 셈이지요. 이렇게 회피함으로써 자신의 파트너와 다른 사람의 기대에서 도망치고, 동시에 내면의 고통을 마주하는 상태에서도 벗어납니다. 아주 많은 사람이 고요한 상태를 견디기 힘들어하는데, 침묵 속에서 자신의 불안과 자기 의심이 선명하게 드러나기 때문이에요.

공격과 침해는 옛날부터 생존과 영역을 방어하기 위해 선택된 수단이었습니다. 우리는 공격성을 표출함으로써 개인적 경계를 지킬 수 있어요. 그런데 자율 성향의 사람은 다른 사람의 작은 기대와 요구에도 믿을 수 없을 만큼 빠르게 억압받는다는 압박을 느낍니다. 특히 자신의 파트너에 대해서는 그 정도가 더욱 심각해요. 공격하고 모욕하고 타고난 호전적 태도를 보여줌으로써 자유를 훔쳐가는 도둑으로 여겨지는 사람을 막고 자기 자신은 가능한 한 상처받지 않는 상태를 유지하려 합니다.

벽을 쌓고 꾸물거리고 지각하거나 거부하는 행동은 전형적인 수동 공격 형태입니다. 벽을 쌓고 대화를 거부하는 것은 다른 사람의 요구를 밀어내는 거예요. 이로 인해 절망에 빠진 파트너는 혼잣말을 하고 분석해보고 싸우고 비난하고 울기도 합니다. 그리고 침묵하고 최소한의 표현만 하기도 하지요. 자율 성향의 사람이 보내는 핵심 메시지는 "날 내버려두고 내 일에 간섭하지 마!"예요. 이들은 경계 설정을 유지하려고 수동 공격을 하는 것이기 때문에 이들의 파트너는 거의 항상 질 수밖에 없는 싸움을 하는 셈이에요.

많은 사람이 아마도 지금까지 설명한 내용 가운데 하나 또는 그 이상의 항목에서 자기 자신을 찾았을 겁니다. 놀랄 일은 아니지요. 사람은 모두 내면화된 신념을 가지고 있으니까요. 우리는 모두 자신의 안녕을 걱정하며 불쾌한 경험을 피하려고 노력합니다. 그런 이유로 특정한 자기 보호 전략을 사용해요.

요점은 이러한 기제를 인식하고 그것에 휘둘리지 않으려는 노력이에요. 이런 다양한 방어 기제가 나를 규정하도록 놓아두지 마세요. 분명 노력할 가치가 있답니다!

2장에서는 다양한 내담자들이 어떻게 자신의 패턴을 인식하게 되었는지, 그리고 함께 어떤 해결책을 찾아냈는지 사례를 통해 알아보겠습니다.

2장

마음이 아파서
심리 상담을
받으러 온
사람들 이야기

내담자의 사연에 귀 기울이며
스스로를 들여다보기

　심리 치료 상담사로서 일하며 한 사람의 자아상이 삶의 길에서 얼마나 중요한 역할을 하는지 거듭 깨달았습니다. 자아상은 우리가 타인을 바라보는 시선 그리고 그들을 대하는 태도를 결정짓습니다. 또 자기 자신에게 어떤 역할을 부여하는지도 결정하지요.

　심리 치료가 번거롭고 고통스러울 거라고 짐작하여 막연히 두려워하는 사람들이 많습니다. 그렇지만 저는 내담자와 상담할 때, 반드시 어린 시절의 모든 기억을 완벽하게 되짚을 필요는 없다는 입장을 취합니다. 우리 뇌는 부정적인 경험에 더 집중하여 사고하는 경향이 있기 때문에 오히려 생산적이지 않은 결과를 불러올 수도 있거든요. 대부분 실마리를 찾는 것, 즉 자신이 경험한 각인에 관한 근본적인 아이디어를 얻는 것으로 충분합니다.

　지금부터 이 실마리를 어떻게 알아차릴 수 있는지 구체적으로 보여드리려고 합니다. 이를 위해 저의 임상 경험 속으로 한 발짝 함께 들어오시기를 권해요. 다양한 내담자 열세 명과의 상담 기록을 요약해보았습니다. 제가 질문하고 이야기한 내용은 걸러내고 1인칭 형식으로 기록을 재구성했습니다.

어떤 대화는 제 심리 상담실에서 이루어졌고, 어떤 대화는 화상 회의로 진행한 상담 세션에서, 또 어떤 사례는 제가 진행하는 팟캐스트에서 다룬 것입니다.[25]

당연하게도 이 기록들에는 각각의 상담 및 치료 과정에서 뽑아낸 요점이 담겨 있습니다. 이 기록들을 읽으며 자기 자신의 각인, 패턴, 행동을 스스로 성찰해볼 수 있도록 독자 여러분을 초대합니다. 떠오른 생각들을 각 기록 마지막에 나와 있는 저의 전문적 평가와 비교해보는 것도 추천합니다.

나쁜 남자에게 끌리고
버림받는 패턴을 반복하는 알렉사

　　마흔세 살 여성 알렉사가 처음 상담실에 왔을 때 제일 먼저 눈에 띈 것은 그녀가 발산하는 긍정적인 에너지였습니다. 그녀는 자신의 미소와 개방적인 눈빛으로 상대에게 호감을 살 수 있다는 사실을 잘 알고 있었어요. 알렉사는 영양 생태학자이자 영양사로서 수년 동안 성공적으로 자신의 사업을 이끌어오고 있었어요. 그녀는 스스로 친구가 많다고 말했어요. 그렇지만 연애가 어렵다고 하더군요. 한 번 결혼한 적이 있고 그 결혼 생활에서 얻은 거의 장성한 딸이 한 명 있었어요. 오래전부터 새로운 관계를 원해왔지만 누군가를 좋아하게 돼도 갑자기 마음속에서 두려움이 솟아올라 마음을 열지 못했어요. 그리고 알렉사가 관심을 보였던 남자들은 모두 그녀의 이런 불안이나 감정 기복에 제대로 대처하지 못했습니다. 알렉사는 자신의 이런 행동 패턴과 파트

정말로 누군가를 좋아하게 되면, 비합리적이라는 걸 알면서도 곧바로 상실에 대한 극단적인 두려움을 느껴요. 잠도 잘 못 자고 차분히 생각할 수도 없어요. 일에 집중하거나 운동을 할 때 잠깐씩은 괜찮아요. 그런데 생각의 흐름이 넘어가버리면 모든 것이 다시 처음으로 돌아가지요. 절대 상대의 마음을 얻을 수 없을 거라는, 또다시 그 사람을 잃으리라는 두려움에 붙들려 어쩔 줄 모르겠어요. 어떨 때는 거의 숨 쉬기 힘들 정도예요.

1 모든 문제의 기반에는 비일관성이 깔려 있습니다. 알렉사는 어떤 모순된 감정들(동기들) 사이에서 고전하고 있나요?

상실에 대한 두려움은 사실 현실에서 비롯된 게 아니에요. 그런데도 이 감정에서 빠져나올 수가 없어요. 그러면서 심지어 차라리 처음부터 사랑에 빠지지 않았다면 좋았을 거라는 생각에까지 이르고 말지요. '그래, 이 사람이 내가 찾던 사람이야'라고 생각하는 순간 이 모든 괴로움이 시작되니까요.

2 알렉사에게서 나타나는 자기 보호 행동 전략은 무엇일까요?

이런 패턴은 도대체 어디서 비롯됐을까 하는 생각을 자주 했어요. 제가 찾은 설명은 바로 이거예요. 제 안에는 해묵은 상처와 소속감에 대한 충족되지 못한 열망이 있어요. 생부가 누구인지 모르거든요. 저를 낳을 때 어머니는 겨우 열여덟 살이었어요. 결혼한 상태이기는 했지만 당시 어머니의 남편은 제 친부가 아니었지요. 어머니는 나중에도 제 아버지가 누구인지 말해주지 않으셨어요.

여기서 우리는 알렉사의 어머니가 당시 여러 상황에 압도당했음을, 그리고 애정과 소속감을 향한 알렉사의 충족되지 못한 열망이 단지 아버지와 관련된 것만은 아니라는 가정을 할 수 있습니다.

어머니는 제 친부가 누구인지 모른다고만 하셨어요. 그게 정말 가능한 일일까요? 어쨌든 저도 그 말을 믿고 그럼 그걸로 됐다고 생각하고 마음의 평정을 유지했어요. 그래서 어머니에 대한 악감정은 없어요.

3 알렉사는 정말로 어머니에게 악감정이 없을까요? 아니면 혹시 어머니와의 관계를 보호하기 위한 방어 기제를 작동시킨 걸까요? 만일 그렇다면 그 방어 기제는 뭘까요?

제가 생후 6개월쯤 됐을 때 어머니는 당시 남편과 헤어졌어요. 그러고는 저를 할아버지 할머니에게 맡긴 뒤 수년간 거의 연락이 없었어요.
어느 시점엔가 저는 다시 어머니와 새로운 남편이 이룬 가정으로 가게 됐어요. 당연히 어머니는 제게 낯선 사람이나 다름없었죠. 새로운 가정 역시 마찬가지였고요. 그런 상황에서 저는 익숙하지 않은 관계들에 빠르게 적응해야 했어요. 스스로에게 늘 이렇게 말했답니다. "큰소리 내지 마. 한 발짝 물러서. 눈에 띄지 마." 지금까지도 그 영향을 느껴요. 웬만하면 모든 상황에 저를 맞추고 몸을 사리는 편이거든요.

4 마지막 문장이 핵심입니다. 이 문장은 알렉사의 자기 보호 전략에 대해 무엇을 말해주고 있나요? 그녀의 내적 균형은 어느 방향으로 치우쳐 있나요? 여기에서 나타나는 전형적인 행동은 무엇인가요?

누군가를 처음 만나면 저는 재빨리 상대방이 나를 좋아하게 하려면 어떻게 행동해야 할지 고민해요. 있는 그대로의 저를 좋아할 수도 있다는 믿음이 없나 봐요.

5 알렉사의 마음 지도를 어떻게 묘사할 수 있을까요?

그렇지만 저는 제가 괜찮은 사람이라는 걸 알아요. 사람들은 대체로 저를 좋아해요.

6 여기서 알렉사의 어떤 심리 기제가 발현되고 있나요?

유년 시절과 청소년기에 어머니와 함께 살면서 자주 불안을 느꼈어요. 저희 모녀 관계가 다소 어려웠다고 기억해요. 어머니는 늘 평가에 익숙했고 경쟁을 부추겼으며 다른 사람과 저를 비교했어요. 제가 뭘 하면 대체로 틀렸다고 했지요. 때로는 너무 영악하다고, 너무 심하게 아는 척한다고 비난받았어요. 때로는 너무 살쪘다거나 몸을 가꿀 줄 모른다고 비난받았고요. 항상 평가 아니면 비난이었어요.

알렉사가 아버지와 관련된 문제뿐 아니라 어머니와의 관계에도 어려움이 있었을 거라는 제 추측이 확인되는 대목입니다.

요즘 새로운 관계가 시작될 때 그런 식으로 또다시 평가받지는 않을까 하는 불안이 저절로 솟아올라요. 그럴 때면 긍정적인 피드백이나 안심시켜주는 말을 엄청나게 많이 들어야 해요. 관계 초기에 상대방에게 너무 지나친 요구이고 부담이죠.

7 여기서 일어나는 인지 왜곡을 뭐라고 부를까요?

제가 선택한 남자들은 이런 저를 감당 못 해요. 아마 애착 관계 형성을 회피하는 남자에게 끌리는 것 같아요. 이상하게도 저는 그런 태도들에 대처하기가 더 편하거든요. 아, 이런 종류의 거절은 이미 알고 있지 하면서요. 그렇게 안정감을 느끼는 거예요.

8 이런 부정적 태도가 알렉사에게 안정감을 주는 이유는 무엇일까요? 그녀는 어째서 스스로도 좋지 않다고 여기는 이런 패턴을 계속 반복해서 찾아다니는 걸까요?

그런 남자들은 약간 냉정한 편인데, 그걸 보면서 저는 '이 사람이야말로 나를 지켜줄 수 있는 사람이야'라고 생각하게 돼요. 그렇지만 결국 전혀 그렇지 않다는 걸 알게 되지요! 제 기분이 어떤지, 어떤 생각을 하고 있는지 소통하려 하면 이런 타입의 남자는 바로 뒤로 물러서버려요. 이들이 저란 여자에게 흥미를 느낀 건, 겉으로 자신감 있고 약간 차가우면서도 쾌활해 보였기 때문일 거예요. 혼자서도 어려움을 잘 헤쳐 나갈 수 있는 당당한 여자라고 생각한 거죠. 어느 정도는 맞는 말이에요. 저는 자유롭게 살아가고 싶은 사람이거든요. 하지만 제가 안정감을 느끼려면 좀 더 명확한 게 필요해요. 그런데 남자에게 제 욕구를 드러내거나 어떤 사인에 관해 다협히는 괴정을 요구히면, 늘 그렇듯 부담스러워해요. 이런 남자들은 주중에 한 번, 격주로 주말에 만나는 것도 너무 많다고 생각하거든요. 제가 정말로 마음을 열려고 시도하는 순간, 남자들은 이를 회피하는 거예요.

9 남자들의 행동은 그들의 애착 유형에 대해 뭘 알려주나요?

그러면 제가 맨 처음부터 예상했던 일이 벌어져요. 어쩌면 관계 초기부터 이런 일이 일어나기만을 기다렸는지도 모르죠. 이 관계에서 불안한 부분은 없나? 이 남자, 정말 믿을 만한 사람인가? 실제로 남자가 관계에서 발을 빼버리는 일이 발생하면 제 기대가 충족되는 셈이에요. 어떤 의미에서는 모든 게 계획대로 진행된다고도 볼 수 있겠네요. 내가 또다시 짐이 되었구나. 또 너무 목소리를 높였나 보네.

10 자신의 부정적 기대가 충족될 때 알렉사가 만족스러워 보이는 이유는 무엇일까요? 심리학 용어로 이것을 뭐라고 할까요?

사실 연애를 안 할 때 저는 오히려 훨씬 더 편해요. 요즘은 내가 왜 이런 스트레스를 만드나 자문해볼 때도 있답니다. 그렇지만 애착을 향한, 그 느낌을 향한, 또는 더 단순하게 말하면 육체적 친밀감을 향한 열망은 항상 존재해요.

제일 친한 친구는 항상 제가 좀 힘든 타입, '아주 나쁜 남자'한테 꽂히는 경향이 있다고 이야기해요. 전남편 역시 어떤 의미에서는 '회피형 불안정 애착 유형'이었어요. 믿을 만한 사람이었지만 결코 저와 깊은 얘기를 하지 않으려 했거든요. 저는 그에게 닿을 수가 없었지요. 대화가 필요 없는 사람처럼 느껴졌어요.

어쩌면 상실에 대한 두려움이 근본적인 문제가 아닐지도 모르겠네요. 어쩌면 제 안의 각인과 신념이 정말 좋은 상대를 찾는 일을 방해하고 있는지도 몰라요. 선생님이 쓰신 책을 읽어보았고 제 신념도 분석해봤어요. 가장 깊은 곳에 자리한 저의 신념은 이거 같아요. "나는 부족해. 다른 사람에게 맞춰줘야 해. 아무도 나를 원하지 않아. 내 편을 들어줄 사람은 아무도 없어."

순수하게 이성적으로 생각하면 이런 생각이 틀렸다는 걸 알아요. 나를 정말로 좋아해주는 몇몇이 있다는 것도 알고요. 저는 제 분야에서 직업적으로 성공했고 평판이 좋지만, 스스로를 깎아내리는 감정이 언제나 저를 지배하고 있어요. 선택의 기로에서 저는 대부분 고통과 아픔을 선택해요. 제 안의 그림자 아이로 남는 쪽을 선택하는 거예요.

11 계속 그림자 아이로 남는 것이 알렉사에게 어떤 이점이 있는 걸까요?

이런 식으로 사람들이 저를 적대시하는 일을 피하고 싶은 듯해요. 행복하고 만족스러울 때에는 늘 불필요하게 주목받는 일이 생기죠. 그러면 아무도 나를 좋아하지 않을 것 같아요. 그래서 어렸을 때부터 차라리 눈길을 피해버리고 말았어요.

아하, 여기서 다시 한번 알렉사의 강한 회피 동기가 드러나는군요. 그리고 이것이 낮은 자존감이나마 붙들고 있어야 하는 그녀에게 어떤 이점으로 작용하는지도 알 수 있네요.

청소년기에 같이 살았던 의붓아버지는 굉장히 다혈질이었어요. 언제나 제가 너무 시끄럽고 과하다고 했죠. 게다가 친부를 모르는 제가 하필이면 엄격한 가톨릭 집안에서 태어난 거예요. 어머니가 저를 볼 때마다 그 사실을 떠올려야 했으니 전 사랑받기 어려운 아이일 수밖에 없었죠. 물론 어머니도 "너는 내가 제일 사랑하지 않는 자식이야"라는 말을 자주 하곤 했어요. 제가 관심 있는 남자들도 모두 저를 그런 식으로 대할 거라는 생각을 지금도 하게 돼요.

일부 부모가 아이를 어떻게 대하는지 들으면 정말 치가 떨릴 때가 있어요. 알렉사의 자존감이 왜 이토록 떨어졌고 관계에 거듭 문제가 생기는지 일면 이해가 되네요.

일과 관련해서는 이런 태도를 일찌감치 고쳤어요. 제가 극복했다는 걸 모두에게 증명해서 진정한 홀로서기를 하고 싶었으니까요.

12 알렉사가 직장 생활에서 선택한 자기 보호 전략이자 동시에 강력한 원동력 역할을 하는 것은 무엇일까요?

전 이미 젊었을 때 성공했어요. 그렇지만 진짜 마음 깊숙한 곳에서는 오만해지면 안 된다는 생각을 늘 품고 있었어요. 지나치게 잘하면 안 돼. 그러면 친구들이 나를 거만하다고 생각할 거야!

그래서 저는 자주 한 발짝 물러서곤 해요. 태양 아이처럼 자신만만하게 행동하면 누군가에게 그러지 말라는 경고를 듣곤 했으니까요.

그건 저한테 큰 상처가 되었어요. 일할 때 저는 아주 견고한 갑옷을 입고 있어요. 하지만 사생활에서는 과민하고 상처받기 쉬운 사람이죠. 정말 자주, 아니 항상이라고 해도 좋을 정도로 그림자 아이 기분에 잠겨 있어요. 그러면 친구들도 저를 신경 써줘요. 태양 아이 상태일 때에는 받지 못하는 애정이에요.

어떤 친구들과는 그냥 관계를 끊는 게 낫지 않을까 하는 생각도 가끔 해요. 친구들과 있으면 마음이 편해야 하지 않나요? 그런데 저는 긍정적인 에너지를 억누르고 너무 즐거워 보이지 않으려고 엄청나게 애쓰거든요. 그래야만 그 관계가 유지된다고 내면의 경고 체계가 알려주니까요. 제일 친한 친구와는 달라요. 신경 쓰지 않고 자연스럽게 제 에너지를 발산해요.

여기에서 알렉사는 한 번 더 매우 명확하게 자신의 강한 회피 동기를 언급하네요. 그리고 낮은 자존감에 매달려 있는 것이 어떻게 친구들과의 우정을 보호하는지도 한 번 더 확인시켜줍니다.

사실 저의 강점을 다 드러내도 편안하게 지낼 수 있는 사람들, 스스로 자신감이 있어서 저를 있는 그대로 받아주는 사람들을 찾아야 할 거예요. 그런 사람들과 안정 애착을 형성할 수 있을 테니까요. 그리고 다른 여성을 대할 때 거의 항상 위축되고 굴종적인 태도를 취하는 저 자신에 대해서도 더 생각해봐야 할 것 같아요. 그때 제 경험에서 비롯된 어머니와의 관계 패턴을 투사하고 있는 셈이니까요. 그렇지만 저는 이제 이런 관계에 억눌린 어린아이가 아니에요. 자존감이 낮아서 애착 형성을 회피하기만 하는 사람들 무리에서 의식적으로 빠져나올 수 있어요.

좋아요, 알렉사. 올바른 방향으로 가고 있어요. ☺

알렉사를 위한 마음 설명서

1   알렉사에게는 갈등(비일관성)이 있습니다. 한편으로는 안정적인 관계를 원하지만 다른 한편으로는 상대방에게 버림받지 않을까 하는 불안이 너무 큽니다.

2   그녀는 애정 관계에 대한 자신의 욕구를 억누르고 사랑에 빠지는 상황을 피함으로써(회피 동기) 이런 비일관성을 제거하려 합니다. 그녀의 자기 보호 전략은 도피와 회피일 겁니다. 그런데 결국 거듭 데이트에 나서는 걸 보면 친밀감에 대한 그녀의 욕구가 매우 강한 듯해요. 알렉사가 겪고 있는 갈등 상황을 심리학 용어로는 접근-회피 갈등이라고 합니다.

3 알렉사에게는 아마 어머니가 가장 가까운 가족으로 보입니다. 그래서 이 관계는 무슨 일이 있어도 보호되어야 해요. 친부에 대해서라면 강경하게 함구하는 어머니에게 알렉사가 느낄 수밖에 없는 분노는 그래서 억압되며 그 대신 어머니를 보호받아야 하는 자리에 위치시킵니다. 앞서 설명했듯이 자녀가 부모에게 느끼는 충성심은 성인이 되어서도 거의 흔들리지 않아요. 관계를 지키기 위해 사실은 정당한 분노의 감정이 억압되지요. 알렉사는 이런 공격성의 억압을 이미 어린 시절에 학습한 듯해요.

4 알렉사는 생후 1년 동안 애착의 단절을 심각하게 경험했습니다. 그리하여 애착 형성과 관련해 내면의 균형이 깨졌어요. 자신이 안전하다고 느끼려면 애착 대상이 필요합니다. 그러나 그녀는 끊임없이 거절과 단절을 예상했기 때문에 결코 안전하다고 느끼지 못했어요. 그녀의 인생을 되짚어보면 심리적으로 논리적으로 당연한 귀결입니다. 애착에 관련한 내면의 균형이 무너지면 그 당사자는 상대방에게 자신을 과도하게 맞추려는 경향이 생기며 타인에게 거절당하지 않기 위해 많은 노력을 하게 됩니다. 알렉사는 회피 동기가 굉장히 높은데, 이는 상대방에게 최대한 맞춰줌으로써 거절을 경험하지 않으려는 행동으로 나타납니다.

5 알렉사의 마음 지도(그림자 아이)는 다음과 같이 묘사할 수 있습니다. "나는 외로워. 애착과 애정을 갈망하지만, 늘 상대방은 떠나가고 나는 버려져. 나는 있는 그대로는 부족하니까 사랑받으려

면 정말 많이 노력해야 해. 모두를 기쁘게 해줘야 해." 여기서 우리는 마음 지도가 신념과 얼마나 긴밀히 연결되어 있는지 알 수 있습니다.

6   알렉사의 '내면 어른'은 어떤 모습일까요? 이성적으로 그녀의 마음은 자신의 자존감을 다르게 판단해야 한다는 것을 알고 있습니다. 많은 사람이 그렇듯, 어린 시절 형성된 그림자 아이의 각인과 이성, 즉 알렉사의 어른 자아 사이의 괴리는 굉장히 큽니다.

7   여기서 일어나는 인지 왜곡을 투사라 합니다. 알렉사는 어린 시절 경험을 현재의 파트너, 특히 잠재적 애정 상대에게 투사합니다.

8   역설적으로 거절하는 성향의 남자들이 알렉사에게 안정감을 줍니다. 그것이 바로 그녀가 익숙한 상황이기 때문입니다. 반면 다정다감한 파트너와 함께하는 상황은 알렉사에게는 완전히 새로워요. 이는 상실에 대한 두려움을 더욱 강하게 불러일으킵니다. 상처받지 않으려면 익숙한 환경인 편이 낫다는 판단 때문이지요. 회피형 불안정 애착 유형 사람이 알렉사에게는 오히려 예측 가능한 상대입니다. 이들과 관계를 형성할 때 알렉사는 상실을 예상하고 대비할 수 있으므로 상황을 어느 정도 통제할 수 있어요.

9   적어도 일주일에 한두 번은 만나야 한다는 알렉사의 기대는 과도하다기보다는 오히려 너무 배려하는 쪽에 가까워요. 어떤 남성

이 이 기대에 압박을 느낀다면 이는 분명 그에게 애착 문제가 있음을 보여주는 겁니다.

10 알렉사는 자신이 자존감이 너무 낮다는 사실을 확인합니다. 그걸 고수해야 하는 무의식적 동기가 있을 거예요. 이를 심리학 용어로 '자기 충족적 예언'이라고 해요.

11 아마도 알렉사는 어머니와의 관계를 지키고 싶은 것 같습니다. 그런데 자신에게 각인된 신념에서 벗어나려면 건강한 방식으로 어머니에게서도 벗어나야 합니다. 해묵은 신념들에 의문을 품고, 어머니가 많은 잘못을 저질렀음을 좀 더 깊숙한 감정적 차원에서 인정해야 합니다. 알렉사는 같은 방식으로 다른 관계들도 보호하고 있을 수 있어요. 알렉사가 자신처럼 자존감이 낮은 사람과 많이 접촉한다면 이들이 그녀의 소속과 애착에 대한 욕구를 충족시켜주고 있기 때문일 거예요.

12 일과 관련해서 알렉사는 조금 다른 결정을 내렸습니다. 일할 때 그녀는 강하고 전투적입니다. 이러한 직업적 삶과 개인적 삶 사이의 엄청난 비일관성은 다른 사람들에게서도 흔히 접할 수 있어요. 열심히 일하는 데다 타고난 재능까지 있다면 사람들은 일과 관련된 개인적 성과를 얼마든지 통제할 수 있기 때문입니다(자기 보호: 완벽과 통제의 추구). 그러나 사생활에서는 성실과 능력이 아니라 신뢰가 중요하지요. 사적인 인간관계에서 우리는 나 자신을 믿

어야 합니다. 다시 말해 지금 있는 그대로 충분하다는 믿음, 상대가 나를 상처 주지 않고 곁에 있어주리라는 믿음이 있어야 한다는 뜻이에요. 게다가 어느 정도의 상처나 이별은 극복할 수 있다는 자기 자신에 대한 믿음도 필요합니다.

조금만 마음이 불편하면
뜬금없이 직장을 옮겨버리는 한나

중독 클리닉 치료사로 일하는 서른아홉 살 여성 한나는 계속 직장을 그만둡니다. 동료들이 자신의 가치를 제대로 알아주지 못한다는 감정이 계속 들기 때문입니다. 가는 곳마다 다른 이들의 적대감을 느껴요. 사람들이 자기를 인정해주지 않는 듯해 불편함을 느끼면 제대로 이야기해보거나 중요한 내용을 협상해보지도 않고 곧장 사표를 던집니다. 그녀는 혹시 이런 행동이 어머니와의 관계 때문일까 자문해봅니다. 더 이상 갈등에 취약한 사람이고 싶지 않고 이제는 직장에서 다른 사람들과 대등하게 잘 지내고 싶거든요.

제 문제는 직장을 자주 옮긴다는 거예요. 저는 사회 복지 관련 종사자로, 중독 클리닉에서 치료사로 일하고 있어요. 지난

10년간 저는 직장을 수없이 옮겨 다녔어요. 안타깝지만 직장 사람들과 잘 안 맞는다거나 뭔가 마음이 불편해지면 항상 그만둬버렸지요. 문제를 마주하거나 제 입장을 설명하려는 시도도 하지 않고 그냥 떠나버리는 거예요.

1 한나가 마음이 불편하다, 잘 맞지 않는다고 말할 때 어떤 감정 때문에 괴로워진 걸까요?

출근 첫날 자기소개를 하는 순간부터 모든 게 시작돼요. 최대한 자신감 있게 저를 소개하려고 마음먹지만 그 자리에 서기만 하면 왠지 모르게 작은 어린애처럼 위축되고 쪼그라들어요. 얌전히 착한 척만 하고 자기주장 같은 건 일절 하지 않죠. 그런데 상사가 제 앞자리에 앉는다면? 그 순간 하려고 했던 말이며 모든 게 다 날아가고 머릿속이 하얘져요. 제 상사는 여성인 경우가 많아요. 그리고 저를 작게 만드는 상대 또한 대부분 권위 있는 여성이지요. 뭘 하려 했든 상대의 눈높이를 못 맞추는 것 같다는 느낌을 받아요. 그러면 새로운 직장에서 일을 시작할 때부터 두려움에 질리고 자리 잡기도 힘들어져요.

2 여기서 한나는 자신의 그림자 아이를 드러냅니다. 이 과정에서 내사와 투사의 연관성도 잘 드러나지요. 한나는 무엇을 내사했고 여성 상사에게 무엇을 투사했을까요?

어머니와의 관계에 큰 문제가 있는 것 같아요. 성인이 된 지금은 더 이상 그렇지 않지만 어린 시절에요. 어머니는 예측할 수 없고 불공평하며 늘 다른 사람을 지배하려는 성격이었어요. 그리고 머리카락 색이 어두웠지요. 그래서인지 면접 보는 자리에 머리카락 색이 어두운 여성이 나타나는 게 저한텐 최악의 상황이에요. 그 사람을 보자마자 평가당한다는 느낌을 받고 제대로 해내지 않으면 큰일이라는 생각이 들거든요. 오직 그 사람이 저에게 특별히 상냥하게 대해주는 경우에만 괜찮아져요. 그렇지 않으면 내면의 어떤 버튼이 눌려버려요.

당연히 어머니와의 관계가 관련 있으리라고 예상했습니다.

어렸을 때 이런 일도 있었어요. 어머니에게 하늘색 모자가 있었어요. 그 모자가 정말 예뻐서 한 번씩 몰래 빌려다 쓰곤 했지요. 그런 날 중 하루였는데, 집에 돌아왔더니 어머니가 완전히 눈이 뒤집혀서는 저를 살짝 때리기까지 했어요. 물론 허락 없이 몰래 모자를 가져간 제가 잘못했을 수 있죠. 그렇지만 어머니가 그렇게까지 심하게 반응했다는 데서 저는 큰 상처를 받았어요. 아버지는 너무 물러서 저를 전혀 보호해주지 않았죠. 늘 어머니 편이었어요. 어찌 보면 어머니가 아버지까지 완전히 쥐고 흔들었다는 표현이 맞을 것 같네요. 어머니는 불 뿜는 용 같다고 항상 생각했어요. 오로지 할머니만이 저를 따뜻하게 보살펴주셨어요. 저희랑 같이 사셨거든요. 제 편에서 저를 두둔해주기도 하셨고요. 그렇지만 어머니와의 사이에서는 정말 항상 불편한 느낌을 지울 수 없었어요. 신뢰도 전혀 없었고요. 어머니가 혼자 휴가를 떠나면 정말 기뻤어요. 드디어 어머니 없이 며칠을 보내도 되겠구나 하고 생각했지요. 집에 할머니, 아버지와 셋만 있으면 그렇게 좋을 수가 없었어요. 아, 그리고 남동생도요. 동생도 있었네요.

한나의 어머니는 애착 불안이 심했던 것 같습니다. 한나에게 자신을 옹호해주는 할머니가 계셨다는 건 정말 다행이에요. 남동생과도 사이가 좋았던 것 같고요. 아버지는 그녀 편을 들어주지는 않았지만 정서적으로는 따뜻하게 대해주었던 것으로 보입니다. 이 정도면 한나에게는 그래도 자신을 보호해주는 요소가 몇 가지 있었던 셈이네요.

저는 학창 시절에 항상 반에서 1등이었어요. 최고점만 받았지요. 하지만 어머니에게는 그런 사실도 별것 아니었던 모양이에요. 제가 얼마나 노력하든 한 번도 칭찬받아본 적이 없어요. 친구들을 집에 초대해도 되냐고 물어볼 생각도 못 했고요. "누구누구 생일인데 놀러가도 돼요?" 같은 질문도 해본 적 없으니까요. 항상 어머니에게 거절당할까 봐 불안했죠.

3 한나가 계발한 자기 보호 전략은 무엇일까요?

그 불안은 아직도 제 삶에 떠돌고 있어요. 제가 이런 감정을 상사들에게 투사하는 것 같아요. 아무 말도 말고 항상 고분고분한 사람으로 있어야 한다는 생각을 하나 봐요. 저는 거절을 피하는 경향이 있어요. 친구들이나 파트너와의 관계에서도 뭔가가 거슬리면 그게 뭔지도 말하지 않고 관계를 끝내버려요. 예외적으로 오직 지금 파트너와의 관계에서는 대등한 위치에 설 수 있었어요. 제대로 대우받는 느낌을 받으며 벌써 19년이나 만나고 있네요.

이 발언에서 하나의 회피 동기를 엿볼 수 있습니다. 갈등 상황에 대한 지나친 불안으로 그녀는 인간관계에서 한 발짝 물러나버립니다. 이 불안감은 대부분 그녀가 금방 다른 사람에게 거절당했다고 느끼기 때문이에요. 제가 보기에 한나가 19년이나 파트너와 관계를 지속할 수 있었던 건 심리학적으로 작은 기적이나 다름없어요. 아마도 나약하지만 위협적이지 않고 정서적으로 따스함을 경험하게 해준 아버지와의 관계 덕분일지도 몰라요.

그렇지만 일할 때에는 제 안에 항상 분노가 가득해요. 처음부터 제대로 뭔가를 말하지 못했기 때문이었겠죠. 그런 화가 점점 더 쌓여갔어요. 저는 늘 다른 사람들이 저를 거절할 거라고 믿으니까요. 대개는 동료들이 너무 거만하다고 느껴요. 어쩌면 그냥 자기 만족적 예언 같은 걸지도 몰라요. 다른 사람들이 너무 부정적이고 공격적이라고 생각하는데, 결국 제 눈을 통해 왜곡했기 때문인 거죠. 그러면 저는 그냥 회사를 그만두고 말아요.

4 한나의 분노는 거절에 대한 불안과 어떤 관련이 있나요?

항상 같은 식으로 일이 반복되곤 해요. 다음에는 아주 평화롭고 여유롭게 대처해야지 하고 굳게 마음먹어요. 그런데도 곧바로 동료가 독단적이고 오만하다고, 나를 비웃는 것 같다고 생각하게 돼요. 그 순간 저 자신이 완전히 가치 없는 인간처럼 느껴져요. 모두 저의 확대 해석이라는 걸 알아요. 어쨌든 저는 뒤에서 몰래 분노합니다. 사실은 전혀 그런 사람들이 아닌데도 동료들을 위협적인 존재로 인식하고 있기 때문이겠죠. 어떻게 보면 다른 사람들에게 두 번 다시 기회를 주지 않는 건 저예요. 이 악순환을 어떻게 해결해야 할지 모르겠어요. 명상도 해보고 다정한 마음을 가져보려고 애도 써봤는데 뭘 해도 도움이 안 돼요.

저는 정말로 침착하게 열린 마음으로 있는 그대로 사실을 볼 수 있는 눈, 어른의 시선을 갖고 싶어요. 평가나 해석 없이 말이에요. 직장을 계속 옮기고 싶지도 않아요. 지금 일하는 곳이 정말 좋거든요. 연봉만 조금 더 올려 받고 싶은데… 이것도 어른답게 성숙하게 해내고 싶어요. 용기를 모아 제가 왜 월급을 더 받고 싶은지 잘 설명하고 싶어요. 이렇게까지 갈등을 회피하는 건 완벽주의 때문인 것 같아요. 약점을 보이고 싶지 않은 거죠. "나는 가치 없어"로 향하는 스스로 만든 고속 도로가 안타깝지만 아주 넓어서 막힘이 없어요. 그렇지만 저는 이제 아예 새로운 길을 가고 싶어요. 다시 불안에 떠는 작은 아이가 되려 할 때, 스위치를 누르며 "아니, 나는 이제 예전과는 다르게 봐"라고 말할 수 있도록요. 지금 나와 이야기하는 사람이 정말 그토록 적대적인가? 머릿속의 이런 부정적인 그림들을 떠나보내고 더 이상 불신으로 나와 동료들을 대하고 싶지 않아요. 그리고 다른 시각, 보다 중립적인 시각을 가지게 되면 다르게 표현할 수도 있을 거라고 생각해요. 아무 말도 하지 않고 지내는 건 이제 그만하고 싶어요. 말하는 게 그냥 그만둬버리는 것보다 훨씬 낫잖아요. 그래야 다른 사람도 제대로 반응할 수 있을 거예요. 물론 연습이 필요하겠지요. 쉽지는 않을 거예요. 하지만 제가 바뀔 수 있을지 정말 궁금하네요.

한나의 생각이 백번 옳아요.

한나를 위한 마음 설명서

1 한나는 어떤 형태로든 거절당한다고 느낄 때 항상 도망치는 것 같아요.

2 한나는 자존감이 매우 낮아요. 여성 상사 또는 권위자를 대하

며 '얼어붙을' 때마다 엄청난 열등감과 무력감 같은 감정을 내사합니다. 동시에 상대방에게는 거대한 우월감, 지배력, 적대감 같은 것을 투사합니다.

3 한나는 어머니의 관심을 받으려고 최선을 다했어요(완벽 추구). 그 과정에서 부모-자식 관계에서 애착에 대한 기본 욕구를 채우지 못하는 다른 아이들처럼 한나도 지나치게 과도한 책임을 떠안았지요. 그 모든 노력에도 어머니와의 관계에 아무런 영향을 미칠 수 없었기에 한나에게는 강한 회피 동기가 발달하여 오로지 어머니의 거절을 피하는 것만이 중요해졌어요. 다시 말해 내적 통제 위치가 너무 낮아서 면접 보는 자리에서 말문이 막힌 거예요.

4 한나는 끊임없이 열등감을 느낍니다. 열등감은 공격성으로 이어지는 경우가 많아요. 공격성은 자신의 경계를 지키려는 욕구에서 비롯되며 이로 인해 타인에게 침입당했다고 금방 느낍니다. 반면 좀 더 철저히 무장하고 있으며 자신이 더 강하다고 느낄수록 관계에서 더욱 여유로운 모습을 보일 수 있고, 이런 상황에서는 그 사람과 대등한 위치에 있다고 생각하기에 그가 공격한다고 느끼지 않아요.

두 여자 사이에서 끊임없이
갈팡질팡하는 토르스텐

쉰셋인 토르스텐은 20년 넘게 파트너와 관계를 유지하고 있습니다. 파트너와의 사이에는 아들이 둘 있고, 한집에 살며 수년간 일도 함께 하고 있어요. 얼마 전까지 토르스텐은 박람회 부스 시공 업체를 운영하는 사업입사였시만 최근에 회사에 들어가게 되었어요. 그가 저를 찾아온 건 오랫동안 관계를 유지해온 파트너 말고 다른 여자가 생겼기 때문이었죠. 토르스텐에게는 6년 전부터 사귄 여성이 있습니다. 두 여성은 서로에 대해 알고 있고 이제는 그가 결단을 내려주길 바랍니다. 그렇지만 토르스텐은 어느 쪽으로도 결정을 못 내리고 있어요. 그는 자신이 왜 그러는지 알고 싶어서 저를 찾아왔습니다.

제 문제는 한마디로 간단히 요약할 수 있어요. 두 여자 사이에서 어찌할 바를 모르겠어요. 애인 그리고 오랜 파트너이자 두 아이의 엄마 사이에서 어느 쪽을 택해야 할지 모르겠어요. 이렇게 끔찍한 지옥 속에서 살아온 지도 벌써 6년이에요. 모두를 갉아먹는 이런 상황에서요.

1 여기서 이미 토르스텐이 가진 문제의 근본적인 주제가 드러납니다. 무엇일까요?

사실은 파트너와 사는 동안 한 번 외도를 한 적이 있어요. 처음은 큰아들이 태어나고 얼마 안 돼서였죠. 파트너에게 성적으로 더 이상 끌리지 않았거든요. 그렇지만 저희는 이 문제를 함께 잘 처리했어요. 그리고 둘째가 생겼지요. 저희 아들들은 지금 열두 살, 아홉 살이랍니다.

2 토르스텐이 애착 불안이라고 가정할 수 있는 발언입니다. 어느 부분에서 그럴까요?

지금 애인은 학창 시절 제가 일생의 사랑이라 믿었던 여자예요. 이후 30여 년이 흐른 뒤 재회한 거예요. 그녀가 저를 인터넷에서 찾았고 "너 내가 아는 그 토르스텐 맞아?"라는 메시지를 보냈죠. 그러고 나서 실제로 만나자마자 바로 불꽃이 튀었어요. 제 파트너에게도 이 사실을 상당히 빨리 공개했죠. 솔직히 말하면, 왜 두 여자 중 어느 누구도 절 차버리지 않는지 의문이에요. 둘 다 저를 사랑한다고 하더군요.

3 이 발언 또한 토르스텐의 문제가 애착 불안 때문일 거라는 가정을 한층 확인시켜줍니다. 원래 관계에서 열정이나 성적 자극이 더 이상 느껴지지 않을 때 외도로 도피하는 것은 이 문제를 가진 사람이 전형적으로 보이는 증상입니다. 왜 그럴까요?

결정하는 게 왜 이토록 어려운지 그 이유를 알고 싶어요.

4 토르스텐이 이토록 결정을 내리기 어려워하는 이유는 무엇일까요?

오랜 파트너와 저는 어떤 면에서 굉장히 이상적인 관계라고 할 수 있을 거예요. 저희 둘 다, 둘이 함께라면 어떤 문제도 헤쳐 나갈 수 있다고 말해왔으니까요. 실세로 그렇게 해결해온 일들도 많았고요. 그녀와의 사이에서 낳은 두 아들은 저에게 무엇보다 소중한 존재예요. 우린 집도 같이 샀어요. 그 집이 이제는 그녀와 아이들에게 보금자리가 되었고요. 제 가족이 안정적인 거처를 갖는 것이 제게는 매우 중요했거든요. 사실 지금은 파트너가 거의 혼자서 그 집을 돌보고 있어요. 정말 훌륭해서 제가 모든 걸 맡겨도 안심할 수 있을 정도로요.

5 실제로 이 관계는 정말 이상적으로 보입니다. 다만 토르스텐이

성적 욕구를 다른 곳에서 채우고 있을 뿐이지요. 토르스텐은 그렇게 함으로써 애정 관계의 진정한 당사자가 되기를 피하고 있어요. 사랑은 건강한 범위 안에서 상대를 책임진다는 뜻입니다. 그리고 이 경우 '건강한 범위'란 지속적인 외도로 상대방에게 상처 주지 않는 것을 포함할 거예요. 그러나 애착 불안인 사람은 바로 이런 책임을 지기에 (적어도 애정 관계에서는) 저항합니다. 왜 그럴까요?

파트너와 저는 일도 함께 했는데 별다른 갈등 없이 잘 진행됐어요. 파트너도 박람회 부스 시공 일을 했거든요. 숙련된 목수이기도 하고요. 제가 회사를 차린 다음 그녀를 고용하는 형태였어요. 일이 들어오면 현장에 그녀를 보냈지요. 그렇게 현장으로 작업하러 다니는 걸 그녀는 즐거워했어요. 물론 제가 사장이지만 결국 둘이 같이 일군 거나 마찬가지예요. 그러니까 함께 이룬 가정 말고도 저희를 연결시켜주는 게 더 있었던 거죠. 둘이 함께하지 못한 건 오직 하나예요. 사랑과 열정이요. 그런 감정은 완전히 사그라들었어요. 우린 모든 것을 함께할 수 있었지만 단 하나, 침대로 뛰어드는 건 못 하겠더라고요. 그녀는 그 점이 부족하다면서, 그것도 관계의 일부라고 생각한다고 하더군요. 그래서 저에게 부담도 많이 줬고요. 그렇지만 그런 식의 의무감이 제게 남아 있던 마지막 불꽃마저 꺼트려버렸어요.

여기서 토르스텐은 파트너와의 섹스에 대해 부담감과 의무감을 많이 느낀다고 털어놓습니다. 이런 감정은 분명 파트너의 요구로 더욱 강화되었겠지요. 그런데 상대가 자신의 욕구를 충족시켜달라고 그를 압박하게 된 것은 그가 이전부터 성적으로 소극적인 태도를 보였기 때문이고, 그래서 다시 그의 애착 문제로 돌아갈 수밖에 없습니다.

애인과의 사이에서는 정반대예요. 그녀는 저에게 아무런 요구도 하지 않아요. 저라는 사람을 있는 그대로 받아들여줘요. 물론 제 삶의 중심을 그녀에게 두길 바라기는 하지요. 하지만 재촉하거나 강요하지 않아요. 그런 면에서 저는 완벽하게 자유로워요. 그녀는 작은 것에도 만족하며 저와 함께 있다는 것만으로 행복해해요.

6   아하, 애인은 아무런 요구도 하지 않는군요. 이것이 토르스텐의 마음에서 어떤 부분을 건드리지 않는 걸까요? 그것을 심리학 용어로는 뭐라고 할까요?

애인은 굉장히 감정적이고 예민한 사람이에요. 열여덟 살 때 직업 교육을 받던 곳에서 그녀를 만났고 곧바로 깊이 사랑에 빠졌어요. 그렇지만 당시에 저는 사랑하는 사람을 책임져야 한다는 의무감을 견딜 수 없을 것 같다고 생각했고, 그녀처럼 섬세한 사람에게 제가 적당한 상대가 아니라 여겼어요. 그래서 이별을 고하고 그녀의 마음을 아프게 했지요. 당시 얼마나 마음이 아팠는지 우리가 재회했을 때 그녀가 이야기해주더군요. 마음의 상처를 잊기 위해 다른 남자와 결혼했지만 늘 불행했다고요. 30년 후 다시 만났을 때 그녀는 이미 이혼한 상태였고 아이들도 모두 장성한 뒤였어요. 딸린 짐이 없었다고나 할까요. 저희 둘 사이에는 어마어마한 사랑과 열정이 존재해요.

7 심리학자로서 이 발언을 들으니 가슴이 뛰네요. ☺ 이 짧은 발언에서 읽어낼 수 있는 심리적 동기에는 무엇이 있을까요?

오랜 파트너와 가정에 대한 의무감 그리고 애인에 대한 사랑과 열정, 이 두 가지를 왜 감정적으로 분리하고 있는지 자문하곤 해요. 그런데 사실 의무감은 두 여자에게 다 느껴요. 그래서 어떻게 해야 할지 모르는 것 같기도 하고요. 또다시 책임을 떠안아야 한다는 것, 결단을 내려야 한다는 것에 대한 내적 저항감이 커요.

토르스텐이 책임과 의무가 자신에게 커다란 문제임을 확인해주네요.

그렇지만 예컨대 제 이력서를 보면 책임감이 없다거나 책임지지 않으려고 도망친다거나 하는 면을 암시하는 내용은 하나도 없어요. 물론 저에겐 자유가 중요해요. 그럼에도 불구하고 제나름대로 의무를 다하고 있다고요. 이 여자 저 여자 툭하면 갈아타는 남자도 아니에요. 단지 제가 자유로울 수 있는 공간이 필요할 뿐이에요. 제가 그런 사람인 걸 어떡하나요.

8 애착 불안인 사람은 왜 자유 또는 자유로운 공간에 큰 의미를 부여할까요? 그들이 이를 통해 말하려는 것은 무엇일까요?

제가 이런 사람이라는 사실을 직업 교육을 마치고 얼마 지나지 않아 알았어요. 공공 사업을 담당하는 관공서에 정식으로 취업해서 정년이 보장된 공무원이 되었죠. 그런데 곧 그 조그만 사무실에서 일하는 게 저에게 맞지 않는다는 확신이 들더군요. 그 후 전 세계 여기저기를 좀 떠돌아다니다가 결국 박람회 부스 시공 사업에 뛰어들었어요. 그러고 나서는 항상 여기저기를 떠돌아다녔지요. 집을 사서 정착하고 아이들이 태어나 가정이 생기는 것도 아마 그래서 그리 힘들지 않았던 것 같아요. 이사피 저는 사업세 내표로서 집을 떠나 출징 다니며 일하는 시간이 길었으니까요.

토르스텐의 애착 불안은 동일한 문제를 가진 다른 사람들과 마찬가지로 직업을 선택하는 데에도 커다란 동기가 되었습니다. 박람회 부스 시공 일은 그에게 큰 자유를 보장해주었고, 그중 핵심은 집에 자주 머물지 않아도 된다는 점이었어요. 토르스텐이 결혼한 적이 없다는 것도 놀랍지 않네요.

출장지에서 저녁이면 호텔방에 앉아 텔레비전을 보면서 쉴 수 있었어요. 뭔가를 수고스럽게 신경 쓰고 돌볼 필요가 없었지요. 책임을 파트너에게 맡겨버리는 데 익숙해진 거예요. 제겐 좋은 일이었죠. 그 대신 일할 때에는 항상 책임을 져야 했지만요.

이런 성향의 사람은 일할 때, 특히 자영업자일 경우, 책임지기를 어려워하지 않습니다. 오히려 고용되어 일하는 상황에서 애착 불안인 그림자 아이가 발동되어 상사에게 투사됨으로써 갈등을 빚는 경우가 더 흔합니다.

그런 식으로 가정 교육도 받았어요. 맡은 책임은 반드시 진다. 이것이 제 어린 시절의 중요한 가치였지요. 어린 시절 기억이 구체적이지는 않지만 막연하게 떠오릅니다. 지금은 두 분 다 돌아가셨지만 부모님께 이런 말을 한 적이 있어요. "다시 태어나도 두 분 자식으로 태어나고 싶어요." 정말 진심에서 우러나서 한 말이었어요.
　　아버지는 굉장히 목표에 집중하는 분이었고 항상 가족을 제대로 부양하고 있는지 철저히 신경 썼어요. 제 기억이 맞다면 아버지는 아마 대장장이부터 시청 사무직까지 직업을 열네 개나 갖고 계셨어요. 정말 소처럼 일하셨고 저는 아버지에게 그렇게 성실하게 일하는 태도를 배웠어요.
　　하지만 아버지는 젊었을 때 광산에서 일하며 폐 공기증을 얻었어요. 그 결과 시간이 지날수록 폐포가 점점 기능을 하지 못하게 되었죠. 그 질환으로 돌아가실 수도 있다는 점을 자라면서 늘 의식하고 있었어요. 아버지가 언제라도 그런 일이 생길지도 모른다고 분명히 말씀하셨거든요. 그래서 저는 꽤 어렸을 때부터 부모님, 특히 아버지에게 자립심을 키우라는 교육을 받았답니다.

흔히들 말하는 '즐거운 어린 시절'은 저에겐 매우 제한적으로만 허용되었어요. 아버지가 언제라도 돌아가실 수 있다고 각오하며 지냈으니까요. 그래도 부모님은 저를 사랑으로 돌봐주셨어요. 부모님과 어린 시절을 떠올리면 늘 울컥해요. 두 분이 정말 그리워요.

어머니는 정말 인간적인 영혼의 소유자였어요. 어머니와 아버지가 다투는 모습을 한 번도 본 적이 없어요. 정말이에요. 어머니는 다툼이 일어날 것 같으면 피하셨어요. 집안의 모든 자잘한 일도 모두 어머니 몫이었고요. 아버지 화를 돋우지 않음으로써 불필요한 짐을 덜어드리려는 거였지요. 그런 환경에서 저도 갈등을 피하는 성격으로 자랐고 지금도 마찬가지예요. 모든 게 조화로워야 한다는 욕구가 강해요. 화내야 할 일이 있거나 의견 차이가 있으면 가능한 한 그 길을 피해 가려고 해요. 젊은 시절에는 무술 수련도 했고 한때 경호 일도 했어요. 하지만 일상생활에서의 갈등은 언제나 평화롭게 해결했지요. 파트너와의 관계에서도 분노나 갈등을 항상 피했고요.

9 앞의 발언에서 우리는 토르스텐의 그림자 아이를 각인시킨 것

이 뭔지 들었습니다. 그의 애착 불안은 어디서 비롯했을까요?

파트너와 제가 사무실에서 함께 일할 때 벌어지는 일이 아주 적절한 사례일 것 같네요. 파트너가 컴퓨터 앞에 앉아 불만을 쏟아내면 저는 이렇게 생각했어요. '젠장, 저런 얘기를 꼭 지금 해야 해?' 그렇지만 겉으로는 아무 말도 하지 않았죠. 그냥 일어나서 사무실을 빠져나왔어요. 마음 가는 대로 했다면 이렇게 소리쳤을 거예요. "이제 제발 그 입 좀 다물어, 컴퓨터 앞에서 투덜거린다고 그 일이 해결되는 것도 아니잖아!" 물론 좀 과하게 분노했던 듯하지만 어쨌든 저 자신을 잘 통제한 거죠. 과민하게 반응하지 않으려고 그런 일을 피했으니까요. 그 자리에서 도망치는 식으로요. 대부분은 일로 도망쳤어요. 일은 제가 정말 잘할 수 있는 거예요. 박람회 일이 없는 기간에는 아침 일찍부터 늦은 오후까지 휠체어 사용자를 위한 택시를 운행했어요. 끊임없이 돌아다니며 그분들을 돌보는 게 즐거웠어요. 일상생활은 대개 이런 식으로 돌아갔지요. 일하다가 한 번씩 최근에 제가 머무는 곳, 그러니까 애인 집에 들렀다가 저녁 9시가 되면 지게차 작업을 하러 나가곤 했어요.

10 이 발언에서는 토르스텐의 지나친 순응이 일상생활에 어떤 영향을 끼치는지 매우 잘 나타납니다. 마주 앉아 이야기를 나누는 대신 도망쳐버리는 거예요. 그가 파트너에게 느끼는 감정 중에 여기서 중요한 역할을 하는 건 뭘까요?

일을 마치고 집으로 돌아오면 10~20분쯤 그냥 차 안에 혼자 앉아 있고 싶다고 생각하는 저를 발견했어요. 그곳에서는 조용하고 평화롭게 있을 수 있으니까요. 누군가와 대화를 나누지 않아도 되니까요. 친절하게 굴지 않아도 되고요. 저는 사실 그 모든 걸 하고 싶지 않았던 거예요. 지금 저는 그 어떤 책임도 감당하고 싶지 않아요. 그게 잘못이라는 걸 알아요. 저 자신이 쓰레기같이 느껴지지만, 지금은 그러기가 정말 싫어요. 책임이 싫어요.

여기서 다시 한번 토르스텐이 품고 있는 차가운 분노가 표출됩니다. 관계 안에서 그가 얼마나 자유롭지 못하다고 느끼는지도 볼 수 있어요. 그를 구속하는 것은 자신의 그림자 아이와 그 투사입니다.

이 상황을 정리하고 싶고 실제로 여러 번 시도도 했어요. 하지만 자꾸만 내면의 벽에 부딪히고 말아요.

왜 결정을 내리기를 망설이는지 그 이유를 알고 싶어요. 그냥 저만 생각하고 결정하는 게 낫지 않을까 생각해본 적도 있어요. 하지만 가족에 대한 책임을 저버릴 수는 없으니 당연히 가족을 계속 돌볼 거예요. 아들들이 장성해서 독립할 때까지는 늘 돌아올 가정이 있었으면 하고 그 안에서 잘 자랄 수 있기를 바라니까요. 이게 지금 제 생각인데, 어쩌면 저를 위한 더 나은 길이 있을지도 모르죠.

이것들은 모두 머릿속 생각일 뿐이고, 토르스텐에게는 큰 도움이 되지 않네요.

저도 독립적이고 자율적인 결정을 내릴 수 있으면 좋겠어요. 외부에 영향을 끼칠 수 있도록요. 그리고 제 내면에도 영향을 주고요! 그렇지만 그러기 위해서는 어떻게 해야 옳은지 먼저 스스로 느낄 수 있어야 할 것 같아요.

결정적인 문장이 등장했습니다. "어떻게 해야 옳은지 먼저 스스로 느낄 수 있어야 한다!" 토르스텐은 자신의 감정에 훨씬 더 많이 주의를 기울여야 해요. 그 시도가 어떻게 하면 성공을 거둘 수 있을지는 3장에서 더 자세히 설명하겠습니다.

토르스텐을 위한 마음 설명서

1 두 사람 사이에서 오랫동안 결정을 내리지 못하고 있다면 이 사람은 애착 불안일 가능성이 높습니다.

2 상대에게 더 이상 성적으로 끌리지 않는다고 느끼는 건 애착 불안이 개입된 관계의 핵심 특징입니다. 이런 현상이 첫아이가 태어나는 시기와 맞물려 일어났다는 것은, 아이의 탄생이 정착과 더 강한 애착으로 한 걸음 더 나아가는 과정이었기 때문일 겁니다. 자

녀 출산처럼 관계가 더 깊어지는 사건이 일어나는 순간 애착 불안이 더 심해지는 경향이 있습니다.

3 애착 불안인 사람은 지나치게 순응적인 성향을 보입니다. 이들의 그림자 아이는 거절당하지 않으려면 상대방의 기대를 충족시켜야 한다는 사실을 기억하고 있어요. 그들이 느끼는 이러한 기대에 대한 압박은 성적 욕구인 리비도를 감소시킵니다. 토르스텐은 오랜 파트너에 대해 어떻게든 그녀와 성관계를 해야 한다는 의무감을 느끼는 것 같아요. 이는 그의 내면에 수동적 저항을 발동시킵니다. 안정적인 관계가 그의 자율성을 위협하는 셈이에요. 반면 외도는 자발적이며 금지된 행위처럼 느낍니다. 의무의 정반대에 위치하지요. 바로 이 지점에서 토르스텐이 다시금 욕망과 열정을 되찾은 겁니다.

4 이 사례에서 갈등 핵심 요인은 토르스텐의 지나친 순응성입니다. 그래서 토르스텐은 자신이 진짜 뭘 원하는지, 어디에 끌리는지 명확하게 몰라요. 지나치게 순응하는 사람은 파트너의 소망과 욕구 그리고 자신의 감정을 구별하기 어려워합니다. 토르스텐은 어린 시절 부모의 기대에 강력하게 순종한 바람에 자신의 감정에는 제대로 접근하지 못하며 성장했을 확률이 매우 높습니다.

5 애착 불안인 사람은 어렸을 때부터 부모와 잘 지내는 책임을 스스로에게 지우기 때문에 형성된 관계들 안에서 내적 자유를 느

끼지 못합니다. 이들은 자신이 상대에게 반드시 맞춰줘야 한다고 생각해요. 이런 감정적 비자발성 때문에 이들은 파트너에 대한 책임에서 벗어나려 합니다. 토르스텐은 요구가 많았던 부모를 무의식적으로 파트너에게 투사함으로써 그녀를 자신보다 강한 존재로 여기게 됩니다. 이런 인지 왜곡 때문에 토르스텐은 자신을 파트너에 의한 잠재적 피해자로 인식하고, 이것이 그의 공감 능력을 떨어뜨립니다. 그는 상대방의 상황에 전혀 공감하지 못해요. 오직 결정을 내려야 한다는 압박감만 느낄 따름이지요.

6 애인이 별다른 요구를 하지 않기에 토르스텐의 그림자 아이(동기 부여 스키마, 동기 부여 지도, 마인드맵, 내면 아이)가 유발되지 않습니다. 그리하여 그는 자신의 그림자 아이, 즉 부모에게 지나칠 정도로 순응해야 했던 그 그림자 아이를 인지하는 데까지 이르지 못합니다.

7 이 사례에서는 애착 불안인 토르스텐의 성향이 과거에 일생의 사랑이라 믿었던 사람과의 첫 번째 관계에서 이미 한 번 발동된 적 있음이 언급됩니다. 그 당시에도 토르스텐은 의무감을 느끼며 애인의 기대를 충족시킬 수 없다고 생각했습니다. 그 생각 뒤에는 결국 '나는 부족해'라는 나약한 자존감이 숨어 있어요. 상실에 대한 두려움 역시 숨어 있고요. 토르스텐이 부족하다는 건 애인에게 적합한 사람이 아니라는 의미이고, 이는 그녀가 그를 언제든 떠날 수 있다는 뜻이기 때문입니다. 이런 상황을 막기 위해 그는 차라리 자

신이 떠나기로 했습니다. 그러면 적어도 이별은 스스로 통제할 수 있는 셈이니까요. 역설적으로 이별을 통해 토르스텐은 자신의 애착 욕구를 보호했고(떠남을 당하지 않음) 자존감을 강화했으며 통제 욕구 또한 충족시켰습니다. 여기에서 소위 가해자-피해자 전도가 발생합니다. 토르스텐은 이별의 과정에서 자기 자신을 피해자로 상정하면서도, 이 가혹한 운명에 맞서 자신을 방어하기 위해 가해자 역할을 맡아 애인을 떠났어요. 그럼으로써 자신이 피하고 싶었던 고통을 애인에게 그대로 떠맡긴 셈이지요.

그러나 애인 입장에서도 몇 가지 추측을 해볼 수 있습니다. 그녀에게 이별은 커다란 충격이었습니다. 애착 불안인 사람과의 관계에서 흔히 그렇듯, 이별이 하늘에서 뚝 떨어지듯 갑작스럽게 찾아왔습니다. 이때 그녀는 엄청나게 많이 애착이 상실되고 자존감이 떨어졌어요. 이 거절의 상처는 절대 완전히 회복되지 않는다고 봐도 좋아요. 그녀는 관계를 맺고 유지하는 데 문제가 없는 다른 남성과의 관계 안에서 행복해지는 대신, 토르스텐에게 매달리며 두 번째로 잘해보려고 합니다. 그 과정에서 그녀는 그에게 최대한 맞춰줘서 또다시 그를 잃지 않으려 애써요(토르스텐에 따르면 그녀는 아무런 요구도 하지 않아요). 심지어 그에게 오랫동안 함께 산 파트너가 있고 둘의 관계가 그 여자에게 고통을 준다는 사실까지 감수하지요(두 여성이 뜻을 함께했다면 토르스텐이 그런 식으로 빠져나가지 못했을 거예요).

8 애착 불안인 사람에게 자유란 그 누구도 자신에게 무언가를 기

대하지 않는 상태를 의미합니다. 이들은 어린 시절에 '순응 알레르기'를 경험했을 테고, 그런 이유로 언제라도 원하는 대로 자유롭게 결정할 수 있다는 느낌이 꼭 필요합니다. 그러나 그들이 투사하는 것이 해소되지 않으면, 다른 말로 그림자 아이가 회복되지 않으면 그런 느낌 또한 얻을 수 없어요.

9 토르스텐은 어린 시절 사랑을 듬뿍 받으며 자랐지만, 동시에 그 무렵 아버지가 갑자기 사망할 수 있다는 만성 불안에 깊이 시달렸어요. 아직 어렸던 토르스텐에게 이는 매우 커다란 심리적 부담이었고, 그래서 아버지에게 불필요한 걱정을 끼치지 않기 위해 늘 사랑스럽고 착한 아들이 되려고 애썼을 거예요. 생명에 치명적인 아버지의 지병으로 어린 토르스텐은 아이답게 자유롭게 상호 작용하지 못하고 언제나 부모의 바람이나 요구를 우선으로 여기며 살았을 겁니다. 게다가 토르스텐의 원가족에는 갈등을 드러내 해결하는 문화가 없었습니다. 이 말은 토르스텐이 관계 안에서 자신이 원하는 바를 어떻게 주장해야 하는지 배울 기회가 없었다는 뜻이기도 합니다. 주장은커녕 표현하는 방법조차 배우지 못했지요. 그 결과 그에게 관계란 오직 자신이 상대에게 순응할 때에만 유지 가능한 것이 되었고 그렇지 않으면 자유를 찾아 도피해버리는 것만이 대안이었습니다. 토르스텐은 그 두 가지를 모두 실행한 거예요. 최대한 맞춰주고, 그 대신에 일을, 무엇보다도 장기 외도를 자유의 공간 삼아 도망쳤지요.

10 토르스텐이 관계 속에서 자신의 욕구를 억누르는 바람에 파트너에 대한 분노가 쌓였어요. 그는 이 분노마저도 또다시 억압하는데, 이것이 그에게 차가운 분노, 즉 수동 공격을 유발하는 원인입니다. 수동 공격은 애착 불안 유형이 속한 관계에서 항상 중요한 역할을 담당합니다. 능동 공격, 즉 갈등의 여지가 있으나 그것을 피해 가려 할 때 수동 공격이 발생하곤 합니다. 그런데 이는 그 공격이 향하는 대상에게서 물러나 몸을 사리는 결과로 이어집니다. 토르스텐 역시 이런 경향을 잘 보여주고 있어요. 가능하면 관계에서 발을 빼려고 하지요. 파트너와의 섹스를 피하려는 것 또한 공격의 일종입니다. 그녀의 성적 기대가 그의 그림자 아이 세계에서는 곧 의무이자 자유의 박탈이나 다름없고, 이에 대해 수동적으로 공격하는 태도를 취하는 거예요. 그런데 이렇게 수동 공격을 보이는 지나치게 순응하는 사람은 자신의 감정을 잘 몰라요. 이들이 감지하는 건 오직 '나는 그게 싫다' 정도입니다. 반항심과 분노가 이들을 주로 이끄는 정서이며, 그 외에 슬픔, 애정, 기쁨 같은 정서는 명확히 느끼지 못합니다. 바로 이들이 결정 내리기를 어려워하는 원인이기도 하지요. 감정을 명확하게 파악하지 못한 채로는 나침반 없는 배처럼 제자리에서 빙글빙글 돌고 있을 수밖에 없으니까요.

외모 콤플렉스에 시달리는
다이어트 중독자 안나

스물여덟 살 안나는 텔레비전 프로그램 진행자입니다. 고등학교 졸업 시험을 치른 직후인 열아홉 살에 홈쇼핑 채널에서 경력을 시작한 안나는 얼마 지나지 않아 영향력 있는 방송사에서 최신 트렌드를 짚어주는 프로그램을 진행하게 됩니다. 그와 거의 동시에 안나는 인스타그램과 유튜브에 자신의 사진과 영상을 업로드하기 시작했습니다. 10만 팔로워를 넘긴 것은 금방이었습니다. 그런 안나가 2020년 5월 돌연 은퇴를 선언하고 1년 6개월 동안 방송에서 자취를 감췄을 때 많은 사람이 놀라움을 금치 못했습니다. 이후 그녀는 자신이 심각한 섭식 장애로 고통받고 있었으며 정말로 위험한 상태였다고 고백했습니다. 저와 상담하면서 안나는 무엇이 자신을 섭식 장애로 몰아넣었는지, 현재 자존감을 끌어올리고 안정적인 상태로 유지하기 위해 어떤 노력을 하고 있는지 이야기했습니다.

　거식증과 폭식증은 어린이 및 청소년이 겪을 수 있는 정신 질환 가운데 가장 위험한 것으로 알려져 있습니다. 자살 충동을 동반한 우울증과 비슷한 수준의 높은 사망률을 보이기 때문입니다.

저는 예상치 못하게 성공에 빠져들었어요. 고등학교 졸업 시험 후 친구들 대부분은 진로를 확정하기 전에 일단 해외로 여행을 가거나 사회에서 이런저런 경험을 해보는 시간을 가졌는데, 저는 곧바로 일을 시작해야겠다고 결심했어요. 한 홈쇼핑 방송에서 쇼 호스트 모집을 하기에 지원했는데 어쩐 일인지 곧바로 채용됐어요. 제 방식대로 일했을 뿐인데 꽤 빠르게 큰 성공이 찾아왔지요. 그러나 촬영 팀과 본부에서 제 얼굴이 너무 동그랗고 심지어 퉁퉁해 보이기까지 한다며 체중 관리를 하라는 피드백을 받았어요. 얼마 지나지 않아 더 크고 제대로 된 방송국에서 트렌드 소개 프로그램 진행자 자리를 제안했어요. 이때도 제 체형에 대해 비슷한 이야기를 하더군요. 저는 원래 요정처럼 여리여리한 타입이 아니에요. 오히려 오랫동안 약간 과체중이었지요. 텔레비전 화면 속에서는 누구나 체중이 몇 킬로그램쯤 더 나가는 것처럼 보이거든요. 그때부터 저는 다이어트에 돌입했고 모두 엄청나다고 칭찬해줬어요.

1　안나는 마른 몸을 만들어야 한다는 압박을 굉장히 심하게 느

끼고 있었네요. 여기에 해당되는 심리적 기본 욕구는 과연 무엇일까요?

어떻게 보면 신나는 일이었어요. 그렇지만 그렇게 날씬해진 몸을 유지하기가 쉽지 않더라고요. 체중이 500그램만 찌거나 빠져도 사람들이 알아봤어요. 게다가 당시에 저는 이쪽 일을 한다는 것이 어떤 대가를 요구하는지 잘 몰랐던 것 같아요. 방송 일을 할 계획이 전혀 없었으니까요. 방송 진행자라는 직업에는 소셜 미디어에 저를 전시하는 일이 빠질 수 없었어요. 사진 한 장, 영상 한 편에 얼마나 많은 노동이 숨어 있는지 정말 생각지도 못했지요. 스포트라이트를 받으며 서 있는 것이 어떤 느낌인지도 처음에는 몰랐고요. 대중은 대체로 저에게 호의적인 편이었지만, 비판하고 비난하는 댓글도 많이 달렸어요. 하루도 빼놓지 않고 매일매일 말이에요. 아주 조금이라도 살이 쪄서 얼굴이나 전신을 찍은 사진에 티가 날 때마다 이런 비난을 받았어요. "안나도 이제 한물갔네."

이 발언에서 안나의 자존감이 엄청난 위협을 받았음을 알 수 있습니다.

마치 수천 개의 눈이 저를 끊임없이 감시하고 판단하고 평가하는 것 같은 느낌이었어요. 정말 심한 압박을 느꼈고 늘 불안했어요. 그런데 문제는 사람들이 트렌드 프로그램 진행자에게 기대하는 건 그런 감정들이 아니었다는 거예요. 사람들은 늘 쾌활한 사람을 보고 싶어 했고 모든 것이 매그럽고 완벽하고 아름다워야 했어요. 개인적인 문제는 곧 저의 실패나 마찬가지였어요. 그건 제가 전달하고자 하는 모습이 아니었어요. 전 제가 하는 일에 당당했거든요. 그 일을 계속하고 싶었어요! 그래서 겉으로 통통 튀는 모습과 성격을 유지했어요. 침울한 사람으로 보이고 싶지 않았거든요.

2 이 발언은 안나의 내적 균형에 대해 무엇을 말해줄까요? 애착과 자율 사이에서 균형을 이루고 있나요? 아니면 접근이나 회피 동기를 보이나요?

저는 그 상황을 반드시 통제하고 싶었어요. 그것만이 안전을 보장한다고 생각했으니까요. 그래서 극단적인 식단 조절과 운동 계획을 포함한 다이어트를 지속했지요. 얼굴이 특히 마르고 광대뼈가 드러날 정도로 홀쭉해지자 긍정적인 피드백을 많이 받았어요. 그런 나날이 이어지며 저는 이렇게 생각하게 되었지요. 분명 저에게 부정적인 행동 방식인데, 세상은 그것을 인정해주고 성공이라 하고 이래야 인기를 얻는구나 하고요. 이제야 제가 너무 외적 동기에 좌우되었음을 깨달았어요. 저 자신을 위해서가 아니라 외부의 인정을 받기 위해 다이어트를 했던 거예요. 아마 학창 시절에 그런 인정을 받아본 적이 없어서 그게 더욱 큰 의미로 다가왔는지도 몰라요. 또래에게서는 더욱요. 가족에 대해선 정말 운이 좋았어요. 유년 시절에 힘든 문제가 하나도 없었답니다. 무척 자유로웠고 사랑도 많이 받았어요.

3 안나는 자존감을 위한 투쟁을 하고 있습니다. 그녀가 묶여 있는 심리적 기제를 뭐라고 부를까요?

저희 어머니와 언니, 저까지 셋 모두 항상 체중 때문에 스트레스를 받았어요. 더 어렸을 때 저는 단것을 정말 좋아해서 하루 종일 먹고 싶어 했어요. 그러면 어머니가 말했죠. "아냐, 우리 건강에 더 좋은 걸 먹자."

또래 친구들에게 제 몸매에 대해 못된 말을 듣기도 했어요. 따돌림을 당한 적도 있고요. 그래서인지 아주 일찍부터 식습관이 조금 이상했어요. 저는 항상 기분 내키는 대로 먹었어요. 대개 너무 많이 먹는 편이었죠. 그리고 엄청 오래전부터 몰래 먹는 습관도 있었어요. 열세 살인가 열네 살 때였는데, 그즈음부터 남들 앞에서 피자나 케이크를 못 먹겠는 거예요. 사람들이 이렇게 생각할까 봐 겁이 났던 것 같아요. '덩치가 저러니 저렇게 먹어대지.' 그런데 엄청 자주 배가 고프니까 혼자 있을 때 남몰래 먹기 시작했어요. 아무도 저에게 뭐라고 하거나 심지어 저에 대해 아무런 생각조차 할 수 없도록요.

여기서 우리는 그림자 아이를 형성하는 것이 꼭 가족만은 아니라는 점을 알 수 있습니다. 안나의 경우에는 또래 친구들이었습니다. 집단 따돌림은 섭식 장애의 대표적 원인입니다. 섭식 장애에 큰 영향을 미치는 것은 높은 통제 동기입니다. 안나는 거절당할까 봐 불안해서 몰래 먹으며 자신을 보호한 거예요. 이에 대한 자세한 내용을 270쪽 3a번 항목에서 확인해보세요.

그때도 저는 어떻게든 살을 빼고 싶었어요. 학교에서 인기 있고 힙한 애들은 어쩐지 모두 날씬하고 성격이 쿨했거든요. 고등학교에 들어가서는 더 열을 올리며 조깅을 시작했어요. 먹는 양 반으로 줄이기, 칼로리 계산하기, 탄수화물 줄이기 등등 안 해본 게 없었어요. 언제부턴가 웨이트 트레이닝을 하기 시작했는데 꽤 도움이 되더라고요. 저에게 좋은 에너지를 주었다고 할까요? 그렇지만 저는 통제 궤도에 빠져버렸어요. 사람들 앞에 나서는 일을 하게 되자 더욱 심해졌지요. 부정적인 댓글이 머릿속에서 지워지지 않았어요. 그걸 피하려고 무슨 일이든 했지요. 완벽해지고 싶었지만 그 과정에서 저는 행복하지 않았어요.

4 예상대로 안나의 섭식 문제는 아주 어렸을 때 시작되었습니다. 여기서 안나의 회피 동기가 다시 한번 명확해지네요. 통제는 대부분 불안에 대한 반응입니다. 통제가 아닌 다른 심리적 대안으로 무엇이 있을까요?

저의 통제 강박은 언젠가부터 아예 반대로 흘러갔어요. 갑자기 폭식하기 시작했고 다시 살이 쪘지요. 소셜 미디어에 그걸 지적하는 댓글이 계속 달렸어요. 당시 사귀던 남자 친구와도 헤어졌어요. 제가 느끼고 있었던 피로감과 압박감, 다이어트, 이별, 이 모든 것이 한꺼번에 작용해서 섭식 장애가 심해지는 계기가 되었어요. 그때 도움을 청했어야 했어요. 그렇지만 저는 엄청난 자괴감에 빠져 있었어요. 저의 자존감을 외모와 외모에 대한 타인의 평가로만 규정했어요. 당시엔 치료받는다는 게 제 선택지에 없었어요. '혼자 해결할 수 있어. 정신이 어떻게 된 건 아니니까!'라고만 생각했거든요.

섭식 장애를 겪는 사람은 신진대사가 변화하는데 이는 마치 겨울잠을 자는 상태 같은 정서적 결핍으로 이어지기도 합니다. 신진대사의 부정적 변화 때문에 우울증이 생기거나 이미 발병한 우울증이 더욱 심해지기도 합니다.

또 다른 문제는 저를 다시 일으켜주거나 신경을 다른 데로 돌리게 해줄 진정한 친구들이나 사회적 관계망이 없었다는 거예요. 방송계에서 일한 뒤 어느 시점부터 예전 친구들과 만나지 않게 되었거든요. 외식하기도 싫었어요. 오후의 커피와 디저트 타임도 사라졌죠. 가족과도 메신저를 통해 드문드문 연락했을 뿐이에요. 휴일이나 주말에는 방송 일정이 있거나 소셜 미디어 채널을 관리해야 해서 쉬지 못했고요.

5 지나치게 순응하는 사람의 전형적인 문제가 보이네요. 무엇일까요?

이제는 다르게 생각해요. 양보다는 질이죠. 올릴 사진이 없으면 사진을 올리지 않으면 돼요. 제가 나온 영상에 좋아요 수가 적거나 그 영상이 거의 언급되지 않아도 그냥 그러려니 해요. 그사이에 다시 방송 일을 시작했지만 이제 라이프 스타일을 다루는 프로그램은 맡지 않아요. 소셜 미디어 포스팅을 하는 데에도 다른 원칙이 생겼죠. 정신 건강이 지금 제겐 제일 중요해요.

이런 자아상에 다다르기까지 쉽지만은 않았어요. 그것은 2020년에 갑자기 아무것도 할 수 없는 상태가 되면서 시작되었어요. 주변 사람들은 분명히 많이 놀라고 영문을 몰랐을 거예요. 제가 늘 전부 다 잘돼가는 것처럼 연기해왔으니까요. 뭘 싫다고 한 적도 없고요. 그렇지만 그것도 문제의 일부였어요. 저는 제게 필요한 게 뭔지 더 이상 느낄 수가 없었어요. 정상적인 식사가 뭔지, 언제 휴식이 필요한지 모르는 지경이 되었죠.

안나는 여기에서 한 번 더 명확하게 자신의 감정에 접근하지 못하게 되었으며 그래서 모든 것에 대한 경계마저 잃어버렸음을 말하고 있습니다.

일종의 저항으로 저는 말하자면 코드를 뽑아버렸어요. 진행하던 프로그램에서 하차했고 소셜 미디어 계정도 삭제했죠. 그렇게 휴식기에 들어간 초반에는 사실 금방 복귀할 수 있을 줄 알았어요. 그 시기에 지금의 남자 친구도 만났고요. 그 사람의 사랑이 큰 버팀목이 되었죠. 그렇지만 돌아올 수는 없었어요. 반년이 지나고 나서야 저는 뭔가 근본적으로 생각을 바꿔야 한다는 걸 깨달았어요.

상담 치료사를 찾아 저의 섭식 장애를 다루기 시작했어요. 물론 처음 진단명을 받았을 때에는 고통스러웠어요. 신경성 폭식증이었는데, 그건 수치심과 긴밀하게 연결되어 있지요. 하지만 저는 수치심이 제 문제의 일부이며 변화하려는 저를 방해하는 요소임을 배웠어요. 대중에게 더욱 솔직하고 정직하게 제 문제를 공개할수록 조금씩 자유로워지는 걸 느꼈어요. 수치심 때문에 그런 어려움이 계속 이어지기도 해요. 허상을 유지하는 데 너무나 많은 에너지가 들거든요.

아주 중요한 지적입니다. 이런 수치심은 낫는 과정을 방해하는 경우가 매우 많습니다. 안나는 자신의 문제가 너무나 부끄러워서 혼자서 모든 것을 감당하려 했습니다. 하지만 그럼으로써 그녀는 해결을 향한 길을 스스로 막아버린 셈이나 마찬가지였지요. 감추려고 하면 문제를 바라보는 새로운 관점도 얻을 수 없을뿐더러 새로운 행동 전략 또한 수립할 수 없습니다. 스스로를 보호하려다가 문제를 더욱 심화시키고 자존감도 더욱 불안정해졌지요.

이제 저는 스스로를 다르게 받아들이게 되었어요. 가끔 너무 많이 먹기도 하고 스트레스받으면 하루 종일 초콜릿 생각만 하는 날도 있지만요, 그럴 때 곧바로 패닉에 빠지지 않아요. 외식이 잘못이라고도 생각하지 않고요. 당연히 저 자신에게 약간 불만이 있을 때도 있지만 그것이 바로 깊은 골짜기로 둔갑하지는 않아요. 저라는 사람을 이루고 있는 다른 많은 요소들이 있어요. 그게 바로 저의 가치입니다. 예컨대 저는 타인의 마음에 잘 공감하고 다정하며 도움이 필요한 사람을 도울 준비가 되어 있기에 가치 있는 사람이랍니다. 또 무슨 일에든 열심이고 깔끔해요. 이것이 더욱 중요한 저의 특징이에요. 이런 저의 성격과 저라는 사람의 존재 자체는 그 누구도 앗아갈 수 없어요.

6 안나는 이 대목에서 뭘 배웠을까요?

예전엔 내려놓는 것이 나쁘다고 생각했어요. 무기력과 무원칙에서 비롯된 결과라고 생각했거든요. 그렇지만 지금은 뭔가를 내려놓는 것이 삶을 즐기는 또 다른 방법이라는 걸 알아요.

멋지네요. 안나는 이제 올바른 길로 들어선 것 같아요. 자신의 가치를 알고 스스로의 감정과 경계에 더 많이 다가서고 있어요. 그리고 삶을 즐기는 법을 배우고 있네요.

안나를 위한 마음 설명서

1 안나의 심리적 기본 욕구에서 가장 우선시되는 것은 자존감 향상입니다. 그녀는 어떤 일이 있어도 거절당하고 싶어 하지 않고 방송 출연 경력을 통해 자존감을 강화하려 합니다. 규칙에 순응하면서 자신에게 주어지는 요구를 충족하기 위해 엄청난 노력을 기울이지요. 다이어트가 거절을 두려워하는 것에 대한 통제 요소가 되며, 그것이 곧 그녀의 자존감으로 둔갑합니다. 아마도 그녀가 외모가 아주 중요한 직업을 선택한 것은 순전한 우연이 아닐 거예요. 안나의 자존감은 분명 어릴 때부터 이 화두와 연관되어 있었을 것이며 무의식적으로 직업 선택을 통해 그것을 통제하려 했는지도 모릅니다.

2 안나의 내적 균형은 애착에 치우쳐 흔들리고 있습니다. 안나는 지나친 순응성을 보이며 이 때문에 자신에 대한 모든 기대를 충족시키고 싶어 합니다. 거절과 그에 따른 자존감 상실을 막기 위해 회피 목표를 추구하는 경향을 보입니다. 목표는 바로 거절당하지 않는 거예요. 섭식 장애를 겪는 성인 여성과 소녀에게는 몇 가지 전형적인 특징이 나타납니다. 그중 하나는 지나치게 높은 사회적 순응성인데, 자기 혐오에 가까운 매우 엄격한 자기 평가와 강박, 완벽주의 성향을 동반합니다. 이런 지나친 순응성은 당연히 자신의 감정에 접근하는 것을 방해합니다. 이는 모두 회피 동기가 아주 강한 전형적인 방어 전략입니다.

3 안나는 여기서 거울 자아에 사로잡혀 있습니다. 그녀의 자존감은 주변 환경에 달려 있어요. 다른 사람에게 인정받기 위해서라면 뭐든 하고 스스로의 욕구나 자신이 진정 원하는 것에 대해서는 점점 무뎌집니다.

3a 몰래 먹는 행위는 사회적 고립을 촉진하고 그럼으로써 안나가 한 끼에 먹어야 하는 양에 대한 현실적 기준 설정을 방해합니다. 다른 사람과 비교한 기준이 없으니까요. 또한 이 행위는 죄책감을 유발합니다. 남몰래 뭔가를 하면 우리 뇌에 그 행위가 나쁘다는 신호를 보내기 때문입니다. 열등감과 결합한 죄책감은 중독 양상을 더욱 심화시킵니다. 마지막으로 발작적인 폭식 또한 조장합니다. 이 행위를 조절할 사회적 통제도, 더불어 사회적 따뜻함도 기대하기 어렵기 때문입니다. 먹는 행위는 결국 결여된 보호막을 대체하는 수단인 겁니다.

4 이 경우에 통제를 대체할 수 있는 것은 신뢰입니다. 안나가 자신이 통통할 때에도 스스로를 여전히 아름답고 가치 있는 인간으로 여길 수 있으려면 자신감이 필요합니다. 외부 세계가 정해놓은 미의 기준에 심하게 압박받아도 그런 압박을 강인하게 견디는 데에는 자신감이 매우 중요합니다. 안나는 통통해도 아름다울 수 있다는 것을 믿기가 아주 어려웠을 거예요. 왜냐하면 날씬한 여성만 대접받는다는 사실이 아주 어릴 때 그녀에게 각인되었기 때문입니다.
　섭식 장애인 사람들에게 통제란 곧 배고픔에 대한 통제를 의미하고 이는 자존감에 영향을 줍니다. 자신이 느끼는 허기를 제어 가능한 사람은 그렇지 않은 사람보다 분명히 더 나은 상태라고, 대부분의 섭식 장애 환자들은 생각합니다.

5 지나치게 순응적인 사람은 자기 자신을 잘 감각하지 못하여 대개 자신의 심리적, 신체적 한계를 훨씬 넘어설 때까지 알아차리지 못합니다. 자존감을 안정시키려고 안나는 경력에 완전히 집중하며 이 과정에서 친구와 가족을 후순위로 미뤄두었습니다. 그런데 사회적 접촉이 있던 모든 사람으로부터 격리되면서 외로움이 심해지고 문제 또한 심화되었습니다. 문제가 섭식 장애이기 때문에 도저히 빠져나갈 구멍이 없었어요. 사회적 접촉이란 잦은 빈도로 무언가를 먹으며(식당 방문, 커피와 케이크 섭취 등) 발생하기 때문입니다. 섭식 장애가 심하던 시절 무슨 일이 있어도 그것만은 피하고 싶었을 거예요.

6 안나는 이 경험을 통해 자신의 욕구에 귀 기울이는 법, 건강한 경계를 설정하는 법을 배웠습니다. 새 남자 친구도 생겼고 가치관도 바뀌었으며 관심사도 다양해졌습니다. 그리하여 이제는 정신적으로 더욱 좋은 인풋을 취하며 애정과 인정을 향한 자신의 욕구를 보다 건강한 방식으로 충족할 수 있어요. '섭식 장애'를 대체하는 다른 행위나 약물은 이제 필요 없지요. 안나는 자신을 있는 그대로 받아들여야 한다는 것을 깨닫고, 언제나 버거웠던 완벽주의를 내려놓고 인생을 더욱 즐길 수 있게 되었으니까요.

자기 하고 싶은 대로만 하는 어머니와
잘 지내고 싶은 샤를로테

서른세 살 샤를로테는 어머니와의 관계에 불만이 큽니다. 그녀
는 어머니와 가까이 지내고 어머니에게 인정받고 싶어 합니다.
그러나 현실은 그렇지 않아요. 두 사람의 만남은 항상 격렬한 다
툼으로 끝납니다. 그런데도 샤를로테는 결국 어머니에게 제대로
인정받고 싶다는 희망을 포기하지 않습니다. 저와 상담하며 어
머니에 대한 그녀의 기대들을 바꾸고 지나간 과거를 좀 더 멀리
서 좀 더 부드러운 눈빛으로 보아야 한다는 이야기를 나누었습
니다. 샤를로테도 이제 가치 있는 사람으로 인정받지 못하는 역
할에서 벗어나 분노에 휩싸인 어린 시절을 자유롭게 놓아주고
싶어 합니다.

저의 화두는 어머니예요. 오직 어머니만이 제 이성의 끈을 끊

어지게 만들어요. 둘이 만나면 극단적으로 빠르게 긴장이 고조돼요. 단 20분을 함께 있었을 뿐인데 격렬한 다툼이 벌어지지요. 저도 정말 힘든데 도저히 그런 상황에서 벗어날 수가 없어요. 제가 주로 느끼는 건 광적인 분노에 가까워요. 감정이 좀 덜 격해지면 좋겠는데 그게 그렇게 어렵네요. 그래서 몇 년간 물리적 거리를 둬보기도 했는데, 다른 가족과는 사이가 좋아서 요즘 일주일에 한 번은 가족을 만나거든요.

1 샤를로테는 어머니에게 받을 수 없는 걸 기대하는 듯해요. 비일관성 때문에 괴로운 거죠. 이것이 그녀의 내면에 거대한 분노를 불러일으킵니다. 샤를로테의 심리적 기본 욕구 가운데 무엇이 영향을 받는 걸까요?

어머니와 저는 완전히 달라요. 어머니는 계획이라는 걸 모르는 사람이고 모든 일을 즉흥적으로 해요. 저는 항상 계획을 세워요. 어머니는 굉장히 감정적이고, 저는 오히려 조금 냉정하게 상황을 외부에서 바라보는 편이에요. 어머니는 매우 모순된 사람이에요. 저는 "엄마, 엄마가 왜 그러는지 도무지 이해가 안 돼"라는 말을 굉장히 자주 해요. 어머니가 완전히 현실에서 동떨어진 사람 같다는 느낌을 받아요. 그래서 서로 그렇게 자주 부딪히는지도 모르겠네요. 예를 들어 한번은 어머니가 창고 정리하는 일을 도와드렸어요. 저는 "엄마, 이거 버려도 돼?"라고 물었고 어머니는 "응, 버려"라고 했어요. 그런 식으로 제가 전부 정리해서 물건들을 분류했어요. 그런데 어머니가 갑자기 "아니, 아니, 이거 못 버리겠어"라고 말하는 거예요. 그럴 때마다 머리끝까지 화가 치솟는데, 어머니와 함께 있으면 지속적으로 이런 일들이 일어나요.

2 이 발언에서 샤를로테는 어머니에게 반복적으로 느끼는 통제 능력 상실을 지적하고 있습니다. 그리고 이것이 샤를로테를 분노하게 만들지요. 그녀는 어떻게 해도 어머니에게 다가가지 못하고 무력감을 느껴요. 어머니에게는 어떤 결핍이 있을까요?

어머니는 항상 남자는 모조리 끔찍한 생물이라고 가르쳤어요. 그 말은 어느새 제 신념이 되어버렸어요. 그래서 저는 남자와의 관계를 장기적으로 이어가는 데 문제가 있어요. 어머니는 너무너무 부정적이에요. 운이 없게도 제가 그 점을 약간 닮은 것 같아요. 제가 좋아하지 않는 제 성격에 어머니 책임이 있다고 생각해요.

샤를로테는 남자에 대한 어머니의 부정적 인식을 물려받았다고 믿고 있기에 어머니를 더욱 원망합니다. 어머니에게 분노하면서도 어머니의 생각과 자신의 생각을 강하게 동일시하고 있어요. 지금까지는 샤를로테가 자신의 그림자 아이에 대한 책임이 본인에게 있다고 생각하지 않는 것 같네요.

어린 시절에 때때로 어머니가 제 편이 아닌 것 같다는 느낌을 받았어요. 초등학교 때 3~4년간 은근히 따돌림을 당했고 그래서 늘 기분이 좋지 않았어요. 어머니는 한 번도 그런 제 기분을 알아채지 못했죠. 왜 어머니가 저를 도와주지 않는지 자주 자문했어요. 그러면서도 저를 괴롭히는 게 뭔지 직접 설명할 용기는 없었지요. 사춘기에 몸이 변하기 시작했을 때에도 저는 모든 게 너무 창피했고 변하는 몸이 정말 싫었어요. 저에게는 정말 큰 문제였지만 어머니와 그에 대해 이야기를 나눠본 적은 없어요. 사춘기에 대해 설명하는 책 한 권을 사주고, 그걸로 끝이었어요.

3 모성 결핍이 샤를로테에게 어떤 영향을 미치나요?

어머니는 예전에 집세를 못 낼까 봐 일을 많이 하셨어요. 그런 와중에도 제가 잘 지내길 바라며 늘 선물을 많이 사주셨어요. 선물이 산더미처럼 쌓여 있었지요. 표면적으로 저는 다 가진 것처럼 보였지만 사실 제가 먼저 사달라고 한 건 없어요. 어머니는 항상 제가 세상에서 제일 중요한 존재라고, 세상 그 무엇보다도 저를 사랑한다고 말했지요. 그런데 어머니는 정서적으로는 늘 부재중이었어요. 더 어렸을 때는 저도 몰랐어요. 어머니는 모든 문제를 물질적으로 해결하려 했던 거예요. 늘 칭찬 세례를 쏟아부었는데, 항상 외적인 면에 대한 것이었지요. 너 정말 예쁘구나, 뭐 그런 종류의 칭찬이요. 거기서 더 깊은 차원으로 들어가는 일은 결코 없었어요. 정서적 친밀감이 없었던 거예요. 제가 항상 버릇 없다며 때린 적도 있어요.

4 샤를로테가 어머니의 정서적 불만을 호소하는 대목은 어머니가 어쩌면 일종의 트라우마 때문에 자신의 감정을 차단했을지도 모른다는 추측에 힘을 실어줍니다. 어머니의 이런 태도는 샤를로테의 자존감에, 그림자 아이에게 어떤 영향을 미쳤을까요?

돌이켜보면 필요할 때는 거절할 줄 알고 스스로를 보호할 수 있고 자신이 원하는 바를 잘 아는 강인한 여성을 본보기로 삼을 수 있었으면 좋았겠다는 생각이 들어요. 그런데 어머니는 저에게 어떤 지원도 해주지 않았고 저는 언제나 모든 것을 혼자서 해야 했어요. 부모님은 제가 아주 어렸을 때 이혼했어요. 그때 제가 다섯 살이었지요. 아버지는 1년에 한 번, 크리스마스에 만났어요. 아버지와는 잘 맞았던 것 같아요. 반면 의붓아버지는 항상 어려웠어요. 사춘기 때 의붓아버지는 항상 제 외모를 두고 말이 많았어요. "아, 너 코에 왕 여드름 났다"라던가 "오, 가슴이 꽤 커졌네?" 같은 말이요. 지금도 그때 들었던 말들을 생각하면 온몸에 털이 쭈뼛 서는 것 같아요. 끔찍했다고요. 그리고 어머니는 그럴 때 단 한 번도 제 편이 되어주질 않았어요. 제 짐작엔 아마 일종의 분리 상태로, 감정적으로 아예 그곳에 함께 있지 않았던 게 아닐까 싶어요. 본인이 할 일에는 최선을 다했어요. 식사 준비도 늘 완벽했고 케이크도 자주 구웠지요. 말로, 피상적인 표현들로 어머니는 제가 그녀에게 아주 소중한 존재라고 전달했어요. 하지만 그게 전혀 와닿지 않더라고요.

여기서 샤를로테는 자신이 일찍이 혼자라고 느끼게 된 경위를 설명합니다. 심지어 의붓아버지의 선 넘는 행위조차 어머니는 방관했습니다.

저는 어머니가 제 말에 귀 기울여주고, 저라는 사람을 알아봐주고, 저를 이해해주었으면 좋겠어요. 그렇지만 아무 의미 없어요. 제 상상 속에서 어머니는 꼭 쳇바퀴를 돌리는 햄스터 같아요. 엄청나게 빠른 속도로 바퀴 안에서 달리는데, 저는 바깥에 서서 손을 흔들며 소리치죠. "저기요, 잠깐 멈출 수 없나요?" 그렇지만 아무 일도 일어나지 않아요. 사실 이런 상황에서는 제 분노조차 무의미해요. 제가 끝없이 달려야 하는 건전지 광고 캐릭터 같아요. 그 건전지 그냥 빼버릴 걸 그랬어요.

5　샤를로테는 어머니가 자신을 바라보고 제대로 알아봐주었으면 좋겠다는 희망을 버리지 않습니다. 그런데 자신의 분노가 사실상 아무 의미 없다는 표현을 쓰는군요. 샤를로테가 이 쳇바퀴에서 빠져나오려면 어떤 변화를 도모해야 할까요?

아마 저는 이 지루한 영화에서 차라리 조연이 되는 법을 배워야 할지도 모르겠어요. 어머니와 거리를 둔다면 조금이나마 편해지지 않을까 싶거든요. 더 이상 어머니가 주지도 않는 걸 끝없이 바라는 어린 소녀로 남아 있고 싶지 않아요. 물론 어머니 인생도 쉽지 않았을 거예요. 부모님에게 더 사랑받고 싶었겠지요. 어머니의 부모님은 늘 냉정했고 친밀감이라고는 없었다고 해요. 정말 안됐어요. 그런데 저는 이제 어머니에게 연민조차 느끼지 않아요. 어머니도 그걸 느끼겠죠. 어머니는 엄청나게 감정적이고, 반대로 저는 필요 이상으로 냉정하니까요.

여기서 샤를로테는 어떻게 하면 어머니를 좀 더 다정하게 대할 수 있을지 아주 잘 성찰하고 있네요. 바로 어머니의 상황에 연민을 품는 거지요.

그럼에도 불구하고 어머니와 이보다는 더 나은 관계를 쌓아가야 하는 거 아닌가 하고 자수 생각해요. 그러면 내가 예선저럼 좀 더 다정하게 굴어야 할까 하는 생각에 다다르죠. 저는 친밀감에 대한 욕구가 아주 큰데, 사실 이런 감정도 잘 이해가 안돼요. 이토록 격렬하게 화내면서 말이에요. 원래는 잘해보려하다가도 바로 분노가 치솟아요.

하지만 어머니와 더 깊게 연결되고 싶다는 마음이 어째서 지치지 않는지 모르겠어요. 원하는 걸 얻을 수 없으니 계속 화가 나요. 저는 아직도 '엄마, 나는 엄마와 잘 지내고 싶어'라고 생각하거든요. 저는 어쩌면 이런 태도를 취해야 할까요? 어머니는 분명 나와 가까워지고 싶어 하고 나에게 제일 좋은 것만 주고 싶어 하는 사람이야. 하지만 어떤 이유로 그럴 수가 없어. 나는 내가 원하는 이 확인, 이 인정을 어머니에게 받을 수가 없는데, 그건 그녀가 그럴 수 없기 때문이야. 나 자신에 대한 책임은 내가 감당하는 게 맞아. 잘 자란 어른 샤를로테가 이제 어린 샤를로테를 돌봐야 해. 그렇게 된다면 나는 더 자유롭고 쾌활한 사람이 될 수 있을지도 몰라. 나는 이 분노가 이제 사라지면 좋겠어. 화를 놓아버리고 싶어. 그리고 어머니를 조금 더 부드러운 마음으로 대하고 싶어.

샤를로테의 생각의 흐름은 정확히 올바른 방향을 향하고 있네요. 이대로라면 어머니와 화해할 수 있을 겁니다.

샤를로테를 위한 마음 설명서

1   어머니와의 관계 문제이므로 샤를로테의 애착 욕구는 어떤 식으로든 위축되어 있을 겁니다. 그리고 어머니에 대해 지나치게 흥분된 감정을 표출하고 있기 때문에 불쾌감을 피하려는 욕구 또한 여기서 다루어야 한다고 생각합니다. 샤를로테가 이렇게까지 엄청난 분노를 쏟아낸다는 것은 다른 관점에서 보면 그녀가 상황을 전혀 통제하지 못하고 있기 때문이에요. 어머니는 항상 그대로입니다. 어머니에 대한 샤를로테의 기대는 반복적으로 좌절되어왔습니

다. 궁극적으로 이 모든 것은 자존감 향상에 대한 욕구와 관련되어 있는데, 아래에서 조금 더 자세히 살펴보겠습니다.

2 샤를로테의 어머니는 부모가 가져야 할 공감 능력이 조금 부족한 것 같습니다. 어머니와 소통하기가 항상 어려웠다는 샤를로테의 설명은 어머니가 샤를로테뿐 아니라 자신의 감정으로부터도 분리되어 있음을 보여줍니다. 아마도 일종의 트라우마 경험 때문이겠지요. 어머니가 충족시키느라 바빴던 기본 욕구들이 사실상 욕구 피라미드 맨 아래에 있다는 사실도 이를 뒷받침해줍니다. 주거(집세), 식생활(식사 준비와 케이크 굽기), 물질적 선물 등이 어머니의 욕구를 반영한 요소인데, 이는 상황이 열악할 때 충족되기 힘든 것들입니다. 어머니는 자신의 감정에 접근하려는 노력을 하기보다 항상 높은 산을 오르듯 살았습니다. 쳇바퀴를 도는 햄스터처럼, 위급 상황이 끊임없이 이어지는 것처럼 말입니다. 그러니 자기 성찰의 시간 같은 건 없었겠지요. 딸에게 공감하고 개인적으로 지지해주는 것 같은 좀 더 높은 차원의 욕구에는 다다르지 못했어요. 이 '영구적 비상 사태'는 사실 트라우마를 경험한 사람이 빠지는 전형적인 심리 상태의 일종입니다.

3 이해가 결여되고 공감이 부족한 어머니의 태도는 원천적으로 샤를로테가 어머니를 믿을 수 없게 만들어버렸어요. 그 결과 그녀는 어머니에게 이해와 공감을 기대하기보다 오히려 몰이해와 거절을 예상합니다.

4 샤를로테의 그림자 아이는 자신이 사랑받지 못하는 존재라고 느낀다는 것이 특징입니다. 어머니가 그렇게 선물 공세를 퍼붓고 말로 애정 표현을 했는데도 샤를로테에게는 닿지 못한 것 같아요. 어린 샤를로테는 어머니가 정서적으로 자신의 곁에 존재하지 않는다고 느꼈습니다. 어린아이는 부모의 잘못된 행동이나 애정 결핍을 자기 탓으로 돌린다는 사실을 다시 한번 상기시켜드릴게요. 그 결과 샤를로테는 "나는 사랑받을 만한 가치가 없어", "나는 부족해"라는 신념을 새겼습니다. 이토록 깊은 상처가 그녀의 그림자 아이입니다. 이런 측면에서 볼 때 그녀는 어머니가 자신에게 집중하지 않을 때마다 매번 자존감 상실을 경험했을 거예요. 그런데 샤를로테는 언젠가 어머니에게 자신이 그토록 원했던 인정과 사랑을 받으리라는 희망을 놓지 않습니다. 여기서 작용하는 심리적 과정이 거울 자아입니다. 어머니의 무심함에 대해 자신을 탓하며("나는 사랑받을 만한 가치가 없어", "나는 부족해") 스스로에게 상처 주는 겁니다. 이 신념은 감정과 섞여서 아주 깊은 상처와 외로움의 원인이 됩니다. 샤를로테를 치료하는 과정에서 중요한 것은 이 감정을 받아들이고 자신의 그림자 아이와 사랑으로 접촉하는 단계입니다. 어떻게 하는지에 대해서는 3장에서 자세히 설명하겠습니다.

5 샤를로테가 쳇바퀴에서 빠져나오려면 우선 어머니를 바꿀 수 있다는 기대부터 버려야 합니다. 두 번째 단계는 어머니에게 속한 부분은 그대로 어머니에게 맡기는 거예요. 더 구체적으로 말하면, 샤를로테는 어머니가 자신이 그토록 절박하게 원했던 이해와 공감

을 줄 수 없는 상태라는 것(아마도 트라우마 때문일 가능성이 굉장히 높아요)을 깨달아야 해요. 여기서 샤를로테가 이 문제를 자신의 개인적 가치나 딸로서의 가치와 연관시키지 않고 어머니 스스로 이 약점을 감당해야 하는 상황임을 인정하는 것이 매우 중요합니다. 반대로 어머니에게 자신이 어떤 딸인지 물어보는 것도 괜찮아요. 어머니의 입장에서 보면 이 사람은 딸이 늘 자신에게 화가 나 있기에 슬퍼하고 있을지도 몰라요. 어머니에게 공감하면 샤를로테가 내적 용서를 할 수 있을 뿐 아니라 둘의 관계가 긍정적으로 변화할 수 있어요. 이 과정에서 전제되어야 할 중간 단계가 바로 4번 항목에서 언급했듯 샤를로테가 자신의 그림자 아이와 먼저 화해하고 그것을 치유하는 과정입니다. 샤를로테가 자기 내면의 상처를 그냥 무시하고 내버려둔다면 어머니의 문제까지도 홀로 다 떠안게 돼요. 부모가 어떤 책임도 지지 않아 자녀가 전혀 치유되지 않은 상태에서, 성인 자녀가 부모를 보호하기 위해 그들의 잘못된 생각까지 덮어주는 경우가 꽤 흔합니다. 이는 부모와의 성공적인 관계 여부가 오로지 나에게 있다는 식으로 전혀 건강하지 않게 지금껏 다뤄온 문제가 계속된다는 뜻입니다. 이 경우에 해당하는 자녀가 아주 어렸을 때 지나친 순응을 통해 부모-자녀 관계의 책임을 떠안았을수록 더욱 해결하기 어려울 가능성이 높습니다.

연애를 할 때마다 항상 먼저
관계를 망쳐버리는 엘리자

서른여섯 살 엘리자는 안정적인 연애에 항상 실패합니다. 어떤 남성이 그녀에게 관심을 보이며 시간을 투자하기 시작하면 바로 답답한 구속감을 느끼고 곧이어 형성될 친밀감을 거부합니다. 관계가 진지해지기 전에 언제나 그녀 쪽에서 이별을 통보해버려요. 그렇지만 사실 엘리자는 진지하게 만날 파트너를 기다리고 있어요. 자기 행동의 이유를 어린 시절에서 찾을 수 있을 것 같다고 생각한 엘리자는 그 원인을 찾고 자신을 성찰하며 뭘 바꿀 수 있을지 알고 싶어서 저를 찾았습니다.

처음에는 거의 하늘에서 내려온 천사를 만난 느낌이에요. 누군가를 만나면 저는 그 사람을 완전히 이상적인 존재로 바라보거든요. 이런 생각이 들어요. '정말 엄청나네. 저 남자 코드가 나랑 잘 맞아. 100퍼센트 완벽한 짝인가 봐!' 때로는 이렇게까지도 생각하지요. '저 사람, 내 남자야! 내가 찾던 바로 그 사람이라고!' 그러고 나서 몇 달이 흘러요. 무슨 일인가가 일어나지요. 대개는 아주 사소한 문제예요. 그리고 갑자기 처음과 정반대되는 생각들이 범람하는 홍수처럼 밀려오기 시작합니다. 예컨대 그 남자가 평소보다 단 10분만 늦게 퇴근해도 그 짧은 시간 동안 기다리는 제 머릿속에서는 영화 한 편이 펼쳐져요. '아하, 이 인간 나를 속이고 있군'이라든지 '그 사람한테는 내가 그렇게 중요한 존재가 아니구나' 같은 생각이 들면 걷잡을 수 없이 화가 나요.

1 엘리자는 심각한 인지 왜곡에 시달리고 있습니다. 처음에는 미래의 잠재적 파트너 후보를 이상화하여 거의 광신도처럼 희열에 젖어듭니다. 그런데 몇 달이 지나면 아주 사소한 일을 계기로 상대방을 불신하고 극단적인 분노를 표출하여 관계가 틀어지고 맙니다. 엘리자가 스스로 "영화"라고 표현하는 이러한 인지 왜곡을 뭐라고 부를까요? 엘리자의 이 발언은 그녀의 자존감에 대해 무엇을 말해줄까요?

이 과정은 항상 같은 기간에 반복적으로 일어나요. 연애를 시작한 지 대략 세 달에서 여섯 달이 지나면 별안간 감옥에 갇히고 줄로 묶인 것처럼 답답한 느낌이 들어요. 그러면 관계를 끝내야 해요. 일이 일어나는 당시에는 의식하지 못하지만, 시간이 조금 지나서 돌아보면 제가 헤어지려고 거의 세뇌와도 같은 트릭을 썼다는 사실을 발견해요. 예를 들면 아주 사소한 의견 차이로 매우 근본적인 언쟁을 시작하는 거예요. 그러곤 끝장을 볼 때까지 싸우죠. 대부분 관계가 진지해지기 전에 제 쪽에서 끝내요. 이를테면 상대방이 슬슬 함께 휴가 가고 싶다고 계획을 세우기 시작하면 그게 바로 관계의 끝이 가까웠다는 신호가 되는 거예요.

2 여기서 엘리자는 자신이 맺는 관계의 기본 패턴을 이야기합니다. 친밀한 관계가 그녀에게 그 관계를 망가뜨리는 엄청난 분노를 유발합니다. 이 분노는 어디서 오는 걸까요? 그리고 그녀가 싸움의 물꼬를 트고 관계를 끝낼 때 어떤 심리적 기본 욕구가 작용할까요?

왜 제가 그 정도로 패닉에 빠지는지 저조차 정확히 설명할 수 없어요. 그 당시엔 상대가 저를 인간 대 인간으로 봐주지 않는다는 생각이 들어요. 제가 만난 남자들을 대개 사귀기 전에 오랫동안 지켜봐서 아는데, 그들은 장기적 애착을 유지하는 데 아무 문제가 없는 사람들이에요. 그런데 어느 순간 제가 그들에 비해 너무 부족한 사람이 아닌가 하는 생각이 들어요. 이 사람이 나를 한 인간으로서 제대로 알고 나면 내가 좋은 사람이 아니라는 결론을 내릴 거야 하는 식으로요.

3 여기서 우리는 엘리자가 공황 상태에 빠진다는 걸 알 수 있습

니다. 그녀의 강력한 불안은 무엇과 연관되어 있을까요?

남자들은 대부분 헤어진 직후였고 제가 상처에 붙이는 반창고
처럼 다가갔어요. 그들이 전 연인이 남기고 떠나간 빈틈을 저
에게 메워달라고 할까 봐 겁이 났어요. 저라는 사람을 원한 게
아니라 단지 목적을 위한 수단으로 저를 만나는 걸까 봐 두려
웠어요.

이 발언에도 엘리자의 자존감이 투사되어 있어요. 인간관계에
서 자신이 제대로 인정받지 못하며, 그래서 사람 대 사람의 만남이
라기보다 단지 목적을 위한 수단 취급을 당한다는 느낌을 받는 것
같아요.

어린 시절에 어머니와의 관계에서 이런 감정을 느껴본 적이
있어요. 아마 제가 만나는 남자들이 말하자면 어머니 같은 역
할을 할까 봐 두려웠던 것 같아요. 어머니는 자기 인생에 생긴
큰 구멍을 저로 채우려 했고, 저는 그 희망을 끝내 채워줄 수
없었거든요.

엘리자의 인지 왜곡이 어디서 비롯되었는지 명확해졌네요. 그
녀는 자신이 어머니에게 실망스러운 존재였음을, 적어도 엘리자
자신은 그렇게 느끼고 있음을 확실하게 설명합니다. 이것이 그녀
의 그림자 아이에게 각인을 남겼고 이 때문에 파트너도 실망시킬

거라고 지레짐작하는 거예요.

저는 성장기에 어머니 그리고 서류상 아버지와 함께 살았어요. 서류상 아버지는 제가 태어날 때 어머니와 결혼한 상태였어요. 그런데 그가 불임이었기에 저는 혼외 관계로 태어난 딸이었지요. 아이를 원한 어머니가 임신을 시켜줄 남자를 찾은 거예요. 생물학적 아버지는 당시 이 사실을 몰랐어요. 저도 나중에 세월이 한참 지난 다음에야 알았고요. 서류상 아버지는 알코올 중독이었어요. 어머니도 알코올을 남용하다가 나중에 중독자가 됐고요. 아버지는 습관적으로 술을 마셨는데 매일 저녁 와인 두세 병을 비웠어요. 그래도 항상 편안하고 믿음직한 모습 그대로였고 공격적이진 않았어요. 반면 어머니는 아버지보다 싸늘한 태도로 저를 대하곤 했어요. 성격이 강하고 좀 드센 분이어서 가까이하기 어려웠지요. 간혹 좀 부드러운 태도로 저를 안아준 적도 있긴 해요. 어린 시절 어머니가 안아주는 걸 저는 정말 좋아했답니다. 그렇지만 그럴 때를 제외하곤 대개 저를 무시했어요. 저를 자주 때렸고, 제가 어머니를 귀찮게 한다는 느낌을 줬어요. 아마 어머니는 자기 삶에 난 큰 구멍을 메우기 위해 저를 낳은 걸지도 몰라요. 그렇지만 제가 기대에 부응하지 못한다는 걸 깨달은 뒤엔 저를 그다지 원하지 않았던 것 같아요.

4 정말 마음 아픈 경험이네요. 이런 경험에서 엘리자는 어떤 애

착 유형을 발달시켰을까요? 그녀의 동기 부여 스키마는 어떤 모습일까요?

저는 열여섯 살 때 생물학적 아버지를 처음 만났어요. 첫 만남 이후 서로 관계라 부를 법한 것을 막 쌓기 시작할 무렵 그가 세상을 떠났어요. 고작 4년이었어요.

엘리자는 계속해서 상실을 겪습니다.

여러 치료법을 시도해봤어요. 그러면서 제 사례를 예민하게 살피고 제 문제를 열린 마음으로 털어놓는 법을 배웠어요. 연인이 될 가능성이 있는 사람을 만나면 되도록 빨리 모든 걸 명확하게 하려고 노력했어요. "저기, 나는 이런 이런 사람이고, 이런 건 잘 못하고, 그렇지만 우리 사이가 잘되도록 노력할게" 하고 상대에게 밝혔죠. 하지만 상대방이 얼마나 이해심이 넓고 다정한지와는 상관없이 어느 순간 예의 그 공황 상태가 찾아왔어요. 그러면 다시 헤어져야겠다는 생각이 들면서 원래 그 행동 패턴이 반복되었어요. 그러면 말로 모든 걸 산산조각 내버리곤 해요. 말이 통제되지 않았거든요. 상대가 제일 상처받기 쉬운 부분을 정확히 알고 그 부분을 공략해요. 상대가 두 손 두 발 다 들 때까지 말했죠. 다 큰 성인 남성인데도 몇 명은 제 앞에 서서 펑펑 울었을 정도로요.

5 엘리자는 여기서 뭘 하고 있는 걸까요? 엘리자가 사용하고 있는 자기 보호 수단은 무엇이며, 그 안에서 찾을 수 있는 심리적 기본 욕구는 무엇일까요?

정말 최악은 어머니가 예전에 저에게 말하듯이 제가 그들에게 말하고 있다는 거였어요. 거칠고 상스럽게요. 평소엔 전혀 그런 식으로 말하지 않거든요. 그런 상황에서 저는 아예 다른 사람이 되어버리는 것 같아요.

6 엘리자가 무의식적으로 어머니를 흉내 내면서까지 추구하는 목적은 뭘까요?

그런 식으로 저는 스스로도 상처 입혀요. 왜냐면 그들 중 몇몇은 저에게 정말 특별한 사람이었거든요. 그들을 그렇게 나쁘게 대했던 저 자신이 정말 경멸스러워요. 최근에는 앞으로도 제 인생에서 중요한 사람들에게 계속 상처 주며 살게 될까 봐 두려워졌어요.

어머니를 통해 경험했던 그 많은 거절이 제 자존감과 관계에 접근하는 방식에 분명한 영향을 끼쳤다는 사실을 근래 깨달았어요. 어머니와의 관계가 제 정서적 삶 전체를 지배하고 있어요. 사랑하는 사람과의 관계가 저를 행복하게 만들어줄 수 있다는 확신이 없어요. 그래서 차라리 저 자신을 망가뜨리는 거예요. 또다시 고통스러운 상황으로 떠밀리고 상처받기 전에요. 진정한 관계를 원한다면 이런 식의 보호 기제를 버려야 하겠지요.

이제 어떻게든 어머니와의 관계에서 경험했던 일들과 제 자존감 사이에 엉켜 있는 실타래를 풀고 싶어요. 내면에 근원적 신뢰라는 것을 다시 쌓아 올리고 싶어요.

그래서 매일매일 스스로에게 말해요. 내 가치는 어머니와 아무 상관 없다고. 어머니는 그냥 그럴 수밖에 없어서 그렇게 행동한 거라고, 나는 아무 잘못이 없다고요. 그리고 저 자신에게 좀 더 세심하게 주의를 기울이고 제가 진정으로 원하는 게 뭔지 듣고 따르려 노력해요. 어린아이였을 때 듣지 못한, 제 가치를 인정해주는 말들을 스스로에게 하곤 해요. 하지만 제 내면 아이가 자신을 다시 사랑받을 수 있는 존재로 받아들이기까지는 아직 길고 긴 설득 과정이 남아 있는 것 같아요.

앞으로 긴 여정이 남아 있긴 하지만, 엘리자가 가기로 결심한 길은 정확히 올바른 길이네요.

엘리자를 위한 마음 설명서

1   연애 초기에 엘리자는 잠재적 파트너에게 자신의 모든 소망과 꿈을 투사하여 그 사람을 이상적인 존재로 상정합니다. 그러나 관계가 진행되는 과정에서 처음의 이상화는 또 다른 투사에 의한 강

한 불신에 자리를 내줍니다. 엘리자가 정확하게 표현하진 않지만 이 단계에서 투사의 내용은 상대가 그녀를 떠날 거라는 불안입니다. 이를 통해 엘리자가 어린 시절 많은 거절을 경험했고 그래서 자존감이 매우 낮다는 사실을 알 수 있습니다. 그리하여 그녀는 관계를 시작할 때 일생의 사랑이란 희망을 품었다가도 관계가 깊어질수록 아무도 그녀를 사랑할 수 없으며 어차피 떠나버릴 거라는 체념에 다다릅니다. 엘리자는 이런 희망과 체념 사이에서 끊임없이 흔들립니다.

2 엘리자는 자신의 투사에 근거하여 파트너가 그녀를 속이고 배신하고 떠나가버릴 거라고 믿습니다. 상상 속에서 벌어지는 이러한 자존감 훼손, 그에 따른 통제력 상실은 엄청난 분노를 일으킵니다. 분노는 그녀의 자율적 경계를 방어하고 그녀의 '목숨을 구합니다.' 이 말은 상대에게 버려진다는 상상이 그녀에게는 곧 '죽는 것처럼' 느껴진다는 의미입니다. 이런 절망적인 상황을 피하기 위해 그녀는 말로 자신의 주변을 둘러쌉니다. 그래서 상대가 떠나버리거나 그녀 스스로 이별을 통보하면 적어도 통제는 잃지 않은 셈입니다. 수동적으로 버림받은 뒤 남겨지는 것보다 적극적으로 관계를 파괴하는 것이 차라리 더 낫다고 여기는 겁니다.

3 엘리자는 낮은 자존감에서 비롯된 상실에 대한 극단적인 두려움에 시달리고 있습니다. 버림받았다고 생각하면 거의 공황 상태가 됩니다.

4 태도가 부정적인 어머니와 애착이 부족한 아버지 때문에 엘리자는 회피형 불안정 애착 유형이 되었을 가능성이 높습니다. 관계가 시작될 때 자신이 잠재적 파트너 후보를 얼마나 심하게 이상화하는지 말한 것으로 보아, 그리고 상실에 대한 극단적인 두려움을 겪고 있음이 분명한 것으로 보아 불안-회피형 불안정 애착 유형이라고 가정할 수 있겠습니다.

엘리자의 동기 부여 스키마와 그에 따른 신념들은 다음과 같을 가능성이 높습니다. "나는 혼자이다. 나는 상대에게 실망만을 주었으며 상대는 떠나갈 것이다. 그러니까 나는 아무도 믿을 수 없다. 모든 일을 혼자 해낼 수 있어야 한다." 극단적인 고독감과 무력감은 이 신념들과 관련 있는 것으로 보입니다.

5 처음에 엘리자는 파트너에게 자신의 문제를 솔직하게 밝히며 건설적인 행동 방식으로 관계를 안정시키려 노력합니다. 그러나 투사와 그로 인해 촉발된 상실에 대한 두려움이 너무 강력해지면 파괴적이고 공격적으로 행동합니다. 관계에서 주도권과 통제력을 지키려고 자기 보호 수단을 쓰는 겁니다. 아마도 그녀가 어린 시절 경험했을 무력감에 대응하는 기제였을 거예요. 그러니까 엘리자는 여기서 통제와 자율에 대한 욕구를 충족하는 것이지요.

6 이런 상황에서 엘리자는 무의식중에 스스로를 어머니와 동일시합니다. 이전의 피해자 역할에서 가해자 역할로 바꾸는 거예요. 가해자 역할은 그녀를 강하게 만듭니다. 어린 시절 경험했던 무기

력하고 휘둘리는 느낌을 매우 두려워하기 때문에 자신을 가해자와 동일시하며 강력한 통제와 권력을 행사하려는 거지요.

엘리자의 증상에 진단명을 붙인다면 경계성 성격 장애에 가깝다고 생각합니다. 경계성 성격 장애의 대표적 증상은 무엇보다 친밀한 사람에 대한 불안정한 인지입니다. 엘리자처럼 상대에 대한 인지가 이상화와 악마화 사이를 급격히 오가며, 이는 과도하게 공격적인 충동을 유발합니다. 경계성 성격 장애를 더 깊이 알고 싶다면 심리학 책이나 인터넷을 참고하기를 권합니다. 기본적으로 이 책에서 소개한 심리학 법칙들이 정도만 훨씬 심할 뿐 엘리자의 내면에도 적용되는 듯합니다. (아마도 유전적 요소들과 결합된) 어린 시절의 충격적 경험들이 그녀의 그림자 아이에게 애정 없음, 무기력, 상실에 대한 두려움까지 각인을 남겼습니다. 특히 친밀한 애정 관계에서 더욱 빈번히 유발되는 이 그림자 아이의 인지가 매우 빠르게 작동하고, 이에 대해 상실에 대한 극단적인 두려움으로 반응하여, 그 결과 그녀의 내면에서 엄청나게 파괴적인 분노가 터져 나옵니다.

떨어져 사는 어린 딸과
멀어질까 봐 걱정하는 슈테판

슈테판은 재무팀 팀장으로 일하고 있습니다. 서른세 살이며 네 살짜리 딸이 있어요. 아이 엄마와는 몇 년 전부터 따로 삽니다. 헤어지는 과정은 양측 동의하에 원만하게 진행되었습니다. 전 파트너는 이제 새로운 파트너와 같이 살고 있습니다. 슈테판은 아버지 역할이 고민입니다. 상담하는 과정에서 그가 자신의 성격 발달에 대해 이미 많은 생각을 해왔다는 것을 느낄 수 있었습니다. 상당히 솔직하고 자기 성찰적인 사람이었어요.

전 파트너와 저는 딸이 한 살 반이 되었을 때 헤어졌습니다. 꿈꾸는 인생이 서로 많이 달랐거든요. 어쨌든 이별은 저희 둘 모두에게 옳은 결정이었어요. 지금까지도 아주 좋은 관계를 유지하고 있고요. 사소한 다툼조차 없을 정도니까요.

2년쯤 전에 전 파트너에게 새로운 사람이 생겼어요. 이제 두 사람은 결혼도 했습니다. 전 파트너의 새로운 파트너와 저는 무척 잘 지내기 때문에 문제 될 건 하나도 없어요. 저희 세 사람 모두 딸을 언제나 든든하게 뒷받침해주고 싶어 하고, 그러기 위해 공동으로 움직인다고 생각해요. 이게 저희에게 가장 중요한 일이에요.

그런데도 근본적인 고민이 드는데요, 몇몇 사건 때문에 제가 어쩌면 '두 번째 아빠'가 되어버리지 않을까 하는 걱정을 하게 됐어요. 어떻게 하면 딸과의 관계에서 제가 진짜 아빠로 계속 받아들여질 수 있는지 자문하는 일이 많아졌어요. 의붓아버지가 물론 제 자리를 대신할 수 있어야 한다고 생각하지만, 한편으론 너무 완벽한 대체자로 여겨지지는 않았으면 하는 게 솔직한 심정이에요.

1   슈테판이 이야기하는 비일관성의 상황은 무엇인가요? 여기서 위협받고 있는 심리적 기본 욕구는 무엇인가요?

솔직히 그 남자보다 제가 딸을 보는 시간이 훨씬 더 적어요. 그 세 사람은 같이 사는 데다 딸은 의붓아버지와 사이가 아주 좋아요. 반면 저는 딸을 주중 오전에 두 번 그리고 일요일에 만나요. 그보다 더 많이는 어려워요.

    제가 궁금한 건 이거예요. 제 입지를 고민해야 할까요? 이렇게 걱정되는 게 맞는 걸까요? 아니면 그냥 쓸데없는 걱정일까요?

　이 중에서 과연 무엇이 실제로 노력해야 하는 부분이라고
할 만큼 객관적일까요? 현실적으로 제가 통제할 수 있는 건 뭘
까요? 그리고 제가 영향을 미칠 수 없는 부분은 뭘까요?

2　슈테판은 스스로 성찰을 많이 했군요. 이때 작용한 심리적 기
제는 무엇일까요?

　제 바람은 딸과 전형적인 부녀 관계를 유지하는 거예요. 아마
도 어렸을 적 개인적인 상실의 경험이 각인된 걸지도 몰라요.
제 부모님은 제가 여덟 살 되던 해에 헤어지셨거든요. 어떻게
보면 그때 아버지를 잃은 셈이지요. 제가 그 사실을 완전히 극
복했는지는 아직 모르겠어요.

3　이 경험이 슈테판의 아버지로서 정체성에 어떤 영향을 미쳤을
까요?

　어쨌든 몇 년에 걸쳐 그 사실을 받아들이려고 노력했어요. 아
버지가 사라졌다는 사실이 정말 혼란스러웠거든요. 그 무렵
권위와 관련해 극단적인 문제를 겪었어요. 지금도 여전하긴
한데 그동안 좀 더 의식적으로 그 문제를 다룰 수 있게 되었지
요. 하지만 당시 저는 몇 년 동안 그 누구의 권위도 인정하지
않았어요. 선생님도 그렇고, 다른 어떤 어른에 대해서도요.

4 여기서 어떤 감정이 작용하고 있으며 슈테판은 어째서 권위와 관련된 문제를 겪게 되었을까요?

그렇게 방황하는 사이 중학교 입시에 실패하고 말았어요. 나중에 공부해서 먼저 직업 학교에 들어갔다가 다시 대학 진학 코스인 김나지움으로 갈 수 있었어요. 그 후에 대학도 갔고요.

사실 저는 제 인생을 그렇게 꼬아놓은 아버지를 다 용서했다고 생각했어요. 그렇지만 분명 아버지를 100퍼센트 용서하지 못한 그림자 아이 같은 면이 남아 있겠지요. 그것이 지금의 저에게 영향을 미치는 것일 테고요.

딸 스베아가 최근에 저도 함께 있는 자리에서 토비아스(아이 엄마의 새로운 파트너 이름)를 "아빠"라고 불렀을 때 크게 충격받았어요. 그 마음을 다시 깨끗하게 정리하기까지 정말 몇 달이 걸렸습니다. 저는 스스로 해결해야 하는 짐들이 있다는 것을 너무 잘 알고 있고, 그런 면을 토비아스나 스베아에게는 절대 투사하고 싶지 않아요.

5 슈테판이 짐이라고 표현한 건 무엇일까요? 그 뒤에는 어떤 감정이 숨어 있을까요? 이것은 그의 자존감과 어떤 관련이 있을까요?

저는 꽤 오래전부터 불교와 성격 발달에 관심을 두고 공부하고 있어요. 팀장으로서도 자기 성찰은 중요하거든요. 그래서 내면에서 일어나는 많은 일을 모두 의식하는 편이지요. 의식하는 것과 그러지 않는 것은 차이가 있으니까요.

어쨌든 이 주제를 다룰 때 아주 실질적인 차원에서 접근했어요. 스베아에게 "아빠"가 누구를 부르는 말인지 헷갈린다고 설명했지요. 요즘 스베아는 그냥 토비아스의 이름을 부르거나 "토비 아빠"라고 하거나 가끔 "아빠"라고 부르기도 해요. 전 파트너인 티나가 스베아 앞에서 그 사람을 말할 때 "아빠"라고 부르니 놀랄 일은 아니지요.

6 전 파트너의 행동은 어떻게 평가할 수 있을까요? 슈테판에게는 뭐가 부족할까요? 이 대목에서 그의 불안에 대해 무엇을 알 수 있나요?

자신감이 조금만 더 있다면 그런 문제가 생겨도 지금보다 잘 대처할 수 있을 것 같아요. '그래, 이건 경쟁 상황이 아니야. 토비아스와 나는 경쟁자가 아니야'라고 생각했다면요. 토비아스도 자신도 바로 그걸 원한다고 예전에 말한 적 있어요. 어쨌든 아버지로서 크게 잘못하지 않았고 확실히 친밀한 부녀 관계로 발전할 수 있겠다는 믿음이 있으면 저도 덜 불안하겠죠. 그렇게 된다면 토비아스가 함께 보내는 시간 면에서 우위를 점하더라도 그 사실이 저를 괴롭히진 않을 거예요.

이를 통해 슈테판은 자신이 좋은 아빠가 될 수 있을지 확신하지 못한다는 것을 알 수 있습니다.

스베아를 유치원에 보내는 대신, 조부모님과 저희 어른 셋이 힘을 합쳐 가정 보육을 시도해보기로 했어요. 그래서 그런지 태어나서 처음 몇 년간은 엄마 껌딱지였어요. 그 기간에는 스베아와 제가 단둘이 있을 때 무척 힘들었어요. 그래서 뭐든 되도록 셋이 함께해야 했지요.

그러나 최근에는 저와 둘이서도 몇 시간 정도는, 가끔은 하루 종일도 잘 지내요. 몇 주 전에는 처음으로 혼자 저희 집에서 자고 가기까지 했답니다. 이전에는 불가능했던 일이지요. 서로 신뢰가 천천히 쌓이고 있다는 것을 알 수 있었어요. 전 아버지와는 그랬던 경험이 없어요. 하지만 딸하고는 관계를 잘 만들고 있는 것 같아요.

시간이 조금 지나고 나서 왜 제가 두려움이나 욕구를 명확하게 파악하지 못했는지 자문해봤어요. 예를 들면 왜 토비아스는 "새아빠"라고 부르고 저는 "아빠"라고 불러달라고 부탁하지 않았을까요? 그 구별이 저에겐 정말 중요한 일이라는 걸 나중에야 깨달았어요.

7 슈테판의 자존감 문제와 관련해 여기서 다시 한번 명확히 드러나는 것은 무엇인가요? 그리고 그는 지금껏 이 문제를 어떤 전략으로 다뤄왔나요?

제 욕구들을 일단 인지하는 데만도 굉장히 오래 걸린다는 걸 정말 자주 느껴왔어요. 그것을 화제에 올려 누군가와 소통하는 데에는 물론 그보다 더 긴 시간이 필요하지요.

조화와 완벽에 대한 강박은 제가 오랫동안 다뤄온 문제예요. 모든 게 완벽해야 한다는 바람을 버리는 연습을 하고 있어요. 어릴 때 이런 기준을 제대로 충족시키지 못한다는 말을 많이 들었어요. 구소련에서 이민 온 부모님은 그쪽 양육 방식을 따랐어요. 어머니도 아버지도 기대치가 지나치게 높았지요. 게다가 신체적 폭력도 가했고요. 벨트를 풀어 때릴 때도 있었어요. 저는 분명 모든 일을 충분히 잘해내는 사람이 되고 싶다는, 타인의 기대에 부응하고 싶다는 욕구를 내면화하며 자랐을 거예요. 제가 하는 모든 일에 완벽 그 자체인 사람이 되고 싶었어요. 그리고 지금 저희가 이룬 이 가정의 평화를 어떤 일이 있어도 위험에 빠뜨리지 않겠다는 다짐도 했고요. 그러니까 제 안에는 조화에 대한 굉장히 강한 욕구가 있는 거예요.

여기서는 어린 시절 부모의 공감 능력 부족과 폭력 때문에 슈테판이 그들에게 맞추고 지나치게 순응해야 한다는 생각을 매우 강하게 발달시켰고, 그것이 그의 자존감에 부정적인 영향을 주었음이 확인됩니다. 지나친 순응, 완벽과 조화 추구 같은 보호 전략이 명확하게 드러나네요.

이런 저의 성향은 다른 상황에서도 나타나곤 해요. 몇 년에 걸쳐 극복하려고 노력 중이에요. 안전 영역 안에 안주하고 있다는 것을 인지하는 순간 성장 영역으로 저를 밀어넣는 겁니다.

이 경우엔 그다지 성공적이지 않았지만요.

8   슈테판의 안전 영역과 성장 영역은 각각 무엇일까요?

또 다른 문제는 전 파트너인 티나가 이 사안을 다르게 생각한 다는 거예요. 그녀는 전형적인 부녀 관계 이미지가 아예 머릿 속에 없거든요. 자기 아버지와 관계가 좋지 않았고 늘 이렇게 말했어요. "내 인생에서 만난 남성 양육자들이 아버지나 마찬 가지야."

9   슈테판의 전 파트너가 가족 구성에 덧씌우고 있는 투사는 무엇 일까요?

솔직히 저는 티나가 스베아에게 아버지 역할을 하는 사람이 두 명인 상황에 대해 설명해주면 좋겠어요. 티나와 제가 더 이 상 함께하지는 않지만 이런 이유로 그 애가 저나 다른 가족들 을 포기하지 않았으면 하거든요. 지금도, 앞으로도요.

　스스로에게 바라는 건, 그림자 아이를 정말 이해함으로써 이번처럼 제 뜻대로 돌아가지 않는 상황에서도 저 자신이 부 족한 존재가 아님을 깨닫는 거예요. 이런 슬로건이 어울리겠 네요. "난 괜찮아. 우리 가족은 괜찮아." 이성적으론 이해해요. 그렇지만 무의식이 방해하지요. 어떻게 하면 이미 프로그래밍 되어 있는 것들을 변화시키고 실제로 꽤 잘 돌아가고 있는 것들에 더욱 집중할 수 있을까요?

슈테판은 자신이 앞으로 해야 할 일을 훌륭하게 요약했습니다. 이미 무의식에 새겨진 프로그램을 어떻게 바꿀 수 있을지는 3장에서 더 자세히 소개하겠습니다.

슈테판을 위한 마음 설명서

1 슈테판은 딸에게 1순위 아버지가 되고 싶어 하지만 실제로는 2순위인 것 같다는 느낌을 받습니다. 자존감 향상과 애착에 대한 욕구가 위협받는 상황에 놓인 거예요. 이와 관련해 자신이 상황을 거의 변화시키지 못한다고 생각하는 슈테판은 심각한 통제력 상실을 겪으며 괴로워합니다. 그래서 상실에 대한 두려움, 질투, 모욕감 같은 불쾌감이 생겨납니다. 슈테판의 경우에는 이때 심리적 기본욕구 네 가지가 전부 건드려집니다.

2 슈테판은 자신이 이 상황에 과거를 투사하여 잘못 판단하고 있는 것인지 스스로 묻습니다. 그는 문제를 바라보는 과정에서 자신의 입장, 즉 주관적인 면이 개입하여 잘못된 부분은 무엇인지, 또전 파트너나 의붓아버지 같은 다른 당사자들의 책임인 부분은 무엇인지 정확히 알고 싶어 합니다.

3 부모의 이혼으로 아버지와 떨어질 수밖에 없었던 과거가 당시 어린 슈테판에게 강렬한 영향을 미친 듯합니다. 이 경험 때문에 자기 아이에게 반드시 아주 좋은 아버지, 늘 함께 있어주는 아버지가 되겠다는 강한 소망이 생긴 것 같아요.

4 권위에 대한 거부 이면에는 분노가 자리하고 있습니다. 인생에서 아버지가 사라졌을 때 슈테판은 매우 화가 났고, 이 분노를 일반적인 범주의 권위에 투사했을 가능성이 아주 높아요. 참고로 남자아이나 성인 남성은 패배나 애도의 감정을 분노와 공격성으로 전환하는 경우가 꽤 흔합니다. 그러므로 이들이 매우 공격적으로 행동할 때 그 뒤에 우울증이 숨어 있는 경우가 드물지 않아요.

5 슈테판이 이 상황을 겪으며 쌓아둔 감정은 상실에 대한 두려움, 질투, 분노일 겁니다. 추측건대 슈테판은 자존감이 낮고 딸에게 좋은 아버지가 되기에는 자신이 부족하다는 두려움을 가지고 있는 것 같아요. 자신에게 너무나 부족했던 슈테판의 아버지처럼 말이에요. 어린 시절 슈테판은 매우 높은 확률로 아버지의 부재와 자기 자신을 연관 지었을 겁니다. 여기서 "나는 부족해! 나는 중요한 존재가 아니야! 나는 사랑받을 만한 가치가 없어! 나는 쓸모없는 사람이야!" 같은 신념이 생겨났겠지요.

6 슈테판의 전 파트너는 자신의 새 파트너를 스베아의 "아빠"라고 부릅니다. 제가 보기에 이건 슈테판에 대한 존중과 공감이 다소

부족한 행동이에요. 그녀가 타인의 감정을 좀 더 섬세하게 배려하면서 사려 깊게 생물학적 아버지이자 다정한 아버지인 슈테판을 존중했다면 좋지 않았을까 하는 아쉬움이 드네요. 슈테판이 그 상황을 그대로 받아들이는 것처럼 보이는 상황은 그가 자기주장을 펼치는 능력이 그다지 좋지 않음을 보여줍니다.

7 지금까지 언급한 점들로 다음과 같이 추측할 수 있습니다. 슈테판은 갈등을 기피하는 경향이 있고 모든 일을 좋게 좋게 해결하고자 노력합니다. 지나치게 순응적인 다른 사람들처럼 슈테판도 자신의 감정에 제대로 접근하지 못하며, 그렇기 때문에 누군가가 자기 경계를 침범해도 잘 알아채지 못합니다.

8 슈테판의 안전 영역은 지나치게 순응적이고 갈등을 피하는 태도입니다. 이것을 벗어나 스스로의 욕구를 제대로 인지하고 자기 자신을 주장하려 시도할 때 성장 영역에 들어갈 수 있을 거예요.

9 그리고 전 파트너가 생부와의 어려웠던 관계를 현재 상황 또는 슈테판에게 투사하고 있음은 명확합니다. 남성 양육자들이 "아버지나 마찬가지" 역할을 할 수 있다고 말하며 아버지로서 슈테판의 중요성을 축소하는데, 이는 슈테판의 자기 의심을 자극하여 그를 불안하게 만듭니다.

공황 발작이 재발해서
집 밖으로 못 나가는 비르기트

마흔세 살 비르기트는 1년 동안 공황 발작으로 괴로워하다 저를 찾았습니다. 겉으로 보기에 전혀 해롭지 않은 상황에서도 공황 발작이 덮쳐와 말 그대로 그녀의 무릎을 꿇렸어요. 상점이나 카페에서 공황 발작을 일으켜 그대로 바닥에 누워야 했던 적도 몇 번이나 있었지요. 그래서 웹 디자이너로 일하는 비르기트는 몇 달 전부터는 아예 집 밖으로 나가는 일이 드물어졌어요. 업무는 모두 집에서 해결합니다. 함께 사는 여자 친구가 일상생활에 필요한 일들을 챙겨주고요. 장보기라든지 관공서나 은행 업무를 비르기트 대신 처리합니다. 현재 상황은 이 커플에게 굉장한 부담이에요. 이런 생활을 더 이상 지속하기 어렵겠다고 생각한 비르기트는 이 공황 발작에서 벗어날 방법을 찾고 있습니다. 몇 년 전에는 한 번 성공한 적도 있다고 합니다.

19년 전에 지금과 비슷한 상황에 처했던 적이 있어요. 굉장히 비참했죠. 흔들리는 땅 위에서 살아야 할 것 같은 기분이었어요. 언제라도 균형을 완전히 잃어버릴 수 있겠다는 생각이 들었지요. 그러다 갑자기 심한 현기증을 느끼고 심장이 엄청나게 빨리 뛰면서 땀이 쏟아졌어요. 숨이 잘 쉬어지지 않았고 바로 죽을 것 같았어요. 그때 당시 저는 같이 살고 있던 남자 친구와 오랫동안 힘든 관계를 유지하다가 막 헤어진 참이었어요. 그런 일을 겪은 후 치료를 받고 상태가 안정되었고 다시 건강하게 지냈어요. 지난 10년간 그 어느 때보다도 자신감 넘치는 모습으로 살아왔어요. 직업적으로도 성장과 발전을 거듭했고요. 그러다 지금 여자 친구를 만났고 함께 가정을 꾸렸어요. 멋진 집과 강아지 두 마리도 있죠. 늘 원해왔던 것을 모두 가진 셈이에요.

비그키드의 문제는 깊은 불안감인데, 이는 현재 그녀의 삶과는 아무 관련이 없어 보입니다. 공황 발작으로 고통받는 사람들이 자기 자신과 불안 사이에 이렇다 할 직접적인 연결 고리를 찾지 못하는 건 매우 흔한 일입니다.

그래서 공황 발작이 재발했을 때 정말 하늘이 무너지는 것 같았어요. 다시 온몸에서 힘이 빠져나가버린 듯한 느낌을 받았지요. 저는 상실을 극도로 두려워하고, 삶의 버팀목을 잃을까 봐 불안해요. 이런 면이 제 일상에 엄청나게 영향을 미쳐요. 다른 사람들에겐 그저 평범한 일과인 많은 일들을 이제 더 이상 못 해요. 가장 가까운 지인들조차 이런 저를 이해하지 못할 때가 있답니다. 예컨대 아버지가 근처 피자집에 가자고 하면 이렇게 설명해야 해요. "미안하지만 아빠, 피자집에서 제가 갑자기 바닥에 쓰러져 땀을 비 오듯 흘리는 상황을 감당하실 수 있겠어요?" 공황 발작이 제가 할 수 있는 일과 할 수 없는 일을 결정하고 있어요.

1 불안감 때문에 매우 고통스러워하는 비르기트가 심리적 기본 욕구 가운데 가장 크게 침해받는 것은 바로 불쾌감을 피하려는 욕구입니다. 그런데 그것 말고도 강하게 영향받는 심리적 기본 욕구는 무엇일까요? 그리고 여기서 암시되는 해결책은 무엇인가요?

어쨌든 공황 발작 때문에 어머니와 관계가 훨씬 좋아진 면이 있어요. 저를 보러 집에 들르고 저랑 강아지들이랑 함께 산책을 해요. 제가 점심시간에 혼자 밖에 나가는 게 무서워 우두커니 서 있다는 걸 아시거든요. 그때 나타나 저를 붙잡아주시는 거예요. 사실 어머니가 저를 돌봐주시는 건 이번이 처음이에요. 둘이 같이 있으면 정말 즐거워요. 어떻게 보면 인생에서 처음으로 제가 늘 바라온 어머니를 얻은 셈이지요.

2 계속 언급되는 또 다른 심리적 기본 욕구는 무엇인가요? 이른바 병의 이점에 대해 비르기트가 이야기하는 것을 공식적으로 뭐

라고 부를 수 있을까요?

어머니는 계속 음주 문제가 있었어요. 알코올 중독 수준이었는데도 결코 치료 센터에 안 갔어요. 제가 이렇게 상태가 나빠진 다음부터 어머니는 술을 훨씬 덜 마셔요. 이제는 조절 가능한 수준으로 나아졌지요.

또 다른 병의 이점이네요. 어머니는 비르기트가 자신의 도움을 필요로 하는 상황에서는 술을 덜 마십니다. 이 대목에서 비르기트가 어머니의 알코올 문제를 간접적으로 책임지고 있음을 알 수 있어요.

어린 시절부터 청소년기까지 늘 어머니 곁에 머물며 돌봐드려야 했어요. 제가 초등학교에 다닐 때 부모님이 이혼하셨어요. 이혼 과정은 험난했어요. 두 분이 큰소리로 자주 다퉜고, 각자 저에게 상대방에 대해 안 좋은 말들을 많이 했어요. 심지어 저 때문에 갈라서는 거라고 홧김에 말씀하신 적도 있어요. 그때부터 어머니 상태가 나빠지기 시작했고, 저는 어머니를 위로하고 지켜주려고 애썼어요.

3 어렸을 때 애착 욕구가 손상된 사연을 이야기하는군요. 비르기트는 어머니에게 너무 많은 책임감을 느끼고 있어요. 다시 말해 너무 어린 시절부터 지나치게 자율적이어야 한다는 요구를 받은 거

예요. 그 결과 발달된 신념은 무엇이었을까요?

어머니가 술을 너무 많이 마시면 제가 여동생을 돌봐야 했어요. 돌이켜보면 돌봄과 보호가 필요했던 건 부모님이 아니라 저였는데 말이에요.

이제야 어머니에게서, 여자 친구에게서, 저를 가엾이 여기는 주변 사람들에게서 그때 받지 못했던 돌봄과 관심을 받고 있어요. 막상 어렸을 때에는 제가 이 정도로 힘든 상태였는지 몰랐어요. 그렇지만 공황 발작 덕분에 제가 아이였을 때 필요했던 것이 충족되고 있다는 생각이 드네요.

공황 발작에 독립성과 강인함을 빼앗기긴 했어요. 공황 발작이 일어난 다음부터 다른 사람에게 완전히 의지하게 되었거든요. 이런 상황이 사실 마음에 들지는 않아요.

여기서 비르기트는 자신이 얼마나 애정을 갈구했는지 다시 한번 확인시켜줍니다. 하지만 이 바람은 자율과 독립에 대한 욕구와 부딪힙니다.

공황 발작이 적어도 한 가지 기능은 있는 것 같다는 사실을 고백해야겠네요. 어쩌면 공황 발작이 다시 발생한 것도 그래서인지 몰라요. 공황 발작은 저에게 일상생활과 주변 사람들을 통제할 수 있는 기회를 줘요. 제 인생에서 지금처럼 통제력이 강했던 적이 없어요. 이것도 솔직히 털어놔야겠네요. 때때로 이대로 공황 발작 상태로 살고 싶다고 생각하기까지 해요. 이게 제 보호막 같은 느낌이 들어서요.

흥미로운 포인트이군요. 비르기트는 한편으로 공황 발작에 의해 통제 욕구가 심각하게 손상되었지만, 동시에 공황 발작을 통해 통제력이 매우 강해졌다고 느낍니다. 공황 발작이 그녀의 애착 욕구를 지켜주는 셈이네요.

공황 발작은 여자 친구와의 관계에서도 일종의 보호막 역할을 해요. 지금 여자 친구와의 관계는 사실 일반적인 연애로 보기에는 조금 부족한 면이 있어요. 솔직히 저는 이 사람과 사랑에 빠진 적이 없어요. 성적으로 여성에게 끌리지 않거든요. 레즈비언이 아니라는 얘기죠. 저희는 원래 그냥 친구였어요. 지금은 가족처럼 함께 지내는 거고요. 서로 의지하고 함께 있으면 정말 편해요. 같이 누워서 뒹굴거리기도 하지요. 그렇지만 저는 여자 친구에게 성적 관심은 전혀 없어요. 키스조차 안 하니까요. 그녀도 제가 성적으로는 남성에게 끌린다는 걸 알아서 그쪽 욕구는 자유롭게 해결하라고 내버려둬요. 가끔 외박을 하는데 하룻밤 상대만 찾는 건 아니에요. 지인 중에 잠자리를 같이하는 남자가 있어요. 그 남자와의 섹스는 훌륭해요. 그 남자가 저를 여왕처럼 떠받들고 정말 잘해주거든요.

4 성적으로 여성에게 끌리지 않는데도 여성과 연인이 된 비트기

트에게는 어떤 심리적 동기가 있을까요?

하지만 여자 친구를 떠나서 저희 둘이 지금까지 일궈온 것들을 포기하는 건 상상할 수 없어요. 여자 친구도 이걸 알아요. 그녀는 이렇게 말하곤 해요. "너는 결코 나를 떠나지 못할 거야. 내가 아주 많이 필요하잖아. 내가 없으면 어떻게 살래? 요리하고 빨래하고 청소는 누가 해?" 그럼 저는 이렇게 생각하지요. '아냐, 나도 혼자 살림하면서 멀쩡하게 살 수 있어.' 그런데 이런 생각을 하노라면 다시 상실에 대한 두려움이 엄습해요.

공황 발작은 이런 생각의 흐름을 계속 따라가지 못하도록 막아주지요. 지금 같은 상황에서는 여자 친구를 못 떠날 것 같아요. 공황 발작이 어쩌면 헤어지는 편이 나을지도 모른다는 생각조차 못 하게 하거든요.

여기서 비르기트는 공황 발작으로 인한 자율성 결여가 현재 연애 관계를 지켜주고 있음을 다시 한번 강조합니다. 그리고 이 관계는 다시금 자율적으로 내려야 하는 결정들과 상실에 대한 두려움으로부터 그녀를 지켜주지요. 직전에 언급했듯 이는 단지 현재 연인 관계에 한정되지 않고 전반적인 애착 불안에 관련된 이야기입니다.

말하자면 저는 갇힌 셈이네요. 공황 발작은 어린 시절 제가 그토록 원했던 기댈 곳을 만들어주고 보호받는 느낌을 경험하게 해줬어요. 늘 가까워지고 싶었던 어머니와 친밀해졌고요. 하지만 공황 발작 때문에 제가 꿈꿨던 삶을 살 수 없기도 해요. 그중 하나가 성적으로도 끌리는 남자와 안정된 관계를 맺는 거겠죠.

일단 지금 삶의 패턴을 바꾼다고 해도 든든한 지지대가 사라지거나 보호받지 못하는 상황이 아니라는 걸 의식적으로 깨달아야 할 것 같아요. 심리적으로 나약한 상태가 아닐 때에도 어머니에게 어머니가 필요하고 보고 싶다고 계속 말할 거예요. 이렇게 말할 수 있겠죠. "엄마, 제가 공황 발작을 더 이상 일으키지 않아도 더 많은 시간을 같이 보낼 수 있을까요?"

그리고 새로운 생활에 적응하기 두려워서가 아니라 스스로 원해서 관계를 지속해야 한다는 점을 깨달아야 해요. 다시 시작할 수 있다는 생각을 어떻게든 내면화하려고요. 헤어져야 한다면 어쩔 수 없죠. 그렇지만 불안해서 아무것도 안 하는 건 해결책이 될 수 없어요.

비르기트의 생각은 정확히 올바른 방향을 향하고 있어요!

제가 먼저 공황 발작이 더 이상 필요하지 않다는 걸 자각해야 공황 발작을 진정으로 극복하고 내려놓을 수 있을 것 같아요. 이제 남은 건 결단뿐이네요.

비르기트를 위한 마음 설명서

1   비르기트는 통제력을 심하게 상실해서 고통받고 있어요. 이 문제는 근본적으로 자율과 통제에 대한 심리적 기본 욕구와 관련된 것입니다. 비르기트가 아버지와 피자를 먹으러 가고 싶지 않기 때문에, 다른 모든 불안 장애 환자와 마찬가지로 공황 발작이 일어날 수 있는 상황을 피하는 거라고 봐도 좋을 거예요. 회피를 통해 그녀는 뇌에 반복적으로 그 회피된 상황이 실제로 위험하다는 신호를 보내고, 이는 그 상황에 대처하는 경험 자체를 방해합니다. 그래서 회피는 기본적으로 증상을 유지하고 강화시킵니다.

2   비르기트는 어머니에게 애착을 원한다고 확실히 표현합니다. 그녀는 자신이 늘 바라왔던 어머니를 인생에서 처음으로 가져본다고 말해요. 이건 아마도 불안 장애로 그녀가 얻는 이점이라 할 수 있겠지요.

3   비르기트의 신념은 다음과 같습니다. "나는 혼자야. 내가 당신을 보살펴줘야 해. 나는 사랑받기엔 부족해." 여기에 더해 핵심 신념은 "내 잘못이야!"일 거예요. 그녀의 부모는 실제로 이런 말을 한 적이 있습니다.

4   비르기트는 애착 불안에 시달리고 있다고 추측해볼 수 있어요. 부모의 지속적인 불화, 이혼, 어머니를 돌봐야 한다는, 아이가 감당

하기엔 너무 무거운 책임감 등은 일반적인 인간관계와 특히 연애 관계에서 부정적인 동기 부여 스키마를 발달시키는 심리적 요인이 됩니다. '무해한' 사람과 애착을 형성함으로써 비르기트는 자신을 상처 입힐지도 모르는 진정한 친밀감과 내밀함에서 벗어나면서도 친밀감과 안전에 대한 욕구를 충족시킵니다. 그리고 성적 친밀감은 다른 사람에게서 채우고요. 안정된 관계 안에서 성적 욕구가 해리의 대상이 된다는 것은 그 관계의 당사자가 애착 불안임을 드러내는 대표적 특징입니다. 애착 불안인 당사자는 파트너에게 성적 욕구를 전혀 느끼지 못하는데, 겉으로 성적 문제가 없어 보여도 마찬가지예요. 왜냐하면 성적 열정이 이 사람을 상대방에게 집착하도록 만들거든요. 상대방이 애착 대상이 되면 나에게 상처 줄 수 있는 권력과 영향력을 가지게 되는데, 이것이야말로 애착 불안인 사람이 가장 피하고 싶어 하는 상황입니다. 성적으로 흥미를 잃는 또 다른 동기는 수동 공격인 경우가 많아요. 애착 불안인 사람은 상대의 기대를 충족시킬 때 자신의 자율성이 위협받는다고 느낍니다. 그래서 특히 성적 거부를 통해 상대를 굴복시키는 거예요.

불안 장애와 공황 장애인 사람들은 거의 공통적으로 자율성 발달에 문제가 있습니다. 그래서 심리 치료의 핵심은 내담자의 자율성을 강화하는 것이라고 할 수 있어요. 비르기트 사례에서 알 수 있듯 내담자의 자율성이 낮아지는 현상은 항상 애착 욕구가 좌절된 경험과 함께 일어납니다. 그리고 불안 장애는 친밀감과 보살핌에 대한 욕구를 충족시키려는 무의식적 동기에 뿌리를 두고 있는 경우가 많습니다.

연애를 갈구하지만
끊임없이 거절당하는 필리프

서른두 살 필리프는 서로 지지하고 보호해줄 수 있는 파트너와 안정된 관계를 맺고 싶어 합니다. 필리프는 오랫동안 싱글이었고, 항상 자신보다 나이가 매우 많거나 이미 연인이 있는 남성들을 사랑하게 되었어요. 그런데 초반에 몇 번 데이트를 하고 나면 잠재적 파트너들이 금방 그에게서 멀어져요. 필리프가 너무 지루하다거나 너무 절박해 보인다거나 너무 자기중심적인 것 같다고 하면서요. 필리프는 이런 패턴이 반복되는 것이 혹시 어린 시절 부모와 의붓아버지에게서 경험한 평가 절하의 경험 때문은 아닌지 걱정합니다.

남자들이 저를 신경질적이고 부담스럽다고 느끼는 것 같아요. 싱글로 지낸 지는 굉장히 오래됐네요. 이렇게 오랫동안 연애를 못 하고 아무도 제 곁에 있고 싶어 하지 않는다는 게 꽤 스트레스예요. 데이트를 해도 보통 일회성이고, 대부분 저보다 나이가 엄청 많거나 이미 파트너가 있는 남자들에게 끌려요.

1 필리프를 괴롭히는 비일관성은 무엇이며 이것은 필리프의 자존감과 어떤 관련이 있을까요?

지금까지 연애를 딱 한 번 했는데, 저보다 스무 살 많은 남자였어요. 벌써 10년 전 일이네요. 그 남자와 3년 정도 사귀었고요. 당시 저희 둘 사이에는 커다란 불균형이 존재했어요. 그 사람은 저보다 훨씬 현실적이었어요. 자신이 원하는 게 뭔지 잘 알았고, 취미도 여럿 있었고, 오래 만난 친구들도 있었고, 직업도 안정적이었지요. 반면 저는 갓 스물한 살이었고 막 베를린으로 이사 온 참이었어요. 그리고 엄청나게 큰 감정적 짐을 짊어지고 있었지요. 저는 무척 힘든 이런 시절을 보냈어요. 제 인생에는 저를 사랑해주고 제 가치를 알아주는 아버지가 없었거든요. 그래서인지 아주 어렸을 때부터 나이 많은 남자에게 끌렸던 것 같아요. 다섯 살 때인가 동네 수영장에서 가슴에 털이 수북하고 콧수염이 난 남자를 봤는데 정말 매력적이었어요. 자신감이 넘치고 동네에서 인기가 많았으며 가정이 있는 이성애자 남성이었지요.

2 필리프는 옛 파트너에게 무엇을 투사했을까요? 여기에 관련된

심리적 기본 욕구는 무엇일까요?

돌이켜보면 옛 파트너에게서 아버지의 모습을 찾은 듯하다는 생각이 들어요. 그 관계에서 저는 저만 신경 썼던 것 같고요. 많은 일을 함께했고 물론 섹스도 했는데 정말 좋았어요. 같이 보내는 시간이 정말 즐거웠고 그 사람과 함께 있으면 실없는 농담도 재미있었어요. 그렇지만 주로 제가 원하는 것들만 이야기했고 그 사람은 많이 들어줘야 했지요. 저는 신세 한탄을 할 때가 많았어요. 저도 물론 사랑을 주고 싶었지만 그게 잘 안 됐어요. 그렇게 3년이 지나고 그 사람이 헤어지자고 하더군요. 전 구렁텅이에 떨어진 느낌이었어요.

여기서 필리프는 자신이 인정과 애착에 대한 욕구가 매우 강했고 그래서 옛 파트너에게 너무 부담을 주었다고 성찰합니다. 보살핌을 제대로 받지 못한 사람은 애정을 잘 주는 법을 모르는 경우가 많습니다.

현재의 저는 여러모로 훨씬 나아졌어요. 대학도 나왔고 직업도 있어요. 그때보다 독립적인 사람이 되었고 더 성숙해졌어요. 하지만 누군가에게 사랑받고 싶다는 마음이 내면에서 계속 커져요. 육체적 친밀감이나 다정함 같은 것들이 정말 그리워요. 누군가를 처음 만나면 엄청난 압박을 느끼며 생각하죠. 무슨 얘기를 해야 하지? 제 인생은 그다지 흥미롭지 않은 것 같거든요.

3 필리프는 그동안 많은 걸 이루었군요. 그러나 그의 그림자 아이는, 그러니까 낮은 자존감은 아직 치유되지 않은 듯하네요. 필리프에게 각인된 신념은 무엇일까요?

예전에 제가 잘생겼다며 다가오는 남자들이 꽤 있었는데 금방 관심이 식더라고요. 세 달쯤 전에 나이 많은 심리 치료 상담사와 데이트를 했어요. 그 사람이 한편으로는 사랑을 찾아 헤매면서 다른 한편으로는 끊임없이 자신을 깎아내리는 독특한 패턴을 저에게서 발견했다고 하더군요. 이 말을 끝으로 그 사람도 떠나버리긴 했지만, 그의 말이 맞아요. 어떤 사람이 멋지다고 느끼면 어떻게든 그 사람과 가까워지고 싶다고 생각하면서 동시에 그에게 어필할 수 있는 매력이 나한테 있을까 히는 생각도 해요. 그러면 저는 위축되는데, 그게 끝을 알리는 신호예요.

여기서 다시 한번 자기 충족적 예언이 어떤 역할을 하는지 확인할 수 있습니다. 자신을 형편없는 사람으로 여기는 자아상 때문에 필리프는 위축되고, 그것 때문에 실제로 다른 사람에게 별로 재미없는 사람으로 비칩니다.

이 모든 일이 저의 어린 시절에 뿌리를 두고 있는지도 몰라요.

저의 생물학적 아버지는 저를 원치 않았대요. 제가 그냥 사고와도 같은 존재였던 거예요. 하지만 어머니는 저를 원했어요. 세 살 되던 해에 어머니가 의붓아버지를 만나기 시작했어요. 의붓아버지를 처음 만나던 날 저는 식탁 아래로 숨었는데, 그의 목소리가 너무 크고 낮았어요. 그날이 바로 무시와 고함이 난무하는, 아주아주 힘들었던 관계의 시작이었지요.

4 어린 필리프가 경험했던 상실과 거절에 대해 들어보았습니다. 어머니는 필리프를 원했지만 의붓아버지를 그의 눈앞에 데려다 놓았네요. 이 경험은 필리프에게 어떤 흔적을 남겼을까요?

열네 살이 되었을 때 어머니는 의붓아버지와 헤어졌고 저는 의붓아버지 집에 남았어요. 어머니가 떠나기 전날 밤, 저에게 함께 떠나겠냐고 물어보시더군요. 어머니는 다른 도시로 이사했고 저는 너무 갑작스러워서 아무 결정도 내릴 수가 없었어요.

여기서 필리프의 어머니는 아이의 욕구보다 자신의 욕구가 훨씬 더 중요한 사람이었다는 것이 다시 한번 드러납니다. 필리프는 또다시 홀로 버려졌네요.

하지만 저는 친구들과 학교 때문에 살던 곳을 떠나기 싫었어요. 그런데 시간이 지날수록 그 선택이 엄청난 실수였다는 걸 깨달았지요. 열아홉 살에 고등학교 졸업 시험을 며칠 앞두고 저는 의붓아버지 집에서 쫓겨났어요.

다시 한번 필리프는 노골적으로 거부당했네요….

인생에서 유일하게 애착을 형성했던 사람이 바로 저희 할아버지예요. 제가 네 살 때 돌아가셨죠. 정말 사랑이 많고 섬세한 분이었다고 기억해요.

할아버지는 필리프에게 축복과도 같은 분이었군요. 사랑하는 능력이 결여된 필리프의 부모를 조금이나마 대신해줄 수 있는 존재였겠어요. 안타깝게도 할아버지가 필리프의 인생에서 너무 빨리 퇴장했네요. 이 역시 힘든 상실의 경험이었겠지요.

어머니에게 사랑받는다거나 인정받는다는 느낌을 받은 적이 없어요. 저는 굉장히 활발한 아이였는데, 어머니는 저 때문에 자주 예민해지는 것 같았어요. 늘상 때리고 소리를 질렀지요.

5 필리프는 어머니에게서 어떤 메시지를 받았을까요?

지금은 어머니와 좋은 관계를 유지하고 있지만 그러기까지 정말 많은 시간과 노력이 필요했어요.

이 대목에서 필리프가 역시 스스로 노력하는 타입임을 추측할 수 있어요….

열아홉 살에 생부에게 연락해 만나기 시작했어요. 잘된 일이었죠. 아버지를 처음 만났을 때 왈칵 울음이 나왔어요. 그런데 아마 제가 저의 채워지지 않은 욕구들로 아버지를 부담스럽게 했나 봐요. 반년쯤 뒤에 아버지가 연락을 끊었어요. 그 뒤로 몇 번쯤 더 왜 이렇게 되었는지 얘기해보자고 아버지를 설득했지만, 그분은 그러고 싶지 않다고 하더군요.

6   필리프는 정말 수많은 거절을 당하며 살아왔네요. 필리프가 모든 일의 원인을 자동으로 자신에게서 찾고 있다는 점이 특히 눈에 띄네요. 아버지와의 일화에서도 아버지가 관계 맺기에 취약했다고 말할 수 있었을 텐데 말이에요. 이렇게 모든 잘못을 자신에게 돌리는 특성은 필리프의 동기 부여 스키마에 대해 무엇을 말해줄까요?

지금은 어머니가 유일하게 제가 기댈 곳이에요.

필리프의 어머니는 자신의 과오를 되돌리려 하는 걸까요?

제 친구들은 저의 이런 상황을 별로 심각하게 받아들이지 않아요. "아, 넌 왜 항상 비극의 주인공이냐? 그만 좀 징징거려. 긍정적으로 생각하라고." 이런 말을 하거든요. 저도 제가 쿨하지 못한 걸 알아요. 하지만 그 애들은 제가 겪은 일을 상상조차 못 할 거예요.

필리프는 자신이 겪은 일을 나누고 이해해해주는 사람을 진심으로 바랍니다. 아마도 그런 마음을 다른 사람들의 신경을 건드리는 방식으로 표현하는지도 몰라요. 아니면 반대일 수도 있고요. 친한 친구들조차 그를 이해해주지 않으니까요.

제가 정말 간절히 원하는 건 누군가가 저를 있는 그대로 사랑해주는 거예요. 가끔 제가 그만한 가치가 없는 사람일까 하고 생각해요. 그도 그럴 것이 수년 동안이나 제가 별로라는 말만 들어왔으니까요. 이 생각이 저를 짓누르는 것 같아요. 솔직히 이야기하면 어렸을 때부터 계속 너무 우울해요. 때로는 자살 충동도 느껴요.

7 무가치감과 무력감은 우울증 증상입니다. 이는 필리프의 내적 통제 위치와 어떤 관련이 있을까요?

하지만 이제 저는 이런 감정을 치워버리고 싶어요. 위험이 닥칠 때마다 제 영혼이 부정적인 길로 빠지게 내버려두고 싶지 않아요. 제가 이런 무가치한 사람이 된 기분으로 좋은 경험과 멋진 만남을 맞이할 수 있을까 하는 의문이 가끔 들지만요, 그래도 용기를 내보고 싶어요.

8 필리프는 자신에게 좋은 경험을 허용하는 데 왜 용기가 필요할까요?

늘 거절당할 수밖에 없었던 관계들에 이제 얽매이고 싶지 않아요. 아마 이미 파트너가 있는 남자들을 주로 만난 영향도 있겠죠. 항상 저 자신을 두고 사랑받을 자격이 없는 사람이라고 생각해왔어요. 또는 데이트가 잘 풀리지 않으면 곧바로 이렇게 생각했죠. '역시, 내가 너무 지루했나 봐. 내 탓이네.'

9 필리프는 왜 거절당할 관계를 찾는 것처럼 보일까요?

그렇지만 제 안에는 겉으로 보이는 것보다 더 많은 것이 있다고 생각해요. 저 자신을 믿고 스스로에게 관대한 목소리가 내면에 있어요. 반면 그 목소리에 대항하며 저를 깎아내린 건 과거 부정적인 생각들과 주변 사람들 태도였어요. 그게 저에게 너무 깊은 각인을 남겼지요. 무가치감은 사실 제 부모님에게 더 어울리는 단어예요. 그분들이 제 인생을 망쳤으니까요. 어린 시절을 돌이켜보면 저는 본격적으로 체벌당하기 전까지는 정말 활달하고 즐거운 아이였어요. 이제는 이 그림자 아이로부터 벗어나고 싶어요. 이건 그저 일부일 뿐, 진짜 저 자신과는 아무 관계도 없거든요.

멋지네요. 이거야말로 필리프가 해묵은 패턴, 그의 그림자 아이에게서 벗어나 성큼 성장하는 데 도움이 되는 올바른 사고입니다.

필리프를 위한 마음 설명서

1   필리프는 사랑받고 인정받기를 갈망하지만 거절에 부딪힙니다. 이는 엄청난 비일관성입니다. 다른 남자들이 그에게 "신경질적이고 부담스럽다"라고 말했다는 이야기를 한다는 것은 그의 자존감이 이미 많이 손상되었다는 의미입니다. 필리프의 낮은 자존감이 사랑하는 사람들과의 관계에 부담을 주는 방식으로 표출되었다고 보아도 좋을 거예요. 또한 필리프는 낮은 자존감을 끌어올려줄 무언가를 나이 많은 남자들에게서 찾는 것 같아요.

2   필리프는 자신을 보호하고 이끌어줄 아버지 같은 사랑의 대상을 찾습니다. 이때 그는 적어도 그 당시의 나이에는 자신의 자율성이 심하게 약해서 발밑에 허공을 딛고 있는 것 같았다는 표현을 씁니다. 그의 내면에 버팀목이 없었기 때문에 나이 차가 많이 나는 파트너에게서 겉으로 드러나는 지지를 받고 싶어 했어요. 어린 시절받지 못한 아버지의 사랑과 인정을 갈구했지요. 아버지와 비슷한사람을 통해 불안정한 자존감을 치유받으려 시도한 겁니다.

3   필리프의 신념은 "나는 사랑받기엔 부족해"와 "나는 가치 없는존재야"의 온갖 변형입니다. 그래서 그는 항상 사랑받고 인정받으

려고 엄청나게 노력해왔어요.

4 필리프의 어머니는 필리프가 의붓아버지를 받아들이기를 기대함으로써 사실상 그를 배신했어요. 이 남성과의 관계를 아들과의 관계보다 우선시한 셈이니까요. 필리프의 불안, 외로움 그리고 지지와 애정에 대한 절박한 욕구는 오로지 '아버지가 없기 때문에' 생겨난 게 아니라 어머니가 충분한 애착을 통한 안정감을 제공하지 못했기 때문이기도 합니다. 필리프는 어머니에게 버림받은 뒤 사랑받지 못한다고 느꼈을 거예요.

5 어머니의 메시지는 다음과 같습니다. "사람들이 너를 사랑하지 않는다면 그건 모두 네 책임이야. 넌 정말 너무 부담스러워!"

6 어렸을 때 필리프는 수많은 관계 단절과 어머니와의 약한 애착 때문에 안전하다고 느끼지 못했을 거예요. 심지어 어머니는 그가 너무 귀찮고 부담스러운 존재라고 노골적으로 표현했지요. 필리프는 동기 부여 스키마에 자신은 사랑받을 만한 가치가 없으며 애정을 요구하는 바람에 다른 사람을 거슬리게 하는 사람이라는 신념을 저장했습니다. 기본적으로 필리프는 어린 시절 학습한 대로 거절당할 때 문제의 원인을 자신에게서 찾습니다. 더 안타까운 점은 이렇게 많은 잘못된 메시지와 친부모와의 불안정 애착 때문에 그가 아주 연약하고 다치기 쉬운 자존감을 발달시켰다는 겁니다. 이렇게 낮은 자존감 때문에 그는 지금도 자기가 너무 많은 확

인과 관심을 요구해서 다른 사람들이 자신을 부담스러워한다고
표현합니다.

7 중요한 사람들과의 애착을 거의 또는 전혀 통제하지 못했기
때문에 필리프는 내적 통제 위치가 아주 낮습니다. 즉 그는 자신
이 참여하고 있는 관계에 아무런 영향력도 행사할 수 없다고 느낍
니다. 이렇게 통제력 부족이 깊이 각인된 바람에 그는 의미와 가치
감을 모두 상실한 우울을 경험하게 되었습니다. 필리프가 없었다
면 어머니는 새로운 파트너와 더 잘 지냈을 거라고 생각했을까요?
필리프는 어머니에게 귀찮은 존재라는 막말을 들었고, 구타당했
으며, 결국 홀로 남겨지기까지 했습니다. 어머니가 자식에게 던지
는 이런 깊은 상처를 남기는 말과 행동은 아이의 마음을 회복할 수
없는 지경으로 황폐하게 만드는데, 그것이 이 아이를 낳지 않았으
면 좋았을 거라는 어머니의 후회를 전달하기 때문입니다. 아이들
은 어머니의 의도와 자의적으로 거리를 두기가 힘듭니다. 필리프
는 어머니의 거부를 내면화하여(내사) 자신에 대한 거부로 전환했
습니다.

　필리프는 때때로 자살 충동을 느낀다고 말했는데, 이는 가볍게
넘길 일이 아닙니다. 왜냐하면 자살이 가장 흔한 사망 원인 가운데
하나이거든요. 40초마다 한 명이 스스로 목숨을 끊는다고 합니다.
15~44세에서 자살은 사망 원인 3위 안에 들고 10~24세에서는 두
번째로 높은 사망 원인입니다(WHO 통계). 후속 상담에서 필리프는
다행히도 상태가 훨씬 나아졌다는 소식을 들려주었습니다. 과거의

각인들과 이전보다 훨씬 더 거리를 두는 모습이었어요.

8 어린 시절 경험 때문에 필리프는 거절당하는 게 당연하다고 굳게 믿습니다. 그는 자신감이 없어요. 다른 사람이 자신을 사랑할 수 있다는 사실을 믿지 못하고, 그래서 잠재적 파트너도 믿지 못합니다. 거절에 대한 두려움을 극복하고 타인에 대한 신뢰를 키우기 위해서는 많은 용기가 필요할 거예요. 그렇지 않으면 영영 극복하지 못할지도 몰라요. 이를 위해 먼저 자존감을 높여야 합니다.

9 거절당하리라 굳게 믿으며 (아직은) 신뢰를 회복하지 못한 필리프에게 유일한 선택지는 거절로 각인된 옛 관계의 경험을 되짚어 보는 것입니다. 그러면 자신이 왜 항상 그렇게 믿는지 알게 되고, 그럼으로써 스스로를 조금 더 잘 알게 되겠지요. 이것은 그에게 적어도 약간의 예측 가능성과 통제력을 가져다줄 수 있습니다.

산후 우울증에 시달리다
끝내 이혼하게 된 자라

스물아홉 살 자라에게는 세 살짜리 아들이 있습니다. 아들이 태어난 뒤 그녀는 산후 우울증을 겪었습니다. 그녀와 남편은 부모가 된다는 게 이토록 힘들 줄은 몰랐습니다. 남편은 그녀와 아이만 남겨둔 채 떠나버렸습니다. 현재 자라는 힘든 시기를 잘 이겨내고 아이와 애착을 잘 형성한 상태이며, 대학에서 공부를 시작했습니다. 그래도 여전히 무력감과 두려움에 대항하여 싸워야할 때가 있습니다. 그녀는 그런 순간에 더 많은 힘과 자율성을 가지고 싶어 합니다.

아들이 태어난 뒤에 저는 그 아이와 애착을 잘 형성할 수 없었어요. 출산 후에 바로 심각한 우울증에 빠졌거든요. 지금은 훨씬 나아졌지만 그래도 여전히 뭔가 부족하다는 느낌이 강하게 들어요. 그게 뭔지 알고 싶어요.

　　스무 살 때 전남편을 만났어요. 그 사람은 당시 서른다섯 살로, 저보다 훨씬 나이가 많았죠. 저는 고등학교 졸업 시험을 막 치른 뒤였어요. 저한테는 첫눈에 반한 로맨틱한 사랑이었어요. 그를 만나고 나서 일이 아주 빠르게 진행되어 그의 집에 들어가서 살게 되었을 때 태어나서 처음으로 자유롭다는 감정을 느꼈어요.

1　자유를 향한 자라의 열망 뒤엔 무엇이 숨어 있을까요? 그녀가 전남편에게 투사한 욕구는 무엇일까요?

부모님은 자식을 굉장히 보호하는 타입이었어요. 지배적이라거나 권위적이라고까지 표현해도 괜찮을 것 같아요. 모로코 출신 어머니는 긍정적인 의미로 따뜻하고 매사에 진심인 분이었어요. 반면 아버지는 꽤 강압적이었고 저를 일종의 새장 같은 데 가둬두려 했어요. 아버지에게는 제가 주어진 일을 잘 해내고 특히 학교에서 좋은 성적을 받아 오는 게 매우 중요했어요. 전형적인 독일 사람이라고 말하면 어떨까요. 부담을 정말 많이 줬죠. 사실 저는 부모님과 함께 사는 20년 동안 주어진 역할을 수행했고, 문제를 일으키지 않으려고 최대한 얌전히 행동했어요. 그런데 남자 친구가 저에게 문을 활짝 열어준 거예요. 그 안에서 저는 즐겁든 화나든 상관없이 '나 자신'으로 있어도 된다는 걸 알았어요. 솔직하고 자유로웠지요. 물론 저는 너무 어리고 경험도 없었어요. 인생이 어떻게 굴러갈지 전혀 몰랐지요.

2 예상대로 자라는 부모의 과보호와 압박에 시달렸네요. 그녀는 부모의 기준에 자신을 지나치게 맞추며 가족 안에서 어떤 역할을 연기했습니다. 이는 자라의 심리적 기본 욕구에 어떤 영향을 미쳤을까요?

그 후 저희는 곧바로 결혼했고 저는 대학에 들어갔어요. 그리고 어느 순간 아이를 갖자고 결정했지요. 20대 중반이면 저에게도 괜찮은 타이밍이라고 생각했어요. 하지만 현실은 제가 상상했던 것과 완전히 달랐어요. 출산하는 그날부터 제 삶은 그냥 끝난 거나 마찬가지였어요. 방금 태어난 아들이 제 품에 안겨 있는데 이런 생각이 들더군요. '네가 나한테 이런 짓을 한 거야.' 고통의 책임을 아기에게 돌린 거예요.

3 어린 시절 자라의 어떤 감정이 그녀의 부모님에게서 촉발한 걸까요?

게다가 아기 때 아들은 그저 울기만 하고 잠을 안 잤어요. 첫해에 단 한 번도 아기가 있어서 정말 좋고 행복하다는 감정을 느껴본 적이 없어요. 뭘 하든 '아기는 괜찮겠지?'라는 생각을 한 순간도 멈출 수 없었어요. 남편은 낮에 회사에 있었어요. 그가 저녁에 집으로 돌아오면 저희 둘 다 완전히 절망적인 상황에 내던져졌죠. 아기를 달래는 일 외에 다른 일은 할 수 없었어요. 둘 다 완전히 과부하 상태였어요.

소리 지르고 우는 아기는 산후 우울증을 일으키는 주된 위험 요인입니다. 자라뿐 아니라 남편도 그 상황에 노출되어 과부하 상태였네요.

산후 우울증의 원인은 아직 정확히 밝혀지지 않았어요. 지금까지 알려진 바와 달리 호르몬 변화는 큰 영향이 없다고 해요. 오히려 외부 스트레스, 예컨대 도움의 부재라든지, 파트너와의 결별 또는 중요한 애착 대상의 죽음 같은 것이 더 큰 영향을 미칩니다. 물론 당사자인 부모의 기본 심리 상태도 정말 중요하고요. 어머니뿐 아니라 아버지도 산후 우울증으로 고생하는 경우가 있어요. 아마 자라의 남편도 그 무렵 우울증을 앓고 있었을 가능성이 높습니다.

'얘가 지금 나한테 무슨 짓을 하고 있는 거지?' 온종일 이런 생각만 들었어요. '너는 아기에게 젖을 먹여야 해, 너는 아기 기저귀를 갈아줘야 해, 너는 아기에게 웃어줘야 해, 너는 아기와 놀아줘야 해.' 이런 의무감이 머릿속을 맴돌아서 아기와 애착 형성이 어려웠어요. 의무감으로 하긴 했지만 그 모든 일이 전혀 기껍지 않았죠. 저는 어떤 역할을 수행한 것뿐이었어요. 당시 제가 아이에게 느낀 건 차가운 사랑이었지요.

4 앞에서 다룬 '거울 자아' 개념을 다시 떠올려봅시다. 여기서 어머니와 아이는 서로 무엇을 비추고 있을까요?

시간이 갈수록 남편과의 사이도 점점 더 나빠져서 나중에는 대화라곤 없고 전부 저의 일방적인 지시뿐이었어요. "기저귀 갈아! 옷 입혀! 안아!" 그렇지만 남편은 거의 아무것도 하지 않았어요. 저는 아직도 그런 날 중 하루를 선명하게 기억해요. 남편이 퇴근해서 집에 왔고 소파에 앉아 무슨 서류 같은 걸 뒤적거리고 있었어요. 제가 말했죠. "제발 애 좀 받아. 하루에 한 번이라도 마음 편히 화장실을 가거나 샤워를 하거나 뭐라도 좀 하고 싶다고!" 그 순간 그는 화가 머리끝까지 나서 보고 있던 걸 바닥에 내팽개쳤죠. 그의 그런 모습은 처음 봤어요.

자라의 남편 역시 심각한 과부하 상태여서 자라의 부담을 거의 덜어줄 수 없었습니다. 그가 갑자기 분노를 폭발시킨 걸 보니 어느 정도 갈등을 회피하는 성향 같네요. 그때까지 내면에 쌓인 게 많았던 듯해요.

어느 순간 마치 눈에 씌었던 콩깍지가 벗겨지듯 깨달았어요. 저희가 서로를 대할 때 더 이상 애정이나 친절함이라곤 없다는 걸요. 그래서 그에게 물었죠. "당신, 계속 나랑 살고 싶어?" 남편은 "아니"라고 대답했어요. 그 말이 입 밖으로 나온 순간 저희 관계는 끝났어요. 바로 그 순간부터요. 저는 견딜 수 없이 슬펐고, 견딜 수 없이 우울했고, 그에게 다시 돌아와달라고 몇 달 동안 빌고 매달렸어요. 그렇지만 그는 돌아오지 않았죠. 헤어진 뒤에야 제가 얼마만큼 그에게 녹아들어 있었는지 깨달았어요. 감정적으로도 엄청 많이 의존했다는 것도요. 전혀 자유로운 상태가 아니었던 거예요. 항상 그에게 확인받고 싶어 했고 '내'가 아닌 '우리' 모드로만 사고했어요.

여기서 자라가 헤어지기에 앞서 문제에 관해 대화하거나 해결책을 찾으려고 전혀 시도해보지 않았다는 점이 눈에 띄네요. 둘의 분위기가 냉랭해진 지 한참 지났는데도 자라는 이별을 전혀 예상하지 못했어요. 육아로 무리하고 있는 상황에서 이 일까지 겹친 셈이니 그녀가 완전히 무너진 것도 놀랍지 않네요. 이 시점에서 자라는 자신의 자존감을 지탱해줄 버팀목으로 남편을 얼마나 필요로 하고 있었는지 깨달았어요. 바로 이 점이 그녀에게 기회가 될 수 있겠네요.

남편은 성격상 언제나 저에게 맞춰주려 했어요. 저를 애지중지하며 제가 원하는 건 뭐든 해줬지요. 저와 싸우기보다는 양보해주는 경우가 더 많았고요. 그가 헤어지자고 한 제일 중요한 이유는 더 이상 그렇게 살고 싶지 않다는 거였어요. 그 사람이 자기는 이미 몇 년 전부터 행복하지 않았다고 말했을 때 가슴이 찢어지는 것 같았죠. '어떻게 감히 나를 더는 사랑하지 않는다고 할 수 있어?' 하고 생각했어요. 저의 근원적 신뢰가 완전히 흔들렸지요.

5 여기서 남편의 심리 구조가 잘 드러납니다. 그의 행동을 어떻게 분석할 수 있을까요?

그때 전 안타깝게도 이혼 때문에 슬퍼하며 울 시간도 없었어요. 침대에 드러누워 드라마를 보거나 아이스크림을 먹을 여유도 없었죠. 아이가 있었으니까요. 이제 아이를 책임질 사람은 저 하나뿐이었어요. 그렇지만 오히려 이혼 후 더 강해졌어요. 저의 중심을 찾았다고 할까요.

6 자라가 "중심을 찾았다"라고 말할 때 그 의미는 무엇일까요?

이제 저는 아이가 있어도 제 삶을 살 수 있다는 걸 알아요. 어머니가 된다는 것이 아름답고 풍요로울 수 있다는 것도요.

7 자라와 아이의 관계가 개선된 이유는 뭘까요?

지금은 이혼이 제게 일어날 수 있었던 일 가운데 가장 좋은 일이었다고 말할 수 있어요. 그 일이 없었다면 절대 어른이 될 수 없었을 거예요.

하지만 아직도 그 당시를 떠올리면 화가 나요. 정말 아무 도움도 기대할 수 없는 상태였고, 하루하루를 무사히 마무리하고 다음 날로 넘어가는 게 눈앞의 과제였어요. 제 책임을 덜어줄 사람이 갑자기 사라져버렸으니까요.

8 자라가 아직도 화가 나는 이유는 무엇일까요?

그 후 다시 부모님 댁으로 들어갔는데, 겨우 2주를 버티고 나서 고함을 지르며 아버지와 싸우기 시작했어요. 그 모습을 본 어머니는 너무너무 슬퍼하셨어요. 다행히 대학생 부모를 위한 기숙사에 방을 얻어 이사할 수 있었지요.

이혼을 생각하면 자꾸만 눈물이 나요. 완전히 혼자가 된 듯한 두려움이 마음속에서 솟구쳐요. 뭘 해야 할지도 모르겠어요. 도움을 청할 사람도 없고요. 심각하게 위축된 상태로 혼란 속에서 생각해요. '나 혼자서는 못해.' 하지만 내면의 성숙한 어른은 제가 혼자서 해나가지 못할 이유가 없다는 것을 벌써 오래전부터 알고 있었다는 생각이 들어요. 살면서 많은 일들이 있었지만 저는 잘 헤쳐왔어요. 제가 얼마나 강한 사람인지 저는 알아요. 사실 친구도 많고, 가족과 연락도 하고 있고, 기분이 나아지려면 뭘 해야 하는지도 알아요. 그런데도 자꾸 혼자 남겨진 듯한 기분에 빠져들고 피해자처럼 느끼곤 해요. 이제 이 단계에서 벗어나기 위해 뭘 해야 할지 알고 싶어요. 과거의 저를 떠나보내고 스스로를 더 잘 위로하기 위해서요. 이런 내면의 무거움을 덜어내고 싶어요.

여기서 자라가 자신의 그림자 아이, 그러니까 버려져 홀로 남겨진 상태로 자꾸 미끄러져 들어가는 것을 볼 수 있습니다. 그렇지만 전남편과 헤어진 후 매우 강해진 그녀의 성숙한 어른 자아 또한 목소리를 내고 있네요.

어린이 자라와 어른 자라를 분리하는 연습을 더 많이 해야 할 것 같아요. 이렇게 슬프고 무거운 기분일 때 저는 어린이 자라와 스스로를 동일시하곤 해요. 그러면 정말로 해내지 못할 것 같다는 생각이 들어요. 그렇지만 어른 자아 상태에서는 모든 것이 좀 더 명확하게 보여요. 이제 새로운 신념을 내면화할 차례예요. 나는 할 수 있다! 제 강점을 더 많이 보고, 지금까지 이룬 것들을 바라볼 거예요. 어른 자라로서 어린이 자라를 돌보는 손을 거두지 않고 더 자주 위로해주고 예전에 부모님과 있었던 힘들었던 일들을 설명해줄 거예요.

맞아요, 이런 식으로 자라는 내면의 균형과 힘을 찾을 수 있을 겁니다.

자라를 위한 마음 설명서

1 자라가 남편과의 관계에서 처음으로 자유를 느꼈다는 말에서 유년 시절과 학창 시절이 그녀에게 구속으로 느껴졌음을 추측할

수 있습니다. 자유롭지 못하다는 느낌은 아마 다른 사람들, 자라의 경우에는 부모의 욕구를 과도하게 충족하려는 노력에서 비롯되었을 테지요. 전남편이 자라에게는 '구세주'와도 같았을 거예요. 그와 함께 있으면 자신의 진짜 모습 그대로여도 괜찮다는 느낌이 들었으니까요. 그에게 다정하고 포용적인 아버지의 모습을 투사한 거지요.

2   자라의 애착 욕구는 그녀가 더 이상 자기 자신일 수 없다고 느낄 때 좌절됩니다. 그녀의 자율 욕구가 좌절된 건 독립성을 거의 요구받지 않았기 때문이에요. 두 요인 모두 자존감 향상에 대한 욕구에 부정적 영향을 미칩니다. 자신을 충분히 신뢰하지 못하고 늘 부족하다고 생각합니다. 이 모든 것이 합쳐져 좌절감이나 분노, 패배감 같은 불쾌감으로 이어집니다. 그리고 이는 심리적 기본 욕구 네 가지와 모두 연관되어 있는 경우가 많습니다.

3   아들의 출산은 자라의 그림자 아이를 불러일으키는 스위치 역할을 했습니다. 이제 그녀는 예전에 부모와 함께 살 때처럼 자유가 없는 상태에서 어떤 역할을 훌륭히 수행해야 한다는 강한 압박을 받습니다. 원해서 낳은 아이였는데도 아이가 태어난 후 자율적 선택이 의무감으로 둔갑해버린 것 같아요. 출산의 고통 앞에서 무력해지는 경험이 이 느낌을 심화시킵니다.

4   우는 성향의 아기는 부모를 한순간도 편히 놔두지 않을 뿐 아

니라 부모에게 무력감을 불러일으키며 결국 자신이 좋은 부모가 아니라는 느낌을 주기 때문에 특히 어렵습니다. 자존감을 비추는 거울로서 자라의 아이는 "당신은 나쁜 엄마야, 나를 달래지도 못하잖아!"라는 메시지를 줍니다. 이는 당연히 자라에게 엄청난 좌절감을 유발하며 아이와 사랑으로 가득한 관계를 형성하는 것을 어렵게 만듭니다. 반대로 아이 역시 어머니에게 안정 애착을 형성하기 위해 필요한 사랑과 기쁨을 거울 속에서 보지 못합니다. 그래서 우는 아기는 그렇지 않은 아기에 비해 어머니와 애착 불안을 형성할 위험이 높아요. 왜 일부 아기들이 유난히 더 소리 지르거나 우는지 그 원인은 아직 명확히 밝혀지지 않았습니다. 그러나 부모의 서툰 행동에 전적인 책임을 지울 순 없어요.

5 　자라의 전남편이 지나치게 순응적이고 갈등을 회피하는 성격임은 확실합니다. 그의 핵심 자기 보호 전략은 조화를 추구하는 것일 거예요. 이것을 자기 보호 전략으로 삼는 사람들은 필연적으로 솔직한 태도를 견지하기 어려워요. 갈등을 회피하는 사람은 연애 관계에서 자신을 숙이고 들어가는데, 사실 자기 탓을 하는 것 같지만 실제로는 관계에서 지배적인 역할을 하는 파트너를 더 많이 탓합니다. 관계에서 문제가 생기면 그에 접근하지 않고 오히려 덮어버리는데, 파트너에 대한 감정이 전부 차갑게 식을 때까지 이런 상태가 지속됩니다. 그러고 나면 남는 건 헤어지는 일뿐이죠. 이런 상황이 파트너에게는 별안간 벼락을 맞은 듯 갑작스러운데, 갈등을 회피하는 당사자가 자신의 진짜 감정과 문제들을 매우 잘 숨겨

표면적으로는 모든 것이 잘 굴러가고 있는 것처럼 보였기 때문입니다.

6 "중심을 찾았다"라는 것은 내면의 심리적 안정이 강화되었음을 나타내는 표현입니다. 자라가 이렇게 말했다는 것은 순응과 자율 사이에서 이전보다 나은 균형을 찾았다는 뜻일 거예요. 자율성에 해당하는 능력이 강화되면 자신의 감정에도 더 수월하게 접근할 수 있습니다. 지나치게 순응적인 성향인 그녀는 파트너나 다른 사람들의 감정에 자신을 지나치게 동일시해왔어요. 그러나 이제는 스스로 원하는 게 무엇인지 더 잘 감지하고 자신의 욕구를 충족하기 위한 책임도 감당합니다. 이를 통해 내적 통제 위치가 한층 높아지고 자존감 또한 올라갑니다.

7 자라가 단순히 '역할을 수행하는' 데 그치지 않고 스스로 책임지는 차원으로 올라서면 아이와의 관계도 달라집니다. 더 자유로워지고 이를 통해 아이에게 더는 과도한 '의무감'을 투사하지 않을 거예요. 의무와 강박이 줄어들면 사랑과 애정이 자리할 수 있는 더 큰 공간이 생깁니다.

8 자라가 아직도 남편에게 화가 나는 이유는 자신을 곤란한 상황에 버려두었기 때문인 것 같아요. 또한 그녀를 예나 지금이나 제대로 보살펴주지 않고 구속하기만 하는 부모를 향한 분노도 있겠지요. 마지막으로 그녀는 자기 자신에게도 화가 납니다. 여전히 어떻

게 대처해야 할지 몰라 지나친 부담감을 느끼는 때가 있기 때문이에요. 아마도 이 마지막 이유 때문에 자라는 쉽사리 편안해질 수 없을 거예요. 분노는 안전, 통제, 애착을 향한 욕구들이 좌절된 데에서 비롯했습니다. 좌절감이 흔히 공격성을 불러온다는 사실을 다시 한번 떠올려보세요.

어떻게든 다툼을 피하려고
안간힘을 쓰는 크리스토프

쉰세 살의 크리스토프는 홍보 대행사에서 임원으로 일합니다. 그는 의사소통 능력이 매우 뛰어나고 달변이라는 평가를 받습니다. 그런데 스스로는 자신의 이익을 주장하거나 의견을 펼치는 일에 서툴다고 하니 여간 놀라운 일이 아닐 수 없습니다. 거절이나 비판 또한 그에게는 어렵습니다. 그래서 일정 관리가 복잡해질 때도 많아요. 크리스토프의 이런 성격은 벌써 몇 년째 함께 사는 여자 친구의 화를 돋웁니다.

저는 실제로 갈등 해결에 어려움을 느껴 몇몇 관계를 아예 포기한 적도 있어요. 치열한 논쟁이나 회복하지 못할 만큼의 큰 상처를 동반한 갈등이 아니라 단지 의견 차이가 있다거나 생각이 다르다거나 하는 수준이 대부분이었죠. 제 문제는 일할 때뿐만이 아니라 가까운 친구들 사이에서도 나타납니다. 그럴 때면 그냥 자리를 떠버리는 쪽을 택했어요. '여기서 끝내버리자. 그럼 곧바로 평화가 찾아오겠지'라고 생각하면서요.

1 크리스토프는 어떤 비일관성 때문에 괴로워하고 있나요? 또 어떤 자기 보호 전략을 사용하고 있을까요?

최근 들어 이런 저의 행동이 어디서 비롯했는지 생각해봤어요. 어느 지점에서 막다른 골목을 맞닥뜨린 것처럼 느끼는 걸까? 그리고 왜 그렇게 느낄까? 아마 병적일 정도로 조화를 추구하기 때문인 것 같다는 점은 인정하고 넘어갈게요.

저는 어린 시절에 한 번도 다투는 법을 배운 적이 없어요. 부모님은 절대 서로 싸우지 않았거든요. 아예 의견 조율조차 없는 집이었지요. 그 결과 이렇게 불편한 일이 생기는 순간을 모면하기 위해 아무 말이나 해버리는 어른이 되어버렸네요. 처음에는 좋게 들리는데 이런 점 때문에 가끔 꽤 곤란할 때도 있어요.

2 크리스토프가 발달시킨 신념은 무엇일까요?

그럴 때에도 거짓말만은 하지 않으려 하지만 어떤 경우에는 현실을 아주 약간 긍정적인 방향으로 비틀긴 합니다. 그렇지만 어느 시점이 되면 진실을 덮었던 덮개를 들추고 사실을 밝혀야 하는 순간이 오죠.

크리스토프는 사실을 미화하여 말함으로써 잠재적 갈등을 회피하려 합니다. 이런 행동은 현실이 침범할 때까지 이어지고, 그 순간이 오면 그는 곤란한 상황(비일관성)에 처합니다.

아주 전형적인 사례로 미팅 일정을 잡을 때를 들 수 있을 것 같아요. 때때로 저는 업무상 다른 도시로 출장 가서 고객을 만나요. 예를 들어 베를린에서 슈투트가르트로 출장 간다고 하면 상사가 가는 김에 두세 군데 더 미팅을 잡을 수 있겠느냐고 요청합니다. 그러면 원래는 아침에 출발해서 저녁에 돌아오는 하루짜리 일정이었던 출장이 갑작스럽게 사나흘이 걸리는 장기 출장으로 둔갑합니다. 이런 급작스러운 변경이 어렵다고 생각할 때도 있지만 상사에게 거절하는 말은 못 해요. 함께 사는 여자 친구에게도 출장 일정이 하루가 아니라 사나흘 예정으로 바뀌었다는 말을 바로 못 합니다. 그녀가 실망하는 모습을 보고 싶지 않아서요. 그런데 비단 여자 친구와의 사이에서만 그런 건 아니에요. 다른 많은 친구들에게, 동료들에게, 예전에는 부모님이나 여동생에게도 그랬어요.

3 크리스토프는 실망시키기 싫다는 이유로 사실을 말하지 않습니다. 이런 방식의 자기 보호를 통해 그가 피하려 하는 더 깊은 감정은 무엇일까요?

이런 저의 패턴을 좀 더 이상한 사례로 설명해드릴게요. 한번은 친구가 아주 애지중지하는 자동차를 빌린 적이 있어요. 그런데 친구에게 돌려주기 직전에 주차를 하다가 제대로 차를 긁은 거예요. 친구는 제가 차를 돌려주러 왔으니 함께 식사라도 하며 이야기를 나누자고 제대로 한 상 차려놓고 기다리고 있더군요. 그때 저는 이런 생각이 들었어요. '차 긁은 걸 털어놓기 전에 먼저 밥부터 먹는 편이 낫겠지.' 그리고 식사 후에 디저트를 먹고 그 뒤에 식후주를 기다리는 동안에도 사실을 말하지 않은 채로, 아래층 주차장에 덤프트럭이라도 돌진해서 제가 긁은 흠 정도는 별문제가 아니게 되기를 바라고 있었어요.

이것을 희망적 사고wishful thinking라고 합니다. 크리스토프는 마지막 순간까지 자신의 행동을 책임지지 않아도 되기를 바랐네요.

항상 저는 불편한 진실이 있으면 그사이에 무슨 일이라도 생겨서 모든 일이 단숨에 해결되기를 바라며 결론이 완전히 날 때까지 기다리고 또 기다리는 편이에요. 이것이 조화에 대한 욕구에서 비롯된 성향이란 걸 정확히 알고 있어요. 사실 여자친구나 다른 사람들이 저에게 화내는 상황을 피하고 싶은 거예요. 누군가가 저한테 화를 내면 그 상황을 견딜 수 없을 것 같은 기분이 들거든요.

여기서 크리스토프는 자신의 조화에 대한 욕구가 거절에 대한 깊은 두려움 때문임을 확인시켜줍니다.

그래서 자꾸만 미루는 거예요. 정직함이 중요한 덕목이라고 생각하지만 아주 솔직하지는 않아요. 여자 친구는 제가 더 중요한 것을 많이 숨기고 있다고 생각해요. 정말 믿을 만한 사람이냐고 묻기도 하지요. 말해야 할 사실을 제때 말하지 않는 제 행동이 불필요한 오해를 많이 일으켜요. 결국 제가 그녀를 크게 실망시킬지도 모르겠네요.

크리스토프가 여기서 가정하는 내용은 전부 맞습니다. 진실을 곧바로 밝히지 않으면 결국 다른 사람들은 더 크게 실망할 거예요. 적어도 '지금은' 분노를 사고 싶지 않다는 건 어쨌든 크리스토프가 지닌 강박의 일부일 뿐, 순간의 거짓이 불러올 장기적 결과를 외면하는 셈이지요.

상대에게 실망감을 안겨준다는 느낌을 정말 견딜 수 없어서 관계를 끊어버린 적도 있어요.

4 여기서 어떤 심리적 기본 욕구가 충족되고 있나요?

그 사람을 한동안 안 만나다가 우연히 마주치면 이런 질문이 쏟아지곤 해요. "그때 도대체 무슨 일이 있었던 거야?" 그러면 저는 그 사건에 대해 이미 충분히 숙고한 데다 제 나름대로 분석도 마쳤기 때문에 좀 더 자세히 제 입장을 설명할 수 있어요. "그래, 그때 나는 그저 모래 더미에 머리를 파묻어버렸어. 그 상황 자체가 너무 부담이었고, 그래서 하지 말아야 할 잘못된 행동을 했어. 완전히 연락을 끊어버린 거지."

5 여기서는 크리스토프가 중시하는 가치와 그의 행동 사이에 비일관성이 보입니다. 크리스토프가 위축되는 바람에 손상된 가치는 무엇일까요?

한마디 말도 없이 잠수를 탔을 때 상대방이 어떤 기분일지는 솔직히 거의 생각해보지 않았다는 사실을 인정해야겠네요. 그렇지만 그 상대방을 중요하지 않은 존재로 여겨서 그런 건 아니에요. 그냥 모든 설명을 해야 하는 대화와 논쟁을 피한 것뿐이죠. 아마 논쟁이 벌어지면 제가 어심없이 실 거라는 걸 아는지도 몰라요. 반론이 들어오면 저는 '뭐, 이번에도 네 말이 맞네'라거나 '아 그래, 네 마음대로 생각해'라고 생각합니다. 그것도 아니면 '이렇게 다퉈봤자 아무 소용도 없을 텐데'라고 생각하지요. 그럴 때에는 제 의지나 관점을 잘 모르겠어요. 그리고 그 사안이 저에게 그다지 중요하지 않다면 비판하거나 논쟁하면서 관계에 부담을 주고 싶지도 않고요.

6 이 대목은 크리스토프의 자존감에 대해 무엇을 말해주나요?

저는 일찍이 부모님과 함께 살던 시기에 분노를 느끼지 않는 법, 제 분노를 상자 속에 넣어두는 법을 배웠어요. 분명 아버지 이야기에 빗진 부분이 많을 거예요. 아버지는 나치 사상과 게르만족의 세계 지배라는 환상에 빠진 희생자였어요. 열일곱 살에 군에 입대했고, 서른 살에 전쟁 포로로 잡혀 러시아에 끌려갔다가 돌아왔어요. 그때는 이미 전쟁의 가장 끔찍한 모습을 모두 다 본 다음이었죠. 아버지는 그때부터 자신의 삶은 반드시 조화 속에서 흘러가야 한다는 철칙을 세웠어요. 제 생각에 아버지의 내면엔 엄청난 분노가 도사리고 있었을 것 같아요. 하지만 아버지는 평생 그것을 누르고 살았어요. 그러니까 저는 실제로 다툼이 금지된 가정에서 자란 셈이에요.

어머니는 몇 번쯤 이런저런 지시 사항을 말씀하신 적이 있었던 것 같아요. 그런데 아버지는 너무나 관대했어요. 늘 이런 말씀을 하셨죠. "그래, 걱정 말고 아버지한테 와. 어떻게든 될 거야."

저는 말하자면 아주 금이야 옥이야 키워진 버릇없는 아이였어요. 가끔은 기분 나빠도 표현하지 말고 참을 줄 알아야 한다는 것도 못 배웠으니까요. 사회성 훈련이라고는 전혀 받지 않았죠. 정말이에요. 학교 다닐 때 토론 동아리가 의무적으로 꼭 들어야 하는 교과 과정으로 지정되어 있었으면 어땠을까 하는 바람을 가져본 적도 있어요. 그랬다면 조금이나마 배워야 할 것을 배울 수 있었을 테니까요. 어른이 된 지금도 저는 갈등을 피하기 위해 가능한 한 모두의 기대를 충족하는 방향으로 일을 조정해보려 해요.

여기서 크리스토프가 갈등에 취약한 이유를 들었습니다. 어린 시절 묘사에 크리스토프가 지니게 된 동기 부여 스키마와 신념이 숨어 있습니다.

이 책을 쓰면서 우리가 나눈 대화를 다시 한번 분석하며, 크리스토프 아버지의 조화에 대한 욕구 뒤에 사실 전쟁에서 겪은 끔찍한 일들을 다시는 경험하고 싶지 않은 것 이상의 원인이 있을 것 같다는 생각이 들었습니다. 제가 보기에 아버지는 죄책감을 느꼈을 뿐 아니라 젊은 시절을 통째로 앗아 간 나치 시절의 사악한 유령을 영원히 추방하고 싶었던 건 아닐까 싶어요. 그런 이유로 비밀이 드러나지 않게 가족 간 대화 역시 피상적인 수준에 머무르며 너무 깊이 파고들면 안 되는 분위기였던 거 아닐까요.

하지만 저는 저와 완전히 다른 방식으로 살아가는 사람들이 대단하다고 생각합니다. 늘 명확하게 표현할 줄 아는 능력을 포함해서 말이에요. 그런 사람들과 소통할 때면 지금 무엇에 대해 말하고 있는지 확실하게 알 수 있으니까요. 다른 사람들이 저와 소통할 때는 아마 그렇지 않을 거예요.

장점도 있습니다. 저를 공격하기가 쉽지 않다는 거예요. 이런 말이 있지요? "만일 침묵했다면 당신은 철학자로 남을 수 있었을 텐데." 어쨌든 저는 입을 다물고 있었기에 영리하다는 평가를 받는 거라고 생각합니다. 그렇지만 자주 이런 생각

도 들어요. '내가 얼마나 어리석은 사람인지 당신들이 알았더라면.'

7 크리스토프는 자신이 침묵함으로써 얻는 이득이 무엇이라고 말하나요?

어린 시절에 저는 그리 영리한 축에 속하지 않았어요. 여동생이 오히려 월등했죠! 성적이 우수했고 무엇보다 재능 있는 피아니스트였어요. 나중에는 영국 명문대에 진학하는 쾌거도 이루었지요. 어머니는 저희가 어렸을 때 자주 이런 말씀을 하셨어요. "애야, 그냥 놔둬. 동생이 할 테니 넌 가만히 있어."

아하, 크리스토프의 자존감, 그러니까 그림자 아이가 부정적인 각인을 지니게 된 또 다른 중요한 요소가 등장하는군요.

종합해보자면, 제가 소위 불안감을 감추고 동시에 갈등을 강박적으로 회피하려는 건 맞아요. 일상생활에서는 딱히 지장이 없어요. 하지만 저는 다른 사람들에게 저 자신을 솔직히 보여주지 못해요. 몸을 숨길 수 있는 일종의 투명 망토를 두르고 있는 셈이죠. 그러니까 상대방이 저와 뭔가를 명확히 할 수 있는 기회 자체를 뺏는 거예요. 이런 태도는 제가 이해하는 공생과 우정이라는 개념에 맞지 않아요. 이젠 확실히 태도를 바꿔야죠. 불공정한 사람이 되긴 싫으니까요. 만일 다음에 또 회피하려는 저 자신을 발견하면 일단 그런 행동이 스스로에게 어떤 손해를 불러올지 확실히 해두는 편이 좋겠네요. 그래도 커다란 실망보다는 자그마한 실망이 낫잖아요?

좋아요, 크리스토프!

크리스토프를 위한 마음 설명서

1 크리스토프는 상대방이 자신의 바람이나 생각과는 반대되는 행동이나 말을 할 때 우리 모두와 마찬가지로 비일관성을 경험합니다. 이로 인해 또 다른 비일관성이 생겨나는데, 그가 자신의 문제를 직접 언급해야 할 때 지나치게 위축되고 그 비일관성을 '해결'해야 한다는 강박을 느끼기 때문이에요. 크리스토프가 선호하는 자기 보호 전략은 도피와 추퇴입니다.

2 크리스토프의 신념은 다음과 같을 가능성이 높아요. "나는 어떤 상황에든 잘 적응해야 해. 내 의견을 가지면 안 돼. 다른 사람들의 욕구가 내 것보다 더 중요해! 의견 대립과 다툼은 나쁘고 금물이야!" 게다가 크리스토프는 다른 사람들의 기분에 엄청난 책임감을 느끼는 것처럼 보여요. 분위기를 좋게 만들기 위해 아무 말이나 한다는 그의 말에서 알 수 있는 사실이지요.

3 크리스토프에게 보이는 갈등에 대한 취약성 뒤에는 거절과 상실에 대한 깊은 두려움이 숨어 있습니다. 그것을 도피 또는 회피 성향으로 덮어버리려 하지요. 표면적으로 그는 다른 사람을 실망시키고 싶지 않은 것처럼 보입니다. 그런데 이렇게 질문해볼게요. 누군가를 실망시켰을 때 그에 따르는 결과는 무엇일까요? 아마도 실망한 사람이 크리스토프의 뜻을 곡해하거나 화를 낼 수도 있다는 것이겠지요. 그가 진짜 피하고 싶어 하는 건 이런 분노와 거절의 가능성일 확률이 매우 높습니다.

4 크리스토프는 상실에 대한 두려움을 피함으로써 그와 관련된 실망이나 상처도 피하고 싶은 듯해요. 다시 말해 불쾌감을 피하고 싶은 거예요. 그에 더해 이런 회피 전략을 통해 수동적으로 남겨지기보다 적극적으로 떠나는 쪽이 되면서 통제에 대한 욕구도 충족시키고 있습니다.

5 크리스토프는 정직함, 솔직함, 우정, 시민으로서의 용기 같은 가치를 소중히 여기는데, 비겁하게 도피를 시도하는 바람에 스스로 이를 위배하는 것처럼 보이네요.

6 이 부분은 크리스토프의 자존감이 매우 불안정한 상태임을 보여줍니다. 자신이 다른 사람들에게 중요한 존재가 아니라고 말하고 있잖아요. 그러나 이를 통해 그가 자신의 행동이 그렇게까지 나쁘진 않다는 착각에 빠지며, 그런 의미에서 낮은 자존감을 유지하

는 것이 그에게 일종의 이득임을 알 수 있습니다. 불안정한 자존감과 그에 따르는 열등감 때문에 그는 무방비 상태라고 느끼고, 그래서 누군가가 그와 대립하려 들면 곧바로 체념합니다. 이 체념과 열등감을 외면하기 위해 그와의 관계가 자신에게 별로 중요하지 않다고 말하는 거예요(방어 기제: 억압과 평가 절하).

7   크리스토프는 침묵을 통해 타인의 인정을 얻어요. 사람들이 침묵하는 그를 영리한 사람으로 보기 때문이지요. 그리고 다음 문단에서 그에게 이것이 왜 중요한지 언급되고 있습니다.

모두에게 친절하지만
남편한테만 분노를 폭발하는 엘케

서른일곱 살의 엘케는 특별한 이유 없이 격렬하게 분노를 폭발하는 일이 점점 더 잦아지고 있습니다. 겉으로 보면 그녀가 이런 문제로 어려움을 겪고 있다는 사실을 아무도 모릅니다. 엘케는 기업의 임원 비서로 일하고 있는 데다 매우 호감형이거든요. 그녀는 집에서만 분노 폭발을 일으키며 남편에게 모든 화를 쏟아 낸다고 말합니다. 남편과 결혼한 지 8년째이고 그 전에 연애 기간까지 합치면 만난 지 20년이 되었어요. 둘 사이에 자녀는 없습니다. 엘케의 분노 폭발로 결혼 생활도 위기에 빠졌어요. 그런데 엘케는 이런 공격성이 어디서 비롯되는지, 어떻게 대처해야 하는지 도무지 모르겠다고 말합니다.

작년부터 도저히 통제할 수 없는 분노 폭발을 반복적으로 경험하고 있어요. 홱 돌아버리는 상태가 되기까지 엄청난 계기가 필요하진 않아요. 화가 나면 남편에게 고함을 지르고, 발을 마구 구르고, 부서져라 문을 닫고, 주변에 있는 물건을 던져요. 지난 몇 달간 남편은 제게 뭔가 불편한 점이 있는지, 아니면 마음에 짐 같은 게 있는지 거듭 물었어요. 그가 집 안을 돌아다니면서 마치 지뢰밭 같다고 하더군요. 제가 언제 그를 공격할지 모르니까요. 그리고 더는 못 참겠다고 호소하더라고요.

물론 계속 이렇게 살 순 없다는 그의 말이 맞아요. 예전에 저희는 정말 잘 맞는 커플이었어요. 예전에도 가끔 제가 별 이유 없이 화냈던 적도 있긴 해요. 그렇지만 그 순간에 구체적인 이유를 찾으려 했죠. 예컨대 "당신이 너무 예민하게 반응해서 그래" 같은 말을 하곤 했어요. 그런데 지금은 일주일에 몇 번씩 정당한 이유 없이 자제력을 잃어버려요. 분노의 원인이 남편이 아니라는 걸 저도 알고 남편도 알아요. 그냥 제 기분을 나아지게 하려고 그를 이용하는 것뿐이에요. 그걸로 저는 기분이 나아지지만 남편 상태는 점점 더 안 좋아지죠.

여기서 눈에 띄는 것은 엘케가 분노가 어떤 계기로 폭발하는지 잘 모른다는 점입니다. 트리거가 되는 자극이 뭔지도 모르고 그 자극을 제대로 해석하지도 못해요. 이쯤에서 앞서 다루었던 자극⇒해석⇒감정⇒행동으로 이어지는 연관 관계를 상기시켜드리고 싶네요. 깜깜한 어둠 속에 있는 상황이나 마찬가지인데, 심리 치료적 관점에서는 이 어둠에 불을 밝혀주는 것이 중요합니다.

정말 어이없는 건, 제가 다른 사람들을 상대로는 특정한 겉모습을 시종일관 유지할 수 있다는 사실이에요. 다른 사람들에게 저는 모두가 좋아하는 친절하고 상냥하고 이해심 많은 여성이에요. 그런데 이상하게 남편과 있으면 뭔가 깊은 곳에서 무의식적으로 나쁜 감정이 끓어오르는 느낌이에요.

1 엘케의 '겉모습'과 무의식적으로 끓어오르는 분노에 대해 어떤 심리적 가설을 세울 수 있을까요? 이 대목에서 그녀는 어떤 식으로 자기 보호를 실행하고 있나요?

일상에서 저는 잠재의식적으로 그냥 제 의견을 말해버리고 싶다는 충동을 느껴요. 그렇지만 대개는 그렇게 못 하지요. 얼마 전에 이걸 잘 보여주는 구체적인 상황이 있었어요. 이웃에 이사 온 가족이 새로 울타리를 설치했어요. 아침에 커튼을 걷고 그 울타리를 보자마자 생각했어요. '진짜 머리가 어떻게 된 거 아냐? 어떻게 우리한테 물어보지도 않고 저기에 울타리를 설치할 수가 있지?' 속으로 격분했지요. 잠시 후 그 이웃을 마주쳤지만 아침에 커튼을 걷으면서 생각했던 걸 차마 얘기하지 못했어요. 그 대신 몇 시간 뒤에 별것도 아닌 실수를 한 남편에게 폭발했지요. 남편은 당연히 어리둥절해했고요.

2 여기서 엘케가 지나치게 순응적인 태도로 타인을 대하고 있으며 분노는 남편에게 떠넘긴다는 사실을 확인할 수 있습니다. 그렇

다면 엘케의 심리적 기본 욕구 가운데 무엇이 영향을 받은 결과일까요?

사실 패턴은 정해져 있어요. 저는 사실 어떤 상황에서도 항의하거나 큰소리를 지르거나 하지 않아요. 남편 앞에서만 그러는 거예요.

다른 사람들에게는 괜히 비판의 날을 세워 부담을 줄 자신이 없어요. 또 공격적인 면을 드러내기가 창피하기도 하고요. 그게 제 약점이라는 것도 알아요. 갈등이 벌어졌을 때 바로 해소하지 못하는 점 말이에요.

3   이 동기 부여 스키마를 어떻게 설명할 수 있을까요? 여기서 나타나는 엘케의 신념은 무엇일까요?

저는 이를 꽉 물고 속으로 분노해요. 아까 언급한 이웃과의 일을 다시 예로 들어볼게요. 저는 이런 생각을 했어요. '저들이 내 시야를 망치고 있어. 내 아름다운 정원을 가리고 있다고. 탁 트여 있어서 좋았는데 지금은 감옥에 갇힌 것 같네. 최소한 미리 물어보기라도 했어야지.' 저는 이웃의 행동을 이렇게 해석했어요. '내 의견은 중요하지 않다는 거지.' 아니면 이렇게요. '나한테 물어보지도 않다니, 나를 아예 신경도 안 쓰나?' 그러면 스스로 너무 작아지는 것 같고 열등감을 느껴요.

4 여기서 자극, 해석, 감정, 행동 사이의 연관성이 확실히 보입니다. 이것을 도식으로 표현할 수 있을까요? (예: 자극→해석→감정→행동)

외부에서 보기엔 이웃의 행동이 저와 아무 관련이 없는 것 같겠죠. 원한다면 누구나 자기 땅에 울타리를 설치할 권리가 있으니까요. 이웃은 과일나무를 키우려고 그 평범한 울타리를 세운 거였어요. 저를 무시해서가 아니라요.

5 여기서 엘케는 관점을 바꿔보려 합니다. 그녀는 어떤 인지 위치에 있으며 여기에는 어떤 심리적 규칙이 작용하고 있을까요?

그렇지만 일단 제 머릿속에서 상영되는 해석의 영화에 사로잡히면 멈출 수가 없어요. 이 과정은 며칠에 걸쳐 일어나기도 하는데, 그동안 감정이 너무 커져서 결국 폭발해버려요. 폭발 직전에는 혼자라는 느낌, 버림받은 느낌 때문에 엄청 두려워요.

이게 바로 엘케의 경험과 행동 전반을 지배하는 뿌리 깊은 두려움이군요.

아마 제가 정말로 애정이라곤 없는 어린 시절을 보냈기 때문에 이런 두려움을 느끼는 것 같아요. 저는 있는 그대로 괜찮다는 말을 한 번도 들어본 적이 없어요. 아버지는 무척 권위적이 없고 아버지 앞에서는 늘 조심해야 했어요. 항상 아버지 기분이 어떤지, 금방 또 호통치지는 않을지 눈치를 봐야 했죠. 제의견을 표현하거나 논쟁을 벌이는 건 금지였고요. 그래서 그런 걸 제대로 배울 기회가 없었어요.

게다가 어렸을 때 그 어떤 지지도 못 받았어요. 항상 혼자해내야 한다고 배웠고, 이건 지금도 어머니의 생활 신조 중 하나예요. 다른 사람이 저를 도울 수 있다는 사실도 배우지 못했어요. 오히려 모든 문제를 혼자 처리하는 법을 배웠지요.

여기서 엘케의 두려움이 어디서 비롯했는지, 그녀의 그림자 아이가 어떤 식으로 형성되었는지, 그것이 그녀가 현실을 바라보는 안경을 어떻게 빚어냈는지 잘 확인할 수 있어요.

제가 내린 결론은 이거예요. 내 의견을 말하면 결국 그것 때문에 혼자 남겨지는 벌을 받는다. 이상하게 들릴 수도 있겠지만, 아까 그 이웃을 비판하면서도 저는 그 사람이 혹시 저를 싫어할까 봐 계속 두려웠어요.

아마 어렸을 때 누군가가 나를 좋아할 수 있도록 늘 착하게 행동해야 한다는 생각을 내면화한 것 같아요. 이게 저의 각인이겠지요. 이제 어른이 된 제가 스스로의 욕구를 표현하며 행복한 인생을 살아가려면 어떻게 해야 할까요?

어떻게든 이 각인을 극복하고 누구보다도 저 자신에게 "나는 중요한 사람이 아니다" 같은 신념은 사실 저와 무관하다는 확신을 심어줘야겠죠. 어렸을 때 끝도 없이 많은 실수를 저질렀던 쪽은 제가 아니에요. 오히려 부모님이죠. 부모님이 다르게 행동했다면 저는 지금 다른 신념들을 가진 채 살아가고 있었을 거예요. 그때 그러지 못했으니 저는 스스로에게 성숙한 어른으로서 제 현실에 적합한 신념들을 심어줘야 해요.

예전 프로그램이 다시 작동했을 때 제때 알아차릴 수 있도록 앞으로 저 자신을 잘 관찰해야겠어요. 다른 사람들이 저를 정말 무시하는지, 아니면 제가 다시 옛날에 머릿속에서 상영되던 영화 속에 붙들려 있는지 더 객관적인 시선으로 바라볼 수 있도록요. 그렇게 해서 보게 된 것이 그 옛날 영화가 아니라면 저는 불만을 털어놓을 권리가, 입을 열 권리가 있는 것이고 실제로 그렇게 행동할 거예요. 물론 친절한 방식으로요.

엘케도 이렇게 올바른 방향으로 나아갑니다. 그녀가 계속 노력한다면 해묵은 패턴을 완전히 해소해버릴 수 있을 거예요.

엘케를 위한 마음 설명서

1 엘케의 이야기는 그녀가 지나치게 순응적임을 보여줍니다. 세상에 가식적인 겉모습을 보이고 자기 감정은 숨깁니다. 반면 남편과는 신뢰감을 바탕으로 안정된 관계를 구축하고 있는 것 같아요. 그래서 위험하지 않은 장소로 이동할 때까지, 즉 남편과 둘이 있을

때까지 공격성을 유보해두는 거예요(방어 기제: 전치displacement) 남편만은 믿기 때문에 스스로에게 감정을 자유롭게 풀어놓아도 좋다는, 말하자면 허락을 하고 있는 셈이에요. 반면 다른 사람들 앞에서는 회피 동기를 매우 강하게 드러내는데, '훌륭하게 처신'함으로써 상대의 거절로부터 그녀 자신을 보호합니다.

2 엘케의 애착 욕구가 전면에 드러납니다. 내적 균형이 애착 쪽으로 심하게 기울어 있는 엘케는 상대방의 호감을 얻고 인정받는 데 많은 노력을 쏟습니다. 이 순응적 태도를 통해 애착 욕구가 충족되도록 통제하는 거예요. 그리하여 창피함이나 당혹감 같은 불쾌감을 피하는데 이는 그녀의 자존감에 긍정적인 영향을 미칩니다. 대개 그렇듯 네 가지 심리적 기본 욕구가 모두 작용하는 겁니다.

3 엘케의 동기 부여 스키마는 다음과 같습니다. "있는 그대로의 나는 부족해. (나는 쓸모없어, 중요한 사람이 아니야 등.) 그렇기 때문에 당신이 나를 거절할 수 없도록 하려면 기대를 충족시켜야만 해. 내 소망과 감정은 중요하지 않고, 솔직해서도 안 돼. 내 의지를 드러내거나 의견을 피력하면 거절당할 거야. 하지만 내 자존감을 강화하고 어느 정도 안정감을 느끼려면 당신의 동의가 꼭 필요해!"
　여기서 신념과 동기 부여 스키마 또는 그림자 아이가 복잡하게 서로 얽혀 있다는 점을 확실히 알 수 있습니다. 결국 앞서 이야기한 모든 표현이 바로 신념이에요.

4 자극 = 이웃이 울타리를 세운다.

해석 = '내 의견은 중요하지 않다는 거지. 나한테 물어보지도 않다니, 나를 아예 신경도 안 쓰나?'

여기서 그림자 아이의 신념이 현실 해석과 얼마나 밀접하게 연관되어 있는지 볼 수 있습니다.

감정: 엘케는 자신의 그림자 아이 때문에 충분히 존중받지 않는다고 느끼며 모욕당했다고 생각합니다. 그런데 이 모욕감은 감지하지 못하고 그에 뒤따라오는 강렬한 분노만 느낍니다. 다시 한번 말씀드리지만, 분노는 자율의 반대에 위치하는 감정입니다. 엘케는 자신의 자율성이 제한당했다고(이웃의 울타리 설치와 관련해 의견을 내지 못했음) 느꼈기에 분노로 반응합니다.

행동: 정작 이웃과 대면했을 때 엘케는 지나친 순응성과 갈등 회피 성향 때문에 하고 싶은 말을 참고 지나가는데, 이는 나중에 남편에게 분노를 쏟아내도록 만듭니다.

5 이제 엘케는 그림자 아이와 동일시된 자신을 관찰자 위치에서 바라봅니다. 여기서부터는 상황을 외부에서 관찰할 수 있으므로 상황을 합리적으로 평가하는 것도 가능합니다. 이 순간 목소리를 내는 심리적 실체는 내면 어른입니다. 여러 가지 인지 위치에 대해서는 3장에서 더 자세히 다루겠습니다.

지나치게 눈치 보느라
연애에 실패하는 하리

마흔여덟 살의 하리는 성공한 기업가입니다. 상담을 진행하는 동안 그는 매우 호감 가고 솔직하며 활동적인 모습을 보여주었어요. 그런데 그는 과거에 여러 번의 연애와 한 번의 결혼을 실패한 경험이 있고, 그 결혼에서 얻은 열아홉 살짜리 아들이 있습니다. 하리는 상담을 진행하며 여러 번의 연애 실패가 대부분 자기 탓이었음을 깨달았어요. 이제 그는 문제의 원인을 파악하고 해결책을 찾으려 합니다.

살면서 지금까지 여러 번 연애에 실패했고 그건 파트너들만 잘못해서가 아니라 저 자신과도 관련이 있다는 걸 알아차렸어요. 그래서 스스로를, 제 과거를 돌아봐야겠다는 생각에 이르렀지요. 내면으로 들어가보니 실은 제가 삶에서도, 여러 번의 연애에서도 제대로 편안함을 느껴본 적이 없다는 걸 알았어요.

1 여기서 하리가 언급하는 내적 갈등(비일관성)은 무엇일까요? 그리고 어떤 심리적 기본 욕구가 영향을 받을까요? 하리의 첫걸음이 희망적인 이유는 무엇일까요?

저는 청각 장애가 있는 부모님 밑에서 태어난 장남이라서 어린 시절부터 이런 불편함이 익숙했어요. 아기였을 때부터 울고 소리 질러도 그 소리를 아무도 못 듣는 상황이 계속되었으니까요.

2 이런 환경이 하리의 생후 2년 동안의 발달에 어떤 영향을 미쳤을까요?

그래서 아주 어릴 때부터 여동생을 돌보는 책임을 져야 했어요. 부모님은 목공소를 운영하셨는데, 그 일도 도와드려야 했고요. 고객을 상대하고 부모님 대신 여동생의 학부모 모임에도 참가했습니다. 그리고, 그리고, 그리고…. 제게 주어진 의무가 너무 많았어요.

3 하리는 어떤 부담을 짊어지고 있었나요? 그 결과 그에게 어떤 신념이 발달되었을까요?

그런 힘든 환경에서 빨리 빠져나오고 싶었기 때문에 공학을 전공한 뒤 제 사업을 시작했어요. 지금은 직원 일흔 명이 재직 중인 사업체를 운영하고 있지요. 농기계를 생산하고 전 세계를 대상으로 영업합니다. 독자적인 기술로 모든 것을 완벽하게 독립적으로 처리하고 있지요. 맨주먹으로 시작해서 여기까지 왔으니 꽤 잘해왔다고 생각합니다.

4 내적으로 하리는 애착 유형과 자율 유형 가운데 어느 쪽에 속할까요? 하리가 직업을 선택하는 데 이것이 얼마나 영향을 미쳤을까요?

지난 몇 년간의 연애를 돌아보고 제게 특정한 패턴이 있음을 깨달았어요. 애정이 어느 정도 깊어지면 불안해져요. 관계 자체가 저를 옭아매는 듯 답답하게 느껴졌고요. 저는 자유와 자율에 대한 욕구가 엄청나게 커서 둘이 맺는 친밀한 관계는 잘 안 맞는 것 같아요.

5 하리의 그림자 아이와 동기 부여 스키마를 어떻게 설명할 수 있을까요? '관계'의 문제에서 그에게 깊이 각인되어 있는 신념은 무엇일까요?

부모님과 함께 살 때는 제가 모든 것을 일방적으로 부모님에게 맞춰야 했어요. 언어부터 달랐어요. 수화 언어를 썼거든요.

집에서 그 누구도 소리 내어 부를 수 없었어요. 전화도 연결되어 있지 않았고요. 저는 오롯이 혼자였지요. 아니면 적어도 혼자라고 느꼈어요. 목공소 안을 돌아다니다 무언가에 걸려 넘어졌을 때, 결국 부모님을 찾긴 했지만 부모님은 불러도 듣지 못했어요. 그런 경험들을 바탕으로 자율에 대한 강한 욕구가 생겼어요. 그리고 '믿을 수 있는 건 나 자신뿐이야. 나! 오직 나뿐이라고!'라는 생각을 강렬히 하게 되었죠.

6 하리가 여기에서 표현한 핵심 신념은 무엇인가요? 그의 애착 욕구에서 이는 무엇을 의미할까요? 또 통제 욕구에서는 무엇을 의미할까요? 이를 통해 그에게는 어떠한 자기 보호 전략이 형성되었을까요?

부모님의 청각 장애가 저희 가족의 유일한 문제는 아니었어요. 아이들에 대한 존중도 없었지요. 항상 일이 최우선이었어요. 저희도 제 몫을 다해야 했고요. 위로나 애정을 주고받을 여유 따윈 없었어요. "애들이 하는 말은 개똥 같은 것"이라고 하셨으니까요. 그게 저희 집에선 일상이고 정상이었어요. 자기 자신을 뒷전으로, 다른 사람을 우선으로 하라. 그게 저희 집 원칙이었지요.

여기서 하리가 어렸을 때 충분히 존중받지 못했음이 명백히 드러나네요. 그 결과 자존감이 낮아졌고 이는 "나는 중요하지 않은 사람이야", "나는 부족해", "나는 시키는 대로 해야 해" 등의 신념으로 각인되었습니다.

직업적으로 이 경험들이 반드시 해롭지만은 않았어요. 제 길을 잘 걸어왔으니까요. 하지만 연애에 대해서만큼은 이 신념들이 항상 제 발목을 잡았다는 건 확실해요. 매번, 정말 매번 그랬어요. 제 모습을 있는 그대로 모조리 보여주면 관계가 깨질 것 같다는 느낌을 받았어요.

7   하리에게 자신을 "있는 그대로 모조리 보여준다"는 무슨 의미일까요? 그는 정확히 어떻게 자신을 보여준다고 생각한 걸까요?

결혼식장에서 이런 생각을 하는 저를 발견했어요. '아이고 맙소사, 이게 다 무슨 일이야, 여기서 대체 어떻게 빠져나오려고 그래?'
      상상이 되시나요! 저 자신이 쓰레기 같았어요. 그런데 정말 그런 생각이 들었는걸요.

8   하리의 내적 갈등은 무엇인가요? 그는 왜 결혼 생활을 시작도 하기 전에 부부 관계에서 도망치려 했을까요?

그다음에 연애할 때에도 사랑받지 못할까 봐 두려워서 제 마음을 완전히 열기가 어려웠어요. 전 여자를 만나면 그녀에게 마음에 안 드는 면들을 전부 다 떠올려봐요. 속으로 체크리스트를 작성하는데 보통 열 가지 중 다섯 가지는 마음에 안 들어요. 그러면 마음이 편해져요.

9 이 말은 모순으로 들리네요. 처음엔 만나는 여자에게 사랑받지 못할까 두렵다고 하더니, 그러고 나선 그녀에게 마음에 안 드는 면들이 많다고 하네요. 어떻게 이 두 가지 마음이 공존할 수 있을까요? 여기서 어떤 심리적 방어 기제가 사용되고 있을까요?

이는 또한 제가 완전히 마음을 열지 못하게 막아버려요. 완전히 마음을 연다는 건 나에게 중요한 것, 내가 원하는 것, 내가 신경 쓰지 않는 것에 대해 털어놓으면서 내 욕구를 표현한다는 뜻이니까요. 하지만 여기에는 그다지 칭찬할 만한 가치가 없는 자질도 포함되지요. 어디까지 표현해도 되고 어디까지 표현하면 안 되는지 모르겠어요. 누군가를 만났을 때 처음부터 솔직하게 말해도 되는 건지도 모르겠고요.

10 여기에서 하리의 자존감과 애착 욕구 사이에는 어떠한 갈등이 있나요?

한 여성과 데이트를 한 적이 있는데, 그녀에게 처음부터 솔직하게 털어놓았어요. 아들과 회사가 제 삶에서 아주 큰 비중을 차지한다고 이런 식으로 말했지요. "그러니까, 우리가 매일 저녁 껴안고 둘만의 시간을 보내리라 상상한다면 그런 생각은 잊어버리는 게 좋아요. 내 삶에선 아들이 가장 중요해요!" 이걸 처음부터 명확히 하자 그 여성은 "아니요, 그건 저와는 전혀 안 맞네요!" 하고 말하더군요. 그때 '그러면 그렇지. 솔직하게 내 모습을 있는 그대로 드러내면 바로 거절당하는 거야'라는 교훈을 얻었지요. 제가 거짓말을 했어야 하나요? 솔직히 말해서 한 여성에게 "당신이 이제 나의 절대적 1순위이고 나머지 것들은 죄다 제쳐둘 거야!"라고 말할 순 없어요.

11 여성과의 대화에서 하리는 무의식적으로 어떤 자기 보호 전략을 사용했나요? 그리고 그는 왜 거절당했다고 느낄까요? 그는 자신을 피해자라고 생각하는 것 같네요.

연애할 때 항상 제 의사를 표현하면 안 된다는 느낌이 들어요. 예를 들어 여자 친구가 월요일 저녁에 친구들을 초대한 적이 있어요. "친구들이 8시에 올 거야. 내가 요리할게. 당신도 함께 있으면 좋겠어." 친구들에게 저를 소개시켜주고 싶고 서로 더 많이 알게 되면 좋겠다는 이유였죠. 그러나 저는 그들을 안 만나고 싶었어요. 일을 하는 주중에 그렇게 늦은 저녁 시간에 사람들을 만나고 싶지 않았거든요. 그렇지만 그녀가 원하는 대로 했어요. 저는 거절이 서툴거든요. 짜증을 내긴 해요. 참새처럼 땍땍거리긴 하지만 결국 평화를 위해 시키는 대로 해요.

여기서 하리는 일상적으로 연애할 때 자신이 어떻게 지나치게 순응하는지 구체적인 예를 들어 다시 한번 잘 보여주네요.

하지만 더 이상은 그러고 싶지 않아요. 저도 안정적인 관계를 맺고 싶어요. 하지만 누군가의 기대에 계속 맞추고 싶지는 않아요. 어떤 관계에서도, 누구를 위해서도 어렸을 때 그래야 했듯 순응하고 싶지 않아요. 무력감은 제 어린 시절의 핵심 감정이었어요. 왠지 절망적이었어요. 대안이 없었으니까요. 원하든 원치 않든 부모님과 어려운 상황을 받아들여야 했어요. 그냥 그렇게 살아야 했죠. 다른 기회는 없었어요.
　그 후 저는 자신의 의지와 상관없이 타인에게 순응하는 데 얼마나 큰 힘이 필요한지 깨달았어요.

12 하리는 어린 시절에 무엇을 내사했으며, 그리하여 (잠재적) 현재 파트너에게 무엇이 투사되고 있나요?

부모님과 함께한 시절을 담은 영화를 머릿속에서 지워야 해요. 파트너가 부모님과 다른 사람이라는 걸 이해하고, 자유로운 사람이 될 수 있게 있는 그대로의 제 모습을 받아들여야 할 때가 됐어요.

아주 좋은 접근 방식이에요, 하리!

하리를 위한 마음 설명서

1 하리는 두 가지 갈등을 겪고 있습니다. 첫째, 그는 안정적인 연애를 원하지만 지금까지 항상 실패했습니다. 둘째, 그는 쾌감을 얻으려고 노력하지만 대부분 삶에서 불쾌감을 느낍니다. 애착에 대한 욕구가 충족되지 않고, 불쾌감 때문에 고통스러워하고, 문제 해결책을 찾지 못해서 통제에 대한 욕구도 좌절되었다고 느낍니다. 그의 자존감도 여기에 중요한 역할을 한다고 확신할 수 있습니다. 하리는 자신의 책임을 인식함으로써 문제 해결을 위한 긍정적인 첫걸음을 내디뎠습니다.

2 부모의 청각 장애 때문에 하리의 애착이 손상되어 근원적 신뢰 형성에 문제가 있었을 수 있습니다.

3 하리는 너무 어렸을 때부터 부모와 여동생을 책임져야 했습니다. 심리학 용어로 부모와 자녀의 역할이 뒤바뀌는 것을 **부모화** parentification라고 합니다. 하리의 신념에는 아마도 다음과 같은 것들이 포함되어 있을 거예요. "모두가 잘 지낼 수 있도록 내가 100퍼센트 책임져야 해. 나는 강해야만 해. 나는 혼자이고 혼자서 해내야만 해. 나는 누구도 믿어서는 안 돼."

4 하리는 스스로에게만 의지할 수 있다고 배웠기 때문에 무의식적으로 자율 쪽으로 기울었습니다. 자율 동기가 높은 사람들은 하

리처럼 자기 사업을 하는 경우가 많아요. 하리의 경우, 높은 자율성이 직업적으로는 도움이 되어 일이 잘 풀리고 있지만 사생활에서는 친밀감과 성적 교류를 방해하고 있네요.

5 하리의 동기 부여 스키마를 다음과 같이 설명할 수 있습니다. "나는 혼자이고 나 자신에게만 의지할 수 있어. 네 마음에 들려면 내가 많이 순응해야 해." (덧붙이자면, 이는 하리의 자존감이 손상되었음을 보여줍니다. 마음 깊은 곳에서 그는 자신이 부족하다고 생각할 거예요. 그렇지 않다면 잠재적 파트너와 관계를 맺을 때 자신을 그렇게 억지로 변화시킬 필요가 없겠지요.) 또한 모든 관계 불안 환자들이 공통으로 가지고 있는 다음과 같은 신념 체계를 드러냅니다. "나는 연애 중이야. 또는 나는 자유로운 사람이야." 두 가지 신념은 적응 측면에서 양극단에 위치하기 때문에 양립할 수 없습니다. 어렸을 때 하리는 부모의 청각 장애라는 외부 환경에 적응해야 했습니다. 어린 나이에 부모와 여동생을 책임져야 했기 때문에 나이에 맞지 않는 방식으로 자율적으로 행동해야 했어요.

6 하리가 스스로에게만 의지할 수 있다고 믿는 것은 자신과 자신의 관계를 끊임없이 통제해야 한다고 생각하게끔 만듭니다. 애착 관계 측면에서 이는 그가 아무도 신뢰하지 못한다는 뜻입니다. 그런데 신뢰할 수 없는 상황에서 사랑이나 열정 같은 감정은 자신의 자율과 통제 욕구를 위협합니다. 따라서 이런 사람들은 누군가와 너무 가까워지는 것을 막기 위해 때로는 의식적으로, 때로는 무의

식적으로 많은 노력을 기울입니다. 그들은 항상 사랑하는 사람으로부터 일정한 안전거리가 필요해요. 대부분의 경우, 이 안전거리는 관계가 조만간 끝날 거라는 암시이기도 합니다. 따라서 자기 보호 전략은 도피와 고립 또는 통제와 권력에 대한 강한 욕구를 통해 통제력을 유지하고자 하는 것으로 요약됩니다. 또한 여기에 1장에서 설명한 자율 중심의 자기 보호 전략도 추가됩니다.

7   하리는 자신이 있는 그대로 사랑받고 있다는 메시지를 부모님에게서 받지 못했습니다. 그래서 자신의 가치에 대한 감각이 부족합니다. 그 결과 있는 그대로의 자기 모습으로는 안 된다고 믿는 거지요. 있는 그대로의 모습에는 자신의 욕망, 가치관, 감정, 삶에 대한 생각을 고수하는 것이 포함됩니다. 하리는 연애할 때 파트너의 기대를 충족시키고 자신을 완전히 내려놓는 데 초점을 둡니다.

8   하리에게 결혼은 감옥에 들어가는 것이나 마찬가지예요. 왜냐하면 이제는 기어코 그의 각인(동기 부여 스키마, 그림자 아이)이 공격을 개시해 아내(이전에는 부모)의 기대에 자신을 완전히 종속시켜야 하기 때문입니다.

9   하리는 여기서 거절당하는 것에 대한 두려움을 표현합니다. 이 두려움을 극복하기 위해 데이트 상대에게 결점을 찾는 거예요. 그가 먼저 거절하면 상대방에게 자신이 거절당할 위험을 피할 수 있으니까요. 따라서 여기서 작용하는 심리적 방어 기제는 평가 절하

와 비판입니다.

10 하리의 갈등: 그는 자신을 위해 사랑받기를 갈망하지만, 자신의 각인 때문에 이것이 불가능하다고 생각합니다. 낮은 자존감이 애착에 대한 열망을 가로막고 있는 것이지요. 그의 상상 속에서 애착이란 파트너의 기대를 충족시키기 위해 자기 자신을 굽혀야만 얻을 수 있는 것이라 생각합니다.

11 하리는 여기서 자신의 일과 아들보다 이 여성이 후순위라는 사실을 은근히 공격적인 방식으로 분명히 밝히고 있습니다. 연애를 시작하기도 전에 분명한 선을 그어버린 거예요. 그의 그림자 아이는 첫 데이트 때부터 자신의 자율성을 격렬하게 방어합니다. 여성은 물러서는 방식으로 (아주 적절하게) 반응하지요. 이 시점에서 하리는 자신이 먼저 공격을 했다는 사실과 데이트 상대가 이에 대응했을 뿐이라는 사실을 성찰하지 않아요. 각인된 대로 자신이 그녀에게 거부당했다고 느끼기 때문에 자신을 피해자로 여기지요. 오히려 무심하게 선언함으로써 간접적으로 그녀를 거부한 쪽은 오히려 하리인데 말이에요.

12 하리는 자존감이 낮고 지나치게 순응하는 그림자 아이를 내사했습니다. 그는 이를 잠재적 파트너들에게 투사합니다. 그는 부모에게 그랬듯이, 사랑받기 위해 그들에게 순응하고 자신이 굽히고 들어가야 한다고 상상합니다. 그가 이 프로그램에서 벗어나고 싶

다면 첫 번째 단계는 그 사실을 명확하게 인식하고 해소하는 과정
일 거예요.

3장

심리 치료의
기본 원리를 알면
내 마음도
고칠 수 있다

마음이 아픈 이유는 제각각이어도
치료의 원리와 과정은 기본적으로 같습니다

1장과 2장에서는 과학적 연구 결과와 심리 치료 사례를 바탕으로 우리의 마음이 어떻게 설계되어 있는지 다루었습니다. 1장과 2장 모두, 구조적 차원에서 분석했을 때 우리의 개인적 문제가 흔히 생각하듯 개별적이고 해결 불가능한 것이 아님을 확인해주었지요. 궁극적으로 동일한 심리적 기제가 늘 작용하고 있어요. 그렇다고 문제를 축소하려는 건 아니에요. 해결책을 상당히 단순화할 수 있기 때문에 좋은 소식이라는 거지요.

요약하자면, 욕구와 현실 사이에 비일관성이 존재하는 경우, 즉 심리적 기본 욕구 가운데 하나 이상이 좌절되는 경우 항상 문제가 발생합니다. 이러한 비일관성은 슬픔, 분노, 두려움 또는 수치심 같은 불쾌감을 유발하며, 우리 모두는 이런 감정을 없애고 싶어 해요. 문제에 대한 모든 해결책은 일관성을 유지하여 다시 좋은 감정을 만드는 것을 목표로 합니다. 비일관성을 제거할 때 우리는 심리적으로 건강한 전략을 쓸 수도 있고 그렇지 않은 전략을 쓸 수도 있습니다. 예를 들어 건강한 전략은 갈등을 겪고 있는 상대방과 대화를 시도하는 것입니다. 건강하지 않은 전략은 가까운 술집에서 술에 취하는 것이고요.

건강하지 않은 전략 가운데 상당수는 어린 시절에 습득한 것입니다. 어린 시절에는 크리스토프처럼 조화에 중독된 아버지에게 대처하기 위해 자신의 분노를 억누르는 것이 효과적이었을 수 있어요. 그러나 성인이 된 후 관계를 형성할 때에는 갈등을 피하는 전략이 조화에 대한 중독 문제를 해결하는 과정에서 역효과를 일으켜요. 이는 그림자 아이로 인해 발생하는 여러 가지 문제에 다양한 형태로 적용됩니다. 어린 시절에는 효과적이었던 적응 전략이 성인이 된 후에는 비생산적인 것으로 드러나곤 합니다. 그 이유는 너무나 간단한데, 외부 조건이 바뀐 데다 우리가 이제 독립적인 성인이기 때문이지요. 옛날에 쓰던 심리적 방어 기제로 비일관성을 줄이려는 대부분의 시도는 더 큰 비일관성을 초래할 뿐이에요. 그래서 '완벽주의자' 같은 많은 사람에게 비일관성이 시스템에 내재되어 있는 거지요.

기본적으로는 항상 다음과 같은 문제가 있습니다. 다른 사람의 기대에 지나치게 순응함으로써 불안정한 자존감을 보상받거나, 과도하게 거리를 둠으로써 자존감을 보상받습니다. 즉 타인의 인정을 좇거나 인정 없이도 잘할 수 있다고 상상함으로써 자신의 본성과 실제 욕구에 반하는 왜곡된 인식과 자기 보호 전략을 세우는 거예요. 애착을 위해 억지로 자신을 굽히면 자율이 희생되고, 자율을 위해 억지로 자신을 굽히면 애착에 대한 욕구가 희생되는 경우가 많습니다. 다른 사람의 관심을 끌기 위해 자신의 욕구를 자주 부정한다면(애착) 자기 결정적인 삶(자율)을 살고 있지 않은 셈이에요. 반면 자기 결정권을 위해 다른 사람과 끊임없이 거리를 둔다면 친밀하고 신뢰하는 관계를 유지할 수 없고요. 두 경우 모두 사회에서 잘 지내기 위해 자신의 진정성 일부를 희생하게 됩니다. 그러나 이런 희생은 항상 현실을 주관적으로 왜곡하여 가정한 결과입니다. 이 말은 적어도 가장 넓은 의미에서 자신의 역할이 관여된 모든 문제, 즉 그것이 형성되고 유지되는 과정에 그림자 아이가 관여하고 있는 모든 어려움에 적용된다고 볼 수 있습니다.[26] 유일한 예외는 내 잘못이 전혀 없는 운명의 장난뿐이에요. (그러나 이 경우에도 내면의 태도가 대처 과정에서 중요한 역할을 합니다.) 어떤 경우든 성공적인 심리 치료 또는 성공적인 자기 계발의 목표는 지나친 순응이나 지나친 거리두기에서 벗어나 진정한 자아를 찾는 것입니다.

문제는 '진정한 자아'가 무엇을 의미하는가 하는 거예요. 일반적으로 사람은 자신의 의견과 특성을 고수하고 다른 사람이 자신을 어떻게 생각하는지에 비교적 영향을 받지 않을 때 자신답게 행동합니다. 이런 특징은 "나는 고집스럽게 내 일을 하고 다른 사람 의견은 신경 쓰지 않아" 하는 식의 다소 당돌하고 자율적인 태도와 겹칠 수 있지만, 분명 진정한 자아의 일부입니다. 진정한 자아의 다른 중요한 특징은 모든 감정과 잘 접촉하는 것입니다. 진정성이 부족해 고통받는 사람들은 최소한 정서적 삶의 일부로부터 단절되어 있습니다. 그들은 맞춤 설정된 기능 모드라고 볼 수 있어요. 진정한 자아의 또 다른 특징은 자율과 애착이 균형을 이루고 있다는 점, 즉 자신의 주장을 펼치면서도 잘 적응할 수 있다는 점입니다. 그러면 대부분의 경우 그 사람의 감정은 적절하고 그에 따라 적절한 행동으로 이어집니다. 인지 왜곡과 투사 형태의 해묵은 각인이 그의 감정, 생각, 행동을 지배하지 않으니까요. 이 또한 진정한 자아의 특징입니다. 진정한 자아를 가졌다고 해서 반드시 항상 기분이 좋은 건 아니에요. 슬픔, 절망, 자포자기 같은 부정적 감정도 어떤 상황에서는 적절할 수 있으니까요. 진정한 자아를 가진 사람은 스트레스를 포함한 모든 감정과 잘 소통합니다. 이를 통해 타인의 입장에 공감할 수 있지요. 그러나 필요한 경우에는 경계를 긋고 자기 이익을 옹호할 수도 있어요.

저는 많은 사람과 심리 상담을 하며 성공적인 심리 치료의 원리에 대해 열심히 생각하고 다른 자료도 많이 읽었습니다. 모든 인간은 공통된 심리 구조를 가지고 있기 때문에 기본 해결책도 보편적으로 유효하며, 모든 변화 과정에서 동일한 심리적 과정이 그 가중치만 다를 뿐 중요한 역할을 합니다. 이를 다음과 같이 정리할 수 있을 것 같아요.

1   내담자는 과거의 각인과 현재의 현실을 구별하는 법을 배운다.

2   자신의 감정을 잘 이해하고 적절하게 조절할 수 있게 된다. 이를 통해 애착과 자율 사이에서 적절한 균형을 이룰 수 있다.

3   역기능적 자기 보호 전략의 대안으로 쓸 만한 내면의 태도와

행동 전략을 스스로 찾아낸다. 이 두 가지를 메타 전략이라 부른다.

4   자기 자신을 책임지고 복잡하게 얽히고설킨 관계에서 자유로 워지는 법을 배운다. 후자는 자신의 영역에 속하지 않는 책임을 파 트너의 몫으로 남겨둔다는 의미이다.

이 네 가지 단계는 모든 내담자의 자존감을 안정시키는 효과가 있으며, 이는 다시 이런 과정을 실행하는 데 긍정적인 영향을 줍니 다. 따라서 내담자의 자존감과 앞서 언급한 심리적 과정은 밀접하 게 상호 작용을 한다고 볼 수 있어요. 네 가지 단계와 자존감의 안 정화는 내담자가 서서히 회피 목표를 수용 목표로 대체하는 것과 함 께 진행됩니다.

지금부터는 심리학 용어로 개입intervention이라고 하는 해결 접 근 방식을 자세히 설명하기에 앞서 심리 치료 과정에서 상담사와 내담자의 관계에 대해 간략히 설명하겠습니다.

성공적으로 심리 치료를 진행하려면
어떻게 해야 할까요

내담자가 심리 치료 상담사와 신뢰 관계를 유지하는 것은 성공적인 치료를 위한 기본 조건입니다. 저명한 심리 치료 상담사이자 심리 치료 연구자이며 대화 심리 치료의 창시자 칼 로저스Carl Rogers는 심리 치료시에게 필요한 기술을 정의했습니다. 그는 내담자 중심 대화 심리 치료의 세 가지 기본 태도를 언급했는데, 오늘날에도 여전히 핵심적이고 절대적으로 올바른 태도라고 생각하여 여기서 인용하고자 합니다.

1. 일치성congruence
로저스는 이것을 치료사가 진실하고 진정성 있는 사람이며 겉모습 뒤에 숨지 않는다는 의미로 이해합니다. 치료사는 내담자와 눈높이를 맞추고 위계적으로 우월한 위치를 차지해서는 안 됩니다. 또한 내담자가 자신의 감정과 판단을 표현할 수 있도록 정서적으로 진실한 관계를 맺어야 합니다. 이러한 진정한 관계 속에서만 치유와 성장이 일어날 수 있습니다.

2. 공감적 이해empathy

치료사는 내담자에게 공감하고 내담자가 경험하는 것의 의미를 말로 표현하기 위해 자신의 말을 사용합니다. 예를 들어 내담자가 일상생활을 설명할 때 치료사는 "그래서 당신은 과도한 부담을 느끼고 있군요"라고 말할 수 있습니다. 이상적인 경우 내담자는 이 표현을 통해 치료사가 정곡을 찔렀음을 깨닫고 자신이 실제로 과도한 부담을 느끼고 있음을 처음으로 스스로 인정하며 한 걸음 더 나아갈 수 있습니다. 이를 통해 내담자의 자기 인식이 바뀌고 변화의 길이 열리는 거예요. 로저스는 이 방법, 즉 치료사가 내담자의 상황에 깊이 공감하고 내담자의 설명을 언어적으로 재구성하는 것을 적극적 경청이라고 불렀습니다.

내담자가 하는 말의 의미를 최대한 정확하게 파악하기 위해서는 물론 치료사가 자기 성찰이 잘 되어 있어야 합니다. 특히 상대방에게 공감을 할 때 치료사의 투사가 내담자에게 쉽게 일어날 수 있기 때문입니다. 이 경우 치료사는 내담자의 상황과 일치하지 않는 자신의 그림자 아이로부터 비롯된 감정과 생각을 내담자에게 투사하게 됩니다. 따라서 공감과 더불어 심리 치료사의 자기 성찰이 필수적이지요. 자기 성찰과 자신의 문제를 다루는 것은 모든 심리 치료 교육의 중요한 부분을 차지합니다.

3. 무조건적 긍정적 존중unconditional positive regard

로저스는 이것을 치료사가 상담을 원하는 사람에게 진심 어린 정서적 온기와 존중을 보여주는 것으로 이해합니다. 이런 분위기에서 내담자는 신뢰를 바탕으로 마음을 열고 자기 내면의 생각과 감정을 드러낼 수 있습니다. 치료사가 이를 평가 절하하지 않음으로써 내담자는 자신을 서서히 받아들이는 법을 배울 수 있어요. 그러나 이런 수용적인 태도는 치료사가 내담자의 감정과 생각에 반드시 동의해야 한다는 의미는 아닙니다. 한편으로는 내담자의 절망에 깊은 공감을 표시하고, 다른 한편으로는 그림자 아이 때문에 괴로운 것이며 어른이 된 지금은 몇 가지 행동 옵션이 열려 있음을 알려줘야 합니다.

모든 심리적 문제는 상담을 원하는 사람들의 관계에도 영향을 미치거나 관계 때문에 발생하므로, 치료사와 내담자의 관계는 종종 상담을 원하는 사람들의 관계 문제를 투시하는 표면이 됩니다. 이런 맥락에서 정신 분석학에서 유래한 용어인 전이transference와 역전이countertransference를 거론할 수 있겠네요.

전이는 내담자가 자신의 문제를 치료사에게 전가하는 것을 의미합니다. 예를 들어 내담자는 무의식적으로 치료사를 자신의 지배적 어머니로 간주하여 치료사의 개입을 거부할 수 있어요. 여러 번의 외도로 자존감을 안정시키려는 여성 내담자의 경우 이런 패턴을 남성 치료사에게 전이하여 그를 유혹하려 할 수 있어요. 또는 지나치게 순응하는 여성 내담자의 경우 치료사에게 최대한 인정받기 위해 치료사의 모든 기대치를 충족시키려고 엄청난 노력을 기울이기도 하지요. 심리 치료 대화에서는 이런 전이를 내담자와 함께 다루고 성찰할 수 있습니다.

여기서는 역전이도 잘 활용할 수 있어요. 역전이는 내담자가 치료사에게 특정 감정을 유발하는 것을 의미합니다. 예를 들어 내담자가 수동적이고 공격적인 방식으로 폐쇄적인 태도를 취하고 치료사가 꽉 막힌 마음의 벽에 부딪히게 하면 치료사에게 무력감과 분노를 유발할 수 있어요. 그러면 치료사는 이를 주제화하여 내담자에게 반영할 수 있지요. 따라서 심리 치료에서 이런 상황은 내담자가 자신의 잠재의식 패턴을 인식할 수 있는 매우 좋은 기회입니다. 또한 다른 의사소통 방식을 시도해볼 수 있는 좋은 훈련의 장이 되기도 하지요.

덧붙여서, 저는 훈련받은 심리 상담 치료사로서 좋은 치료사를 어떻게 알아볼 수 있느냐는 질문을 자주 받습니다. 제 대답은 다음과 같아요. 첫째, 존중받고 이해받고 있다고 느낀다. 둘째, 초반 몇 번의 상담에서 이미 깊은 통찰을 얻고 진전을 이룬다.

지금부터 설명할 개입들, 즉 해결 접근 방식들에도 공통 맥락이 있어요. 칼 로저스의 세 가지 기본 태도는 저의 수년간 경험을 통해 대화의 핵심 구성 요소임이 입증되었습니다. 반드시 순서대로 진행할 필요는 없으며 대화 흐름에 따라 달라질 수 있어요. 이는 명칭만 다를 뿐 여러 심리 치료 학파에서 모두 중요한 역할을 합니다. 이외에도 유용하고 도움이 되는 심리 치료적 개입이 매우 많지만 여기서 전부 다 설명할 순 없네요.

대부분의 심리 치료 상담사는 경력을 쌓는 과정에서 일종의 기본 기술을 익히고 이를 활용해 성공적으로 일을 합니다. 이제부터 저의 기술들을 소개할게요.

1단계: 과거는 과거일 뿐, 현재의 현실과 분리하세요

첫 번째 단계는 그림자 아이, 마음 지도, 매트릭스 또는 뭐라고 부르든, 어쨌든 뇌의 초기 각인을 가리키는 해묵은 패턴에서 벗어나기 위한 기초입니다. 우리가 질질 끌고 다니는 거의 대부분의 문제는 낡고 부정적인 자아상과 그에 따른 낮은 자존감을 보상하려는 역기능적 시도의 결과입니다. 그림자 아이에 사로잡혀 있는 한, 계속 예전 패턴으로 돌아갈 수밖에 없어요.

그림자 아이를 치유하기 위해서는 먼저 그림자 아이가 누구인지, 즉 내가 누구를 상대하고 있는지 먼저 파악하는 것이 중요합니다. 지금부터 그 방법을 기본적으로 안내해드릴게요.[27]

저는 보통 자유로운 대화를 통해 내담자의 정신적 각인을 다룹니다. 반드시 여기서 설명하는 순서를 따를 필요는 없어요. 저는 내담자가 자신의 문제를 자유롭게 설명하도록 허용하고 제 시각에서 볼 때 심리적으로 중요하다고 생각되는 주제를 함께 다룹니다.

감정을 들여다보며
내면의 그림자 아이를 인식하기

2장에서 소개한 모든 내담자는 내면에 부정적 그림자 아이가 있습니다. 이로부터 인지적으로나 정서적으로 거리를 두기 위해 첫 번째 단계에서는 이를 인식해야 합니다. 항상 나쁜 남자에게 끌리고 안정적인 연애 관계에 대한 갈망과 상처받는 것에 대한 두려움 사이에서 갈등했던 알렉사를 떠올려볼까요. 알렉사는 종종 자신을 평가 절하하고 비판하곤 했던 어머니의 영향을 많이 받았습니다. 다정한 아버지상도 부족했지요. 생후 6개월에 할머니에게 맡겨졌고 몇 년 동안 어머니와 거의 연락하지 못했어요. 그러다가 할머니와 함께하던 일상생활에서 떨어져 나와 그사이 소원해진 어머니에게 돌아가야 했지요. 어린 시절에 무자비하게 애착이 상실되고 안정감과 안전이 결여되는 경험을 한 거예요.

알렉사 같은 내담자가 자신의 어린 시절과 청소년기에 대해 이야기하는 동안, 저는 그녀의 각인을 이해하고 대화 중간중간 공감하며 그녀에게 도움이 되는 몇 가지 질문을 떠올립니다. 다음과 같은 질문들이에요.

✳ 확실하게 애착 관계를 형성할 만한 양육자가 있었나요?

* 집안 분위기는 어땠나요? 사랑이 가득하고 따뜻한 분위기였나요 아니면 스트레스가 많고 냉정하고 사랑이 없는 분위기였나요?
* 내담자의 부모는 내담자가 그 자체로 사랑받고 있다고 했나요 아니면 특정 조건을 충족해야 사랑받을 수 있다고 했나요?
* 내담자가 자율적으로 성장할 수 있도록 지원받았나요? 내담자가 자신의 의지를 가질 수 있었나요? 아니면 애착 욕구가 등한시되어 너무 일찍부터 지나치게 자율적이어야 했나요?
* 내담자는 자신의 감정과 어떤 종류의 접촉을 하도록 배웠나요? 특정 감정은 원치 않았나요 아니면 특정 감정이 요구되었나요?

대화하는 동안 저는 제 조언을 구하는 사람의 말에 공감하며 그 사람의 내면으로 들어가봅니다. 부모나 양육자의 행동을 어떤 식으로 경험했을까? 어떤 신념을 갖게 되었을까? 저는 내담자에게 눈을 감고 자신이 어떤 신념을 갖게 되었는지 스스로 느껴보라고 요청하곤 합니다. 때때로 대화 중에 추정되는 신념을 공식화하여 내담자가 이를 확인하거나 수정할 수 있게 하기도 합니다. 대부분의 내담자는 자신의 신념을 아주 쉽게 발견할 수 있습니다. 상당수는 상담받으러 온 시점에 이미 자신의 신념을 알고 있어요. 이전에 그 문제로 씨름을 한 적이 있기 때문이에요. 알렉사도 마찬가지였지요.

신념에는 다양한 범주가 있습니다. 어떤 신념들은 자존감에 대해 직접적으로 말하기도 합니다. 예를 들면 이런 식이에요. "나는 부족해. 나는 사랑스럽지 않아. 나는 나빠/못생겼어/어리석어." 최악의 신념은 이거예요. "나는 살아 있을 자격이 없어."

다른 신념들은 양육자(그리고 결과적으로 다른 사람)와의 관계에 대해 다음과 같이 말합니다. "내 탓이야. 나는 중요하지 않아. 나는 열등해. 나는 아무것도 아니야."

신념들은 이미 부모와 관련된 문제를 해결하는 방법을 가지고 있는 경우가 종종 있습니다. 이 신념들에 따라 자기 보호 전략이 수립되기 때문이지요. 때로 신념들은 부모와 관련된 문제를 해결하는 방법을 말해주고 이에 따라 자기 보호 전략이 수립됩니다. 예를 들면 다음과 같아요. "나는 순응해야 해. 나는 어떤 기능을 수행해야 해. 나는 착하고 예의 바르게 행동해야 해. 나는 혼자 해내야 해. 나는 강해야 해."

알렉사의 신념은 다음과 같았어요. "난 충분히 훌륭하지 않아. 나는 순응해야 해. 아무도 나를 원하지 않아. 나를 선택하려 하지 않아."

많은 사람과 마찬가지로 알렉사도 세 가지 범주 모두에 해당하는 신념들을 가지고 있었지요.

물론 삶에 대한 다소 어리석고 위험하거나 진부한 일반화를 드러내는 신념들도 있습니다. 예를 들면 다음과 같아요. "남성은 나쁘다. 여성은 약하다. 아랍인은 사악하다. 돈은 인격을 타락시킨다." 이런 신념 가운데 일부는 전체 신념 체계를 대표하며, 사회적 갈등이나 심지어 전쟁으로 이어질 수도 있어요. 그러나 이 주제를 좀 더 깊이 다루면 이 책의 주제를 벗어나버리겠지요.

제 생각에 신념은 말하자면 자존감의 본질이자 프로그래밍 언어입니다. 이는 적어도 앞서 언급한 세 가지 범주의 신념에 해당합니다. 신념은 우리가 현실을 인식하는 안경이지요. 우리의 정신적 각인, 즉 그림자 아이의 핵심 요약 버전입니다. 따라서 내담자가 자신의 신념을 파악하는 것이 매우 중요합니다.

신념과 밀접하게 연관된 것은 정신적 각인으로 그 사람의 경험에 깊이 자리 잡은 감정입니다. 주관적으로 인식되는 열등감과 관련된 신념들은 수치심, 두려움, 슬픔 또는 분노를 유발할 수 있습니다. 우리의 감정은 행동을 일으키는 거대한 동력입니다. 그래서 저는 심리 상담을 할 때 내담자에게 항상 자신의 감정에 집중하고 그림자 아이에게 자주 발생하는 감정을 느껴보라고 권해요. 이런 감정은 치유해야 할 해묵은 상처이기 때문에 주의와 보살핌이 필요하거든요.

결정적 요인은 우리의 감정이 근본적인 신념보다 훨씬 더 쉽게 의식에 도달한다는 점이에요. 예를 들어 알렉사는 상실에 대한 두려움을 매우 강렬하게 느끼기 때문에 친밀한 연애 관계를 피합니다. 상실에 대한 두려움은 이 감정을 언어적으로 표현한 것에 불과한 신념보다 훨씬 더 고통스럽고 부정적인 의미에서 더 큰 동기를 부여합니다. 감정이 훨씬 더 직접적이고 따라서 의식에도 가장 빠르게 도달할 수 있는 거예요. 일상생활에서 그림자 아이의 감정을 포착하여 어른 자아, 즉 명확하게 사고하고 성찰하는 마음으로 전환하는 것이 중요합니다. 심리 치료적 변화 과정의 기본은 내담자가 해묵은 각인에서 비롯된 부적절한 감정과 자신을 동일시하지 않는 것입니다.

알렉사는 새로운 관계를 맺을 때 어머니와 그랬던 것처럼 또다시 부정적인 평가를 받을까 봐 매우 두려워졌다고 설명했습니다. 예전의 각인 때문에 비난과 거절을 받을 것으로 예상하는 것이지요. 이 생각/기억이 그녀의 상실에 대한 두려움을 촉발합니다. 이 감정을 완전히 인식할 때마다 그녀는 익숙한 행동 프로그램을 작동시키고, 그리하여 역설적으로 애착을 피하는 남자를 선택하고 맙니다. 그녀가 일상에서 상실에 대한 두려움과 그 뒤에 숨어 있는 열등감을 포착할 수 있다면 이성의 도움을 받아 과거의 경험과 약간이라도 거리를 둘 수 있을 거예요. 그러면 자신이 사랑스럽고 매력적이며 성공한 여성인 현재의 현실을 깨닫겠지요. 중요한 것은 그녀가 어린 시절의 부정적인 각인이 아니라 자신의 성격에서 찾아낸 건강한 면과 스스로를 동일시하는 겁니다.

어른 자아 강화를 위해
상상 연습 해보기

우리는 심리적 작업을 통해 감정을 바꿀 수 있어요. 그렇기 때문에 심리 치료 상담사로서 저는 내담자가 자신의 부정적 각인이 자의적이라는 것을 인지적 수준에서 명확하게 인식하는 게 매우 중요하다고 봅니다. 이 각인들은 내담자의 개인적 가치가 아니라 어린 시절에 그것이 형성된 방식만 암시할 뿐이에요. 머릿속에서 이에 대한 생각을 명확히 하면 부정적 감정을 무시하기가 더 쉬워져요. 그러면 지성知性(어른 자아)이 감정(그림자 아이)을 조절할 수 있어요. 그래서 내담자의 성찰적 사고를 강화하는 일이 중요합니다.

어른 자아를 강화하고 역기능적 각인으로부터 최대한 거리를 두기 위해 저는 내담자에게 상상 연습을 해보라고 권합니다. 내담자는 자신이 아이와 부모(양육자)라고 상상합니다. 관찰자 시점, 즉 외부에서 아이와 부모로서 자신을 바라보는 거지요. 다시 말해 이들은 어린 시절의 상황을 어느 정도 거리를 두고 바라봅니다. 이때 판사처럼 완전히 중립적인 자세를 취하는 것이 중요합니다. 이 입장에서 아이가 부족해서, 중요하지 않아서, 잘못해서, 어떤 식으로든 열등해서 실수를 저질렀는지 분석해야 합니다. 아니면 부모가 몇 가지 실수를 했기 때문에 아이가 그렇게 행동한 건 아닐까요? 이는 부모의 행동이 아이의 가치에 대해 무엇을 말하는지에 대한 질문으로 이어집니다.

지금까지 제게 상담을 받으러 온 모든 사람은 아이가 결백하고 소중한 존재이며 문제는 부모에게 있다는 사실을 분명히 깨달았습니다. 그러면 저는 내담자에게 이 깨달음을 마음속 깊이 새기라고 부탁하지요. 이는 내담자가 배/가슴 부위에 내면의 주의를 집중하여 이 명료한 생각이 그곳에서 어떻게 느껴지는지 살펴보는 방식으로 이루어집니다. 다음 단계에서는 부정적인 신념들을 마음속 눈앞에 있는 부모에게 돌려주라고 요청합니다. 이렇게 하면 내담자의 머릿속에 아이의 상황에 대한 책임을 부모에게 위임하는 이미지가 형성되지요.

상상력은 적절한 생각을 위한 뇌의 연결 고리를 만들거나 상상 연습을 통해 해묵은 프로그램을 무력화하는 데 활용돼요. 내담자가 이 과정을 반복적으로 수행하면 뇌가 원하는 방향으로 변화해요. 새로운 정신 패턴을 배우는 과정은 일반적인 학습과 동일한 원리에 기반합니다. 학습 내용을 반복하고 (긍정적인) 감정과 연결시키는 것이지요.

해묵은 신념들을 버릴 때 다양한 저항이 발생할 수 있는데 이를 먼저 해결해야 합니다. 예를 들어 일부 내담자는 부모를 배신한다는 느낌 때문에 강한 내적 항의를 경험하기도 해요. 심리적 관점에서 이는 그 사람이 부모와 건강한 방식으로 분리되지 않았으며 부모에 대한 (건강하지 않은) 충성심을 느끼고 있음을 나타냅니다. 이 경우 저는 다음과 같이 조언해요. "부모님 안에도 그림자 아이가 있으며, 악의적 의도가 아니라 그에 따라 행동하셨음을 인식하고 좀 더 편안한 접근 방식을 취하세요. 당신이 중간에 끊어내지 않는다면 세대를 이어 그림자 아이가 나타날 수 있어요. 이제 당신에게 기회가 왔네요. 부모를 비난하는 것이 아니라 가능한 한 자신을 철저히 이해하는 것이 당신의 목적이에요. 자신의 각인을 인식해야 해묵은 패턴에서 벗어날 수 있는 기회를 얻을 수 있어요."

다음 단계에서는 조언을 구하는 사람의 자기 보호 전략에 관심을 기울입니다. 예를 들어 내담자에게 이런 질문을 하지요. "이런 부정적인 신념들과 그와 관련된 불쾌감을 피하기 위해 뭘 하세요? 자주 쓰는 전형적인 인지 왜곡과 자기 보호 전략은 뭔가요?" 자기 보호 전략은 종종 권력에 대한 추구, 완벽에 대한 추구, 조화에 대한 지나친 사랑, 갈등 혐오 같은 행동들입니다. 그러나 이런 전략은 일반적으로 기존 관계를 이상화하거나 평가 절하하기 위한 인지 왜곡을 동반합니다.

저는 내담자와 함께 그의 자기 보호 전략이 애착과 자율 가운데 어느 쪽을 선호하는 경향이 있는지 살펴봅니다. 인정받기 위해 많은 노력을 기울이는 애착 유형에 더 가깝나요? 모든 기대치를 가능한 한 완벽하게 충족시키는 사람인가요? 관계를 미화하고 불쾌한 진실을 피하기 위해 종종 눈을 감아버리는 사람인가요? 아니면 자신 외에는 누구에게도 의존해서는 안 된다고 생각하는 자율 유형인가요? 항상 다른 사람에 대해 비판적이고 고집스럽게 자신의 길만 가는 사람인가요? 아니면 때로는 지나치게 순응적이었다가 돌연 거리를 두고 자율적으로 행동하곤 하는 혼합형인가요?

스스로 애착 지향적 측면에 치우쳐 있는지 자율 지향적 측면에 치우쳐 있는지 깨닫는 것은 내담자가 자신의 문제를 더 깊이 이해하는 데 크게 도움이 됩니다. 이런 통찰은 일상생활에서 언제 자신의 해묵은 패턴을 사용하고 있는지 뚜렷하게 인식할 수 있도록 도와주지요. 따라서 내담자는 스스로를 더 잘 파악하고 바뀔 수 있어요.

지금까지 설명한 심리 치료 개입의 순서를 엄격하게 따를 필요는 없어요. 저는 초기 각인, 신념, 자기 보호 전략 또는 방어 기제 같은 주제는 대화에서 등장하는 시점에 심화시키곤 합니다. 예를 들어 여성 내담자가 오히려 독이 되는 파트너가 얼마나 자신을 끌어

당기고 매력적인지 말하는 경우, 저는 그녀가 이 남성을 강하게 이상화하여 인식하고 있음을 지적하고 이런 이상화가 애착 욕구에서 어떤 기능을 하는지 함께 성찰해봅니다. 역기능적 관계에서 파트너를 이상화하는 것은 관계를 보호하는 효과가 있다는 것을 상기시켜드릴게요. 당사자는 종종 상실에 대한 극단적인 두려움으로 고통받고 있으며, 이를 이상화와 지나친 공감을 통해 억제해요. 이는 적절한 공격성의 출현을 막아 분리 공격성으로 이어질 수 있어요.

내 안의 그림자 아이를
다정하게 수용하기

일반적으로 사람들은 고통스러운 기억과 해묵은 상처를 다루는 대신 가능하다면 놓아내고 싶어 합니다. 적어도 제 내담자들은 그렇게 생각하더군요. 나쁜 감정과 파괴적인 행동에서 그저 벗어나고 이를 떨쳐버리고 싶어 해요. 충분히 이해되는 소망이지만, 이는 안타깝게도 바람직하지 않은 해결 전략, 즉 이런 감정을 최대한 피하려는 전략을 조장하지요. 그러나 이런 감정은 몰아낸다고 해결되지 않아요. 심리 치료에서는 최근 몇 년 동안 자기 자비라는 개념이 확립되었어요. 이는 자신과 자신의 상처를 대하는 친절하고 사랑스러운 태도를 말합니다. 그러니까 불쾌감을 단순히 밀어내는 대신 다정하게 수용하는 태도를 취하는 거예요.

내담자가 자신의 그림자 아이를 확인하면 저는 그림자 아이를 어른 자아로부터 분리해보라고 권합니다. 한편으로 그는 관찰자 시점에서 성찰할 수 있는 어른 자아를 인식합니다. 다른 한편으로는 자신의 상처받고 어린아이 같은 면을 보지요. 어른 자아를 통해 상처받은 감정에 대해 사랑스럽고 세심한 태도를 취할 수 있어요. 이를 두고 심리 치료 상담사들은 당신이 어렸을 때 필요했던 사랑스러운 부모 역할을 맡는 것이라는 표현을 좋아한답니다. 어른 자아의 관점에서 그림자 아이의 손을 잡거나 무릎에 앉히고 다정한 말로 세상을 설명해줄 수 있어요.

예를 들어 알렉사는 이런 내면의 대화를 나누겠지요. "오, 불쌍한 우리 알렉사. 엄마가 널 할머니한테 너무 일찍 보내서 힘들었지…. 게다가 아빠는 존재하지도 않았고 말이야. 넌 그때 너무 외로웠어. 그래도 할머니와 지내는 게 정말 좋았는데, 갑자기 엄마가 와서 널 다시 데려간 거야. 진짜 안됐구나, 불쌍한 우리 아기. 그리고 엄마 집으로 돌아가서 모든 것에 새로 적응해야 했지. 엄마도 새 남자가 생겼고 모든 것이 완전히 낯선 상황이었고 말이야. 그리고 엄마는 항상 잔소리를 하셨지…. 그래서 넌 지금도 자신이 부족하고 순응해야 한다고 생각해. 엄마가 너를 너무 자주 깎아내려서 넌 항상 네가 틀렸다고 생각하는 거야. 그러고 나서 상실에 대한 두려움이 찾아왔어. 두려움이 너무 심한 나머지 차라리 혼자 있고 싶다고 벌써부터 생각하는 거야…. 하지만 얘야, 엄마 일은 네 잘못이 아니야. 엄마가 잘못한 거야. 엄마는 지나친 부담을 느끼고 실수했어. 넌 정말 착하고 순진한 아이였어. 엄마가 그렇게 힘들어하지 않고 건강한 아빠도 있었다면 넌 지금 이대로 충분히 괜찮다는 걸 알았을 거야. 넌 소중하고 이미 인생에서 너무 많은 일을 해왔어. 이상적인 부모님이라면 널 무한히 자랑스러워할 테고 세상의 다른 어떤 아이와도 바꾸려 하지 않을 거야….”

이는 비교적 간략한 예시이지만, 어른 자아와 그림자 아이 사이의 대화는 훨씬 더 확장될 수 있어요. 여기서는 그저 원리를 설명하기 위해 예를 들었을 뿐이에요. 성인 이성의 건강한 영역이 내면 아이의 상처와 분리되어야 해요. 스스로에게 말을 거는 과정을 통해 내면의 신념이 본질적으로 순전히 자의적이라는 점을 깨닫고 이 같은 통찰을 내담자의 감정에 단단히 자리 잡게 할 수 있어요.

심리 치료 환경에서는 제가 마주한 사람의 그림자 아이에게 직접 말을 걸며 위로하는 어머니 역할을 몸소 맡기도 합니다. 이 연습에서 내담자는 그저 눈을 감고 자신의 감정에 집중하며 제가 건네는 말을 듣기만 하면 돼요. 이 연습을 하는 동안 거의 항상 눈물이 흐르고, 많은 사람이 지금까지 이토록 다정하게 자신에게 말 걸어준 사람이 없었다고 털어놓곤 하더군요. 애정을 가득 담아 말을 건네면 부모의 책임과 아이의 책임을 명확하게 구분하는 데 도움이 될 뿐 아니라 정서적 차원에서도 치유와 회복을 가져다줍니다. 따라서 판사처럼 내적 관찰자 입장에서 순전히 이성적으로 거리를 두기보다 이 방법이 감정적으로 더 강력하다고 볼 수 있어요.

한편으로 다정한 자기 수용을 실천하는 것과 다른 한편으로 그림자 아이 내사를 일상에서 포착하고 전환함으로써 그로부터 거리를 두는 것 사이에 모순은 없답니다. 후자는 자신의 내사를 가능한 한 빨리 해소하는 과정이고, 전자는 고통스러운 경험을 통합하는 과정이에요. 심리학자들은 **통합**integration을 고통스러운 기억을 인식하고 내면에 공간을 제공하는 과정으로 이해합니다. 이렇게 하면 고통스러운 기억이 무의식적으로 촉발되어 부적절하게 반응하는 것을 막을 수 있어요. 예를 들어 알렉사가 그림자 아이와 반복적으로 다정하게 접촉하며 어린 시절의 고통스러운 경험을 내면으로 통합하면, 열등감과 상실에 대한 두려움을 다루어 성인이 된 후 관계들을 심리적으로 건강하게 구성할 수 있습니다. 이 과정을 지원하기 위해 저는 내담자가 긍정적이고 적절한 신념을 갖도록 적극적으로 돕습니다. 내담자와 저는 내담자 자신의 자원을 강화하고 역기능적 보호 전략에 대한 건설적 대응 프로그램인 이른바 보물 전략을 공동으로 계발하지요.

마음속에 새로운 신념을 심고
새로운 감정을 느끼기

내담자가 자신의 해묵은 신념과 확신을 해체하고 나면 어떤 불안감이 솟아오를 때가 있습니다. 이는 '그림자 아이가 아니라면 나는 누구인가'라는 질문으로 표현됩니다. 결국 해묵은 각인이 지금까지 정체성의 일부를 형성해왔으니까요. 특히 지나치게 순응하여 자신의 감정과 자연스럽게 접촉하지 못하는 사람은 해묵은 각인과 헤어질 때 자신의 욕구와 특성의 '진정한 본질'과 관련하여 허둥댈 수 있어요. 이런 이유로 저는 그림자 아이를 태양 아이와 대조하여 은유했지요. 태양 아이는 건강하게 각인된 성격, 강점과 자원, 긍정적인 신념 및 건설적인 행동 방식을 가리킵니다.

중요한 점은 내담자가 역기능적 신념을 기능적 신념으로 바꾸는 거예요. 이렇게 하면 "나는 부족해"가 "나는 충분해"가 될 수 있어요. 이게 너무 어려워 보이면 "나는 친구들에게 충분해" 또는 "나는 상사에게 충분해"처럼 신념을 수정할 수 있습니다. 새로운 신념이 생각과 느낌을 변화시키려면 한 가지 규칙이 필요해요. 바로 수용 가능한 것이어야 한다는 거지요. 내담자가 아직 그 신념이 사실이라고 느끼지 못하더라도 적어도 이성적으로는 동의해야 합니다. 이미 언급했듯이 매우 명확한 인지적 표현은 감정적 경험을 변화시키는 데 큰 도움이 된답니다.

이를테면 "나는 못생겼어"라는 신념을 가진 여성 내담자가 이를 "나는 아름다워"로 바꾸는 건 아무런 도움이 되지 않아요. 그녀는 그 신념과 자신을 동일시할 수 없을 테니까요. 간극이 너무 커서 새로운 신념을 받아들일 수 없을 거예요. 우리는 스스로에게 새로운 정체성을 강요할 수 없지만, 정체성을 수정할 수는 있지요. "이 정도면 나쁘지 않은 외모야"라는 신념이 바로 그런 수정된 정체성이 반영된 결과라 할 수 있어요. 이 신념은 대부분의 당사자가 쉽게 받아들일 수 있어요.

새로운 신념을 세우는 과정에서 또 다른 규칙은 현실적이어야 한다는 거예요. 예를 들어 어떤 사람은 "나는 무엇이든 할 수 있다"라는 새로운 신념으로 스스로에게 동기를 부여하고 싶어 하지만

이는 현실적이지 않습니다. 사람이 할 수 있는 일에는 한계가 있고, 유감스럽지만 우리는 모든 것을 할 수는 없으니까요. 반면 "나는 많은 것을 할 수 있다"라는 말은 현실적인 생각일 수 있지요. 따라서 "내가 가장 위대해" 또는 "내가 최고야" 같은 자기애적 과잉 보상도 피해야 합니다. 다른 방향으로 과장하는 것은 내담자의 문제를 변화시킬 뿐 문제를 해결하지 못해요.

새로운 신념은 부정적인 표현을 담고 있지 않는 편이 도움이 됩니다. 널리 퍼져 있는 "내 탓이야"라는 신념이 좋은 예가 될 수 있겠네요. "내 탓이 아니야"라는 표현에는 "탓"이라는 단어가 담겨 있어 내담자의 의식 속에 고스란히 남을 수 있으므로 심리적으로 좋은 전환이라 보기 어려워요. "내 탓이 아니야"라는 말에는 죄책감의 뉘앙스가 담겨 있어 고스란히 내담자의 마음속에 남을 수 있으므로 심리적으로 좋은 전환이라 보기 어려워요. 만성적으로 죄책감을 느끼는 사람은 어렸을 때 부모의 기분과 행동에 책임감을 느꼈어요. 그 결과 부모의 기대에 지나치게 순응하고 그에 따라 적절하게 거리를 두는 능력을 배우지 못했지요. 그런 의미에서 "나는 거리를 둬도 괜찮아"라는 말이 이에 해당하는 많은 사람에게 도움이 되는 새로운 신념이랍니다.

긍정적인 신념의 예는 다음과 같습니다. "나는 충분해. 나는 가치 있는(또는 사랑스러운) 사람이야. 나는 내 감정을 느껴도 돼. 나는 실수해도 돼. 나는 동료들과 동등한 위치야. 나는 (내 자녀/친구/동료에게) 중요한 사람이야. 나는 저항해도 괜찮아. 나는 나다울 수 있어. 나는 언제나 관계를 맺을 수 있어('나는 혼자야'라는 신념 대신). 나는 도와달라고 해도 돼('나는 혼자 해내야 해'라는 신념 대신). 나는 환영받는 존재야. 나는 살아도 돼."

새로운 정신적 표상을 배울 때 일반적인 학습과 마찬가지로 내용을 반복하고 이상적으로는 긍정적인 감정과 연결하는 것이 매우 중요하다는 사실은 아무리 강조해도 지나치지 않을 듯하네요. 명상과 상상 연습은 새로 배운 내용이 당사자의 의식에 더 깊이 자리 잡게 하는 데 도움이 됩니다. 다음과 같은 간단한 상상 연습도 유용할 수 있어요.

좋아하는 상황 상상하기

새로운 신념들이 이미 실현된 상황을 상상해보세요. 말하자면 좋아하는 상황이지요. 숲에서 개를 산책시키고 있거나, 가족과 함께 해변에서 하루를 보내거나, 친구들과 즐거운 시간을 보내는 상황일 수 있겠지요. 모든 일이 잘 풀리는 상황을 상상해보세요. 너무 부담스러워서 어떤 상황이 떠오르지 않는다면, 상상력을 발휘해 기분이 정말 좋을 만한 상황을 상상해보세요. 그 상황에 깊이 몰입하여 새로운 신념과 함께 좋은 감정을 마음속에 담아보세요.

이 연습을 더 확장하여 상상 속의 모든 감각을 구체적으로 포함시키면 훨씬 더 깊이 있게 이해할 수 있어요. 예를 들어 다음과 같이요.

온몸으로 몰입해 새로운 신념 느끼기

이제 상상 속에서 모든 감각을 동원해 이 상황에 몰입하세요. 주위를 둘러보고 소리를 들어보고 맛을 보고 냄새를 맡고 촉각을 이용해 손, 발, 몸으로 느끼고, 마지막으로 그곳에서 얼마나 기분이 좋은지, 삶이 얼마나 아름다운지 감정적으로 느껴보세요. 내면에서 이 느낌이 살아 숨 쉴 수 있는 충분한 공간을 만들어주세요. 숨을 깊게 들이쉬고 내쉬세요.

이제 자신의 강점을 생각해보세요. 당신은 무엇을 잘하고, 무엇을 자랑스러워하나요? 창의적인가요, 똑똑한가요, 정직한가요, 성실한가요, 열심히 일하나요, 운동 감각이 좋은가요, 손재주가 좋은가요, 재미있는 사람인가요, 잘생겼나요? 친구들은 여러분의 어떤 점을 좋아하나요? 자신의 강점을 느끼고 그 강점이 온몸에 흐르도록 해주세요.

이제 가장 좋아하는 사람이 내 뒤에 서서 내 어깨에 다정하게 손을 얹고 있다고 상상해보세요. 당신이 가장 좋아하는 사람이 이제 당신의 귀에 새로운 신념을 속삭이고 있어요. 혹시 떠오르는 사람이 없다면 환상의 존재를 상상해도 좋아요. 새로운 신념을 느끼고 그 신념이 온몸에 흐르도록 해주세요.

이러한 상상 연습은 내담자가 일상생활에 쉽게 적용할 수 있어요. 규칙적으로, 가급적이면 매일 해보면 가장 효과적이지요. 또한 스트레스가 많은 일상에서 잠시 상상의 이미지에 몰입하여 에너지를 빠르게 재충전하는 데에도 활용할 수 있고요.

한 사람이 선택하는 상상은 개인적인 힘의 원천이라 할 수 있어
요. 가능한 한 자주 상상을 일상생활에 접목해야 합니다. 저는 신경
언어 프로그래밍Neuro Linguistic Programing, NLP 교육을 받으면서 이
간단한 연습 방법을 배웠답니다. 지금도 상담하면서 몇 가지 NLP
기법을 사용하는 것을 좋아해요.

NLP란 무엇인가

NLP는 1970년대에 캘리포니아대학교 샌타크루즈에서 미국인
리처드 밴들러Richard Bandler와 존 그라인더John Grinder를 비롯한 여
러 저명한 심리 치료사와 언어학자들이 개발했습니다. NLP는 동기
부여 및 의사소통 모델이며 신경 심리 치료의 선구자라 할 수 있습니
다. NLP는 대화, 행동, 최면 및 신체 중심의 접근 방식을 결합합니다.

'신경'은 우리가 감각 기관을 통해 환경으로부터 정보를 수용하
고 처리하는 데 필요한 신경계를 뜻합니다.

'언어'는 우리가 다른 사람들과 의사소통할 때 사용하는 언어를
의미합니다. 하지만 우리는 또한 자기 자신과 내면적으로 소통하기
도 하지요. 우리가 쓰는 단어와 문장은 우리 내면의 현실을 형성합
니다.

'프로그래밍'은 우리 시스템의 목표 지향적 변화를 뜻합니다.

NLP는 자기 성찰을 촉진하고 목표 지향적 해결책을 찾는 데 도움을 줍니다. 우리의 사고, 감정, 행동(신경)은 언어(언어학)를 통해 체계적으로 변화(프로그래밍)됩니다.

NLP에서 개발된 많은 기법은 제가 학생일 때 조롱받았으나 뇌 연구의 새로운 발견 과정에서 완전히 옳은 것으로 입증되었습니다.

이제부터는 심리 치료의 가장 핵심 요소인 내담자의 정서적 삶과 그 조절에 대해 다루겠습니다.

2단계: 다채로운 감정을
최대한 알아주세요

　자율적인 특성을 가졌는데 지나치게 순응하는 사람은 대부분 같은 문제가 있습니다. 한편으로는 자신의 감정에 잘 접근하지 못하면서 다른 한편으로는 특정 감정을 너무 강하게 경험하는 거예요.

　감정은 우리 의식의 본질입니다. 이미 여러 번 강조했듯이 우리는 가능한 한 불쾌감을 피하고 쾌감을 얻고 싶어 해요. 우리의 문제는 우리의 감정과 얽혀 있어요. 많은 문제는 지나치게 순응하거나 자율적으로 거리를 두는 것에서 비롯됩니다. 자율과 애착 사이에서 균형을 잡으려면 내 감정에 잘 접근해야 해요. 애착은 함께하는 것, 즉 '우리'에 관한 것입니다. 자율은 분리하는 것, 즉 '나'에 관한 것입니다. 애착을 얻으려면 연민과 공감을 느끼기 위해 내 감정에 잘 접근해야 합니다. 자율을 얻으려면 내가 원하는 것과 원하지 않는 것을 잘 파악해야 합니다. 스스로의 경계를 감지하지 못하면 자기편을 들 수가 없어요. 감정이 의지를 형성합니다. 즉 내가 지쳤다고 느끼지 못하면 회복할 의지가 부족해지고 이로 인해 적절한 조치를 취하지 못해요.

공감하며 최대한 다정하고 평화롭게 함께 살고 싶다면 내가 감정을 느낄 수 있어야 합니다. 내가 느낄 수 있는 다른 사람의 감정에만 공감할 수 있으니까요. 사람들이 내적으로 무감각한 지점에서 항상 잔인한 일이 벌어지곤 해요. 동정심이 부족할 때에만 사람들이 서로에게 엄청나게 잔인해질 수 있거든요. 제가 이해하는 자기 성찰에는 늘 자신의 감정과 접촉하는 과정이 포함되며, 이는 보다 다정하고 평화로운 공존으로 나아가는 길이 되어줄 거예요. 이는 우리의 개인적 관계뿐만 아니라 실제 세계 평화에도 적용됩니다.

지나치게 순응하는 사람과 자율적인 사람은 일부 감정이나 심지어 거의 모든 감정을 거의 느끼지 못해 고통받습니다. 그 결과 삶이 지루하고 공허해 보이며 '기분 좋은' 결정을 내리기가 어렵지요. 또는 공황 발작, 분노 폭발 또는 깊은 절망처럼 지나치게 격렬한 감정으로 힘들어하기도 합니다. 어떤 사람은 한 가지 이상의 중독으로 고통받으며, 단기적으로는 기분을 좋게 하지만 장기적으로는 자신을 파괴하는 약물에 의존하게 됩니다.

감정은 우리 존재를 표현해줄 뿐 아니라 우리가 어떻게 행동해야 하는지 알려주기도 합니다. 예를 들어 분노는 우리에게 싸우라고 말합니다. 슬픔은 후퇴하라고, 질투는 통제하라고 조언합니다. 우리의 자기 보호 전략은 특정 감정을 피하거나 느끼려는 마음에서 비롯됩니다. 그림자 아이가 거절을 두려워한다면, 완벽해지려고 노력하거나 잠재력을 발휘하지 못하고 물러섬으로써 이 감정을 피하려 합니다. 반면 그림자 아이가 자주 화를 낸다면, 사소한 일로 다투다가 관계를 파괴할 수 있습니다. 모든 감정이 좋은 카운슬러 역할을 하는 건 아니에요. 그 감정이 그림자 아이에게서만 발생하고 상황 자체에 부적절하다면 관계에 부담을 주는 방식으로 행동하도록 유혹하거든요.

"지금 기분이 어때?"
감정 인식하기

지나치게 순응하는 사람은 주변의 기대에 부응하는 법을 일찍부터 배웠기 때문에 다른 사람이 주변에 있거나 심지어 혼자 있을 때에도 자기 감정과의 접촉을 금방 끊어버립니다. 이는 자동으로 이루어지므로, 의식적으로 자신의 감정으로 돌아가 이 과정을 중단하거나 떨쳐내는 연습을 해야 해요. 여기에 해당하는 사람은 자신의 감정과 욕구에 집중하는 연습을 해야 하는 거지요. 그래서 심리 치료 상담에서 항상 "지금 기분이 어떠세요? 그 일을 이야기하거나 기억할 때 기분이 어떠세요? 지금 이 상황에서 나에 대해 어떤 생각이 드세요?"라고 묻곤 한답니다.

자신의 내면을 잘 느끼고 있는데도 감정을 인식하기 어려운 내담자는 신체를 통해 자신의 감정생활에 다가갈 수 있어요. 내담자가 주의를 기울여 자신의 몸을 여행하고 신체의 각 부분을 의식적으로 인식하도록 안내하는 거예요. 호흡에도 집중해야 하고요. 자신의 신체와 호흡을 한층 섬세하게 파악함으로써, 다시 스스로에게 더 많은 주의를 기울이고 긴장, 느슨함, 따뜻함, 차가움 등의 질적 차이를 인식하는 법을 배웁니다. 그리하여 기쁨, 슬픔, 두려움 같은 감정에도 다시 접근할 수 있지요.

저는 내담자에게 이런 자기 인식을 일상생활에 통합하라고 조언합니다. 이를 위해 하루 종일 여러 차례에 걸쳐서 머리부터 발끝까지 몸 전체를 관통하는 짧은 여행을 할 수 있어요. 이때 의식적으로 느끼고 지각하는 것이 중요합니다. 배와 가슴을 계속 느끼면서 스스로에게 다음과 같이 질문하는 것도 도움이 됩니다. "지금 내가 뭘 느끼고 있지? 지금 내게 뭐가 필요하지?" 내담자는 반사적으로 감정을 밀어내고 싶을 때, 제때 자신을 포착하는 법을 배웁니다. 따라서 분노, 슬픔 또는 기쁨의 불꽃이 일어날 때 내담자는 이 감정에 내면의 공간을 허락하고 환영합니다. 그러면 이제 그들은 감정을 탐구할 수 있어요. "이 감정은 어디서 비롯했지? 나에게 말하려는 게 뭐지? 나더러 어떻게 행동하라는 거지?" 내담자가 자신의 감정을 더 세심하게 다룰수록 욕구를 더 정확하게 감지할 수 있고 그에 따라 적절한 방식으로 충족시키거나 다른 목표를 위해 그 욕구를 제쳐둘 수 있어요.

적지 않은 사람들이 특정 감정을 너무 강하게 느끼는 바람에 고통받기도 합니다. 제 내담자인 비르기트를 떠올려볼까요. 특정 감정이 부적절하게 센 강도로 삶을 지배한다면 인생사적 맥락부터 파악해야 해요. 비르기트의 경우, 부모와의 애착 관계에 대한 불안, 이와 관련된 안전과 애착에 대한 욕구가 연관되어 있었어요. 비르기트의 공황 발작은 그녀에게 '병의 이점'을 제공했지요. 이를 통해 어머니뿐 아니라 파트너와도 더 밀접한 애착을 형성하게 되었으니까요. 거의 모든 불안증 환자와 마찬가지로 비르기트도 애착이 결핍되어 있었고 결과적으로 자율성 발달에도 문제가 있었어요. 이런 문제를 가진 사람은 스스로를 취약한 존재로 인식하고 삶에 대처할 수 없다고 느껴요. 그들은 자신의 손을 잡고 위험해 보이는 상황을 헤쳐 나갈 수 있게 안내해줄 애착 대상을 갈망하지요. 내담자가 인생사적 맥락을 잘 인식할수록, 자신의 투사를 해소하고 불안을 유발하는 자극(예: A에서 B로 가는 자동차 여행)과 불안 반응에 대처하는 전략을 더 쉽게 계발할 수 있어요.

엘케처럼 분노가 격렬한 경우에는 그 영향을 받는 주변 사람들과 함께 원인을 파악해나가면 감정을 잘 조절할 수 있습니다. 엘케의 분노는 어린 시절의 해묵은 상처, 즉 존중받지 못했다는 느낌에서 시작됐어요. 그러니까 현재의 분노 또한 오래되거나 일차적인 슬픔/상처의 감정에서 촉발되었다고 볼 수 있습니다.

일차적 감정과 이차적 감정

심리학에서는 일차적 감정과 이차적 감정을 구별합니다. 일차적 감정은 어떤 상황이나 사건에 보이는 첫 번째 반응이지요. 그러나 이런 즉각적인 감정을 항상 행동으로 옮기는 건 아니에요. 누군가가 나에게 상처 주는 말을 하면 일차적 반응은 슬픔일 수 있어요. 하지만 이런 일차적 감정을 다른 감정 뒤에 숨길 수도 있지요. 이를테면 분노는 슬픔에 대한 반응으로 나타나는 이차적 감정이랍니다.

사람들은 죄책감, 두려움, 분노 같은 다루기 어려운 일부 감정을 피하고 억누르고 싶어 합니다. 이런 감정은 어린 시절의 각인, 즉 어렸을 때 특정 감정을 처리했던 과정과 관련 있는 경우가 많아요. 예를 들어 크리스토프처럼 아이가 어렸을 때 부모가 분노를 잘 다스리지 못했다면 아이는 일찍부터 분노를 억누르는 법을 배웁니다. 크리스토프는 거절에 대한 두려움과 조화에 대한 지나친 사랑으로 분노를 대체하는 법을 배웠지요. 아버지로서 실패할까 걱정하던 슈테판 역시 두려움과 슬픔으로 분노를 억누르고 있었기 때문에 전 파트너가 슈테판의 아버지 역할을 얼마나 존중하지 않는지 깨닫지 못했어요. 이는 슈테판이 그녀에게 맞서 자신의 주장을 펼치기 위한 전제 조건이었을 텐데 말이에요.

또한 우울증은 차가운 분노를 숨기고 있는 경우가 많아요. 우울한 사람은 대개 지나치게 순응하고 내적 통제력이 낮아서 자신의 관계와 삶에 영향력을 거의 미치지 못한다고 느끼지요. 주된 이유 중 하나는 분노라는 일차적 감정을 두려움이나 슬픔이라는 이차적 감정으로 대체하는 바람에 자신의 경계를 느끼기 어려워 스스로를 방어하지 못하기 때문이에요. 우울증은 자신의 삶에 뭔가를 해보려는 모든 노력을 포기하는 현상으로도 이해할 수 있어요. 어떤 경우에는 더 이상 어떤 역할을 수행하고 싶지 않다는 수동 공격, 즉 날카로운 부정의 태도가 숨어 있기도 하고요.

그러나 분노는 수치심이나 모욕감 같은 이차적 감정으로 발전할 수도 있어요. 스스로를 부끄럽게 만드는 적절한 비판을 받고 분노와 저항으로 반응해보지 않은 사람이 있을까요? 어렸을 때 과체중으로 왕따를 당하고 놀림을 많이 받았던 한 내담자가 기억나네요. 그는 이런 놀림에 엄청난 분노로 반응하는 법을 일찍부터 배웠어요. 그래서 어느 정도는 존중을 받았지요. 그런데 성인이 된 후 이 분노가 계속 문제를 일으켰어요. 그는 충동적으로 폭발하는 분노를 조절하고 싶어서 저를 찾아왔지요.

어떤 감정을 견디기가 너무 어려워서 다른 감정으로 대체하는 경우, 이를 감정 내성이 낮다고 합니다. 예를 들어 나약함과 무력감을 느끼게 하는 불쾌감이나 슬픔, 심지어 절망감보다 우리에게 힘을 주는 분노를 더 잘 견디는 경우가 많아요.

따라서 심리 치료 대화에서 저는 내담자와 함께 그들의 주된 감정을 파악하려고 노력해요. 엘케와 대화를 나누며 그랬던 것처럼요. 엘케는 자신의 분노 아래에 해묵은 불만이 숨어 있었다는 사실을 깨닫고 나서야 분노를 해소할 수 있었지요.

적응적 감정과 부적응적 감정

감정을 중요하게 생각하지 않는 사람들이 꽤 많아요. 감정의 영향을 충분히 고려하지 않기 때문이지요. 그러나 감정은 우리의 욕구를 반영할 뿐 아니라 우리가 할 일도 알려줍니다. 행동 차원에서 보면 감정은 어떤 상황에 접근하거나 피하도록 만듭니다. 화가 나면 대면(접근)을 시도할 수 있어요. 외로우면 친구에게 전화를 하지요(접근). 실망하면 물러섭니다(회피). 두려우면 도망갈지도 몰라요(회피).

원칙적으로 감정은 상황에 따라 적절할 수도 있고 부적절할 수도 있어요. 그러므로 그에 따른 행동도 적절할 수도 있고 부적절할 수도 있지요. 심리학 용어로는 이를 적응적 그리고 부적응적 감정 및 행동이라 불러요.

주로 적응적 감정과 행동의 사례를 들어볼게요.

율리에테는 티모와 행복한 결혼 생활을 하고 있습니다. 두 사람 사이에는 건강하고 활기찬 두 자녀, 릴리(5세)와 율리우스(8세)가 있지요. 티모와 율리에테는 둘 다 일주일에 서른 시간씩 일해요. 하지만 율리에테는 종종 육아와 집안일이 버거워서 티모가 더 많이 참여해주면 좋겠다고 바라요. 세척된 그릇들이 고스란히 남아 있는 식기세척기, 여기저기 흩어져 있는 아이들 장난감, 쌓여 있는 빨래 등 할 일이 뻔히 보이는데 티모가 모른 척하는 게 그녀를 짜증 나게 만들어요(적응적 감정). 분노가 더 커지기 전에 그녀는 티모에게 문제를 제기하고(적응적 행동) 그는 처음엔 자신의 잘못을 부인합니다(부적응적 행동). 하지만 율리에테가 몇 가지 구체적인 예를 들며 주장을 피력하자 티모도 수긍하고, 두 사람은 함께 집안일 계획을 세웁니다(상호 적응적 행동).

이 사례에서 율리에테와 티모는 문제에 적절히, 적응적으로 대처했지만 항상 그런 건 아니에요. 대부분의 사람처럼 부적응적 감정과 행동으로 반응하는 문제 영역들도 있거든요. 부적응적 감정은 어린 시절 그림자 아이의 각인에서 비롯되곤 합니다. 부적응적 행동은 일반적으로 도피, 거짓말, 공격, 완벽에 대한 추구, 과도한 통제 욕구, 심지어 미화와 몰아내기 같은 인지 왜곡 등의 전형적인 자기 보호 전략입니다. 부적응적 행동이나 자기 보호 전략은 보통 실제로 원하는 것과 정반대되는 결과를 초래하곤 하지요.

이에 대한 사례를 하나 더 들어보겠습니다.

야니나와 사스키아는 커플입니다. 두 사람은 공통 관심사와 취미를 적극적으로 공유하며 많은 시간을 함께 보내요. 하지만 사스키아는 가끔 야니나 없이 가장 친한 친구와 뭔가를 하고 싶어 해요. 이런 사스키아의 행동은 야니나에게 상실에 대한 두려움과 질투를 유발합니다(부적응적 감정). 그녀는 자신을 충분히 사랑하지 않는 거냐고 사스키아를 비난해요(부적응적 행동). 그럼에도 불구하고 사스키아가 친구를 혼자 만나겠다고 하면 야니나는 며칠 동안 고집스러운 침묵과 무시로 사스키아에게 벌을 줍니다(부적응적 행동). 심한 질투와 소유욕 가득한 야니나의 행동에 질린 사스키아는 감정이 점점 더 차가워지고 있어요.

야니나의 부적응적 감정과 행동이 그녀가 실제로 원하는 것과 정반대되는 결과를 불러왔음을 잘 알 수 있네요.

성공적인 심리 치료는 언제나 내담자의 자기 효능감을 높여서 부적응적 감정과 행동을 제때 인식하고 조절할 수 있도록 하는 것을 목표로 합니다. 따라서 저는 항상 내담자가 자신의 문제, 감정, 신념, 행동 사이의 연관성을 한층 섬세하게 인식할 수 있도록 노력한답니다. 이는 정서적 문제 분석의 도움을 받아 이루어질 수도 있습니다.

정서적 문제 분석

정서적 문제 분석을 통해 내담자는 자신의 문제와 그 원인을 분석하여 문제를 더 잘 이해할 수 있습니다. 문제를 이해하는 것, 즉 정확한 진단은 문제 해결/치료를 위한 최우선 전제 조건이지요.

예전에 상담했던 내담자의 사례를 들어 정서적 문제 분석을 설명해드릴게요. 문제 분석 당시 니나라는 내담자는 파트너인 셈과의 관계가 불행했고, 셈과 더 가까워질 수 있는 해결책을 찾으며 계속 제자리만 맴돌고 있었어요.

1단계: 문제 정의

당연히 내담자는 가장 먼저 저와 함께 해결하고 싶은 문제를 설명합니다. 니나의 경우 다음과 같이 요약할 수 있어요.

"셈 앞에서 제 의사를 적절하게 표현하기가 힘들어요. 끊임없이 그에게 순응하고, 어느 순간 너무 버거워지면 미친 듯이 화를 내거든요."

2단계: 욕구 분석

여기서는 내담자와 함께 이 문제에서 어떤 숨겨진 욕구가 중요한 역할을 하는지 분석합니다.

니나: "저는 애착과 친밀감을 갈망해요. 하지만 제 욕구도 관계에 반영하고 싶어요."

보다시피 니나의 욕구는 너무나도 적절한, 즉 적응적인 것입니다. 그러나 그녀는 처음에는 셈에게 강하게 순응한 다음 화를 내는 부적응적 방식으로 욕구를 표현하지요. 이걸 보니 그녀가 어떤 동기 부여 스키마, 즉 어떤 그림자 아이를 형성했는지 궁금해지네요.

3단계: 그림자 아이의 형성 과정 파악

자존감 및 관계 형성과 관련하여 내담자의 인생에 무엇이 각인되어 있기에 지금 현재 관계에 투사하고 있는 걸까요?

니나: "부모님은 꽤 엄격하셨고 저에 대한 기대치가 매우 높았어요. 특히 학교에서 공부를 잘해야 했어요. 그 기대에 부응해야 한다는 압박감이 컸죠. 부모님의 기대에 부응하지 못하면 즉시 사랑을 거두는 방식으로 저를 벌하셨죠."

4단계: 신념 확인

이제 내담자가 성장 과정에서 확립한 신념을 확인할 차례입니다.

니나의 신념: 나는 사랑받기 위해 성과를 내야 해. 나는 나 자신이 되어서는 안 돼. 나는 순응해야 해.

5단계: 부적응적 감정에 이름 붙이기

신념과 감정은 밀접하게 연결되어 있어요. 부정적인 신념은 일반적으로 내담자의 현재 현실에 적합하지 않은 부적응적 감정을 유발하지요.

니나는 거절과 상실에 대한 극단적인 두려움을 표현합니다. 상실에 대한 두려움이 그녀의 주된 감정이에요. 이는 어린 시절의 각인, 즉 자신을 위해서가 아니라 좋은 성과를 위해서만 사랑받는다는 느낌의 결과예요. 이는 부적응적 행동으로 이어집니다.

6단계: 일차적 감정에서 비롯된 부적응적 행동(자기 보호 전략) 파악

니나: "저는 셈(그리고 다른 사람들)의 모든 기대를 충족시키려고 노력해요. 이것이 제 원초적 감정인 상실에 대한 두려움에 대한 반응이지요. 그 결과 제 욕구를 지나치게 제한하고, 결국 셈을 원망하며 화내고 말아요."

니나는 셈의 마음에 들려고 자신의 자율성을 제한하다가 분노합니다. 니나는 자신이 지나치게 순응하는 책임을 셈에게 돌림으로써 그녀 스스로 욕구를 억제하는 바람에 생겨난 개인적 자유의 상실을 셈에게 투사합니다.

7단계: 그 행동의 결과 확인

니나: "제 욕구를 영원히 억누를 수는 없어요. 그래서 불만족스럽고 때로는 사소한 일에도 너무 공격적으로 반응해요. 셈은 저를 어떻게 대해야 할지 몰라요. 제 바람을 적절하게 표현하지 않으니

까 셈은 제대로 반응해줄 기회도 거의 없지요. 제가 이렇게 행동해서 관계가 나빠진 지 꽤 오래됐어요."

자신이 부족하다는 니나의 확신과 상실에 대한 두려움은 서로 밀접하게 연관되어 있습니다. 결과적으로 그녀는 거절당하지 않으려면 셈과 다른 사람들의 마음에 들게 행동해야 한다는 회피 동기가 강해졌어요. 그러나 장기적으로 자신의 욕구를 억제하지 못하고 부적절하게 공격적으로 반응하게 되어 곤란해집니다.

다시 한번 말씀드리자면, 공격성은 우리의 자율 욕구에서 비롯된 감정입니다. 셈의 기대에 지나치게 순응함으로써 니나는 자신의 자율을 저버려요. 상실에 대한 두려움은 니나가 셈에게 종속된 행동을 하도록 부추기다가, 자신의 욕구를 무시하는 순간 공격성으로 돌변합니다.

니나가 이런 패턴에서 벗어나고 싶다면 자신의 각인을 인식하고 그림자 아이와 성인 니나를 구별하는 과정이 중요해요. 그녀는 현재의 현실과 과거의 현실을 분리해야 합니다. 또한 그림자 아이에게서 자주 비롯되는 감정들을 잘 조절할 수 있어야 하지요.

천천히 숨 쉬며 감정 조절하기

이론적으로 이미 많은 것을 이해하고 성찰했다 하더라도 일상에서 그림자 아이와 부적응적 감정이 다시 주도권을 잡는 순간을 제때 알아차리기 어려운 경우가 많습니다. 감정을 조절할 수 있는 적절한 순간을 놓치는 일이 반복해서 일어나지요. 이 경우 격렬한 감정을 약화하는 조치를 취해야 해요. 그러지 않으면 강렬한 감정이 우리를 너무 충동적으로 행동하게 만들거나 자포자기나 체념에 빠뜨릴 위험이 있거든요.

특히 스트레스를 받으면 그림자 아이 감정이 빠르게 촉발됩니다. 반대로 강렬한 감정은 그 자체가 스트레스 요인이며, 특히 부정적인 감정일 때 더욱 그래요. 공황 발작이 지속되거나 절망 상태에 갇히는 것은 스트레스 그 자체입니다.

감정의 강도를 0~10단계(10단계가 최대 강도)로 분류하면 7단계부터는 감정과 행동을 적절하게 통제할 수 있는 능력이 점점 떨어져요. 이 정도의 스트레스 수준에서는 이성을 담당하는 전전두피질이 이미 막혀 있기 때문에 알아채고 개입하기를 하더라도 나아지지 않아요. 이 상태에서는 역기능적인 옛날 행동 패턴으로 빠르게 되돌아가버리지요.

이런 경우 가장 좋은 방법은 행동하고 싶은 충동에 굴복하지 않고 먼저 스트레스 수준을 낮추는 거예요. 이성을 차단하는 강렬한 감정은 주의력을 분산시켜야 제어할 수 있어요.

심각한 스트레스에서 효과적인 조치는 다음과 같습니다.

1. 강한 감각 자극: 매운 고추 먹기, 한 번에 물 500밀리리터 마시기, 찬물 샤워, 코끝에 얼음 조각을 대는 정도의 무해한 통증 자극
2. 정신을 다른 곳으로 돌리기: 컴퓨터 게임, 퍼즐, 어려운 수학 문제 풀기, 악기 연주, 팟캐스트 듣기 등 집중력이 필요한 활동

3. 신체 활동: 조깅, 팔 굽혀 펴기, 천천히 숨 쉬기

여기에 관련된 사례가 있습니다.

팀 회의에서 동료에게 매우 부당한 비난을 당한 티모는 스트레스 지수가 9단계까지 올랐습니다. 첫 번째 충동은 그냥 회사를 그만 두고 싶다는 거였어요. 하지만 그는 충동을 조절하기로 결심하고 비상 키트를 활용하기로 했습니다. 회사의 한적한 곳에 가서 스쾃 30회와 팔 굽혀 펴기 50회를 했어요. 그랬는데도 스트레스 지수가 여전히 6단계였어요. 그래서 10분간 천천히 숨을 쉬었지요. 그러자 스트레스 지수가 약 4단계로 떨어졌어요. 이제 그는 다시 명료하게 사고할 수 있게 되었습니다. 그는 하룻밤 자고 다음 날 동료에게 명확하면서도 객관적인 메시지를 전달하기로 결심했어요.

우리가 에진 피딘으로 들이갈 때는 상황을 예측하지 못해 준비가 부족하기 때문인 경우가 많아요. 따라서 저는 내담자에게 이른 바 '비상 키트'를 만들고 대체 행동 전략을 계발하는 등 정신적으로 대비하라고 조언합니다. 상황에 잘 대비해둘수록 제때 스스로를 포착해 늦지 않게 강렬하고 부정적인 감정을 다른 방향으로 돌리기가 쉬워집니다. 저는 내담자에게 가족 경조사, 팀 회의 또는 일상적인 인간관계 같은 어려운 상황에 정신적으로 대비하라고 권해요. 자신의 트리거를 잘 알고 적절한 행동 전략을 준비해두면 더 침착하게 대응할 수 있거든요.

모든 심리 치료의 기본 목표는 상담을 원하는 사람의 무력감을 줄이고 내면의 통제력을 강화하는 것입니다. 부적응적 감정과 행동이 더 이상 발생하지 않도록 하거나 최소한 효과적으로 대처할 수 있도록 하는 것이 목표예요.

이에 더해 감정은 의식적 호흡으로 조절할 수 있어요. 이완과 평온을 느리고 깊은 호흡과 연관시키는 뇌가 속아 넘어가는 셈이에요. 게다가 천천히 숨 쉬기는 감각적 인상에 집중할 수 있게 해주므로 흥분된 감정에서 벗어날 수 있는 좋은 방법이기도 합니다.

천천히 숨 쉬는 방법

아무것도 바꾸려 하지 말고 차분하게 숨을 들이쉬고 내쉬세요.
어떻게 공기가 콧구멍으로 들어오고 나가는지에 주의를 기울이세요.
코 입구의 온도를 느끼고 공기 중의 온도를 감지합니다.
4초 동안 숨을 들이마십니다.
7초 동안 숨을 참습니다.
8초 동안 "후우" 하는 소리를 내면서 숨을 내쉽니다.
스트레스 지수가 3단계 이상 낮아질 때까지 이 과정을 반복합니다.

비상 키트와 행동 전략은 충동적인 행동을 막아줍니다. 지금부터 설명하는 개입들은 스트레스 수준이 7단계 미만인 감정에 적합하니 참고하세요.

있는 그대로 감정 수용하기

감정은 우리의 욕구를 알려주고 행동을 자극하지요. 감정의 강도가 우리의 사고를 방해하지 않는 범위에서 감정을 받아들이고 그 메시지를 이해하는 것이 중요합니다. 내담자들과 함께 이런 작업을 어떻게 하는지 3장 앞부분에서 소개했으니 참고해주세요.

중요한 것은 어떤 감정이 적절한지 부적절한지 인식하는 과정입니다. 스트레스가 심하면 적절한 감정마저 피하고 싶은 경우가 꽤 많아요. 예를 들어 슬픔이 이에 해당합니다. 상실의 고통이 너무 커서 거의 견딜 수 없을 정도일 수 있어요. 이로 인해 깊은 생각 없이 주의를 분산시키기 위한 행동들을 할 수 있어요. 일에 파묻히거나, 위험한 모험을 하거나, 닥치지 않고 부적절한 관계들을 맺거나, 중독성 약물에 빠질 수도 있지요. 그러나 슬픔은 이런 식으로는 적절하게 처리되지 않고 그저 머릿속에서 억눌릴 뿐이에요. 단기적으로는 도피가 안도감을 줄 수 있지만 장기적으로는 상실을 적절한 방식으로 처리하는 데 방해만 되지요.

그런데 부적응적 감정과 적응적 감정에 모두 좀 더 효과적으로 대처할 수 있도록 돕는 몇 가지 실용적인 연습이 있답니다.

저를 찾아오는 사람들이 겪는 문제의 상당 부분은 회피 전략에서 비롯됩니다. 모든 회피는 자신이 문제 상황과 문제 감정에 대처할 수 없다는 가정을 강화하기 때문에 문제를 더욱 고착시켜요. 내담자는 부정적인 감정을 견디는 법을 배워야 이 악순환의 고리를 끊을 수 있습니다. 뇌는 어려운 상황에 직면함으로써 상황에 대처(통제)할 수 있다는 것을 배웁니다. 그러면 부정적인 감정이 점점 줄어들고 이를 통해 두려움도 줄어들어요. 통제할 수 있다는 느낌이 들면 원래 문제 상황이 덜 위협적으로 느껴지는 거예요.

조화를 이루어야 한다는 생각에 고통받으며, 잠깐 상대방을 불쾌하게 하는 게 두려워 하루가 끝날 무렵 더 많은 문제에 시달려야 했던 크리스토프, 기억하시나요? 그와 함께 다음과 같은 연습을 할 수 있겠습니다.

심리 치료 상담사: 문제를 몇 마디로 요약해주세요. (이렇게 하면 내담자가 문제를 더 명확하게 파악할 수 있습니다.)

크리스토프: 저는 갈등을 피하고 불쾌한 진실은 마지막 순간까지 미루는 편이에요.

심리 치료 상담사: 어떤 불쾌감을 피하고 싶으세요?

크리스토프: 거절당하는 게 두려워요. 누군가가 저에게 화를 내는 걸 피하고 싶어요.

심리 치료 상담사: 이 감정을 잠시 참아보시겠어요? 몸의 어느 부위에서 그런 기분이 느껴지나요? 0~10단계 중에서 어느 정도로 강렬한가요?

크리스토프: 위 부근에 메스꺼운 느낌이 들고 심장이 두근거려요. 강도는 6단계 정도예요.

심리 치료 상담사: 불안 뒤에는 어떤 욕구가 숨어 있을까요?

크리스토프: 모든 사람에게 호감을 얻고 싶어요. 애착을 얻으려고 급급하다 내면의 균형이 깨졌어요.

심리 치료 상담사: 애착을 얻고 싶어서 진실을 회피하시는군요. 당신의 행동이 부적응적인 이유는 뭘까요?

크리스토프: 어차피 진실은 밝혀질 테죠. 곧바로 정확히 말하지 않아서 마지막에 더 크게 실망시켜요. 여자 친구는 제가 하는 말 가운데 뭘 믿어야 할지 모르겠어서 저를 못 믿겠대요. 그래서 친구 관계도 망쳤어요. 잠재적 갈등을 해결하는 대신 그냥 연락을 끊어버렸거든요.

심리 치료 상담사: 애착에 대한 욕구를 보호하고 싶다면 어떤 행동이 더 적절할까요?

크리스토프: 그냥 사실을 말하고 그 순간만큼은 불쾌감을 참아야 할 것 같아요. 이렇게 말하고 보니 꽤 쉬운 일처럼 들리네요.

(많은 내담자처럼) 크리스토프는 특정 감정을 못 참겠다는 주관적인 느낌 때문에 반사적으로 그 감정을 피했어요. 하지만 그 감정을 의식적으로 허용하는 과정을 심리 치료 상담사가 한 번만 도와주면, 내담자는 자신이 그 감정을 견딜 수 있고 그에 대처할 수 있음을 깨달아요. 그러면 결국 내담자의 통제력이 강화되지요.

저는 내담자와 대화하는 동안 불쾌감에 대처하는 연습을 몇 번이고 반복해서 훈련합니다. 예를 들어 내담자가 문제 감정이 발생하는 상황을 묘사할 때 잠시 멈춰서 이 감정을 의식적으로 인식하고 "안녕 불안아, 또 왔구나, 나의 충실한 친구야" 같은 개인적인 말로 인사해달라고 요청하지요. 다음 단계에서는 자신과 감정 사이에 약간 거리를 두라고 이야기합니다. 이는 내담자가 자기 자신의 관찰자가 됨으로써 이루어집니다. 한편으로는 자신의 불안을 느끼고, 다른 한편으로는 자신이 느끼는 감정과 몸에서 일어나는 일을 관찰하는 거예요. 심장이 두근거리고 손이 축축해지는 경우, 저는 내담자에게 속으로 (또는 큰 소리로) 다정한 목소리로 그 현상을 묘사해달라고 합니다("그래, 내 심장이 두근거리고 손이 축축지는구나…"). 내담자에게 이 느낌을 판단하지 말고 그냥 인지하기만 하라고 부탁해요. 그림자 아이의 각인에서 비롯한 두려움이라면 내담자는 그림자 아이를 다정하게 맞이할 수 있을 거예요.

불쾌감을 받아들임으로써 내담자는 그 감정을 다루는 방법을 배울 수 있습니다. 감정을 받아들이는 것은 정서적 치유의 전제 조건입니다. 그다음에는 내담자에게 그 감정에 친절하고 세심한 관심을 기울여달라고 요청합니다. 내담자는 그 감정과 자신을 동일시하지 않고 관찰자 위치에 머물면서 그 감정을 탐색해야 합니다. 내담자는 감정을 향해 어떤 욕구를 표현하는지, 어떤 행동을 제안하는지 물어봅니다. (감정: 불안. 표현된 욕구: 이 불안은 내가 실패하는 것을 막고 싶어 한다. 제안된 행동: 면접을 취소하자!)

이 개입에서는 인생사적 맥락도 살펴볼 수 있습니다. 이른바 감정 다리를 통해 내담자는 자신의 과거로 돌아가 이 감정이 처음 생겼을 때를 느껴봅니다. 이는 또다시 자기 자비를 베풀고 그림자 아이를 위로해주는 과정입니다. 여기서 가장 중요한 점은 항상 현재가 과거와 분리되어 있다는 사실을 내담자에게 철저하게 인식시켜주는 것입니다.

이 과정에 호흡을 접목합니다. 저는 내담자에게 차분히 숨 쉬며 그 감정과 함께 머물러달라고 부탁합니다. 이 상태는 감정 안에 머무르는 것과는 좀 달라요. 감정 안에 머무르는 사람은 그 감정과 자신을 동일시하며 그 감정이 믿으라고 조언하는 것을 모두 믿습니다. 모든 감정이 적절하지는 않으며 그 감정이 제안하는 모든 행동 방침이 적절하지는 않다는 것을 깨달으면 크나큰 선택의 자유가 생기고 내담자는 엄청나게 안도합니다. 이를 바탕으로 새로운 행동 전략을 습득할 수 있지요.

3단계: 마음속에서 경고음이 울릴 때
쓸 수 있는 전략을 준비해두세요

부정적인 신념과 스트레스 감정 자체는 행동으로 반영되지 않는 한 우리의 관계에 해를 끼치지 않아요. 스스로 부족하다고 생각하며 다른 사람들에게 거절당할까 봐 두려워하는 루이스가 있다고 가정해봅시다. 만약 루이스가 그 상태에서 가끔 다른 사람들에게 자신이 부족해서 거절당할까 봐 두렵다고 말하는 정도라면 아마 큰 문제는 없을 거예요. 오히려 솔직하다며 이해와 지지를 받을지도 모르지요. 그러나 그림자 아이의 각인은 실제 문제를 해결하기보다 오히려 악화하는 자기 보호 전략의 형태인 부적응적 행동으로 이어지는 경우가 대부분이에요. 이를테면 루이스는 사회적 불안 때문에 사람들과 관계 맺기를 회피할 수 있어요. 이로 인해 발생하는 외로움은 적응적 감정일 수 있지만 그렇다고 해서 스트레스가 덜하진 않겠지요. 자기 보호 전략 때문에 또 다른 문제에 시달릴 수도 있고요.

심리 치료의 핵심은 부적응적 행동을 적응적 행동으로 바꾸는 거예요. 일반적으로 회피 목표(루이스의 경우, 거절당하지 않기)는 접근 목표(사회적 상황 찾기)로 대체됩니다. 사회적 불안을 품고 있는 내담자인 루이스에게는 이미 설명한 개입 외에도 행동 차원에서 사회적 상황을 극복하는 데 도움이 되는 전략을 마련할 수 있겠지요. 사소한 대화 나누기, 몇몇 사람 앞에서 말하기, 건설적인 토론하기, 친절하지만 명확하게 선 긋기 등을 함께 연습할 수 있을 거예요. 하지만 제가 상담할 때에는 예외적인 경우에만 특정 행동을 훈련합니다. 어떤 방식으로 행동하면 좋을지 아이디어를 계발하는 게 더 중요하다고 생각하기 때문이에요. 예를 들어 내담자가 갈등을 회피한다면 상대방과 대화를 시도해보라고 권유하지만, 대화를 연습시키는 대신 몇 가지 팁만 제공해요.[28] 치료적 대화에서는 주로 자조自助라는 공통 주제를 전달하려 해요.

그래서 저는 내담자와 함께 그들이 선호하는 자기 보호 전략보다 더 유익한 행동 방식이 무엇일지 고민합니다. 대부분의 경우 문제에 적합한 메타 전략을 찾는 것이 중요합니다. 메타 전략이란 그림자 아이가 쉽게 촉발되는 특정 '표준 상황'에서 언제든 의지할 수 있는 행동 전략이에요. 즉 내담자는 매번 새로운 결정을 내릴 필요 없이, 말하자면 '주머니 속에' 행동 레퍼토리를 가지고 다니는 셈이지요. 이는 무력감을 줄여주고 내부 통제력을 강화해줍니다.

예를 들어 항상 직장을 빨리 그만두는 한나는 우리의 대화가 끝날 무렵 자신을 위한 메타 전략을 계발했어요. 그녀는 자신의 투사, 즉 여성 상사를 항상 공격적이고 압도적인 존재로 인식하는 것을 정확히 주시하고자 했습니다. 그리고 상대방과 동등한 위치를 유지할 수 있도록, 그림자 아이에서 어른 자아로 전환(알아채고 개입하기)하기로 했지요. 또한 앞으로는 침묵하며 물러서지 않고 이야기를 하려 합니다. 하나 더, 이 과정에서 그녀의 (분명히 매우 좋은 사람인) 여자 상사를 참여시키라고 제안하고 싶어요. 그녀는 자신의 이런 좋은 결심을 알리고 상사와 신뢰 관계를 다질 수 있을 거예요. 이런 식으로 하면 상사를 자신이 원하는 행동을 취하도록 격려해 줄 지지자로 만들 수 있을지도 모르지요.

또 다른 방법은 대응 전략을 고안해두는 거예요. 예를 들어 동료에게 비판을 받았다면 일단 다음과 같이 기본적인 답변을 합니다. "피드백 고맙습니다. 고려해보고 다시 연락드리겠습니다." 이렇게 하면 시간을 가지고 차분하게 비판을 분석한 후 신중하게 대응할 수 있지요. 대응 전략이란 어려운 상황에 대비해 답변을 미리 준비해두는 것입니다. 예를 들어 "확실히 요리는 특기가 아닌가 봐요"처럼 뜬금없이 또는 농담조의 비난을 당하면 "맛있는 건 누구보다 잘 먹어요!"라고 대꾸하는 거예요. 또는 "그렇게 말씀하시는 걸 보니 요리를 엄청 잘하시나 봐요?"라고 할 수도 있겠네요.[29]

메타 전략은 문제에 대한 태도 변화를 나타낼 수도 있어요. 태도를 바꾸려면 완전히 깨닫는 것이 중요합니다. 이는 대개 관계의 문제인 경우가 많습니다. 여성 내담자는 파트너가 특정 행동을 하거나 멈추기를 바랍니다. 어머니가 변하리라는 희망을 포기하지 못했던 샤를로테도 마찬가지였어요. 대화 중에 샤를로테는 어머니를 대하는 태도를 바꿔야겠다고 생각했지요. 트라우마를 안고 사는 어머니가 지금보다 더 많은 것을 해줄 수 없다는 사실을 완전히 깨달았어요. 이런 깨달음을 통해 샤를로테는 조건화된 '거울 자아'에서 벗어나 공감 능력이 부족한 어머니에 대한 책임을 어머니에게 넘길 수 있었어요. 그때까지 샤를로테는 무의식적으로 어머니의 행동을 책임지고 있었거든요. 그림자 아이가 어머니에게 인정받지 못한다고 느끼고 생각한 것이 샤를로테의 자존감에 자연스레 부정적인 영향을 미쳤어요. 하지만 샤를로테가 그 잘못이 어머니에게 있음을 완전히 깨달으면 자존감을 회복하고 더 이상 나쁜 생각을 하지 않을 거예요.

제가 쓴 책《어느 날 내 안의 아이가 정말 괜찮냐고 물었다》와 《조금 더 편해지고 싶어서 : 거리를 두는 중입니다》에서 가장 일반적인 보호 전략을 자세히 설명하고, 다양한 보물 전략, 즉 자신과 관계의 부담을 덜어줄 수 있는 적응적 행동을 소개했답니다. 여기에는 행동뿐 아니라 인지의 차원도 포함되어 있어요. 샤를로테의 사례에서 보았듯이 인지만 변화시켜도 문제를 해결할 수 있지요. 샤를로테의 새로운 태도, 즉 문제의 원인을 자신이 아닌 어머니에게서 찾으려는 태도는 변화된 관점을 기반으로 합니다.

지나치게 순응하는 사람을 위한 메타 전략

자존감은 애착과 자율에 대한 심리적 기본 욕구와 밀접하게 관련되어 있습니다. 애착과 자율 사이에서 균형이 잘 잡혀 있어 자존감이 상당히 안정되어 있는 사람이 정신적으로 건강하다고 가정한다면, 내담자가 이런 균형을 이룰 수 있도록 돕는 것이 당연히 제가 할 일이겠지요.

애착에 치우쳐 내면의 균형이 깨진 사람은 가장 먼저 자기 자신을 느끼는 법을 배워야 합니다. 자신의 욕구와 스트레스 한계를 느끼지 못하면 좋은 관계를 적절하게 형성해나갈 수 없어요. 지나치게 순응하는 사람의 또 다른 문제는 자신의 관계를 미화하기 좋아하고 종종 고통스러운 현실을 잊으려 애쓴다는 거예요. 심리 치료 상담사로서 저는 내담자가 이런 희망적 사고를 인식하고 적응적 감정과 행동을 가능케 하는 현실 인식으로 대체할 수 있도록 지원합니다. 결국 인지 왜곡의 본질은 당사자가 이를 스스로 인식하지 못한다는 데 있어요. 물론 제가 항상 관계나 상황의 '현실'을 정확하게 평가할 수 있다고 주장하는 건 아닙니다. 하지만 내담자의 묘사에서 명백한 모순을 인식하거나, 내담자가 상호 작용하는 상대의 행동을 과대 또는 과소 평가할 때 알아차릴 수 있지요. 아이 어머니가 아버지로서 자신의 역할을 경시하고 있다는 사실을 스스로 인정하지 않았던 슈테판처럼 말이에요.

최대한 현실에 가까운 인지가 좋은 의사 결정의 기초가 됩니다. 결정은 적응적 감정에 따라 내려질 수도 있고 순전히 이성적 판단에 따라 내려질 수도 있어요. 예를 들어 상대방에 대한 감정이 아직 식지 않았는데도 모든 논리적 근거가 이별이 옳다고 말하고 있기 때문에 내담자가 이별하기로 결정하는 건 드문 일이 아닙니다.

우리 마음은 꽤 자주 올바른 해결책을 알고 있답니다. 그래서 내담자에게 상실에 대한 극단적인 두려움 같은 부적응적 감정에 귀 기울이지 말고 이성의 조언을 따르라고 권합니다. 감정은 종종 이성보다 뒤처지지만 충분히 일관성 있는 사람이라면 시간이 지나면서 감정도 긍정적인 방향으로 바뀔 거예요.

상황에 따라 의사 결정에는 어느 정도 자기주장이 필요합니다. 지나치게 순응하는 사람은 일반적으로 논쟁하는 데 익숙하지 않으므로 이에 대한 훈련이 필요해요. 이와 관련한 팁과 필요한 기술은 제가 쓴 책《나만 모른다, 내가 잘하고 있다는 걸》을 참고하세요.

내담자가 자신의 감정을 잘 인식하고 욕구를 잘 감지할수록 아니라고 해야 할 때 잘 거절할 수 있어요. 적절한 경계를 설정하고 스스로를 책임지는 건 습관적으로 남들의 기대를 충족시키려 애쓰는 사람에게 중요한 학습 영역이에요. 한 사람이 주변 사람들의 기대를 충족시킴으로써 그는 자기 행동에 대한 책임을 남들에게 넘기는 셈입니다. A가 원해서가 아니라 B가 원한다는 이유만으로 B가 원하는 것을 행한다면 A는 B의 바람과 생각에 따라 행동하는 거예요. 따라서 A는 남들이 정하는 대로 살면서 자신의 책임을 포기한 겁니다. A가 자신의 친절에 대한 보상으로 B의 인정을 받고 싶어 한다면 A는 자신의 자존감에 대한 책임도 B에게 떠맡기는 거예요. 심하게 말해 A는 자신의 가치를 B의 손에 맡기는 거나 다름없어요. 따라서 모든 성공적인 심리 치료의 핵심 주제는 내담자가 자신의 감정과 행동을 스스로 책임지는 것입니다.

지나치게 순응하는 사람의 또 다른 문제는 경계선을 긋는 기술이 부족해 분리 능력이 떨어진다는 거예요. 부모의 가정에서 적절하게 분리되지 못한 경우도 흔하지요. 많은 사람이 부모의 기대와 욕구에 얽매여 살아요. 1장에서 이런 충성심 갈등이 어떻게 발생할 수 있는지 설명했습니다. 이를 인식하기만 해도 이 갈등을 해결하는 데 도움이 되는 경우가 많아요.

건강하지 못한 연애 관계에서 벗어나지 못해 저를 찾아오는 사람도 꽤 있습니다. 거울 자아 기제, 지칠 줄 모르는 해피엔드에 대한 갈망, 버림받는 것에 대한 뿌리 깊은 두려움이 자유로 나아가는 길을 방해하지요. 지금까지 설명한 조치들이 이 경우에도 도움이 됩니다. 내담자는 분리 공격성 같은 적절한 감정에 접근할 수 있어야 해요. 저는 내담자가 관계를 현실적으로 바라보도록 도와줍니다. 이에 해당하는 사람은 파트너의 기대에 대한 지나친 순응을 자존감과 인생에 대한 책임감으로 전환하는 방법도 배웁니다.

자율적인 사람을 위한 메타 전략

놀랍게 들릴지도 모르지만, 자율적인 사람도 마음속으로는 지나치게 순응하고 있답니다. 하지만 주변 사람들의 기대를 채워주기는커녕 오히려 반항하지요. 자율적인 사람은 직장에서는 목표 지향적인데 사생활에서는 자기 뜻대로 못 하는 경우가 많아요. 그들의 감정이 그들에게 불분명한 신호를 보내거든요. 그들은 무엇보다도 무력감, 슬픔, 불안 등 애착과 관련된 감정뿐 아니라 애정과 사랑 같은 감정도 무의식적으로 차단합니다. 자율적인 사람은 자신의 자유와 자존감을 위협당하면 친밀한 애착을 피해버려요. 하지만 애착을 형성하는 능력을 향상시키려면 이런 감정이 필요하답니다. 그래서 저는 그들이 감정을 느끼고 허용하도록 도와줍니다 (422쪽 참조).

자율적인 사람은 반항이나 분노처럼 스스로에게 힘을 주는 감정에 잘 접근하는 편입니다. 자신의 경계를 주장하려면 이런 감정이 필요하기 때문이지요. 자율적인 사람은 회피 동기가 강해요. 다른 사람들이 자신을 조종하고, 자유를 박탈하고, 휘두르고 이용하는 상황을 피하려 하지요.

자율적인 사람을 위한 중요한 메타 전략은 그림자 아이가 투사된 세계에 있음을 나타내는 반항적인 감정이 드는 순간을 제때 포착하는 겁니다. 실제이든 가정이든 주변 사람들의 기대에 반사적으로 일어나는 반항적 태도를 해결하는 것이 중요합니다. 지나치게 순응하는 사람처럼 자율적인 사람도 자신이 진정으로 원하는 게 뭔지 느끼는 법을 배워서 우호적인 방식으로 반대하거나 좋은 느낌으로 찬성하거나 타협을 해나갈 수 있어요. 자율적인 사람은 다음과 같은 말을 마음에 새겨야 합니다. "호감 가는 방식으로 친절하게 표현해도 전달하려는 내용은 모두 전달된다." 그들은 종종 엄격하고 가혹한 방식으로 선을 긋곤 합니다. 그러나 그림자 아이가 치유된 자율적인 사람은 주변 사람들의 기대를 굳이 내칠 필요성을 점점 더 못 느끼게 됩니다. 내면의 힘이 세져서 더 이상 타인을 위압적이고 적대적으로 인식하지 않기 때문이지요.

그들은 그 전까지 주변의 요구에 저항하기 위해 자유가 존재했다고 믿었지만, 이제 기분 좋게 "네"라고 말할 뿐 아니라 기분 좋게 "아니오"라고 말할 수 있는 것이 진정한 자유임을 깨닫습니다. 그때까진 기분 좋게 "네"라고 말할 수 없었는데, 부모의 요구에 복종했던 어린 시절의 해묵은 감정이 촉발되었기 때문이에요. 또한 기분 좋게 "아니오"라고도 할 수 없었는데, 순종하지 않았다는 생각에 어린아이 같은 죄책감을 느꼈기 때문입니다. 이럴 때 메타 전략을 써서 지금 자신은 '다 컸으며' 당연히 거절해도 된다는 것을 완전히 깨달아야 해요. 이런 선택의 자유를 느끼면 더 이상 투덜대는 어린아이처럼 상대방의 기대에 반항할 필요도 없어지지요.

자율적인 사람은 스스로 통제할 수 있을 때 가장 안전하다고 느낍니다. 그들은 기본적으로 신뢰가 없어요. 신뢰는 통제와 반대되는 개념으로 항상 다른 사람에게 어느 정도 의존한다는 뜻입니다. 지나치게 자율적인 사람은 대부분 자신이 신뢰 능력에 문제가 있다는 것을 의식하지 못합니다. 오히려 왜 연애 관계가 계속 실패하는지, 왜 적절한 상대를 못 만나는지 궁금해요. 저와 대화를 나누며 그들은 이 문제점을 인식하고 신뢰 문제와 자존감 사이의 연관성을 이해합니다. 그림자 아이는 적어도 자신이 참된 모습을 보인다는 전제 아래 상실과 거절을 당하는 상황을 미리 계산에 넣고 있습니다. 그들은 파트너의 기대에 복종해야 한다고 믿는데, 이는 반항과 저항을 유발하기 때문에 파트너의 기대를 자꾸만 회피하거나 관계를 끝내려 하지요. 따라서 심리 치료에서 으레 그렇듯이, 자존감을 높이고 해묵은 신념들로부터 분리하는 과정이 필수입니다.

자율적인 사람은 자신의 이성에 의존하는 것을 좋아하기 때문에 심리 치료에도 효과적으로 활용할 수 있어요. 어떤 이성적 근거가 특정 사람을 신뢰하거나 신뢰하지 않는 것에 찬성하는지에 대한 질문은 이성에 호소하여 내담자의 어른 자아를 강화하지요. 궁극적으로 신뢰는 개인적 선택의 문제이기도 합니다. 저는 내담자에게 파트너(또는 다른 사람)를 신뢰할 만한 근거가 충분하다면 확실히 결정을 내리라고 조언합니다. 예를 들어 친밀감을 피하는 사람에게 한 달 시간을 주고 결정해보라고 하면 더 쉽게 신뢰를 느끼곤 합니다. 많은 내담자가 이 기간 동안 의외로 좋은 경험을 하고 관계를 이어나가곤 하지요.

자율적인 사람은 개인의 경계를 지키느라 너무 바빠서 공감할 여지가 많지 않아요. 또한 원칙적으로는 아니지만 기대에 대한 압박을 받을 때마다 인색해지곤 한답니다. 그러면 그림자 아이의 눈에는 상대방이 빠르게 적으로 보입니다. 그들의 인지는 지나치게 순응하는 사람처럼 긍정적으로 왜곡되지 않고(과내평가, 이상화) 부정적으로 왜곡됩니다(의심, 약점 확대). 그래서 자율적인 사람은 공감을 연습하면 도움이 됩니다. 파트너의 감정에 공감해보면 그들의 요구가 전적으로 정당하다는 사실을 깨닫는 경우가 많아요. 또한 자신이 부정적으로 행동하면 상대방이 얼마나 고통스러울지 느끼고 연민을 품을 뿐 아니라 갈등에서 자신의 역할을 더욱 선명하게 깨닫지요. 심리 치료에서 다양한 인지적 관점을 구체적으로 어떻게 사용할 수 있는지 지금부터 더 자세히 설명할게요.

4단계: 내 책임을 떠넘기지도,
상대의 책임을 떠맡지도 마세요

모든 심리적 문제는 항상 관계의 문제이기도 합니다. 왜냐하면 나 자신에 대한 모든 문제는 필연적으로 관계에 영향을 미치기 때문이지요. 거꾸로 말하면 내 인간관계가 내 문제의 원인이기도 합니다. 외부(관계)와 내부(나)는 분리할 수 없으니까요. 이는 우리의 뇌 발달에도 반영되지요. 우리 뇌는 외부 세계, 즉 인간관계에서 얻은 경험에 따라 발달합니다.

이 책의 핵심 메시지는 내가 생각하는 내 이미지를 다른 사람 머릿속에 투사한 다음 그것을 그대로 가져온다는 것입니다. 그래서 내가 스스로 부족하다고 생각하면 다른 사람도 그렇게 본다고 망상을 품습니다. 이런 망상화된 거절을 피하려고 상대방의 기대를 충족시키기 위해 더 노력하거나 어차피 상대방의 의견은 중요하지 않다며 고집스럽게 거리를 두지요. 두 경우 모두 현실에 반응하지 않고, 내가 상상한 현실에 반응하는 겁니다. 이것이 1장에서 소개한 내사와 투사 사이의 연관성입니다. 이는 으레 수치심이나 거부감 같은 불쾌감을 피하는 것과도 관련이 있습니다.

반면 내가 이대로 충분하다고 생각하면 다른 사람도 그렇게 볼 거라고 믿습니다. 단, 그 사람이 내게 반감을 품을 만한 명백한 이유가 없다면요. 자기 자신과 평화로운 관계인 사람의 기본 태도는 "나는 괜찮아, 너도 괜찮아"입니다. 이는 안정 애착 유형인 사람의 태도이기도 합니다. "너도 괜찮아"라는 말은 일반적으로 다른 사람을 신뢰할 수 있다고 생각한다는 뜻이에요. 이 경우에는 내가 친절하고 공정하게 대하기만 하면 다른 사람들도 나를 잘 대해줄 거라고 가정합니다.

'하지만 그게 현실을 완전히 외면하는 투사일 수도 있잖아!'라고 생각하는 독자가 계실지도 모르겠네요. 그 말이 맞아요. 내가 아무리 친절하고 공정해도 누군가가 나를 싫어할 이유는 얼마든지 있으니까요. 아마도 그는 자신의 그림자 아이에게서 비롯된 감정과 생각을 나에게 투사하고 있을지도 몰라요. 나를 보고 무의식적으로 데면데면한 어머니를 떠올리거나 그를 실망시켰던 누군가와 비슷하다고 느꼈을 수 있어요. 또한 내가 그에게 열등감과 시기심을 불러일으켰을지도 모르고요.

그런데 나 자신을 대하는 태도가 기본적으로 좋으면 상대방이 나를 거부하는 것이 내 문제가 아니라 그의 문제임을 한층 쉽게 받아들일 수 있어요. 상대방의 생각, 선입견, 감정은 내가 아닌 그들의 것이니까요. 물론 상대방이 저에게 나쁜 감정을 품고 행동으로 옮기면 문제가 생길 수 있지요. 그러나 근본적으로 상대방의 행동은 내 가치에 대해 아무것도 말해주지 않아요. 이런 맥락에서 책임에 대해서도 이야기할 수 있겠네요. 상대방이 나를 거부하고 나에게 친절하지 않더라도 그건 내 책임이 아니랍니다.

그럼에도 불구하고 여전히 자신과 타인의 책임을 가르는 관점이 명확하지 않으므로 우리는 A라는 사람과 얽히곤 해요. 관계에 얽히면 내 책임이 아닌 책임을 떠안고 그리고/또는 상대방에게 내 책임이 아닌 책임을 떠넘기게 되지요. 한 사례를 들어볼까요.

(지나치게 순응하는) 미라는 (자율적인) 요나스와 얽혀 있습니다. 요나스는 그녀와의 관계에 제대로 집중하지 않아요. 갑자기 불타올랐다가 갑자기 거리를 두며 냉정하게 행동하지요. 이럴 때 요나스는 고집스럽게 자기 일만 합니다. 그는 미라와 언제 가까워지고 멀어질지를 혼자 결정해요. 미라는 그의 요구를 충족시키지 못한다고 느끼며 스스로에게 책임을 떠넘깁니다. 그래서 그의 기대에 부응하려고 노력하지요. 동시에 그가 자신을 행복하게 해주고 열등감을 덜어주기를 기대해요. 자신의 자존감에 대한 책임을 그에게 위임하는 거지요. 반면 요나스는 미라가 쓰는 지방 사투리가 너무 거슬려서 온전히 집중할 수 없다며 그녀를 탓합니다. 이때 그는 사귀는 여성에게 항상 거슬리는 무언가를 찾아낸다는 사실을 깨닫지 못해요. 그래서 자신의 불안정 애착을 책임지지 않고, 그 대신 미라에게 책임을 전가하지요. 그녀가 표준어를 써야 한다고 주장하면서요.

대부분의 관계 문제는 얽힘에서 비롯됩니다. 이런 맥락에서 알프레트 아들러는 철저한 과제 분리를 권했습니다. 모든 사람은 철저하게 자신의 감정과 행동을 책임지고, 다른 사람의 책임은 철저히 그 사람에게 남겨두어야 한다는 것이지요. 아들러는 상대방 일에 간섭하지 않고 자신에게 이런 일이 일어나도록 허용하지 않으면 모든 관계 문제가 해결될 수 있다고 주장했어요. 아들러에 따르면 사람이 처리해야 할 과제에는 일, 우정, 사랑이라는 세 가지 유형이 있습니다.

철저한 과제 분리를 미라와 요나스 사례에 적용해볼까요? 미라는 자신의 자존감을 책임져야 해요. 구체적으로 말하자면 과거를 현재와 분리해야 한다는 뜻이지요. 이를 통해 미라는 요나스의 변덕스러운 행동에 대해 자신은 책임이 없으며, 이것이 자신의 개인적 가치에 대해 아무것도 말해주지 않는다는 사실을 분명히 알 수 있겠지요. 그리고 나서 그와 함께하고 싶은지 아니면 헤어질지 결정할 수 있습니다. 요나스도 마찬가지로 자신의 과거를 현재와 분리해야 해요. 그의 경우, 이는 더 이상 과잉 보호하는 어머니의 이미지를 미라에게 투사하지 않는다는 뜻입니다. 미라라는 사람을 있는 그대로 인정해야 그녀와 계속 연애할지 말지를 자유롭게 결정할 수 있을 거예요.

요나스를 보면 알 수 있듯 지나치게 순응하는 그림자 아이만 자신의 책임을 외부에 위임하는 게 아니라 자율적인 사람도 마찬가지라는 걸 알 수 있어요. 어느 시점에 주변 사람들의 인정을 무시하기로 결정해버렸기 때문에 고집스럽게 자기 갈 길만 간다면, 스스로 피하고 싶은 상처를 부당하게도 다른 사람들에게 입히게 됩니다. 고집과 타협하지 않으려는 태도, 진정한 친밀감을 허용하지 않으려는 거부 때문에 자신이 맺고 있는 관계들을 보이콧하면서 평화롭고 건설적으로 함께 살아가는 길을 막아버리는 거예요.

그래서 저는 항상 내담자와 함께 어려운 관계의 어떤 부분이 자신의 책임 영역에 속하고 어떤 부분이 파트너의 책임 영역에 속하는지 고민해봅니다. 다음 질문들이 이런 심리 치료 대화에서 중요한 역할을 하지요.

1. 관계를 어렵게 만드는 과정에서 내담자는 주로 어떤 역할을 하나요?
   * 까다롭게 굴거나 불성실한가요?
   * 너무 많은 것을 요구하고 기대하나요?
   * 관계에 너무 적은 시간과 관심을 투자하나요?
   * 관계를 유지하는 이유는 무엇인가요?
2. 관계를 어렵게 만드는 과정에서 상대방은 주로 어떤 역할을 하나요?
   * 까다롭게 굴거나 불성실한가요?
   * 너무 많은 것을 요구하고 기대하나요?
   * 관계에 너무 적은 시간과 관심을 투자하나요?
   * 관계를 유지하는 이유는 무엇인가요?

내담자는 자신의 영역은 책임지고 상대방에게 속한 영역에 대해서는 책임을 포기하는 연습을 합니다. 이때 내담자가 갈등하고 있는 파트너의 책임이 내담자 자신보다 훨씬 더 큰 경우가 드물지 않아요. 그러고 나서 내담자와 함께 왜 이 어려운 관계를 유지하고 있는가 하는 질문을 다룹니다.

세 가지 인지 위치

NLP(404쪽 참조)에서 개발된 아주 훌륭한 연습이 있는데, 얽히고섥킨 관계에서 벗어나는 데 아주 효과적이랍니다. 저는 치료적 대화에서 구체적인 갈등 상황을 해결할 때 이 연습을 활용합니다. 이웃이 설치한 울타리 때문에 지나치게 화가 난 엘케를 예로 들어 설명해볼게요. 참고로 이 대화는 제가 진행하는 팟캐스트 녹음의 일환으로 진행되었어요. 녹음을 해야 했기 때문에 연습 과정에서 엘케는 혼자 방을 돌아다녔고 저는 함께하지 않았어요. 이에 따라 답변이 부분적으로 약간 재구성되었지만 거의 그대로라는 점을 참고해주세요.

1. 엘케에게 방에서 자신이 서 있어야 할 위치를 골라달라고 부탁합니다. 이것이 첫 번째 인지 위치입니다. 이 위치에서는 자신을 스스로의 감정 및 생각과 완전히 동일시합니다. 감정 및 생각과 연결되어 있을 때, 우리는 항상 (이 연습의 맥락에서뿐 아니라 일상에서도) 이 첫 번째 위치에 있습니다. 행복할 때에도, 부정적인 감정이

들 때에도 마찬가지예요. 내담자와 이 연습을 할 때에는 보통 부정적인 감정을 다루므로 대부분 그림자 아이와 연결되어 있지요.

엘케가 자신의 감정을 제대로 탐색할 수 있도록 이웃이 일정한 거리를 두고 그녀 앞에 서 있다고 상상해보라고 요청합니다. 그런 다음 그녀와 함께 아침에 침실 창문을 통해 새로 설치된 정원 울타리를 보는 상황으로 들어가지요. 저는 엘케가 자신의 감정과 생각을 탐색할 수 있도록 돕습니다.

> 심리 치료 상담사: 기분이 어때요?
>
> 엘케: 화나요!
>
> 심리 치료 상담사: 그 감정이 몸 어디에서 느껴지나요?
>
> 엘케: 가슴이 타는 것 같아요.

이제 결정적인 질문을 합니다.

> 심리 치료 상담사: 이웃의 행동이 어때 보이나요?
>
> 엘케: 그녀는 제 의견은 중요하지 않다는 거죠! 저한테 물어보지도 않다니, 저를 아예 신경도 안 쓰는 걸까요?

사건을 이렇게 해석하며 엘케는 스스로에게 분노를 불러으킵니다. 저는 다음의 순서를 떠올립니다. ① 자극(이웃의 울타리) ② 해석("내 의견은 중요하지 않다") ③ 감정(부적응, 분노) ④ 행동(부적응, 남편을 닦달한다)

엘케가 첫 번째 위치에서 자신의 감정과 생각(그림자 아이라고도할 수 있겠지요)을 충분히 탐색하고 이해했다면, 저는 그녀에게 그감정에서 벗어나달라고 요청합니다. 이를 위해 이를테면 전혀 다른 내용의 대화를 시작해요. 잘 알려진 대로 관심을 다른 쪽으로 돌리면 감정을 변화시키는 데 도움이 되기 때문이지요. 그런 다음 두번째 인지 위치로 이동합니다.

2. 두 번째 인지 위치는 공감하는 위치입니다. 저는 엘케에게 첫번째 위치에서 이웃이 있다고 상상했던 그 자리에 서보라고 요청합니다. 엘케가 이웃의 입장이 되도록 안내하는 거예요.

심리 치료 상담사: 이웃인 엘케에 대해 어떻게 생각하세요?

이웃으로서 엘케: 좋아요, 우린 잘 지내요.

심리 치료 상담사: 울타리를 세우기 전에 왜 엘케에게 물어보지않았나요?

이웃으로서 엘케: 왜 물어봐야 하나요? 그저 과일나무를 지탱하는 울타리일 뿐인데요. 그녀가 반대할 이유가 있나요?

두 번째 위치에서 엘케는 이웃이 자신에게 해를 끼치려고 하지않았음을 깨닫습니다. 여기서 그녀는 이미 자신의 해석과 감정으로부터 충분히 거리를 둘 수 있어요.

일부 내담자는 자신의 감정이 너무 강한 나머지 '적'에게 공감하기 어렵거나 근본적으로 다른 사람에게 공감하기 어렵다고 생각하여 두 번째 위치를 취하기 힘들어합니다. 이미 밝혔듯이 후자는 자율적인 사람에게 자주 나타나는 문제예요. 이 연습은 이 문제를 해결하고 공감적 관점 취하기 훈련을 할 수 있는 좋은 방법이랍니다.

3. 세 번째 인지 위치는 관찰하는 위치입니다. 우리는 명확하게 사고하는 이성(어른 자아)의 도움을 받아 일어나는 일을 외부에서 바라봄으로써 이 입장을 취합니다. 내담자는 가능한 한 중립적 위치에서 갈등을 바라보아야 합니다. 그래서 "당신이 판사이고 이 사건을 판결해야 한다고 상상해보세요"라고 제안하곤 한답니다.

이제 저는 엘케에게 외부에서 자신을 바라보고 이웃과의 관계를 어렵게 만드는 데 자신이 어떤 역할을 했는지 분석해보라고 요청합니다. 엘케의 대답에는 이웃이 자신에게 아무런 해를 끼치려 하지 않았으며, 자신이 어린 시절의 부정적 경험을 이 상황에 투사했다는 통찰이 포함되어 있습니다.

분석이 완료되면 저는 엘케에게 자신의 몫을 전적으로 책임져야 한다고 조언합니다. 또한 다음과 같은 질문도 던집니다. "만약 당신이 상담사라면 어떤 조언을 해주고 싶어요?" 엘케의 대답은 이렇게 요약할 수 있어요. "저는 어린 시절의 잘못된 각인들이 옳지 않다는 걸 배워야 해요. 그리고 이것들을 현재 상황에 투사하는 순간, 저 자신을 제때 포착해야 하고요."

이 시점에서 엘케에게 중요한 질문은 "이웃의 행동이 엘케라는 인간의 가치에 대해 무엇을 말해주는가?"입니다. (이런 의미의) 질문을 내담자들과의 대화에서 가끔 던져요. 왜냐하면 이 질문이 거울 자아에서 벗어나는 데 꽤 도움이 되거든요. 엘케는 대부분의 내담자처럼 관찰자 입장에서 갈등 대상의 행동이 자신이라는 인간의 가치에 대해 아무것도 말해주지 않거나 자신의 신념을 확인해주지 않는다는 사실을 알아차렸어요. (엘케의 경우 핵심 신념은 "나는 중요하지 않아"입니다.)

다음 단계에서 저는 엘케에게 이웃을 살펴보고 갈등에서 그녀의 역할이 무엇인지 분석해보라고 요청합니다. 엘케의 경우 이웃은 사실 아무런 관련이 없었어요. 모든 드라마는 엘케의 그림자 아이에게서 일어났으니까요. 그러나 종종 일부분, 때로는 모든 부분을 상대방에게서 찾는 경우도 있습니다. 그러면 저는 내담자에게 갈등 대상에게 자신의 역할에 대한 책임을 전부 다 돌려주라고 충고합니다. 갈등 대상이 오롯이 혼자서 상황을 어렵게 만들고 있다는 사실이 밝혀지면 내담자가 왜 이 관계를 끝내지 않는지를 주제로 삼습니다. 객관적인 이유로 분리나 이별이 불가능한 경우에는 내담자와 함께 상대방에게 더 잘 대처하기 위한 메타 전략을 세우지요.

이 연습은 아들러가 주장한 완전한 과제 분리를 체계화한 것입니다. 상담에서 이미 태양 아이를 다룬 경우라면, 세 번째 인지 위치에서 내담자의 태양 아이로 '업그레이드'하는 것도 가능하지요. 그러면 저는 내담자에게 자신을 태양 아이 및 새로운 신념과 완전히 동일시하고 개인적인 힘의 원천으로 들어가라고 요청합니다.

(필요하다면 내담자에게 다시 한번 이 상황을 설명합니다.) 자신의 자원들을 인식하면 상황에 대한 평가가 또다시 바뀔 수 있어요. 엘케의 경우, 그녀가 이 모든 상황을 웃어 넘기며 그녀의 내면에서 만족스럽게 해결될 수 있을지도 몰라요.

삶에 의미 부여하기

끊임없이 자신의 취약점 주변을 맴돌면 자기중심적으로 변합니다. 다른 사람에게 인정받으려고 엄청나게 노력을 기울이다 보면 다른 사람에 대한 관심은 줄어들고 그보다는 우리가 그들에게 남기는 인상에 더 많은 관심을 기울이게 되지요. 상대방을 거울 삼아 자기 가치를 측정하는 거예요. 그러다 보면 자기 관찰에 심취한 나머지 상대방의 마음이 어떤 상태인지 놓치기 쉬워요. 자신의 상처에 몰두하고 의심하고 긴장하며 다음 공격을 기다리는 사람은 종종 상대방의 마음에 잘 공감하지 못합니다. 이들은 만성적으로 자신을 피해자로 여기며 언제 스스로 가해자가 되는지 깨닫지 못해요.

자기 보호를 포기하겠다는 결정은 '우리'라는 의미에서 공동체에 영향을 미쳐요. 자기 보호는 경계를 설정한다는 뜻입니다. 반면 경계를 허문다는 건 다른 사람들을 내 삶으로 받아들인다는 뜻이에요. 상대방에게 나를 차단하는 대신 마음을 열고 내 두려움을 알려줌으로써 솔직하고 친근하게 다가갈 수 있어요. 상대방에게 내게 관심을 가질 수 있는 기회를 주는 셈이지요. 그러면 상대방을 정말 좋아할 가능성도 열립니다. 물론 마음을 열면 내가 취약해지기도 해요. 이 취약성을 더 높은 가치, 즉 인생의 개인적 목적을 위해 활용한다면 좀 더 쉽게 극복할 수 있답니다.

의미 치료: 의미 부여는 어떻게 치료가 되는가

알프레트 아들러뿐 아니라 오스트리아 출신 의사이자 심리 치료사인 빅터 프랭클도 의미의 문제를 광범위하게 다루었으며, 의미를 추구하는 한 거의 모든 삶의 상황을 극복하거나 단순히 견딜 수 있음을 고통스럽게 경험했습니다. 프랭클은 유대인으로 가족 중 유일하게 제2차 세계 대전에서 살아남았습니다. 전쟁이 끝난 후 그는 《그럼에도 삶에 '예'라고 답할 때》라는 책을 썼고 이 책은 세계적인 베스트셀러가 되었어요. 수용소에서 프랭클은 동료 수감자들이 삶의 이유와 인생의 복석을 깨닫도록 도와줌으로써 자기 포기로부터 자신을 보호하기 위해 매일 새롭게 노력했습니다. 내 안의 '왜'라는 이유를 강화할수록 '어떻게'라는 방법, 즉 끔찍한 수용소 생활을 더 잘 견딜 수 있었거든요. 프랭클은 "인간의 주된 관심사는 쾌락을 얻거나 고통을 막는 것이 아니라 자신의 삶에서 의미를 찾는 것"이라고 확신했습니다.

감각과 더 높은 가치는 사람의 중심을 엄청나게 강화할 수 있습니다. 따라서 저는 내담자에게 "어떻게 하면 스스로를 최대한 잘 보호할 수 있을까?"라는 질문(회피 동기)을 "무엇이 의미 있고 품위 있을까?"라는 질문(접근 동기)으로 바꿔보라고 권해요. 예를 들어 내담자가 거절하고 싶은데도 두려워서 또다시 "네"라고 말하는 스스로를 발견한다면 자신의 행동이 서로에게 공정한지 자문해봐야 합니다. 공정성을 더 높은 가치로 생각하면 상대방에게 자신의 바람과 욕구를 공개적으로 알릴 용기를 얻을 수 있어요. 그래야 상대방에게도 제대로 반응할 수 있는 기회를 주는 셈이고요. 이제 상대방은 "좋아요, 그렇게 해요" 또는 "타협점을 찾아봅시다"라고 말할 수 있겠지요. 반면 내담자가 마지못해 상대방이 원하는 대로 한다면 내담자는 분노할 거예요. 겉으로 강해 보이는 상대방에게 우월 감을 투사해 그림자 아이의 눈으로 인간적이기보다는 적대적으로 보고 있기 때문이지요.

가치는 우리 삶에 의미를 부여합니다. 가치는 두려움, 심지어 죽음에 대한 두려움까지 극복하게 해줍니다. 독일의 사회주의 혁명가 로자 룩셈부르크, 미국의 민권 운동가 맬컴 엑스, 파키스탄의 아동 인권 운동가 말랄라 유사프자이 같은 사람이 보여준 것처럼 말이에요. 우리는 친한 친구에게조차 솔직한 마음을 말하지 못하면서 왜 나치 독일에서 더 많은 저항이 일어나지 않았는지 궁금해할까요? 저는 스스로 이런 질문을 던지곤 합니다. 우리에게는 위축과 거리 두기가 아니라 개방성이 필요합니다. 위축과 거리 두기는 단기적으로는 거절에 대한 두려움을 억제할 수 있지만, 스스로도 피하고 싶은 거절의 피해를 상대방에게 입힙니다. 이를 공정하다고 할 수 있을까요?

그래서 저는 부적응적 보호 전략을 극복하기 위해 어떤 더 높은 가치를 지지할 수 있을지 생각해보라고 내담자에게 권합니다. 공정성은 갈등 회피에 매우 큰 도움이 됩니다. 하지만 도덕적 용기, 의리, 우정도 도움이 되는 가치예요. 호의는 주변 사람들을 불신으로 대하는 내담자에게 훌륭한 가치입니다. 평화, 자비, 관용은 공격성 수준을 낮추는 데 도움이 됩니다.

저는 내담자에게 적어도 한 가지 이상의 높은 가치를 선택하고 그것을 삶에 확고하게 정착시키라고 조언합니다. 상상 연습을 하면 새로운 가치 덕분에 자신의 삶이 어떻게 변화할지 시각화할 수 있지요. 도망치는 대신 대화하기. 공격하는 대신 평화 유지하기. 문제만 파고드는 대신 감사하는 마음 갖기. 불신 대신 호의 품기. 지나치게 순응하는 대신 용기 내기.

제 조언을 구하는 사람들은 더 높은 가치를 활용해 성장에 필요한 힘을 얻는 좋은 경험을 했답니다.

나가며

    다른 사람이 자신의 심리적 또는 신체적 존재에 잠재적 위협이 된다고 확신하는 사람이나 그림자 아이는 마치 컴퓨터 게임 속 긴장된 분위기에서 살아가는 것 같습니다. 게임 캐릭터가 어떤 스테이지에서 악당을 물리쳐야 다음 스테이지로 넘어갈 수 있는 것처럼요. 그러니 스트레스 수준이 계속 높을 수밖에 없어요. 어떤 면에서 우리는 실제로 우리 존재를 프로그래밍하고 있어요. 현실은 두개골의 어둠 속에 갇혀 있고 불충분한 감각 채널을 통해서만 외부 세계와 연결되는 뇌의 프로그래밍에 의존한다는 사실을 충분히 인식하지 못한 채 살아가지요. 머릿속에서 펼쳐지는 인생이란 영화 속에서 우리는 주인공입니다. 마음의 눈이라는 카메라를 우리 자신에게 돌려 스스로의 성취와 사회적 생존 가능성을 촬영하고 평가하지요. 그리고 전 세계에서 쏟아지는 뉴스와 이미지의 홍수 속에서도 우리가 세상의 중심이 아니며 동물과 다른 생명체는 말할 것도 없고 우리보다 훨씬 더 힘든 운명을 가진 약 80억 명이 존재한다는 사실을 잊거나 느끼지 못한 채 살아갑니다.

모든 것과 분리되어 있다는 착각은 우리가 개인으로서 존재하고 자율적으로 행동하기 위해 필요합니다. 동시에 이러한 분리는 외로움과 무의미함이라는 고통스러운 감정을 불러일으키기도 하지요. 우리는 항상 다른 사람들에게서 위로를 찾습니다. 하지만 명상적 상상을 통해서도 삶과 연결될 수 있답니다.

잠시 눈을 감고 여러분 자신이 전체의 일부라고 상상하고 그것을 실제로 느껴보세요. 잠시 눈을 감고 여러분 자신을 상상하고 자신이 전체의 일부라고 상상해봅니다. 사람, 동물, 강, 바다, 산, 계곡 등 모든 생명체와 그 생명체에 속한 모든 것으로 이루어진 거대한 공동체의 일부 말이에요. 이 순간에 마음을 열고 내면의 삶과 연결해보세요. 여러분이 어떻게 모든 것에 연결되어 있는지, 전체의 일부이면서 동시에 고유한 존재인지 시각화해보세요.

우리는 애착에 대한 강한 욕구를 타고납니다. 소속감을 느끼고 그 안에서 안정을 찾고 싶어 하지요. 어디에도 소속되지 않으면 몹시 외로움을 느껴요. 소속에 대한 욕구는 보통 가족, 친구, 회사, 학교, 여가 활동 모임 등 가장 가까운 사람들 무리에 집중되어 있기 마련이에요. 이러한 애착 공동체 중 하나에서 이해받지 못하거나 심지어 배제되었다고 느끼면 매우 불행해집니다.

우리는 종종 어항 속 물고기처럼 우리를 둘러싼 울타리 안에 갇혀 연결 고리를 되찾으려고 고군분투합니다. 직장에서 오해와 따돌림을 당한다고 느끼면 시야를 넓혀 어항 너머 세상을 바라보는 대신 시야를 좁히고 말아요. 그러나 우리 주변을 넘어 기회가 가득한 세상이 있답니다. 직장에서 문제를 해결할 수 없다면 다른 직장을 찾으면 돼요. 가족에게 사랑받지 못하고 오해받는다고 느끼면 시야를 넓혀 나를 이해하고 좋아하는 사람들과 함께하면 돼요. 나를 힘들게 하고 불행하게 만드는 관계에 갇혀 있다면 그와 헤어지고 인생에서 내가 통제할 수 있는 영역에 집중하면 돼요. 물론 이게 항상 쉽진 않지만 내 상황을 개선하는 건 내 힘과 책임 안에 속하는 일이잖아요. (물론 이 작업을 수행하기 전에 세 가지 인지 위치를 통해 어려운 상황의 어떤 부분이 내 책임 영역 안에 있는지 파악해야 합니다. 그런 다음 필요하다면 내 행동이나 태도를 바꾸어 직장, 가족 또는 연애 관계에서 상황을 개선할 수 있지요.)

애착에 대한 욕구와 자존감은 밀접하게 관련되어 있어요. 많은 사람이 자신이 무가치하다고 느끼기 때문에 불행합니다. 무가치하다는 느낌은 외부 세계에서 인정받지 못하는 데에서 비롯돼요. 관건은 내가 수동적으로 인정받기를 바라는가 아니면 스스로 다른 사람을 인정하기 시작하는가의 여부입니다. 독일어로 '인정Anerkennung'이라는 단어에는 '인식하다erkennen'라는 단어가 포함되어 있어요. 즉 다른 사람들을 인지하고 그들을 바라보고 그들에게 관심을 갖는 것을 뜻해요. 많은 사람은 자신이 선물을 받을 때보다 누군가에게 (물질적인) 선물을 줄 때 더 행복하다고 느껴요. 진정한 공감에도 같은 원리가 적용될 수 있답니다.

　무가치한 느낌에서 벗어나는 좋은 방법은 공동체에 봉사하는 거예요. 제가 전적으로 동의하는 알프레트 아들러가 제안한 방법이기도 하지요. 공동체에 대한 봉사는 명예직이나 다른 의미 있는 활동이 될 수 있습니다. 아들러는 모든 사람이 사랑, 우정, 일의 측면에서 자신의 과제를 완수해야 한다고 권합니다. 이런 의미에서 철저한 과제 분리는 자신의 행동을 전적으로 책임지고, 상대방에게 그의 행동을 책임지도록 맡긴다는 뜻이에요. 책임진다는 것은 진실하고 진정성 있는 기여를 함으로써 공동체의 일부가 되는 거지요. 이는 인정받기 위해 타인의 기대에 부응하는 것과는 질적으로 전혀 달라요. 책임지는 태도에는 잘못에 주의를 기울이고 비판하며 거리 두는 것까지 모두 포함되기 때문입니다. 내면의 가치가 나를 지지한다면, 그것이 내 행동의 기준이 되어야지 다른 사람의 판단이 기준이 되어서는 안 되지요.

　명확한 의견을 표현하는 건 항상 쉽지 않아요. 반대와 거절이 두려워 의견을 보류한 적이 얼마나 많은가요? 엄청난 후폭풍이 두려워 소셜 미디어에서 입장 표명하기를 무서워하는 사람이 얼마나 많은가요? 그리하여 많은 사람이 정치나 가치와 관련된 게시물에 소극적으로 반응하며, 안타깝게도 민주적 가치를 대변하지 않고 사실 기반 지식과는 거의 무관한 사람들에게 무대를 내주고 말지요. 우리는 거부에 대한 우리의 두려움이 과장되어 있음을 계속 상기해야 합니다. 인터넷이나 실생활에서 누군가가 저에게 어떤 해를 끼칠 수 있을까요? 물론 팔로워를 잃고 돈을 잃을 수도 있겠지요. 하지만 언론의 자유 같은 기본적인 민주적 권리를 옹호하는 사람을 가두고 고문하는 독재 국가를 떠올리면 이 정도 손실은 사소하고 별것 아니랍니다. 나치 독일을 떠올리며 자문해보세요. 오늘날 내가 진정 두려워해야 하는 것은 뭘까요?

저는 항상 내담자에게 자신을 솔직하게 돌아보라고 권한답니다. 그러니 친애하는 독자 여러분도 솔직해져보길 권할게요! 가슴에 손을 얹고 생각해보세요. 도덕적 용기가 있나요? 거절 그리고/또는 개인적 억압이 두려워 자신의 가치관을 배신하는 경우가 종종 있나요? 어떤 내면의 태도, 어떤 가치가 두려움을 극복하는 데 도움이 될까요?

또한 우리는 자비를 통해 다른 사람들과 잘 어울리고 안전감을 얻을 수 있습니다. 타인의 고통에 눈뜨면 내 고통은 저절로 저 멀리 뒤편으로 사라집니다. 내가 진정으로 이웃에게 관심이 있는지 아니면 나의 두려움 때문에 모든 기대치를 충족시키려고 노력하는지 여부에 따라 차이가 존재한다는 점을 다시 한번 강조하고 싶네요. 전자의 경우 진정한 공감이 생길 수 있습니다. 후자의 경우 나의 관심은 본질적으로 내가 어떤 인상을 남기느냐에 집중되어 있지요.
모든 종교는 이웃 사랑이라는 주제를 다룹니다. 종교와 무관하게 자비를 다루는 것이 우리 모두에게 중요하게 여겨져야 합니다. 이 주제에 관한 책, 오디오북, 영화, 팟캐스트, 강의 등이 무수히 많지요. 그러므로 여기서 다른 사람들이 이미 심도 있고 자세하게 정리한 내용을 반복하고 싶진 않아요. 다만 제 삶의 경험을 바탕으로 저만의 말로 표현하고 싶어요. 자비는 모든 생명과 자기 자신에 대한 깊고 다정한 연결입니다. 이는 스스로의 상처를 치유해주고 인류까지도 치유할 수 있는 열쇠이지요.

이를 설명하기 위해 한 내담자 이야기를 들려드리고 싶어요. 그는 저에게 다음과 같이 말한 적이 있답니다.

저는 저 자신과 제 실수를 걱정하느라 너무 지쳤어요. 이젠 제 자존감이 전적으로 주관적이며 사랑받지 못한 어린 시절에서 비롯되었음을 깨달았지요. 마냥 불안해하며 인생을 낭비하고 싶진 않아요. 얼마나 많은 사람이 그저 단순하게 사는 대신 스스로를 걱정하며 돌아다니고 있을지 생각해보면 대체 얼마나 많은 잠재력이 낭비되고 있는 건가요!

그럼에도 불구하고 저는 오랫동안 저의 해묵은 패턴에서 벗어날 방법을 찾고 있었어요. 그러다 아주 진부한 영화 한 편이 저를 구해줬지요. 수호천사가 주인공인 슬픈 크리스마스 영화였어요. 갑자기 영감이 떠오르더군요. 내가 천사였으면 좋겠다! 바보처럼 들리겠지만 그 생각은 저에게 완벽한 영감을 제공했어요. 천사가 되기란 사실 정말 쉽잖아요. 천사가 되는 데 왜 성공과 명성이 필요할까요? '내가 정말 아끼는 사람이 누구지?'라고 자문해봤어요. 딱 두 사람이 떠오르더군요. 저 자신과 제가 쓸데없이 쫓아다닌 남자 말이에요. 그러자 이런 생각이 들더라고요. '이럴 수가! 항상 나만 바라보며 제자리걸음만 할 순 없잖아. 정말 진심으로 공감하며 다른 사람에게 관심 좀 가져봐.' 그리고 저는 실제로 그렇게 하기 시작했어요.

가장 먼저 한 일은 찾아오는 사람이 거의 없는 이웃 할머니 댁의 문을 두드린 거였어요. 커피나 한잔하자고 초대했고 할머니는 너무나 기뻐하셨죠. 우리는 정말 좋은 대화를 나눴고 지금은 정기적으로 만나는 사이가 됐답니다.

그러고 나서 동생에게 전화를 걸어 여자 친구와 어떤 문제가 있는지 물어봤어요. 우리는 오랫동안 이야기를 나누었고 어렸을 때처럼 친해졌어요. 지금은 직장 동료들과 직속 상사가 어떻게 지내는지도 관심을 기울이고 있어요. 인기를 얻기 위해서가 아니라 관심과 공감에서 비롯된 행동이죠. 그저 질문하고 경청할 뿐이에요. 슈퍼마켓이나 보행자 구역에서도 자기중심적인 생각에 빠지지 않고 주의를 외부로 돌리려고 노력해요. 누군가가 제 도움이 필요할 것 같으면 먼저 말을 건네죠.

자신에게 관심을 기울여주는 걸 알아차리고 너무나 고마워하는 많은 사람을 보면 제가 더 감동받아요. 다른 사람에 대한 관심과 공감은 저 자신을 끊임없이 걱정하는 것보다 훨씬 더 저를 고무시키고 성취감을 느끼게 해줘요. 제 삶이 더 충만하게 느껴지고 정신적으로 더 안정되며 실제로 스스로 훨씬 더 편안해져요. 저는 인생을 살면서 단지 인간이 되는 것만으로 충분하다고 생각해요. 삶 자체는 선물이고 그걸 지키는 것만으로도 충분하다고요.

친애하는 독자 여러분, 저는 삶에 대한 좋은 태도를 이보다 더 잘 설명할 수 없을 것 같네요. 무슨 말이 더 필요할까요? 제 책이 여러분 자신과 주변 사람들을 조금 더 잘 이해하는 데 도움이 되었기를 바랍니다. 자신을 성찰한다는 건 항상 가치가 있는 것 같아요. 한두 가지 문제를 스스로 해결하기 위해서뿐만이 아니라 더 나은 사람이 되기 위해서 말이지요. 자신의 내면에서 어떤 일이 벌어지는지 더 잘 알수록 심리적 문제를 주변 사람들에게 전가할 위험이 줄어들고 열등감에 대한 불안에 시달리며 다른 사람을 수동적이거나 적극적으로 공격할 확률이 감소한답니다.

그래서 심리적 문제에 대한 사회적 분위기가 눈에 띄게 변화하고 개방되고 있다는 점이 무척 기뻐요. 이전 세대에서는 사람들이 일반적으로 상당한 압박감을 느낄 때에만 정신 건강에 관심을 가졌고 그마저 하지 않는 경우도 많았어요. 하지만 요즘은 많은 젊은 이가 아주 일찍부터 심리적 문제에 관심을 갖기 시작하고 있어요. 저는 그게 좋은 일이라고 생각합니다! 스스로에게 관심을 갖는다는 건 자기중심적이고 자기 연민을 느낀다는 게 아니라 자신의 행동에 책임을 지고 사회에 기여한다는 뜻이니까요.

저는 사회적 불평등, 인종 차별, 성차별, 폭력, 전쟁, 기후 재앙 등 이 세상에 존재하는 거의 모든 문제는 책임 있는 사람들의 자기 성찰이 부족하기 때문이라고 감히 말하고 싶습니다. 세상에는 자기 성찰과 밀접하게 관련된 지혜가 부족해요. 현명한 사람은 공동체의 이익을 위해 행동하지요. 현명한 사람은 정의, 평등, 관용, 자비, 관대함, 평화 같은 가치를 실천하지요. 또한 자신을 이해하는 것은 주변 사람들을 이해하는 열쇠이기 때문에 매우 중요합니다.

자기 자신과 자신의 감정을 잘 이해할수록 다른 사람들과 더 쉽게 소통하고 공감할 수 있으니까요. 사람과 다른 생명체에 대한 공감을 실천하는 사람은 삶과 조화를 이루며 평화롭게 살아갑니다. 적어도 그것이 바람직한 이상적 상태이자 목표, 비전일 거예요.

그러나 자기 성찰적인 사람이라도 항상 자신을 좋아하고 다른 사람을 선의로만 대하진 않아요. 우리는 모두 기분이 나쁘거나 운이 나쁜 날, 몸이 아파서 스스로 원하는 사람이 되기 어려운 순간이 있어요. 게다가 외부 환경이라는 것도 있지요. 결국 모든 일이 우리 손에 달려 있는 건 아니랍니다. 우리는 자기 성찰이 부족한 인간이 만들어낸 세상에서 매일 자신의 길을 찾아야 합니다. 잔인하고 무자비한 인간과 사회 문제에 전혀 신경 쓰지 않는 인간도 있어요. 돈 걱정, 건강 문제, 괴롭힘, 과도한 업무량 등 우리가 전적으로 통제할 수 없는 다양한 스트레스도 인생을 어렵게 만들지요. 이렇게 내가 고통을 많이 받을수록 좋은 이웃, 좋은 부모, 좋은 상사, 좋은 친구가 될 수 있게 만들어주는 자원이 조금씩 줄어듭니다.

이런 상황에서 이상적이면서도 현실적인 목표는 무엇일까요? 매일 조금씩 더 나아지는 것. 일본에서는 이런 태도를 가이젠改善이라고 부른답니다. '가이改'는 '변화'를, '젠善'은 '더 나은'을 의미하지요. 이는 일본 도요타 자동차의 생산성 혁신 운동에서 유래한 말이지만, 저는 이것이 일상생활에 매우 적합한 좋은 해결책이라고 생각합니다. 매일 조금씩 더 나은 사람이 되겠다는 생각이 마음에 들어요. 여러분도 이 생각이 마음에 드신다면 다음과 같은 결심을 해보세요.

* 매일 조금씩 더 그림자 아이를 잘 지켜보자.
* 매일 조금씩 더 삶에 이미 존재하는 풍요로움에 감사하자.
* 매일 조금씩 더 삶을 즐기자.
* 매일 조금씩 더 자기 자신과 주변 사람들을 친절하게 대하자.

우리가 누구인지는 우리가 어떤 사람이 되기로 결정하느냐에 따라 크게 달라진답니다.

감사의 말

율리아 마이어-헤르만은 집필 과정에서 저와 긴밀하게 소통하며 현명한 조언으로 엄청나게 지지해주었습니다. 기나긴 작업 기간 동안 그녀는 소중한 스파링 상대였으며 대체 불가능한 도우미였어요. 진심으로 고마워요, 친애하는 율리아.

주

1 Wilhelm Schmid: Das Leben verstehen. Von den Erfahrungen eines philosophischen Seelsorgers, Suhrkamp 2016

2 Richard Dawkins: Das egoistische Gen, Springer Spektrum 1978; Richard Dawkins: The Selfish Gene, Oxford University Press 1976; 리처드 도킨스, 홍영남, 이상임 옮김, 《이기적 유전자》(을유문화사, 2018)

3 Charles Darwin: Die Entstehung der Arten durch natürliche Zuchtwahl, 1859; Charles Darwin: On the Origin of Species by Means of Natural Selection, or the Preservation of Favoured Races in the Struggle for Life, 1859

4 Wilhelm Schmid: Dem Leben Sinn geben, Suhrkamp 2013

5 Gerald Hüther: Die Evolution der Liebe. Was Darwin bereits ahnte und die Darwinisten nicht wahrhaben wollen, Vandenhoeck & Ruprecht 1999

6 Klaus Grawe: Neuropsychotherapie, Hogrefe 2014, S. 237

7 https://www.donna-magazin.de/entdecken/persoenlichkeiten/wilhelm-schmid/

8 그라베는 여기서 시모어 엡스타인Seymor Epstein의 '인지-경험적 자기 이론cognitive-experiential self-theory'에 관한 연구를 언급하고 있다.

9 Grawe: Neuropsychotherapie, S. 233

10 Grawe: Neuropsychotherapie, S. 233

11 Grawe: Neuropsychotherapie, S. 104

12 https://www.fritzundfraenzi.ch/erziehung/ein-gutes-gefuhl-wie-lernen-kinder-empathie/

13 https://www.mensch-und-psyche.de/persoenlichkeit/autonomie-oder-bindung/

14 Grawe: Neuropsychotherapie, S. 252

15 Grawe: Neuropsychotherapie, S. 253

16 Grawe: Neuropsychotherapie, S. 301

17 Grawe: Neuropsychotherapie, S. 262

18 Jan-Uwe Rogge/Anselm Grün: So große Gefühle!, Gräfe und Unzer 2020

19 Grawe: Neuropsychotherapie, S. 272

20 H. J. Eysenck: Genetic and Environmental Contributions to Individual Differences: The Three Major Dimensions of Personality, Journal of Personality 58, No. 1 (1 March 1990): 245-261

21 Grawe: Neuropsychotherapie, S. 272

22 Spengler, F. B., Schultz, J., Scheele, D., Essel, M., Maier, W., Heinrichs, M., and Hurlemann, R.: Kinetics and dose-dependency of intranasal oxytocin effects on amygdala reactivity Biological Psychiatry, 82 (2017), 885-894

23 Gabriele Eßing: Praxis der Neuropsychotherapie. Wie die Psyche das Gehirn formt, Deutscher Psychologen Verlag 2015

24 Leon Windscheid: Besser fühlen. Eine Reise zur Gelassenheit, Rowohlt Polaris 2021; 레온 빈트샤이트 지음, 이덕임 옮김, 《감정이라는 세계》 (웅진지식하우스, 2022)

25 물론 모든 대상자에게 출판에 대한 동의를 얻었다. 예민할 수도 있는 정보는 모두 익명으로 처리했다.

26 내면 아이의 일부인 그림자 아이의 의미와 발현 형태는 1장에 자세히 설명되어 있다.

27 내가 쓴 책 《어느 날 내 안의 아이가 정말 괜찮냐고 물었다》《조금 더 편

해지고 싶어서 : 거리를 두는 중입니다》 등에서는 이 내용을 실제로 어떻게 적용할 수 있을지에 좀 더 중점을 두었다. 본서에서는 독자들이 스스로 책임지고 체계적으로 수행할 수 있는 구체적인 연습 과제들을 제시했다.

28　내가 쓴 책들에 다양한 행동 문제에 대한 대처법을 두루 소개해두었기 때문이다. 내담자는 이 책들을 읽으면서 예를 들어 순발력을 높이는 전략이나 성공적인 대화를 위한 기본 규칙(적극적인 경청, 나의 메시지 구성 등) 같은 대처법을 습득할 수 있다.

29　대응 전략에 대해 더 자세히 알고 싶다면 내가 쓴 책《나만 모른다, 내가 잘하고 있다는 걸》(김서형 옮김, 갈매나무, 2021)을 읽어보길 추천한다. 나는 니콜 슈타우딩거의《다들 그렇게 산다는 말은 하나도 위로가 되지 않아》(장혜경 옮김, 갈매나무, 2019)와《쉽게 말해서Leicht gesagt》(후자는 갈등 해결을 다룬다)를 정말 좋아한다. 이 책들은 특히 여성을 대상으로 하지만 남성에게도 적합하다고 생각한다.

참고 문헌

Adler, Alfred (51947, Neuausgabe 2022). Menschenkenntnis. Lcipzig/
Frankfurt a. M., Deutsche Nationalbibliothek (Online-Ressource) Adler,
Alfred (2020). Gesammelte Werke. München, Anaconda

Ahnert, Lieselotte (2020). Wie viel Mutter braucht ein Kind? Über Bindung,
Bildung und Betreuung in den ersten Lebensjahren. Weinheim, Beltz

Bauer, Joachim (42005). Warum ich fühle, was du fühlst: intuitive
Kommunikation und das Geheimnis der Spiegelneurone. Hamburg,
Hoffmann und Campe

Bentzen, Marianne (2017). Das neuroaffektive Bilderbuch – Begegnung
verändert. Müllheim, Auditorium Netzwerk

Böckler, A., Herrmann, L., Trautwein, F., Homes, T., Singer, T. (2017).
Know thy selves. Learning to understand oneself increases the ability to
understand others. Journal of Cognitive Enhancement, 1(2), 197–209

Boon, S., Steele, K., van der Hart, O. (2013). Traumabedingte Dissoziation
bewältigen: Ein Skills-Training für Klienten und ihre Therapeuten.
Paderborn, Junfermann

Bowlby, John (2016). Frühe Bindung und menschliche Entwicklung.
München, Ernst Reinhardt Verlag

Bowlby, John (42018). Bindung als sichere Basis. Grundlagen und
Anwendung der Bindungstheorie. München, Ernst Reinhardt Verlag

Brisch, Karl Heinz (2009). Bindungsstörungen. Von der Bindungstheorie zur

Therapie. Stuttgart, Klett-Cotta

Brisch, Karl Heinz (2022). Kindliche Entwicklung zwischen Ur-Angst und Ur-Vertrauen. Stuttgart, Klett-Cotta

Charf, Dami (2018). Auch alte Wunden können heilen. Wie Verletzungen aus der Kindheit unser Leben bestimmen und wie wir uns davon lösen können. München, Kösel

Corssen, Jens & Tramitz, Christiane (2014). Ich und die anderen. Als Selbst-Entwickler zu gelingenden Beziehungen. München, Knaur

Dalai Lama & Ekman, Paul (2009). Gefühl und Mitgefühl. Emotionale Achtsamkeit und der Weg zum seelischen Gleichgewicht. Ein Dialog. Heidelberg, Spektrum

Damasio, Antonio R. (2004). Descartes' Irrtum: Fühlen, Denken und das menschliche Gehirn. München/Leipzig, List

Damasio, Antonio R. (2005). Der Spinoza-Effekt. Wie Gefühle unser Leben bestimmen. München/Leipzig, List

Damasio, Antonio R. (2014). Ich fühle, also bin ich. Die Entschlüsselung des Bewusstseins. Berlin, Ullstein. Darwin, Charles (1859/2004). Die Entstehung der Arten durch natürliche Zuchtwahl. Hamburg, Nikol

Dawkins, Richard (1978). Das egoistische Gen. Berlin/Heidelberg, Springer Spectrum

Diedrich, A. (2016). Mitgefühlsfokussierte Interventionen in der Psychotherapie. Göttingen, Hogrefe

Doering, Stephan, Hartmann, Hans-Peter, Kernberg, Otto F. (Hrsg.) (2021). Narzissmus: Grundlagen – Störungsbilder – Therapie. Stuttgart, Schattauer

Dugatkin, Lee Alan (2008). Wie kommt die Güte in die Welt? Wissenschaftler erforschen unseren Sinn für den Anderen. Berlin, Berlin University Press

Eismann, Gunnar & Lammers, Claas-Hinrich (2017). Therapie-Tools

Emotionsregulation. Weinheim/Basel, Beltz

Eßing, Gabriele (2015). Praxis der Neuropsychotherapie: wie die Psyche das Gehirn formt. Berlin: Deutscher Psychologen Verlag

Eysenck, H. J. (1990). Genetic and Environmental Contributions to Individual Differences: The Three Major Dimensions of Personality. Journal of Personality 58, no. 1: 245–261

Frankl, Viktor (51981). … trotzdem Ja zum Leben sagen. Ein Psychologe erlebt das Konzentrationslager. München, Kösel

Frankl, Viktor (2015). Das Leiden am sinnlosen Leben. Psychotherapie für heute. Freiburg, Kreuz

Fromm, Erich (1959). Die Kunst des Liebens. Frankfurt a. M., Ull- stein

Grawe, Klaus (2004). Neuropsychotherapie. Göttingen, Hogrefe

Grossmann, Karin, Grossmann, Klaus E. (2004). Bindungen. Das Gefüge psychischer Sicherheit. Stuttgart, Klett-Cotta

Grossmann, Klaus E., Grossmann, Karin (Hrsg., 2015). Bindung und menschliche Entwicklung. John Bowlby, Mary Ainsworth und die Grundlagen der Bindungstheorie. Stuttgart, Klett-Cotta

Heller, Laurence/LaPierre, Aline (2013). Entwicklungstrauma heilen. Alte Überlebensstrategien lösen – Selbstregulierung und Beziehungsfähigkeit stärken: das neuroaffektive Beziehungsmodell zur Traumaheilung NARM. München, Kösel

Hemschemeier, Christian (2021). Vom Opfer zum Gestalter: raus aus toxischen Beziehungen – rein ins Leben. Bielefeld, Luther

Hemschemeier, Christian (2022). Die neue Dimension der Liebe. München, Arkana

Hüther, Gerald (1999). Die Evolution der Liebe. Was Darwin bereits ahnte und die Darwinisten nicht wahrhaben wollen. Göttingen, Vandenhoeck & Ruprecht

Hüther, Gerald (2020). Wege aus der Angst. Über die Kunst, die

Unvorhersehbarkeit des Lebens anzunehmen. Göttingen, Vandenhoeck & Ruprecht

Hüther, Gerald (2021). Lieblosigkeit macht krank: was unsere Selbstheilungskräfte stärkt und wie wir endlich gesünder und glücklicher werden. Freiburg/Basel/Wien, Herder

Hüther, Gerald, Müller, Sven Oliver, Bauer, Nicole (2021). Dream-Team: warum wir nur gemeinsam unser Potenzial entfalten und unsere Zukunft gestalten können. München, Goldmann

Junker, Thomas (2016). Die verborgene Natur der Liebe. Sex und Leidenschaft und wie wir die Richtigen finden. München, C.H. Beck

Klein, Stefan (2011). Der Sinn des Gebens. Warum Selbstlosigkeit in der Evolution siegt und wir mit Egoismus nicht weiterkommen. Frankfurt a. M., Fischer

Kuntze, Holger (2021). Das Leben ist einfach, wenn du verstehst, warum es so schwierig ist: Persönliche Krisen überwinden, innere Freiheit gewinnen. München, Kösel

LeDoux, Joseph (1998). Das Netz der Gefühle. Wie Emotionen entstehen. München/Wien, Hanser

Levine, Peter A. (1998). Trauma-Heilung. Das Erwachen des Tigers. Unsere Fähigkeit, traumatische Erfahrungen zu transformieren. Essen, Synthesis

Lieberman, Daniel Z. (2019). Ein Hormon regiert die Welt: wie Dopamin unser Verhalten steuert – und das Schicksal der Menschheit bestimmt. München, Riva

Müller, Turid (2022). Verdeckter Narzissmus in Beziehungen. Die subtile Form toxischen Verhaltens erkennen und sich von emotionalem Missbrauch befreien. München, Kailash

Niebauer, Chris (2020). Kein Ich, kein Problem: was Buddha schon wusste und die Hirnforschung heute bestätigt. Kirchzarten, VAK

Nöllke, Matthias (2009). Schlagfertigkeit. Freiburg/München/Stuttgart,

Haufe

Porges, S. W. (2011). The polyvagal theory: Neurophysiological foundations of
emotions, attachment, communication, and self-regulation.
New York, NY, Norton

Reddemann, Luise, Dehner-Rau, Cornelia (2004). Trauma. Folgen erkennen,
überwinden und an ihnen wachsen. Stuttgart, TRIAS

Reddemann, Luise (192016). Imagination als heilsame Kraft. Zur Behandlung
von Traumafolgen mit ressourcenorientierten Verfahren. Stuttgart,
Klett-Cotta

Reddemann, Luise (112021). Psychodynamisch Imaginative Traumatherapie.
Ein Mitgefühl- und Ressourcen-orientierter Ansatz in der
Psychotraumatologie. Stuttgart, Klett-Cotta

Reddemann, Luise (2021). Die Welt als unsicherer Ort.
Psychotherapeutisches Handeln in Krisenzeiten. Stuttgart, Klett-Cotta

Riemann, Fritz (2022). Grundformen der Angst. Eine tiefenpsychologische
Studie. München, Ernst Reinhardt Verlag

Rizzolatti, Giacomo, Sinigaglia, Corrado (2008). Empathie und
Spiegelneurone. Frankfurt a. M., Suhrkamp

Rogers, Carl R. (2018). Entwicklung der Persönlichkeit. Psychotherapie aus
der Sicht eines Psychotherapeuten. Stuttgart, Klett-Cotta.

Rogers, Carl R. (2020). Eine Theorie der Psychotherapie, der Persönlichkeit
und der zwischenmenschlichen Beziehungen. Stuttgart, KlettCotta

Rogge, Jan-Uwe/Grün, A. (2020). So große Gefühle. Kinder durch Freude,
Zorn und Traurigkeit begleiten. München, Gräfe und Unzer

Ruppert, Franz (52017). Symbiose und Autonomie. Symbiosetrauma und
Liebe jenseits von Verstrickungen. Stuttgart, Klett-Cotta

Ruppert, Franz (2018). Wer bin ich in einer traumatisierten Gesellschaft? Wie
Täter-Opfer-Dynamiken unser Leben bestimmen und wie wir uns
daraus befreien. Stuttgart, Klett-Cotta

Satir, Virginia (1970). Self-Esteem. Berkeley, CA: Celestial Arts

Satir, Virginia (232018) Selbstwert und Kommunikation. Familientherapie für
Berater und zur Selbsthilfe. Stuttgart, Klett-Cotta

Satir, Virginia (2018). Kommunikation ist ein riesiger Regenschirm ... der
alles umfasst, was unter Menschen vor sich geht. Stuttgart, Klett-Cotta

Schmid, Wilhelm (2013). Dem Leben Sinn geben. Von der Lebenskunst im
Umgang mit Anderen und der Welt. Berlin, Suhrkamp

Schmid, Wilhelm (2016). Das Leben verstehen. Von den Erfahrungen eines
philosophischen Seelsorgers. Berlin, Suhrkamp

Schmidbauer, Wolfgang (2020). Du bist schuld! Zur Paaranalyse des Vorwurfs.
Stuttgart, Klett-Cotta

Schnell, Tatjana (22020). Psychologie des Lebenssinns. Berlin, Springer

Siegel, Daniel J. (2006). Wie wir werden, die wir sind. Neurologische
Grundlagen subjektiven Erlebens und die Entwicklung des Menschen in
Beziehungen. Paderborn, Junfermann

Siegel, Daniel J. (2013). Mindsight. Geist, Seele und Gehirn mit Methoden
moderner Gehirnforschung entschlüsseln. Müllheim: Auditorium
Netzwerk

Spengler, F. B., Schultz, J., Scheele, D., Essel, M., Maier, W., Heinrichs, M.,
and Hurlemann, R. (2017). Kinetics and dose-dependency of intranasal
oxytocin effects on amygdala reactivity. Biological Psychiatry 82, 885–894

Stahl, Stefanie (2015). Das Kind in dir muss Heimat finden. Der Schlüssel zur
Lösung (fast) aller Probleme. München, Kailash

Stahl, Stefanie (2017). Das Kind in dir muss Heimat finden. Das Arbeitsbuch.
München, Kailash

Stahl, Stefanie (2017). Jeder ist beziehungsfähig. Der goldene Weg zwischen
Freiheit und Nähe. München, Kailash

Stahl, Stefanie (2020). So stärken Sie Ihr Selbstwertgefühl: damit das Leben
einfach wird. München, Kailash

Stahl, Stefanie & Tomuschat, Julia (2018). Nestwärme, die Flügel verleiht. München, Gräfe und Unzer

Staudinger, Nicole (2016). Schlagfertigkeitsqueen: in jeder Situation wortgewandt und majestätisch reagieren. Hamburg: Eden Books

Staudinger, Nicole (2022). Leicht gesagt. Wie wir richtig rüberbringen, was nicht falsch ankommen soll. München, Knaur

Strüber, Nicole (2016). Die erste Bindung. Wie Eltern die Entwicklung des kindlichen Gehirns prägen. Stuttgart, Klett-Cotta

Strüber, Nicole (2019). Risiko Kindheit. Die Entwicklung des Gehirns verstehen und Resilienz fördern. Stuttgart, Klett-Cotta

Tomuschat, Julia (2021). Finde die Liebe, die dir als Kind gefehlt hat: wie wir uns selbst die Sehnsucht nach elterlicher Liebe erfüllen. München, Gräfe und Unzer van der Kolk, Bessel (2015). Verkörperter Schrecken: Traumaspuren in Gehirn, Geist und Körper und wie man sie heilen kann. Lichtenau/ Westfalen: Probst

Windscheid, Leon (2021). Besser fühlen: eine Reise zur Gelassenheit. Hamburg, Rowohlt

Yalom, Irvin D. (2016). Denn alles ist vergänglich. Geschichten aus der Psychotherapie. München, btb

Yalom, Irvin D., Yalom, Marilyn (2021). Über den Tod und das Leben. München, btb

Yalom, Irvin D. (2017). Wie man wird, was man ist. Memoiren eines Psychotherapeuten. München, btb

Zaboura, Nadia (2009). Das empathische Gehirn. Spiegelneurone als Grundlage menschlicher Kommunikation. Wiesbaden, Verlag für Sozialwissenschaften

옮긴이 오지원
고려대학교 독어독문학과를 졸업하고 독일 콘스탄츠대학교에서 문학, 미술사 및 영화 이론을
공부한 후 독일어 통번역가로 활동했다. 옮긴 책으로《어느 날 내 안의 아이가 정말 괜찮냐고 물
었다》(공역)《조금 더 편해지고 싶어서 : 거리를 두는 중입니다》《모든 운동은 책에 기초한다》
《우정, 나의 종교》《두 사람 : 마르크스와 다윈의 저녁 식사》《원하는 나를 만드는 오직 66일》
《온고잉, 위기의 순간에도 멈추지 않는 마인드셋》《평일에는 자신감이 더 필요해》가 있다.

옮긴이 홍지희
이화여자대학교에서 독어독문학과 학사와 석사 학위를 받은 뒤 동 대학원 박사 과정을 수료했
다. 독일 외무부 산하 해외학교관리처ZfA 한국 사무소에서 일하다 독일 코블렌츠대학교 독어
독문학과에서 박사 학위를 받았다. 현재 코블렌츠 응용과학대학 독일어 및 다문화 관련 전임
강사로 근무하고 있으며 독일어 통번역가로도 활동 중이다. 옮긴 책으로《어느 날 내 안의 아
이가 정말 괜찮냐고 물었다》(공역)가 있다.

마음의 설계도

초판 1쇄 인쇄 2024년 12월 6일
초판 1쇄 발행 2024년 12월 18일

지은이 슈테파니 슈탈
옮긴이 오지원, 홍지희
펴낸이 최순영

출판2 본부장 박태근
경제경영 팀장 류혜정
편집 남은경
디자인 박연미

펴낸곳 ㈜위즈덤하우스   **출판등록** 2000년 5월 23일 제13-1071호
주소 서울특별시 마포구 양화로 19 합정오피스빌딩 17층
전화 02) 2179-5600   **홈페이지** www.wisdomhouse.co.kr

ISBN 979-11-7171-328-8 03180